평신도를 위한 쉬운 마가복음 2권

평신도를 위한 쉬운 마가복음 2

저자 양형주

초판 1쇄 발행 2022. 4. 20.

발행처 도서출판 브니엘
발행인 권혁선

책임편집 김지연
책임교정 조은경

등록번호 서울 제2006-50호
등록일자 2006. 9. 11.

서울특별시 송파구 백제고분로28길 25 B101호 (05590)
마케팅부 02)421-3436
편집부 02)421-3487
팩시밀리 02)421-3438

ISBN 979-11-90308-72-4 04230
979-11-90308-70-0 (세트)

독자의견 02)421-3487
이메일 editorkhs@empal.com

북카페 주소 cafe.naver.com/penielpub.cafe
인스타그램 @peniel_books

도서출판 브니엘은 독자들의 원고를 설레는 마음으로 기다리고 있습니다.
위의 이메일로 간단한 기획 내용 및 원고, 연락처 등을 보내주십시오.

도서출판 브니엘은 갓구운 빵처럼 항상 신선한 책만을 고집합니다.

[평신도 눈높이에 딱 맞춘 정곡을 꿰뚫는 쉽고 바른 해설서!]

평신도를 위한 쉬운 마가복음

벳새다에 이르매 사람들이 맹인 한 사람을 데리고
예수께 나아와 손 대시기를 구하거늘 예수께서
맹인의 손을 붙잡으시고 마을 밖으로 데리고 나가사
눈에 침을 뱉으시며 그에게 안수하시고 무엇이 보이느냐
물으시니 쳐다보며 이르되 사람들이 보이나이다
나무 같은 것들이 걸어 가는 것을 보나이다 하거늘
이에 그 눈에 다시 안수하시매 그가 주목하여 보더니
나아서 모든 것을 밝히 보는지라 예수께서 그 사람을
집으로 보내시며 이르시되 마을에는 들어가지 말라 하시니라
또 이르시되 너희는 온 천하에 다니며 만민에게 복음을 전파하라
믿고 세례를 받는 사람은 구원을 얻을 것이요
믿지 않는 사람은 정죄를 받으리라 믿는 자들에게는
이런 표적이 따르리니 곧 그들이 내 이름으로 귀신을 쫓아내며
새 방언을 말하며 뱀을 집어올리며 무슨 독을 마실지라도
해를 받지 아니하며 병든 사람에게 손을 얹은즉 나으리라 하시더라
주 예수께서 말씀을 마치신 후에 하늘로 올려지사 하나님 우편에
앉으시니라 제자들이 나가 두루 전파할새 주께서 함께
역사하사 그 따르는 표적으로 말씀을 확실히 증언하시니라

2권

양형주 | 지음

브니엘

| 프롤로그 |

신대원 초년 시절, 마가복음을 처음부터 끝까지 강해해보고 싶은 욕심이 있었다. 복음서 중 가장 짧고, 이야기도 가장 생생하게 진술되어 있었기 때문이다. 그러나 막상 본문으로 들어가니 망망대해에 혼자 떠 있는 느낌이었다. 겉보기와는 달리 말씀의 깊이를 파고드는 것이 만만치 않았고, 이 말씀이 우리에게 어떤 의미를 주는지도 제대로 퍼 올리지 못했다. 게다가 참고할 자료도 그다지 많지 않았다. 마가복음을 단락마다 제대로 강해한 자료를 찾기란 쉽지 않았고, 주석류는 너무나 학문적이어서 목회현장과 괴리감이 있었다. 이러한 자료들을 설교의 현장으로 가져오는 데는 분명 한계가 있었다.

그렇게 시작했던 씨름이 이제 어느덧 20여 년의 세월이 지났다. 마가복음의 말씀은 여전히 웅장하고 그 깊이가 한없건만, 말씀 앞에 씨름했던 나는 여전히 미숙하고 어설프다. 그런데도 이제 마가복음 말씀이 조금 익숙해진 것 같기는 하다. 그간 마가복음에 대한 좋은 학자들의 연구가 많이 나왔고, 좋은 자료도 많이 소개되어 앞서간 훌륭하신 선배님들의 이런저런 도움을 받을 수 있었기 때문이다. 또한 마가복음을 붙들고 씨름했던 것들을 나눌 기회도 허락되었다. 장신대 신대원에서 마가복음 수업을 진행할 수 있었고, 이런저런 큐티 잡지에 묵상을 연재할 기회를 얻기도 했으며, CGNTV 〈나침반 바이블〉이란 프로그램에서 마가복음을 강해할 수 있는 영광도 갖게 되었다. 또한 새벽기도와 주일 설교 때 마가복음을 강해할 기회를 여러 차례 갖기도 했다.

돌아보면 여전히 많이 미흡하고 부끄럽다. 그런데도 그간의 씨름을 모아 여기 「평신도를 위한 쉬운 마가복음」 1, 2권을 내놓는다. 이 작은 날갯짓이 부디 마가복음 말씀을 갖고 씨름할 누군가에게 조그마한 디딤돌이 되고, 하나님 말씀의 깊이를 조금이라도 맛보는 데 도움이 될 수 있다면 참 감사하겠다. 모든 영광을 하나님께 올려드린다.

글쓴이 양형주

C·O·N·T·E·N·T·S

차 례

Part 4.

예루살렘 입성과 심판 선언

▶ Section 1. 예루살렘 입성과 대결

▶ Section 2. 성전멸망 선언

Part 5.
예루살렘에서의 고난, 죽음, 그리고 부활

[P·A·R·T·3]

예루살렘으로의 여정

35 Chapter 35. Mark 8:22-33

모든 것을 밝히 보게 하소서

22벳새다에 이르매 사람들이 맹인 한 사람을 데리고 예수께 나아와
손 대시기를 구하거늘 23예수께서 맹인의 손을 붙잡으시고 마을 밖으
로 데리고 나가사 눈에 침을 뱉으시며 그에게 안수하시고 무엇이 보
이느냐 물으시니 24쳐다보며 이르되 사람들이 보이나이다. 나무 같은
것들이 걸어가는 것을 보나이다 하거늘 25이에 그 눈에 다시 안수하
시매 그가 주목하여 보더니 나아서 모든 것을 밝히 보는지라. 26예수
께서 그 사람을 집으로 보내시며 이르시되 마을에는 들어가지 말라
하시니라. 27예수와 제자들이 빌립보 가이사랴 여러 마을로 나가실새
길에서 제자들에게 물어 이르시되 사람들이 나를 누구라고 하느냐.
28제자들이 여짜와 이르되 세례 요한이라 하고 더러는 엘리야, 더러

는 선지자 중의 하나라 하나이다. 29 또 물으시되 너희는 나를 누구라
하느냐. 베드로가 대답하여 이르되 주는 그리스도시니이다 하매 30 이
에 자기의 일을 아무에게도 말하지 말라 경고하시고 31 인자가 많은
고난을 받고 장로들과 대제사장들과 서기관들에게 버린 바 되어 죽
임을 당하고 사흘 만에 살아나야 할 것을 비로소 그들에게 가르치시
되 32 드러내 놓고 이 말씀을 하시니 베드로가 예수를 붙들고 항변하
매 33 예수께서 돌이키사 제자들을 보시며 베드로를 꾸짖어 이르시되
사탄아 내 뒤로 물러가라. 네가 하나님의 일을 생각하지 아니하고 도
리어 사람의 일을 생각하는도다 하시고.

EBS 다큐멘터리 〈0.1%의 비밀〉에서 흥미로운 실험 결과가 소개되었다. 전국 모의고사 시험에서 상위 석차 0.1%에 들어가는 최우수 학생과 평범한 학생 간에 어떤 차이가 있는지 살펴보는 실험이다. 상위 0.1%는 기억력이 비상할까? 두 그룹 간에 기억력 테스트를 해봤다. 그 결과 상위 0.1%와 평범한 그룹 간에는 차이가 거의 없었다. 그렇다면 IQ가 높은 것일까? 하지만 IQ 검사 결과도 큰 차이가 없었다. 그렇다면 어디에서 차이가 날까? 상위 0.1%와 평범한 그룹에서 큰 차이를 보인 영역이 딱 한 군데 있었다. 그것은 바로 '메타인지'라 불리는 영역이다. '메타'라고 하면 '위에 있다' '초월한다'는 뜻이다. 이것은 자신의 인지능력에 대한 인지능력을 말한다. 자신이 무엇을 알고 모르는지를 아는 인지능력을 말한다.

예를 들면 이런 것이다. 두 그룹에 일정한 양의 단어를 보여주고 이것을 기억하게 한다. 그리고 자신이 몇 개나 기억할 수 있을지 예측해보게 하고, 그 뒤에 실제로 기억해낸 개수와 비교한다. 그 결과 두 그룹이 기억한 단어의 개수는 상위 0.1%나 보통 그룹이나 차이가 거의 없었다. 그런데 차이가 크게 나는 영역이 바로 예측 부분이다. 보통 그룹은 자신이 몇 개 정도 기억할지 예측할 때 실제 결과와 크게 차이 났다. 보통 그룹은 거의 다 맞은 것 같다고 했지만 알고 보니 절반도 맞추지 못했다. 반면 상위 0.1%는 "한 일곱 개 정도 맞은 것 같아요" 하면 거의 정확하게 그 결과도 일곱 개로 나온다.

메타인지의 핵심은 내가 무엇을 알고 무엇을 모르는지를 정확하게 파악하는 능력이다. 메타인지가 뛰어난 사람은 공부만이 아니라 다른 여러 분야에서도 최상위권이다. 이런 사람은 자기가 아는 것을 쉽게 설명할 수 있는 능력이 있다. 어떤 사람은 설명하다 보면 말문이 막혀 "어라? 헷갈리네? 잘 모르겠다"라고 말한다. 이러면 진짜 아는 것이 아니다. 반면 잘 설명하는 사람은 제대로 아는 진짜 자기 지식을 가진 것이다.

본문에 등장하는 맹인의 치유 이야기를 보면 다소 불편하게 느껴지는 부분이 있다. 그것은 맹인이 한 번에 치유된 것이 아니라 두 번에 걸쳐 치유되었다는 점이다. 예수님이 맹인을 데리고 나가셔서 그의 눈에 침을 뱉으신다. 눈에 침을 뱉는다는 것은 '에이 퉤' 하는 모욕이 아니다. 예수님 당시에 침을 뱉는 행위는 창조의 능력을 흘려보내는 치유를 위한 의식 일부였다. 마가복음 7장 33~34절을 보면 귀먹고 말 더듬는 자를 예수께서 치유하실 때 침을 뱉어 그의 혀에 손을 대시고 하늘을 우러러 "에바다"(열리라) 하며 탄식하셨다. 그러자 곧바로 그의 귀가 열리고 맺힌 것이 풀리며 치유가 일어났다.

그런데 본문에서는 예수께서 침을 뱉고 안수하셨어도 이런 즉각적이고 완전한 치유가 곧바로 일어나지 않는다. 예수께서 안수하신 후에 물으셨다. "무엇이 보이느냐?"(막 8:23). 예수께서 물으신 이유가 무엇일까? 어떤 변화가 있는지, 어느 정도 시력이 회복되었는지 설명하라는 것이다. 일종의 메타인지를 요구하신 것이다. 그러자 그가 대답한다.

> "쳐다보며 이르되 사람들이 보이나이다. 나무 같은 것들이 걸어가는 것을 보나이다 하거늘"(막 8:24).

보이기는 보인다. 그런데 정확하게 보이지 않는다. 뭐 걸어가는 것 같은데 나무 같은 것들이 걸어가는 게 보인다. 영화 〈가디언즈 오브 갤럭시〉에 나오는 그루트인가? 한 가지 궁금하다. 예수께서 치유하시려면 단번에 완전하게 치유하셔야지 왜 이 사람에게는 그러지 않으셨을까? 혹시 침을 너무 세게 뱉으셨나? 침에 가래가 섞인 것이 아닌가? 별의별 생각을 다 할 수 있다. 그런데 예수께서는 이 말을 들으시고 곧이어 다시 안수하신다. 현재 이 사람의 상태에서 더 밝히 봐야 회복된다는 것을 아시고 이에 맞게 치유를 베푸신 것이다.

그러자 그가 주목하여 보기 시작한다(막 8:25). 주목하여 본다는 것은 눈의 초점이 맞아 제대로 보기 시작한다는 것이다. 더 나아가 그는 모든 것을 밝히 보게 되었다(막 8:25). 궁금하다. 아니, 치유하시려면 한 번에 완전히 치유하셔야지 중간쯤 오니 예수님의 능력이 좀 떨어지셨나? 왜 이렇게 두 번이나 안수하며 치유하실까? 이것을 이해하려면 우리는 마가복음의 흐름 내에서 본문의 위치를 알아야 한다.

먼저 본문은 마가복음의 후반부가 시작되는 지점이다. 본문의 무대가 되는 벳새다는 원래 예수께서 제자들을 재촉해서 가시려고 목표했던 마을이다(막 6:45). 그랬던 것이 이런저런 사정으로 인해 이방인 지역으로까지 사역이 확장되었다가 마침내 벳새다에 이르게 되었다. 벳새다는 갈릴리 호수 북동쪽 지역으로 베드로의 고향이기도 하다. 여기서부터 예수님은 본격적으로 준비하여 예루살렘을 향한 여행길을 떠나신다. 목적은 십자가를 지기 위해서다. 이 길은 고난의 길이자 만백성을 구원하기 위한 구원의 길이요, 죽기까지 순종해야 하는 순종의 길이다. 여기서 시작하는 여행길은 11장에 이르러 예루살렘까지 가게 된다(막 11:1 참조).

주목할 점은 여행길의 시작인 본문(막 8:22-26)은 벳새다의 맹인을 고치는 이야기이고, 여행길의 끝부분(막 10:46-52)은 맹인 바디매오를 치유하는 이야기라는 것이다. 본문의 맹인은 처음에는 제대로 보지 못하다가 두 번째 안수를 받고 치유되어 집으로 돌아갔지만 끝부분의 맹인 바디매오는 그의 믿음으로 단번에 치유되어 '길에서' 예수님을 따른다(막 10:52).

'길에서'란 예수께서 십자가를 지러 가는 길을 말한다. 이 표현은 마가복음 8장 27절부터 10장 끝까지에 걸쳐 여러 번 강조된다(막 8:27, 9:33, 10:17, 10:32,46,52). 마가복음은 예수께서 십자가를 지러 가는 길의 처음과 끝에서 제대로 보지 못하는 사람들의 눈이 새롭게 뜨이는 역사가 일어남을 강조한다. 이것은 마가복음 첫 시작에 하나님의 아들 예수 그리스도의 복음이 시작될 때의 소개와 깊은 관련이 있다.

> "보라. 내가 내 사자를 네 앞에 보내노니 그가 네 길을 준비하리라. 광야에 외치는 자의 소리가 있어 이르되 너희는 주의 길을 준비하라. 그의 오실 길을 곧게 하라"(막 1:2-3).

이 말씀은 이사야 40장 3절을 인용한 말씀이다. 이사야는 종말에 하나님의 구원역사가 일어날 때 새로운 길이 일어날 것을 예고한다. 그 가운데 이사야 42장 7절을 보면 이 길을 걷는 하나님의 종이 하는 중요한 사역을 설명한다. 그것은 눈먼 자들의 눈을 밝히는 것이다. 이사야 29장 18절에도 그날이 되면 어둡고 캄캄한 곳에서 맹인의 눈이 보게 되는 역사가 일어날 것이라고 말씀한다.

예수께서 출발하는 십자가의 길에서 이렇게 맹인이 다시 보게 되는 역사가 일어나는 것은 이사야의 예언이 성취되며 하나님의 종말적 구원역사가 가까이 오고 있음을 보여준다. 문제는 이 길을 함께 가는 제자들의 영적 상태다. 제자들은 영적으로 맹인일까, 아니면 밝게 보는 정상 시력일까? 본문 바로 앞 8장 21절에는 예수께서 제자들을 향해 "아직도 깨닫지 못하느냐"라고 책망하신다. 쉽게 말하면 제자들의 영적 상태가 본문의 맹인과 같이 시력을 완전히 회복하지 못한, 뭐가 걸어 다니기는 하는 것 같은데 초점이 제대로 맞지 않아 사람이 꼭 나무처럼 보이는 상태다. 제자들의 영적 상태를 상징적으로 보여주는 것이 바로 이 벳새다 맹인의 시력 상태다. 주님을 만나 시력이 열리기는 했는데, 아직 제대로 열리지 않아 더 밝히 볼 수 있는 상태가 되어야 하는 것이다.

제자들의 영적 시력이 어떠한지를 가늠해볼 수 있는 것이 바로 이어지는 예수님과 베드로가 나눈 대화이다(막 8:27-33).

> "예수와 제자들이 빌립보 가이사랴 여러 마을로 나가실새 길에서 제자들에게 물어 이르시되 사람들이 나를 누구라고 하느냐" (막 8:27).

빌립보 가이사랴는 정확하게 번역하면 빌립보의 가이사랴다. 빌립보는 상부 갈릴리를 통치했던 헤롯 대왕의 아들 헤롯 빌립 왕의 이름이다. 가이사랴는 로마의 통치자 시저의 라틴어식 발음이다. 그러니까 이 도시는 아우구스투스 시저를 기념하기 위해 빌립 왕이 도시 이름을 가이사랴로 바꾸고, 빌립보의 가이사랴, 빌립보 가이사랴로 명명했다. 원래 가이사랴의 옛 이름은 파니아스다. 파니아스는 이 지역에서 섬기던 헬라의 '판'(Pan) 신을 섬기는 도시라는 이름에서 온 것이다.

빌립보 가이사랴는 헬몬산 기슭에 자리 잡고 있다. 바위 절벽에 있는 동굴에서부터 물이 솟아 나오는데, 이 바위를 신령한 바위이며 생명의 근원이라 여기며, 여기서 희생 제사를 드려 물속에 던져 넣었다. 거기에는 판 신전과 아우구스투스 신전, 제우스 신전과 같은 여러 신의 신전이 세워져 있었다. 그리고 그 바위 아래에 많은 사람이 모여 살았다. 그래서 지금도 판 신의 유적지에서 그 흔적을 볼 수 있다.

수많은 신전에 둘러싸여 사람들이 신전을 드나들며 찬양하고 예

가이사랴 빌립보의 고대 신전 상상도

배하러 가는 그 길에서 예수께서 물어보신다. "사람들이 나를 누구라 하느냐?" 그러자 제자들이 대답한다. "예수님, 더러는 엘리야, 또 더러는 선지자 중 하나라고 하던데요?"(막 8:28). 엘리야라고 하는 것은 말라기의 예언, 곧 "보라. 여호와의 크고 두려운 날이 이르기 전에 내가 선지자 엘리야를 너희에게 보내리니"(말 4:5)라는 약속을 성취하는 인물이라는 것이다. 이 정도만 해도 예수님을 상당한 분으로 기대하고 바라보았음을 알 수 있다. 그러나 정확하게 고백한 것이 아니다. 맹인이 시력을 조금 찾아 흐릿하게 본 것과 같다. 왜냐하면 예수께서는 마가복음 1장 1절에서 말씀하는 것처럼 하나님의 아들 예수 그리스도, 곧 메시아이기 때문이다. 그러자 예수께서는 사람들에게 들었

판신에게 제사하던 동굴. 한가운데 짐승을 바치던 바위가 있다.

던 고백 말고, 제자들이 고백하는 예수님은 어떤 분인가를 묻는다.

"또 물으시되 너희는 나를 누구라 하느냐. 베드로가 대답하여 이르되 주는 그리스도시니이다 하매"(막 8:29).

베드로가 나서서 주는 그리스도라 고백한다. 주님이야말로 참된 메시아라는 것이다. 베드로는 그동안 주님을 따라다니며 예수님이 행하시는 일을 보고, 예수님의 말씀을 들으며 마침내 이런 고백에 이르게 되었다. 예수님이 그의 영적인 시야를 만져주셨기에 그 눈이 뜨였다. 그러자 예수께서는 이 일을 아무에게도 말하지 말라고 경고하셨다. 모든 것을 밝히 보게 된 벳새다의 치유받은 맹인에게 마을에 들어가지 말라고 하신 명령과 비슷하다. 그러면서 아주 중요한 이야기를 마침내 공개하신다. 그것은 베드로가 고백한 메시아가 어떤 일을 행하셔야 할 것인가에 관한 것이다.

> "인자가 많은 고난을 받고 장로들과 대제사장들과 서기관들에게 버린 바 되어 죽임을 당하고 사흘 만에 살아나야 할 것을 비로소 그들에게 가르치시되"(막 8:31).

여기서 '인자'는 다니엘서 7장 13~14절에 말씀하는 것처럼 종국에 하나님 나라를 가져올 하나님 아들을 가리킨다. 이 인자가 갖는 중요한 특징이 있는데 그것은 수난받는 인자라는 점이다. 예수님이 소개하는 메시아의 사역은 이제부터 무력한 수동의 사역이다. 인자가 많은 '고난을 받고', 장로들과 대제사장들과 서기관들에게 '버린 바 되어' '죽임을 당하고' 사흘 만에 '살아나야 할 것', 곧 '일으킴을 받을 것'이다. 그동안 예수님께서 하셨던 사역은 자발적, 능동적인 사역이었다. 그런데 이제부터는 누군가에 의해 끌려다니며 고난 겪는 수동의 삶으로 나아간다고 말씀하신다.

본문은 이 사실을 '비로소' 그들에게, '드러내 놓고' 가르치셨다고 한다(막 8:32). 이는 예수께서 그동안 감추고 말씀하지 않고 계시다가 베드로의 정확한 고백을 듣고, 십자가의 길을 본격적으로 출발하시며 마침내 '비로소' 말씀하신 것이다. 이 말씀을 듣자 베드로는 당황했다. 그리고 분노했다.

현재 신전터만 남은 모습

"드러내 놓고 이 말씀을 하시니 베드로가 예수를 붙들고 항변하매"(막 8:32).

예수를 '붙들었다'(헬. 프로스 람바노)는 '다가가서 따로 붙들다'(take him aside, NRSV, NIV)는 뜻이다. 예수께서 이 말씀을 하시자 베드로가 예수께 다가가 '선생님 잠깐만요' 하고는 예수님을 붙들고 옆으로 나온 것이다. 그리고 그 자리에서 항변했다. '항변하다'(헬. 에피티메인)는 단어는 '질책하다'(rebuke), 또는 '꾸짖는다'라는 뜻이다. 「콜린스 코빌드 영영 사전」에 의하면 "상대방의 행동이나 말이 우리의 판단 기준과는 많이 다르기에 상대를 향하여 심하게 힐

난하는 말을 퍼붓는 것"이라고 정의한다.[1]

지금 베드로는 예수님의 말씀에 거칠게 반항하며 도리어 선생을 꾸짖고 있다. "아니, 선생님 이게 무슨 말씀입니까? 메시아가 붙잡히고, 고난을 겪고, 버린 바 되고, 죽임을 당하고 다시 살아나다니요. 말도 안 되는 소리입니다!"

왜 그럴까? 이렇게 수동적으로 고난받는 메시아는 베드로가 기대했던 메시아가 아니기 때문이다. 3년간 예수님을 따라다녔던 베드로의 기준에서 볼 때 메시아는 그러면 안 되었다. 베드로는 이제 예수께서 예루살렘에 가면 많은 사람의 환호와 지지를 등에 업고 로마로부터의 압제를 몰아내고, 예루살렘 성전을 재건하여 이 땅에 다윗시대와 같은 진정한 샬롬을 가져오는 정치적인 왕이 될 것을 기대했다. 이것은 사실 그동안 온갖 고생을 감수하며 예수님을 따라다녔던 다른 제자들도 마찬가지였다. 그래서 10장 35절에 야고보와 요한이 예루살렘에 들어가면 자신들을 메시아 보좌 좌우편에 앉게 해달라고 예수께 부탁하자 다른 제자들이 분노하지 않는가?(막 10:41).

그런데 그 예수님이 붙잡혀 죽임을 당한다는 것은 절대 일어나서는 안 되는, 말도 안 되는 일이었다. 그동안 자신이 예수님 따라다니느라 쏟았던 열정이 허사가 된다. 이것이 베드로가 발끈해서 예수님을 꾸짖는 이유다. 온통 사람의 일이 마음에 가득했다. 내가 받을 이익과 혜택만이 중요할 뿐, 주님의 영광은 안중에도 없다. 그러자 예수님은 다시 베드로를 꾸짖으신다.

"예수께서 돌이키사 제자들을 보시며 베드로를 꾸짖어 이르시되 사탄아 내 뒤로 물러가라 네가 하나님의 일을 생각하지 아니하고 도리어 사람의 일을 생각하는도다 하시고"(막 8:33).

'사탄'은 문자적으로 '대적하는 자' '반대하는 자'라는 뜻이다. "사탄아 내 뒤로 물러가라"는 말씀은 이중적 의미다. 한편으로는 "너는 나를 반대하는 자구나!"라는 뜻이고 다른 한편으로는 "너의 그런 이기적인 마음 뒤에 역사하는 사탄아 물러가라!"는 뜻이다.

베드로는 예수님을 잘 알고 있다고 생각했다. 그래서 예수님을 그리스도, 곧 메시아라고 고백까지 했다. 그런데 자기가 고백한 그리스도가, 기대하고 생각했던 그런 메시아가 아니었다. 그래서 참된 메시아의 길인 수난과 모욕과 죽음의 길 앞에 도리어 발끈하며 예수님을 따로 붙들고 가서 꾸짖었다. 그만큼 베드로의 자아는 펄펄하게 살아 있었다. 자기가 모르고 있다고 생각하지 않았다. 도리어 과도하고 무모한 확신 속에 "지금 선생님께서 이러시면 안 된다"라고 따로 붙잡고 나가 스승을 혼낼 정도다. 이런 것을 보면 베드로는 입술로는 주님을 그리스도라 고백했지만 아직 맹인이었다. 예수님이 어떤 분이고 어떤 길을 가셔야 하고, 그분을 따라가는 베드로는 어떤 길을 가야 할지 전혀 이해하지 못하고 있다. 베드로의 영적 메타인지력은 바닥을 치고 있었다. 베드로의 영적 시력은 아직 온전하지 못했다.

우리 중에도 이런 이들이 있다. 영적 시력이 반만 뜨여 희미한 이들이다. 입술로는 주는 그리스도, 나의 주님으로 고백한다. 그런데 내 기준에 맞지 않으면 쉽게 분노하고 원망하고 시험에 든다. 베드로와 똑같다. 영적 메타인지력이 한참 떨어지는 사람이다. 자기만 옳고 자기가 경험하고 기대하는 것이 전부라고 생각한다. 스스로 분노하고 시험에 빠진다.

주님은 우리 인생에 새 일을 행하시는 분이다. 새 일을 맛보려면 내 경험으로 알고 있는 '이것은 이래야 마땅하다' 라는 기준들을 내려놓아야 한다. '내가 아는 것이다' 라고 생각하여 내 기준에 맞지 않으면 너무 쉽게 판단하고 분노하는 교만이 우리에게는 있다.

제자들이 하도 보지 못하니 예수님은 베드로를 비롯한 제자들에게 예루살렘을 향해 십자가의 길을 가면서 자신이 가는 길이 어떤 길인지를 여러 차례 분명하게 말씀하신다(막 9:9-13, 10:32-34 참조).

> "인자가 온 것은 섬김을 받으려 함이 아니라 도리어 섬기려 하고 자기 목숨을 많은 사람의 대속물로 주려 함이니라"(막 10:45).

지금 나의 영적 시력은 어떠한가? 모든 것을 또렷하게 보는가? 아니면 아직도 희미한가? "아직도 깨닫지 못하느냐?" 하시는 주님의 탄식을 들을 수 있어야 한다. "모든 것을 밝히 보게 하소서." 이것이 우리 평생의 기도 제목이 되어야 한다.

[35장 각주]

1) https://www.collinsdictionary.com/dictionary/english/rebuke

36 Chapter 36. Mark 8:34-9:1

자기를 부인하려면

34무리와 제자들을 불러 이르시되 누구든지 나를 따라오려거든 자기
를 부인하고 자기 십자가를 지고 나를 따를 것이니라. 35누구든지 자
기 목숨을 구원하고자 하면 잃을 것이요 누구든지 나와 복음을 위하
여 자기 목숨을 잃으면 구원하리라. 36사람이 만일 온 천하를 얻고도
자기 목숨을 잃으면 무엇이 유익하리요. 37사람이 무엇을 주고 자기
목숨과 바꾸겠느냐. 38누구든지 이 음란하고 죄 많은 세대에서 나와
내 말을 부끄러워하면 인자도 아버지의 영광으로 거룩한 천사들과
함께 올 때에 그 사람을 부끄러워하리라. 1또 그들에게 이르시되 내가
진실로 너희에게 이르노니 여기 서 있는 사람 중에는 죽기 전에 하나
님의 나라가 권능으로 임하는 것을 볼 자들도 있느니라 하시니라.

1998년, 글쓴이의 이름은 낯설지만 시선을 사로잡는 제목의 책이 주요 서점의 베스트셀러 순위에 올랐다. 「익숙한 것과의 결별」이라는 책이다. 이 책의 저자는 구본형이라는 40대 회사원이다. 핵심 내용은 더는 익숙한 방식으로 살아갈 수 없는 시대가 왔으니 이제는 익숙한 것과 결별을 선언하고 새로운 방식의 삶을 살아가야 한다는 것이다. 그러면서 각자가 1인 기업이 되어 새로운 변화를 시작할 것을 주장했다. 이 메시지에 대해 수많은 샐러리맨이 열광했고, 이 책은 무려 30만 권이나 팔린 초대형 베스트셀러가 되었다.

우리는 원래 변화를 상당히 싫어한다. 익숙한 것을 변화시키려고 하면 반발이 심하다. 그래서 규제는 많은 반면 유연성은 갈수록 떨어져 변화가 더디다. 이런 가운데 "익숙한 것과 결별하라"는 상당히 도발적인 이 주장이 사람들 마음에 감흥을 일으킬 수 있었던 이유가 있다. 그것은 이즈음 IMF 사태라는 초대형 국가적 재앙이 우리에게 닥쳤기 때문이다. 그동안 익숙하게 다니던 회사가 쓰러지고, 열심히 일하던 가장들은 하루아침에 길바닥에 나앉게 되었다. 거대한 국가 부도의 쓰나미 앞에 제대로 저항 한번 못하고, 정말 등 떠밀려 어쩔 수 없이 익숙한 것과 결별해야 했던 것이다.

이처럼 익숙한 것과의 결별은 웬만해서는 정말 쉽지 않은 일이다. 익숙한 환경과 인간관계를 떠나는 것은 정말 어렵고 힘들다. 그런 이별 중에 정말 힘든 것이 있다. 그것은 익숙한 나 자신과 결별하는 것이다. 익숙한 나와 결별하는 것이 어려운 이유가 무엇인가? 적어도 수십 년간 알아 오고 인정해왔던 나인데, 그런 나를 부인하고 새로운 나를 받아들여야 하기 때문이다. 우리의 자아는 내가 익숙하고 잘 아는 '나'가 있다. 그러나 동시에 내가 잘 모르는 '나'가 있다. 이런 나를 인정하는 것이 앞서 언급했던 '메타인지력'이다. 내가 잘 아는 나는 익숙하므로 별문제가 없다. 문제는 내가 잘 모르는 나와 마주할 때다. 보통 이런 나를 마주할 때는 나 자신의 힘이 아닌 나를 오랫동안 알고 관찰한 주변 사람에 의해서다. 주변 사람이 내게 익숙하지 않은 생소한 나를 보여주면 우리의 첫 반응은 무엇인가? 부인하고 분노하는 것이다. "뭐라고? 내가 얼마나 열심히 사는데 나를 게으르다고 해?" "내가 얼마나 좋은 사람인데 나를 나쁜 사람이라고 해?" 하지만 그런 모습이 다른 사람이 나에 대해 아는 나의 모습, 즉 내가 모르는 나의 모습이다.

누군가가 당신에게 이런 모습이 있으니 이제 바뀌어야 한다고, 결별하라고 하면 변화를 거부하고, "그래, 내가 원래 이렇다. 어쩔래?" 하며 '배 째라'는 식으로 나온다. 이런 사람이 어떤 사람인지 우리는 어릴 때부터 배웠다. 바로 '벌거벗은 임금님'이다. 지금 나는 벌거벗은 상태인데, 다른 사람이 벌거벗었다고 말하면 분노하며 지금 무슨 소리 하는 거냐고, 말도 안 되는 소리 하지 말라고, 내가 얼마나 좋은 옷을 입었는데 비웃냐며 억울해한다. 우리의 이런 완고하고 어리석은 태도는 과연 바뀔 수 있을까?

본문은 자기가 가진 익숙한 관점으로 예수님이 십자가 지시는 것을 가로막고 스승을 꾸짖었던 베드로와 제자들에게 주시는 말씀이다.

> "무리와 제자들을 불러 이르시되 누구든지 나를 따라오려거든 자기를 부인하고 자기 십자가를 지고 나를 따를 것이니라"(막 8:34).

여기 "이르시되"(헬. 프로스칼레인)는 전투 행렬에서 소집 명령을 내릴 때 사용하는 단어다. 이어지는 구절 "나를 따라오려거든"도 전투 행렬에서 사용하는 단어다. 사극의 전쟁 장면에 보면 장수들이 "나를 따르라"고 명령하지 않는가? 그럼 병사들은 죽음을 각오하고 따라간다. 이처럼 예수님을 따르는 것은 종말의 치열한 영적 전투에 소집되어 대장 되신 예수님의 명령을 따르는 것이다. 예수님을 따르는 것은 치열한 영적 싸움을 수행하는 일이다. 평소에는 가만히 있다가도 내가 예수님을 따른다고 하면 주변에서 호락호락하게 그냥 두지 않는다. 사람의 방해, 환경의 방해, 영적 방해가 사방에서 밀어닥친다. 예수님을 따르는 것은 치열한 영적 전장으로 부름을 받는 것과 같다.

전쟁터에서 상관의 명령은 따지고 고민할 것이 아니다. 절대복종할 것이다. 명령을 받았는데, '아, 그건 사령관님 생각이고 내 생각은 달라!' 이렇게 할 것이 아니다. "앞으로 전진!" 하고 명령이 떨어졌으면 상황에 상관없이 전진하는 것이다. "후퇴!" 그러면 무조건 후퇴하는 것이다. 명령받은 군인은 이 명령 앞에 철저히 자기 생각을 내려놓아야 한다. 익숙한 자기 생각, 자기 의견과 결별해야 한다.

예수께서 말씀하신다. "누구든지 나를 따라오려거든 자기를 부인하고 자기 십자가를 지고 나를 따를 것이니라." 먼저, 예수님을 따르기 원하는 사람은 자기를 부인하라고 말씀한다. 여기서 '자기'는 나에게 익숙한 나, 내가 잘 아는 나를 말한다. 주변에서 내가 도저히 받아들이기 힘든 말을 하는 사람에게 우리는 어떻게 반응하는가? "너 미쳤어? 죽을래?" 이런다. 나를 부인하는 것은 이 정도로 화나고 힘들고 미운 일이다. 예수님은 진정 자기를 부인하려면 자기 십자가를 져야 한다고 말씀한다. 말로만 부인하는 것이 아니라 실제 행동으로 나타나야 한다는 것이다.

자기 십자가를 진다는 것은 당시의 십자가 처형제도를 배경으로 한다. 죄수가 십자가형을 선고받으면 십자가의 가로 들보(cross-beam)를 사형수가 직접 지고 사형장까지 가도록 했다. 이를 라틴어로 '파티불룸'이라고 했다. 예수님도 이런 관행에 따라 가로 들보를 어깨에 메고 빌라도 법정에서 골고다 언덕까지 약 800m 되는 거리를 지고 가셨을 것이다. 가로 들보를 지고 가는 죄수가 옷이 벗겨진 상태로 채찍을 맞아가며 걷는 그 십자가의 길, 고통의 길(비아 돌로로사)은 극도의 모멸감을 감수해야 하는 길이었다.

가끔 검찰이 평소에 존경받고 신망받던 사회 주요인사에게 수갑을 채워 언론 기자 앞에 세우는 일이 있지 않은가? 우리는 그냥 잡혔나보다 하지만 당한 사람으로서는 극도의 모멸감을 겪는다. 수치심을 견디지 못하고 자살하는 일까지 일어난다. 우리도 가까운 사람에게 자기를 부인하고 십자가를 지는 일을 요구하면 어떻게 창피하게 그러느냐고, 쪽팔린다고 한다. 십자가를 지고 가는 것은 더 했다. 완전 얼굴 팔리는 일이다. 십자가를 진다는 것은 사형집행을 앞둔 사형수가 자기 사형 틀을 가지고 가는 것이다. 'Dead man walking'이라는 말 들어보았는가? 이 말은 사형수가 사형대까지 가는 길을 말한다. 이때 사형수는 벌벌 떨면서 간다. 자기 십자가를 진다는 것은 내 생명을 내주는 사형장으로 간다는 것이다. 이거, 사람의 힘으로 갈 수 없다. 극도의 공포로 인해 다리가 후덜덜 떨리고 오줌을 지린다. 그래서 예수님은 자기 십자가를 지고 스스로 가지 말고, "나를 따르라"고 하신다. 예수님을 따라 예수님이 먼저 가셨던 그 길을 따라가라는 것이다.

예수님의 제자로 살아가는 길은 치열한 영적전쟁으로 부름받는 것이고, 죽음의 길로 들어가는 것이다. 아니, 왜 그렇게 해야 하는가? 적당히 그저 머리로만 예수님을 믿으면 안 되는가? 신앙생활은 머리로 하는 것이 아니다. 도리어 자기 생각을 부인하고 기꺼이 예수님을 위해 자기 십자가를 지고 따르는 행동으로 하는 것이다. 믿는 것은 곧 자기 십자가를 지고 따르는 것이다. 자기 십자가가 있다는 것은 예수님만 고난을 겪고 죽는 것이 아니라 예수님을 믿고 따라가다 보면 나도 같이 고난을 겪고 죽는다는 뜻이다. 예수님만 'Dead man walking'이 아니라 나도 'Dead man walking'을 해야 한다는 것이다.

왜 그렇게 해야 할까? 그 이유를 이어지는 35절, 36절, 38절에 세 개의 '가르' 절로 설명한다. 헬라어 '가르'는 이유(for, because)를 도입하는 접속사다.

먼저 35절이다. "누구든지 자기 목숨을 구원하고자 하면 잃을 것이요 누구든지 나와 복음을 위하여 자기 목숨을 잃으면 구원할 것"이기 때문이다. 여기에는 역설적 원리가 있다. 내가 내 목숨을 구원하려면 도리어 잃게 되고, 그리스도와 복음을 위하여 자기 목숨을 내던지면 생명을 얻는다. 하나님 나라의 영생을 얻는 원리가 여기 있다. 내 생명을 얻으려면 잃고, 잃으려면 얻는다. 따라서 참된 생명을 얻으려면 자기를 부인해야 한다. 아기가 있는 집, 아이를 키우다 보면 힘들다. 서로 싸운다. 왜 싸우는가? 인정받기 원하지, 자기를 부인하기 싫기 때문이다. 온종일 직장에서 시달리다 집에 오면 아내가 "여보, 설거지도 하고 아기도 좀 봐요. 나 온종일 힘들었어." 그러면 남편은 뭐라고 하는가? "난 오늘 직장에서 거의 죽다 살아났다. 이제 겨우 왔는데, 여기서도 설거지하고 애 보라고? 나도 좀 쉬자!" 서로 인정받기 위해 자기를 주장하지, 자기를 부인하기 너무나도 힘들어 한다. 결국 자기를 부인하지 않으면 어떻게 되는가? 3차 세계대전이 일어난다. 나 자신을 먼저 부인해야 한다. "그래, 아내에 비하면 난 하나도 힘든 것이 아니다." "그래, 남편에 비하면 난 하나도 힘든 것이 아니다." 그러면서 서로의 짐을 져야 살아난다.

여기서 우리는 두 가지 관점을 고려해야 한다. 단기적 관점과 장기적 관점이다. 당장에 내가 살려고 하면 결국 나는 죽게 되고, 내가 먼저 죽으려고 하면 결국 나도 살고 모두가 사는 일이 일어난다.

미국 와튼 스쿨에서 조직심리학을 가르치는 애덤 그랜트 교수가 쓴 「기브앤테이크」에 나오는 내용이다.[2] 기브앤테이크(give and take)는 말 그대로 주고받는 것을 의미한다. 세상에서는 자신의 것을 기쁘게 내주고 다른 사람이 잘 될 수 있도록 도와주는 기버(giver)가 있고, 그것보다는 가능한 한 내 실속을 더 많이 차리고 조금이라도 손해를 덜 보려는 테이커(taker)가 있다고 한다. 그렇다면 회사나 자기 분야에서 기버와 테이커 중에 누가 큰 성공을 거둘 수 있을까? 우리 생각에는 테이커다. 이왕이면 조금 주고 왕창 받는 것이 좋지 않겠는가? 이런 것을 요즘 용어로 '가성비'라고 한다. 내가 지급한 것보다 더 값어치가 있어야 한다. 오늘날을 '가성비의 시대'라고 하는 것은 그만큼 테이커로 살아가려는 이가 많은 시대임을 시사한다.

그런데 그랜트 교수가 성공의 사다리를 통계적으로 조사해보니 사다리 제일 꼭대기 층에는 정말 기민한 테이커가 아니라 관대한 기버가 있더라는 것이다. 사업가, 보험설계사, 의대생, 엔지니어 등을 대상으로 연구했더니, 타인과 동료를 배려하고 할 수 있는 한 도움을 주려는 의지를 행동으로 실천하는 사람들이 그 분야에서 가장 뛰어난 성과를 내고 있었다. 어떻게 이럴 수 있는가? 그 속을 살펴보았더니, 기버들이 가진 이타적인 의도, 곧 다른 사람에게 도움이 되려는 의도는 스스로 동기를 부여해서 맡은 역할에 최선을 다하게 했다. 또 자기 행동이 다른 사람에게 긍정적인 영향을 미치는 것을 보며 힘을 내기도 했고, 시간이 갈수록 사람들과 맺은 진실한 관계와 그 사이에 있는 든든한 신뢰감이 막강한 힘을 발휘해서 이것이 높은 실적으로 이어졌다. 처음에는 기버가 테이커보다 뒤처지는 것 같은데, 시간이 갈수록 강력한 성과가 이어진다. 어떻게든 상대방에게 도움을 주려는 사람이 더 뛰어난 성과를 거둔다는 것이다.

단기적인 관점에서는 테이커가 훨씬 지혜롭고 유리한 것 같다. 그러나 장기적인 관점에서는 시간이 갈수록 기버, 곧 주는 사람, 기꺼이 자신을 내주고 잃어버리는 사람이 더 유리하다. 집에서 나는 테이커인가, 기버인가? 직장에서 나는 테이커인가, 기버인가? 테이커들이 잘하는 멘트가 있다. '이번 딱 한 번만' 이다. 그런데 이번만이 아니라 다음에도 '딱 한 번만' 이다. 결국 갈수록 구석으로 몰린다. 도리어 우리는 갈수록 상대방의 성장에 도움을 주고 자신을 내주는 기버가 될 수 있어야 한다. 하지만 이런 사회과학적 연구 결과가 나오기 2천 년 전, 예수께서는 이미 말씀하셨다. “자기 목숨을 구원하고자 하면 잃을 것이요 자기 목숨을 잃으면 구원하리라”(막 8:35). 이어지는 구절을 보라.

> “사람이 만일 온 천하를 얻고도 자기 목숨을 잃으면 무엇이 유익하리요. 사람이 무엇을 주고 자기 목숨과 바꾸겠느냐”(막 8:36-37).

이 말씀은 단기적 성과와 장기적 성과를 극명하게 대조해 보여준다. 이는 예수께서 이미 경험하셨던 일이기도 하다. 예수께서 공생애 사역을 시작하기 전, 사탄이 찾아와서 천하만국을 보여주며 제안한다. “만일 내게 엎드려 경배하면 이 모든 것을 네게 주리라”(마 4:9). 세상을 구원하려는 십자가의 그 힘든 길을 한순간에 손쉽게 해결할 방법이다. 사탄에게 머리 숙여 엎드려 경배하기만 하면 된다. 그러나 그렇게 손쉽고도 빠르게 얻는 세상은 결국 다 사탄의 것이 된다. 왜? 세상을 예수님께 주어도, 예수님은 사탄을 경배하는 종이 되니까 결국 천하가 사탄의 것이 된다.

우리도 종종 단기적 유익 앞에 무너질 때가 많다. 장기적인 유익은 시간도 오래 걸리고 당장 효과가 나타나지 않으니까 늘 나중에, 다음에 한다고 미루게 된다. 반면 단기적 유익 앞에서는 ‘이번 딱 한 번만’ 하자고 자신을 설득한다. 그러나 지혜로운 사람은 지금 당장 손해인 것 같고 주변에서 손가락질하고 부끄럽기도 하고 성과도 없는 그 일에 뛰어든다. 왜? 이것이 결국 나중에 생명을 살리고 하나님께 영광이 된다는 것을 알기 때문이다. 그러려면 내가 알고 있는 나,

내게 익숙한 나를 좀 내려놓아야 한다. 그리고 세상이 아닌 주님을 붙들어야 한다.

자기를 부인하고 자기 십자가를 지는 것은 힘들고 어렵지만 나보다 내 인생길을 더 잘 아시는 주님께 이 모든 것을 내맡기며 나아갈 때 결국 우리를 풍성한 생명의 길로 인도하실 것이다. 우리는 이런 장기적 관점을 자꾸만 확장해야 한다. 더 나아가 현세적 관점과 초월적 관점을 함께 고려해야 한다.

> "누구든지 이 음란하고 죄 많은 세대에서 나와 내 말을 부끄러워하면 인자도 아버지의 영광으로 거룩한 천사들과 함께 올 때에 그 사람을 부끄러워하리라"(막 8:38).

'이 세대'는 예수님의 말씀대로 사는 것을 부끄러워하고 조롱한다. 이 세대에서 자기를 부인하면 바보다. 어떻게든 자기를 주장하고, 자기가 원하는 것을 쟁취해야 한다. 경쟁에서 이기고 짓밟아야 한다. 그래서 우리는 이 땅에서 성공하고 경쟁에서 이기기 위해 예수님의 말씀을 부끄러워하고 부인한다. 세상에서는 세상의 논리로 성공하려 한다. 그런데, 이게 끝이 아니다. 그렇게 하면 나중에 주님이 다시 오실 때 주님께서 이런 우리를 부끄러워하신다.

만약 호주에 갔는데, 호주 사람이 일본 사람을 참 좋아한다고 치자. 가는 곳마다 물어본다. 한국 사람인가 일본 사람인가? 한국인이라고 하면 실망한 듯 별말 없지만 일본인이라고 하면 호들갑을 떨고 이것저것 물어보며 대하는 태도와 대접이 달라진다. 차라리 일본인이라고 해? 고민될 정도다. 그러다 어느 순간부터 이런 질문을 받을 때마다 일본 사람이라고 속인다. 그러던 어느 날, 호주에 난리가 났다. BTS 열풍이 전역에 불었다. 그러자 가는 곳마다 묻는다. 너 한국인이니? 일본인이라고 하면 별말 없는데 한국인이라고 하면 열광하며 대답이 달라진다. 이럴 땐 어떻게 해야 하나? 다시 일본인에서 한국인이라고 바꾸어야 하나? 그랬다가는 거짓말하는 사람으로 낙인 찍혀 부끄럽게 된다.

기억하라! 자기 부인은 이 세대에서만이 아니라 다가오는 초월적인 하나님 나라에서도 유효하다. 자기 목숨을 잃으면 생명을 얻을 것이다. 생명과 구원은 누가 주시는 것인가? 하나님이 주시는 것이다. 우리가 자기를 부인하고, 십자가를 지고, 고난과 멸시의 자리로 가면 주께서 이런 우리를 내버려 두지 않으시고, 다시 살아나게 하시는 역사가 일어날 것이다.

예수께서 십자가를 지실 때도 그랬다. 자기를 부인하고 십자가에 못 박히러 가실 때 자신을 능히 살리고 구원하실 하나님의 능력을 신뢰했다. 예수님은 많은 고난을 받고, 장로들과 대제사장들과 서기관들에게 버린 바 되어 죽임을 당하고, 사흘 만에 살아나야 할 것과 다시 일으키심 받을 것을 아셨다(막 8:31). 나를 붙드시는 이런 초월적인 능력을 알고 확신하는 성도는, 극한 고통과 수치 속에 하나님 앞에 통곡과 눈물로 소원을 올리며 기도할 수 있다. 왜? 이 십자가가 지나면 반드시 나를 살리시는 역사를 일으키실 것이기 때문이다.

"그는 육체에 계실 때에 자기를 죽음에서 능히 구원하실 이에게

심한 통곡과 눈물로 간구와 소원을 올렸고 그의 경건하심으로 말미암아 들으심을 얻었느니라"(히 5:7).

성도는 자기를 부인하고 자기 십자가를 지고 예수님을 따르라고 부름을 받은 사람이다. 이 세대의 관점으로 볼 때 이 길은 미련한 길이고 망하는 길이다. 그러나 이 길은 길게 볼 때 진정한 승리의 길이고, 사람들의 마음을 얻는 길이며, 하나님의 능력을 경험하는 길이다. 너무 쉽고 빠른 길은 주님의 능력이 손쓸 사이도 없게 다 끝나버린다. 좋을 것 같지만 쉽게 얻은 것은 쉽게 잃어버린다. 생명의 길이 아니라 사망의 길이다.

나는 날마다 자신을 부인하는가? 부인은 지적인 인정으로만 끝나지 않는다. 기쁘게 십자가 지는 것까지를 포함한다. 자존심도 상하고, 부끄럽기도 하며, 때로는 마음이 상해 화가 나기도 한다. 그러나 주의 말씀을 붙들고 끝까지 나아가면 주께서 우리를 살리시고 칭찬하실 날이 올 것이다. 이런 역사를 경험하는 성도로 서자!

[36장 각주]

2) 애덤 그랜트, 윤태준 역, 「기브앤테이크」(서울: 생각연구소, 2013), 23쪽.

37 Chapter 37. Mark 9:2-8

무엇을 위한 체험인가

[2]엿새 후에 예수께서 베드로와 야고보와 요한을 데리시고 따로 높은
산에 올라가셨더니 그들 앞에서 변형되사 [3]그 옷이 광채가 나며 세
상에서 빨래하는 자가 그렇게 희게 할 수 없을 만큼 매우 희어졌더
라. [4]이에 엘리야가 모세와 함께 그들에게 나타나 예수와 더불어 말
하거늘 [5]베드로가 예수께 고하되 랍비여 우리가 여기 있는 것이 좋사
오니 우리가 초막 셋을 짓되 하나는 주를 위하여, 하나는 모세를 위
하여, 하나는 엘리야를 위하여 하사이다 하니 [6]이는 그들이 몹시 무
서워하므로 그가 무슨 말을 할지 알지 못함이더라. [7]마침 구름이 와
서 그들을 덮으며 구름 속에서 소리가 나되 이는 내 사랑하는 아들이
니 너희는 그의 말을 들으라 하는지라. [8]문득 둘러보니 아무도 보이

지 아니하고 오직 예수와 자기들뿐이었더라.

전에 LG전자가 미국 테네시주 클락스빌에서 세탁기 공장 준공식을 했다. 125만㎡의 대지에, 연면적 7만 7천㎡ 규모의 건물 안에는 첨단 조립 로봇과 운반 로봇을 설치해서 일반 공장의 30% 인력으로 운영할 수 있게 만들었다. 이런 자동화 생산능력을 바탕으로 하루 9시간 가동하여, 10초에 한 대꼴로 세탁기가 조립되어 나온다. 이렇게 연간 120만 대를 생산할 계획을 하고 있다. LG전자에서 미국에 최첨단의 세탁기 공장을 준공한 것은 한국산 세탁기에 부과되는 관세 때문이었다. 2017년 모든 수입 세탁기에 적용되는 긴급수입제한 조치, 일명 세이프 가드로 인해, 연간 120만 대까지는 20%, 120만 대를 넘는 물량에는 50%의 관세가 부과되는 조치가 취해졌다.

세탁기에 긴급수입제한 조치가 발동된 이유가 무엇일까? 그것은 미국 생활가전 최대 업체인 월풀(Whirlpool)의 견제 때문이다. 월풀은 2010년 이후부터 LG전자의 세탁기 품질이 급격히 좋아지면서 시장을 점차로 빼앗기자 미국 정부에 긴급구조(SOS) 요청을 했다. LG전자 때문에 자기네 기업의 피해가 심하니 관세를 부과하라고 했다. 이들은 트럼프 행정부에 이를 집요하게 요구했고, 2017년 미 행정부는 마침내 모든 수입 세탁기에 관세 부과를 허락했다. 당장에 20%의 관세가 부과되기 시작했다. 그런데 놀라운 것은 이런 관세에도 LG전자가 주력으로 삼는 900달러 이상의 프리미엄 세탁기의 미국 시장 점유율은 27%로 이전 해와 비교하면 전혀 떨어지지 않았다는 사실이다. 반면 월풀은 12%에서 10%로 떨어졌다. 무슨 말인가? 이것은 관세를 부과하고 시장에서 팔지 못하도록 해도 여전히 날개 돋친 듯 팔릴 정도로 품질 경쟁력이 있다는 것이다.

반면 월풀은 가격 경쟁력이 있어도 소비자들이 외면하는 제품으로 전락했다. 그렇다면 월풀은 관세부과를 안 해서 우리 회사가 무너지고 있다고 정부 탓을 할 것이 아니라 미국 소비자들이 열광할만한 프리미엄 제품을 개발하는 세탁기 제조회사의 진면목을 보여주는 데 집중해야 했다. 공장 준공식을 할 때 LG전자 사장은 이런 말을 했다. "월풀이 우리를 미국으로 불러들였습니다!" 무슨 말인가? 관세를 부과하는 식으로 LG전자의 경쟁력을 빼앗으려 했으니, 그렇다면 아예 미국에 공장을 지어 관세에서 탈피해서 정말 품질로 진검승부를 펼쳐보겠다는 것이다.

진면목은 평소에는 잘 보이지 않는다. 그러나 결정적인 위기의 순간에 드러나는데, 그것이 드러나는 순간 이전에는 미처 몰랐던 새로운 깨달음과 확신 가운데 나아가게 하는 강력한 동력을 제공한다.

이것은 예술의 세계에서도 그렇다. 예술이라는 것이 무엇인가? 평소에는 잘 나타나지 않던 어떤 대상의 진면목을 순간적으로 포착해서 보여주는 것이다. 훌륭한 사진작가가 찍은 아름다운 자연 풍광이나 인물 사진을 보라. 늘 보던 산, 늘 보던 새, 늘 평범하게 보던 사람인데, 이들이 찍은 사진에는 걸음을 멈추게 하고 가슴을 뭉클하게 하는 감동이 있다. 왜 그런가? 일상의 눈으로는 좀처럼 잘 드러나지 않는 자연과 사람의 진면목을 순간적으로 포착했기 때문이다.

이런 진면목은 사람에게도 드러난다. 우리가 아는 주변 사람과의 관계에서 이따금 위기나 고난과 같은 결정적인 순간에 그의 아름답고 진실한 모습이 드러날 때가 있다. 다윗과 요나단이 평생 절친이었던 이유, 더 나아가 다윗이 왕이 된 이후에도 평생 요나단을 잊지 못하고 그의 후손을 후대했던 이유가 무엇인가? 다윗이 위기일 때 요나단은 왕자임에도 끝까지 다윗을 신뢰하고 보호하고 사랑했기 때문이다. 겸손하게 진실한 친구로서의 진면목을 보여주었기 때문이다.

영적인 세계에서도 우리는 그 진면목을 볼 때가 있다. 교회와는 담을 쌓고 살던 사람이 있었다. 하나님은 별로 믿어지지 않았고 그것보다는 시간이 지날수록 인생이 잘 풀리기를 바라는 마음으로 무당이나 점쟁이를 찾아가 점을 치고 치성을 드렸고, 이따금 비싼 부적을 사서 몸에 지니고 다니기도 했다. 이렇게 하면 그저 길운이 자기에게 찾아온다고만 생각했다.

그런데 어느 날, 주변에 이분을 잘 알던 동네 언니가 교회에 가자고 초대했다. "우리 교회에 VIP 초대하는데 한번 와 볼래?" 그래서 교회에 가려고 했다. 그런데 가기로 한 주일날 아침이 되자 갑자기 식은땀이 뻘뻘 나고 온몸이 벌벌 떨리고 앞도 잘 보이지 않고 몸을 가누기가 힘들어졌다. 감기 기운이 찾아온 것 같았다. 그래도 약속한 것이 있어서 겨우 교회에 갔다. 예배드리는 동안 머리가 핑핑 돌고 아팠다. 예배 내내 식은땀이 흘렀다. 그래서 예배가 끝나자마자 힘들게 집에 갔다. 그런데 신기하게도 집에 가자마자 아팠던 것이 나은 것이다.

다음 주에 언니가 또 교회에 가자고 했다. 지난번 정신없이 비틀거렸던 생각이 나서 알았다고 이번에는 제대로 가겠다고 했다. 그런데 다음 날 아침에 일어나서 교회에 가려고 하니 수십 년간 한 번도 보지 않았던 코피가 쏟아져 나오는 것이다. 멈추면 가야지 했는데 코피가 좀처럼 멈추지를 않는다. 할 수 없이 언니에게 전화해서 코피가 멈추지 않으니 다음 주에 가겠다고 전화하고 끊었다. 그런데 신기하게도 예배시간이 딱 시작되자마자 코피가 멈추는 것이다. 참 신기했다.

마침내 다음 주가 찾아왔다. 이번에는 꼭 가야지! 다짐하고 옷을 차려입고 문을 나서려고 하는데, 갑자기 머리가 띵해졌다. 그런데 마치 누가 귀에 대고 말하는 것처럼 생생한 음성이 들렸다. '네가 감히 어딜 가려고 해! 넌 내 거야!' 그러더니 뒤로 확 잡아당기는 것이다. 그만 화들짝 놀라 뒤로 꽈당 넘어졌다. 누가 그랬나 하고 주변을 둘러봤더니 아무도 없었다. 그제야 정신이 번쩍 들면서 '아, 이게 악령, 귀신이구나!' 하는 생각을 하게 되었다. 그동안 자신도 모르게 자신의 삶을 우상 숭배와 점으로 이끌었던 배후에 있는 영적 세력의 진면목을 예수님 앞으로 나아가려 하자 처음 경험한 것이다!

우리가 신앙생활을 하다 보면 평소에는 예수님을 그다지 경험하지 못할 때가 많다. 신앙생활을 하기는 하지만 '정말 주님이 살아 역사하시나?' 하는 생각을 할 때가 있다. 그런데 예기치 못한 순간 예기치 못한 장소에서 우리는 예수님의 강렬한 임재를 이따금 경험할 때가 있다. 너무나도 생생한 기도의 응답을 경험한다. 너무나도 생생하게 주님의 아름다우심과 영광과 사랑을 맛본다. 이런 체험이 지나가고 나면 우리는 '아! 내가 성경으로 읽고 믿던 예수님이 바로 이런 분이었구나!' 하는 것을 강렬하게 확신하며 신앙생활에 생동감이 일어난다. 예수님의 진면목을 경험하는 것이다.

본문의 말씀은 제자들이 예수님의 진면목을 경험하는 이야기다. 본문에서 제자들의 분위기는 그다지 좋지 않다. 왜? 예수께서 지금부터 많은 고난을 겪고, 이스라엘의 지도자들에게 버린 바 되며, 죽임당할 것이라고 말씀하셨기 때문이다. 아니, 이제 예루살렘에 들어가셔서 많은 사람의 환호 가운데 왕이 되셔야 할 분이 죽기 위해 간다고 하니 베드로는 화가 났다. 베드로는 스승에게 거칠게 항의하고 스승을 꾸짖었다. 그러자 예수님은 그런 베드로를 도리어 엄중하게 꾸짖으시며, 누구든지 나를 따라오려거든 자기를 부인하고 자기 십자가를 지고 나를 따라오라고 말씀하셨다. 이 말씀에 제자들 마음이 무거워졌다.

베드로와의 충돌사건이 일어난 지 엿새 후, 예수님은 베드로, 야고보, 요한을 데리고 높은 산(다볼산)으로 올라간다.

> "엿새 후에 예수께서 베드로와 야고보와 요한을 데리시고 따로 높은 산에 올라가셨더니 그들 앞에서 변형되사 그 옷이 광채가 나며 세상에서 빨래하는 자가 그렇게 희게 할 수 없을 만큼 매우 희어졌더라"(막 9:2-3).

제자들은 그동안 한번도 보지 못했던 놀라운 신성과 거룩함을 경험한다. 예수께서 본래 가졌던 신성을 직접 보고 경험한 것이다. '엿새 후' 에 가셨다는 것은 제자들에게 장차 예루살렘에서 붙잡히고 고난받으시고 십자가를 지셔야 할 것을 말씀하시고, 제자들에게도 자기 십자가를 지고 나를 따라오라고 말씀하신 지 엿새 후를 말한다. 그러니까 예수님은 제자들과 함께 칠 일째에 올라가신 것이다. 제 칠 일은 엿새 동안의 창조를 마치고 참된 안식을 취하는 완성의 때를 의미한다. 그러니까 예수께서는 십자가를 지고 부활하신 후 참된 구원의 완성을 이루어 하나님의 형상을 완전히 회복한 영광스러운 모습을 제자들에게 선취적으로 보여주고 계시는 것이다(빌 2:6 참조). 예수께서 높은 산으로 올라가셔서 놀랍게 변형되신 것은 모세의 모습과 비슷하다.

> "여호와의 영광이 시내산 위에 머무르고 구름이 엿새 동안 산을 가리더니 일곱째 날에 여호와께서 구름 가운데서 모세를 부르시니라"(출 24:16).

모세도 하나님의 영광이 산에 머무른 지 엿새가 지나고 칠 일째 시내산에 올라간다. 이때는 시내산 계약 체결 완성의 때를 상징한다. 예수께서 산에 올라가자 제자들 앞에 놀랍게 변형되신다. 특별히 본문은 예수께서 입으셨던 옷의 변화를 강조한다. 옷에서 광채가 나고 너무나도 순결한 흰옷으로 바뀐다. 옷에서 순결하고 영광스러운 광채가 강렬하게 쏟아져 나온 것이다. 옷은 신분을 의미한다. 예수님이 입으신 옷에서 이렇게 순결하고 영광스러운 광채가 난다는 것은 그분이야말로 하나님이 보내신 참된 메시아이자 온 세상의 영광스러운 왕이심을 보여준다. 이때 구약의 전설적인 인물 둘이 나타난다. 바로 엘리야와 모세다.

"이에 엘리야가 모세와 함께 그들에게 나타나 예수와 더불어 말하거늘"(막 9:4).

엘리야와 모세는 공통점이 있다. 첫째, 이 두 사람은 모두 시내산에 올라갔던 사람들이다. 모세는 십계명을 받으러 올라갔고, 엘리야는 이세벨의 협박을 받고 두려움에 사로잡혔을 때 시내산으로 부름을 받아 그곳에 올라가 거대한 바람, 지진, 불을 경험한 후 세미한 음성을 듣는다.

둘째, 이 둘은 장차 메시아가 도래할 종말의 때에 이들과 같은 메시아 혹은 길을 예비하는 사자를 보낼 것이라는 약속이 있다.

"네 하나님 여호와께서 너희 가운데 네 형제 중에서 너를 위하여 나와 같은 선지자 하나를 일으키시리니 너희는 그의 말을 들을지니라"(신 18:15, 참조 신 18:18-19).

여기 "나와 같은 선지자"는 모세의 영이 임한 선지자가 아니라 모세와 같은 역할을 감당할 선지자를 말한다. 이것은 엘리야도 마찬가지다. 엘리야의 영이 임한 선지자가 아니라 엘리야와 같은 역할을 하는 선지자다. 그 역할이 무엇인가? 마음을 돌이키는 것이다.

"보라. 여호와의 크고 두려운 날이 이르기 전에 내가 선지자 엘리야를 너희에게 보내리니 그가 아버지의 마음을 자녀에게로 돌이키게 하고 자녀들의 마음을 그들의 아버지에게로 돌이키게 하리라. 돌이키지 아니하면 두렵건대 내가 와서 저주로 그 땅을 칠까 하노라 하시니라"(말 4:5-6).

구약에서 하나님의 영광이 임했던 시내산에 올랐고, 그와 같은 이들을 다시 보낼 것을 약속했던 위대한 선지자와 예언자가 왕 같은 영광스러운 흰옷을 입은 예수님 앞에 나타나 이야기를 나눈다. 무슨 내용인지 본문에는 나오지 않지만 누가복음은 이것이 '별세' 에 관한 것이라고 말씀한다(눅 9:31). 별세는 헬라어로 '엑소더스', 즉 출애굽을 말한다. 예수께서는 십자가로 이루실 구원역사가 제2의 출애굽 역사를 성취할 것을 내다보며 대화를 나누셨다! 이 놀라운 장면 앞에 제자들은 황홀했고 또 두려웠다.

"베드로가 예수께 고하되 랍비여 우리가 여기 있는 것이 좋사오니 우리가 초막 셋을 짓되 하나는 주를 위하여, 하나는 모세를 위하여, 하나는 엘리야를 위하여 하사이다 하니"(막 9:5).

베드로가 '랍비' 라는 말을 그대로 사용한 것은 이 단어가 가진 의미를 부각하기 위해서다. "랍비여"는 문자적으로 "나의 위대한 분이여"라는 뜻이다. 예수님의 영광과 그와 함께한 구약의 위대한 두 인물 앞에 압도되어 이렇게 말한 것이다. 그러면서 "우리가 여기 있는 것이 좋으니 아예 초막을 치고 계속 지냅시다"라고 한다. 그동안 베드로는 무엇을 꿈꾸었는가? 빨리 예루살렘에 입성해서 예수님이 왕으로 등극하시는 것이다. 그런데 여기서 그동안 한번도 보지 못했던 예수님의 압도적인 영광을 보자 '더 이상의 영광은 필요 없으니 그냥 이대로 죽어도 좋다' 하는 생각이 든 것이다. 성경은 초막을 짓자는 베드로의 제안에 대해 이렇게 말씀한다.

"이는 그들이 몹시 무서워하므로 그가 무슨 말을 할지 알지 못함이더라"(막 9:6).

지금 제정신으로 하는 말이 아니다. 베드로와 제자들은 예수님의 진면목을 경험하는 이 놀랍고 신비한 체험이 아직 제대로 해석되지 않고 있다. 신비체험은 해석이 중요하다. 이것이 해석되지 않을 때는 횡설수설하게 된다. 그것이 해석될 때 사실 우리는 더 굳건하고 흔들림 없이 십자가를 질 수 있게 된다.

이때 영광의 구름이 이들을 덮는다. 마치 출애굽 때 이스라엘 장막 위에 덮었던 구름과 같다. 당시 유대인들은 출애굽 때 임재했던 그 영광의 구름이 종말의 메시아가 도래할 때 다시 돌아올 것을 기대하고 있었다. 중요한 것은 구름이 덮으며 그 속에서 나온 하나님의 음성이다.

"마침 구름이 와서 그들을 덮으며 구름 속에서 소리가 나되 이는 내 사랑하는 아들이니 너희는 그의 말을 들으라 하는지라"(막 9:7).

예수님이 바로 하나님의 사랑하는 아들이라는 것이다. 그러니 예수님의 말을 들으라고 하신다. '그의 말'은 엿새 전에 예수님이 하셨던 말씀, 곧 인자의 죽음과 부활의 말씀(막 8:31), 또 누구든지 예수님을 따르려거든 자기를 부인하고 자기 십자가를 지고 따르라는 말씀(막 8:34-38)을 가리킨다.

예수께서 하나님의 아들이라는 이 중요한 선언은 마가복음을 관통하는 핵심 모티브다(막 1:1,10 참조). 그런데 9장에 이르기까지 예수님을 하나님의 아들로 알아보고 고백한 사람은 하나도 없었다. 베드로가 겨우 '주는 그리스도 곧 메시아'라고 고백했을 뿐이다. 귀신들은 진작 알아보고 실토했다(막 1:24, 3:11-12). 그러나 그때마다 예수님은 귀신들이 말하는 것을 금지하셨다. 예수님은 왜 귀신들이 말하는 것을 금지했을까? 그것은 귀신들의 고백은 사람들과 제자들에게 자칫 하나님의 아들에 대한 오해를 불러일으킬 수 있기 때문이다. 귀신들이 쫓겨나가면서 자꾸 말하고 다니면 사람들은 하나님의 아들은 능력을 베풀고 기적을 행하는 능력의 메시아로만 오해하고 기대한다.

하지만 예수께서 드러내기 원하셨던 하나님 아들의 모습은 하늘의 모든 영광을 갖고도 십자가에 자기 생명을 기꺼이 내주는 아들이다. 그래서 마가복음에서 처음으로 예수님을 진정한 하나님의 아들이라고 고백하는 장면이 등장하는데, 그 자리가 바로 십자가 아래서다(막 15:39). 그래서 하나님은 영광의 임재 가운데 예수께서 십자가를 지셔야 하고 제자들도 함께 지고 가야 한다는 예수님의 말씀을 들으라고 하신 것이다.

제자들이 봤던 천상의 강렬한 영광의 광채는 이제 초자연적 암흑으로 들어가는 기초가 된다. 예수께서 십자가에 못 박히시자 온 땅에 강력한 흑암이 임하지 않았는가?(막 15:33). 예수께서 입으셨던 희고 영광스러운 옷은 로마 군병들이 그를 '유대인의 왕' 이라고 조롱하며 벗길 것이다. 그리고 그 위에 채찍질하고 피 흘리게 할 것이다.

예수님 곁에 있던 모세와 엘리야는 예수님의 하늘 영광을 드러내 주었다. 하지만 예수께서 십자가를 지실 때는 두 명의 죄수가 좌우에 달려 이들과 같은 죄인으로 취급당할 것이다. 좌우의 죄수들은 예수님을 욕하며 대적할 것이다(막 15:32). "이는 내 사랑하는 아들이니 저의 말을 들으라"고 하셨던 하나님께 예수님은 십자가에서 "어찌하여 나를 버리셨나이까" 하며 고뇌에 찬 질문을 던지실 것이다(막 15:34).

예수님의 영광은 십자가 고난의 또 다른 측면이다. 영광이 있기에 십자가가 있고, 십자가가 있기에 영광이 있다. 이 양극성이 예수 그리스도 안에서 온전히 통합된다. 이것이 온전히 이해되는 자리가 바로 예수님의 부활이다. 그래서 예수께서는 제자들에게 "인자가 죽은 자 가운데서 살아날 때까지는 본 것을 아무에게도 이르지 말라"(막 9:9)고 당부한다.

나는 예수님의 어떤 진면목을 경험했는가? 말할 수 없이 황홀한 영광을 체험하고 은혜를 경험했는가? 이것은 천상에 머물기 위한 경험이 아니다. 내가 경험한 말할 수 없는 영광의 신비체험은 이 땅의 십자가를 지기 위한 체험이 되어야 한다. 영광 중에 고난을 보고, 고난 중에 영광을 보아야 한다. 이것이 바로 예수께서 참 하나님이자 참사람이 되신 이유다. 온전한 신성과 온전한 인성을 함께 갖고 계셨기에 십자가와 하늘 영광을 함께 붙드실 수 있었다. 이것은 우리 삶에 신비로운 도전이다. 하늘 영광을 맛보았다면 험한 십자가를 더욱 든든히 붙들고 고난 가운데 나아가야 한다. 우리에게 주시는 영광의 체험을 사모해야 한다. 그래서 주님의 험한 십자가를 더욱 군건히 지고 가는 성도로 서자.

38 Chapter 38. Mark 9:9-13

엘리야가 먼저 와야 하리라

[9]그들이 산에서 내려올 때에 예수께서 경고하시되 인자가 죽은 자
가운데서 살아날 때까지는 본 것을 아무에게도 이르지 말라 하시니
[10]그들이 이 말씀을 마음에 두며 서로 문의하되 죽은 자 가운데서 살
아나는 것이 무엇일까 하고 [11]이에 예수께 묻자와 이르되 어찌하여
서기관들이 엘리야가 먼저 와야 하리라 하나이까. [12]이르시되 엘리야
가 과연 먼저 와서 모든 것을 회복하거니와 어찌 인자에 대하여 기록
하기를 많은 고난을 받고 멸시를 당하리라 하였느냐. [13]그러나 내가
너희에게 이르노니 엘리야가 왔으되 기록된 바와 같이 사람들이 함
부로 대우하였느니라 하시니라.

어릴 때 종종 즐겼던 틀린 그림 찾기는 똑같아 보이는 두 개의 그림을 꼼꼼히 대조하며 차이점을 발견하는 것이다. 언뜻 보면 비슷해 보이지만 알고 보면 꽤 큰 차이가 있다. 생각해보라. 혀를 내민 사람과 아닌 사람 차이가 큰가 작은가? 굴뚝 세 개가 있는 건물과 굴뚝이 없는 건물, 차이가 크다.

신앙생활도 마찬가지다. 우리는 바른 신앙, 바른 교리 위에 신앙생활을 영위해야 한다. 성경 강해나 성경 공부도 언뜻 들으면 비슷한 것 같지만 자세히 들으면 전혀 다른 이야기인 경우가 많다. 이단들의 주장이 그렇다. 이단(異端)은 다를 '이'(異) 자에 끝 '단'(端) 자를 사용하여 '끝이 다르다'는 의미가 있다. 시작은 비슷한 것 같은데, 결론에 이르면 전혀 달라지는 것이다. 본문에 나오는 엘리야와 세례 요한에 관한 말씀은 많은 이단이 사람들을 미혹된 교리로 이끌 때 사용하는 단골 메뉴 중 하나이다. 예수께서 변화산에서 광채가 나는 형상으로 변모하시는 놀라운 체험을 하고 산에서 내려오고 있었다. 이때 예수님께서 제자들에게 말씀하신다.

> "인자가 죽은 자 가운데서 살아날 때까지는 본 것을 아무에게도 이르지 말라"(막 9:9).

그러자 제자들은 '이 말씀이 무슨 뜻이지?' '죽은 자 가운데서 살아난다는 것이 무슨 말이야?' 하며 서로 궁금해하기 시작했다. 이때 제자들의 머리에 떠오르는 의문이 있었다. 그것은 엘리야에 관한 것이었다.

"이에 예수께 묻자와 이르되 어찌하여 서기관들이 엘리야가 먼저 와야 하리라 하나이까"(막 9:11).

당시 서기관을 비롯한 유대 사회의 종교 지도자들은 메시아가 오기 전에 반드시 엘리야가 와야 한다고 가르쳤다. 그것은 말라기 말씀에 근거한 것이었다.

"보라. 여호와의 크고 두려운 날이 이르기 전에 내가 선지자 엘리야를 너희에게 보내리니 그가 아버지의 마음을 자녀에게로 돌이키게 하고 자녀들의 마음을 그들의 아버지에게로 돌이키게 하리라. 돌이키지 아니하면 두렵건대 내가 와서 저주로 그 땅을 칠까 하노라 하시니라"(말 4:5-6).

이 말씀에 따르면 메시아가 오기 전 선지자 엘리야를 먼저 보낼 것인데, 그가 오면 메시아가 오실 길을 예비하고 준비하게 된다. 그가 하나님의 마음을 자녀들에게 돌이키게 하고, 또 자녀들의 마음이 하나님께 돌아오도록 화해시키는 사역을 할 것이라고 말씀한다.

그런데 제자들이 조금 전 변화산에서 누구를 보았는가? 바로 말라기에서 예언했던 엘리야를 보았다. 아직 엘리야가 오지 않은 줄 알았다. 당시 많은 유대인이 말라기 예언대로 엘리야가 오기를 기다렸다. 그런데 변화산에서 보니 엘리야가 있었다. 그런데 예수께서는 엘리야가 와 있음에도 많은 고난을 받고, 유대 지도자들에게 버린 바 되어 죽임을 당하고, 사흘 만에 다시 살아나야 할 것을 말씀하셨다. 엘리야가 왔으면 말라기서의 예언대로 모든 것을 회복하고 메시아왕국을 준비시켜야 할 텐데, 도리어 예수님이 죽을 것이라고 말씀하는 것이다. 그래서 예수님께 반문한다. "아니! 예수님, 자꾸 죽는다고 하시는데, 엘리야가 먼저 왔다면 죽으시면 안 되지요. 그렇다면 서기관들은 왜 엘리야가 먼저 와야 한다고 했나요?" 이렇게 물어보는 것이다.

> "이르시되 엘리야가 과연 먼저 와서 모든 것을 회복하거니와 어찌 인자에 대하여 기록하기를 많은 고난을 받고 멸시를 당하리라 하였느냐"(막 9:12).

예수께서는 엘리야가 와서 하나님과 사람 사이의 관계를 화목하게 하여 하나님은 사람을 향하여, 사람들은 하나님을 향하여 돌이키게 하고 메시아의 오심을 준비할 것이라고 말씀하시면서 그렇다면 성경은 어찌 인자가 많은 고난을 받고 멸시를 당할 것이라고 했느냐 물으신다. 여기 '인자' 는 예수께서 메시아의 수난과 종말 사역을 설명할 때 사용하는 자신을 가리키는 고유한 자기 칭호다.

여기서 성경은 특정한 성경을 말하는 것이 아니라 성경 여러 곳에서 메시아에 관해 말씀하는 것을 함축적으로 표현한 것이다. 이런 표현은 마가복음의 특징적인 표현이기도 하다. 예수님의 말씀은 메시아가 수난받는 것을 기록한 여러 성경 구절을 함축적으로 표현한 것이다. 예를 들면 다음과 같은 구절들이다.

> "나는 벌레요 사람이 아니라 사람의 비방 거리요 백성의 조롱 거리니이다"(시 22:6).

> "건축자가 버린 돌이 집 모퉁이의 머릿돌이 되었나니"(시 118:22).

> "그는 멸시를 받아 사람들에게 버림받았으며 간고를 많이 겪었으며 질고를 아는 자라"(사 53:3).

예수님의 말씀을 쉽게 풀어 설명하면 이렇다. "자, 엘리야가 과연 먼저 와서 하나님과 백성 간의 어그러진 관계를 회복하며 메시아의 사역을 준비시킬 것이다. 엘리야는 분명 먼저 와서 이런 사역을 하였다. 그렇다면 분명 메시아가 와서 사람들을 하나님과 화목하게 하고 이 땅에 메시아의 왕국을 건설하고 로마제국의 세력을 몰아내야 마땅할 텐데, 도리어 메시아가 많은 고난을 받고 멸시를 당하리라고 성경에 기록된 이유는 무엇이냐?" 하는 것이다.

예수께서 이렇게 반문한 것은 엘리야가 먼저 와서 예수님의 길을 예비하는 사역과 예수님이 십자가에 달려 돌아가시는 것이 모순되는 것 같지만, 도리어 그것이 성경적으로 하나님의 뜻을 이루는 길이라는 것을 말씀하고자 하시는 것이다. 그러면서 말씀하신다.

> "그러나 내가 너희에게 이르노니 엘리야가 왔으되 기록된 바와 같이 사람들이 함부로 대우하였느니라 하시니라"(막 9:13).

이 말씀은 엘리야가 선지자의 사명을 감당하면서 이스라엘 왕과 그의 아내 이세벨에 의해 고난을 겪었던 사건을 전제한다(왕상 18-19장). 엘리야가 갈멜산에서 바알과 아세라 선지자 850명과 대결하고 하나님의 능력으로 기적적인 승리를 거두자 이세벨은 내일 엘리야를 반드시 죽이겠다고 협박했다. 엘리야를 멸시하고 함부로 대했다. 그러자 엘리야는 공포에 질려 유대 광야로 도망가 로뎀 나무 아래 앉아 차라리 죽여달라고 하나님께 기도한다(왕상 19:4).

다른 말로 하면 엘리야가 메시아의 길을 예비하여 화목하게 하는 사역과 그가 고난을 겪고 멸시를 당하는 것은 성경적으로 배치되거나 이상한 것이 아니라는 것이다. 엘리야가 메시아 사역의 선구자라면 화목하게 하는 사역뿐 아니라 고난 겪고 멸시당하고 죽임당하는 일까지 엘리야가 감당해야 하는 선구적인 사역의 일부이기에, 메시아 곧 인자가 고난을 받고 버린 바 되어 죽임당하는 것은 전혀 생소한 다른 사역이 아니라는 것이다. 이제 제자들은 이 엘리야가 누구인지 감을 잡았다. 이것은 같은 사건을 기록한 마태복음 17장 13절에 나온다.

> "그제서야 제자들이 예수께서 말씀하신 것이 세례 요한인 줄을 깨달으니라."

구약 말라기서에서 예언한 엘리야는 바로 세례 요한이었다. 이 지점에서 중요하게 점검해야 할 것이 있다. 엘리야가 올 것이라고 예언했던 말씀이 성취되어 세례 요한으로 왔다는 것이 무엇이냐는 것이다. 이것을 이해할 수 있는 것이 누가복음이다.

> "그가 또 엘리야의 심령과 능력으로 주 앞에 먼저 와서 아버지의 마음을 자식에게, 거스르는 자를 의인의 슬기에 돌아오게 하고 주를 위하여 세운 백성을 준비하리라"(눅 1:17).

세례 요한이 오지만 그는 엘리야의 심령과 능력으로 온다. 이것을 문자적으로 해석하면 엘리야의 영(spirit)으로 온다는 것이다. 그러니까 엘리야가 직접 오는 것이 아니라 엘리야의 영과 능력으로 세례 요한에게 온다는 것이다.

무속신앙에 보면 날마다 나무에 정화수 떠놓고 절하며 비는 경우가 있다. 왜 나무에게 빌까? 그것은 나무 때문에 비는 것이 아니라 나무에 신령이 깃들어 있다고 믿기 때문이다. 그러니까 나무에게 비는 것이 아니라 나무에 깃든 신령에게 비는 것이다. 마찬가지로 세례 요한이 엘리야로 오는데, 세례 요한과 엘리야가 똑같이 생겨서가 아니라 세례 요한이라는 사람에게 엘리야의 영이 임했기 때문이라는 것이다. 그렇게 온 세례 요한은 겉은 세례 요한이지만 속에 있는 영의 본질은 엘리야라는 것이다. 조금 이상하지 않는가? 이것이 바로 이단이 가르치는 세례 요한 교리다.

이들이 이렇게 가르치는 이유는 다음과 같은 주장을 하기 위해서다. 초림시대 엘리야의 영이 세례 요한이라는 다른 사람에게 임한 것처럼 종말에는 예수의 영이 종말의 새 언약의 목자인 교주에게 임한다는 것이다. 엘리야는 불병거를 타고 승천하였다. 그리고 성경은 승천한 엘리야가 다시 온다고 했는데, 승천할 때 탔던 불병거를 타고 재림한 것이 아니라 세례 요한의 육체로 왔다. 마찬가지로 예수님은 구름 타고 승천하셨는데, 구름 타고 재림하는 것이 아니라 다른 사람에게 임하여 다른 사람의 육체로 오신다. 겉으로 육신으로 볼 때는 선생님이지만 그 속의 본질은 예수님이다. 그래서 이단들은 교주를 예수의 영이 임한 재림 예수이자 보혜사로 본다.

그래서 찬송도 "주 예수보다 더 귀한 것은 없네"라고 하지 않고, "내 주님보다 더 귀한 것은 없네"라고 한다. '예수님'이라고 하지 않고 '주님'이라 한다. 여기서 주님은 예수의 영이 임한 선생님 곧 교주를 가리킨다. 이들은 종말의 시대는 영이신 예수님을 볼 수 없기에 영이 임하신 선생님을 보는 것이 주님을 보는 것이라고 한다. 결국 재림주가 자기네 선생님이 된다는 것이다.

그렇다면 본문이 정말 의미하는 것은 무엇인가? 본문에서 엘리야의 심령이라고 할 때 여기 심령(spirit)은 '기상' '정신' '사명'을 의미한다. 영어로 '스피릿'(spirit)은 영도 되지만 정신도 된다. 즉 엘리야의 정신, 엘리야의 내면, 엘리야와 같은 심정과 사명을 갖고 온다는 것이다. 그렇다면 엘리야의 심정과 사명은 어떤 것일까? 여기 엘리야의 고백을 들어보자.

> "그가 대답하되 내가 만군의 하나님 여호와께 열심이 유별하오니 이는 이스라엘 자손이 주의 언약을 버리고 주의 제단을 헐며 칼로 주의 선지자들을 죽였음이오며 오직 나만 남았거늘 그들이 내 생명을 찾아 빼앗으려 하나이다"(왕상 19:10).

여기 엘리야의 내면이 드러난다. 첫째, 엘리야는 하나님께 특별한 열심을 갖고 있었다. 둘째, 그는 이스라엘 백성이 언약을 저버리고, 우상을 숭배하며, 칼로 선지자들을 죽일 때 담대하게 나아가 회개하고 하나님께 돌아오라고 선포했다. 셋째, 외롭고 힘들고 죽음의 위협에 시달렸다. 그런데도 끝까지 이 사명을 감당했다. "오직 나만 남았거늘 그들이 내 생명을 빼앗으려 하나이다!" 이것이 바로 엘리야의 심정이었다.

이런 사명으로 세례 요한이 어떤 사역을 감당했는가? 특별한 열심으로 이스라엘 백성에게 회개를 선포하고 메시아의 오심을 준비했다. 우상에서 돌이키도록 했다. 엘리야가 홀로 남아 생명의 위협에 시달렸던 것처럼 세례 요한도 광야에서 홀로 외치는 소리로, 결국 헤롯왕에게 붙잡혀 목 베임을 당해 순교하게 된다. 이런 심령으로 와서 엘리야와 같은 사명을 감당하는 사람이 바로 세례 요한이었다는 것이다.

이런 면에서 세례 요한에게 엘리야의 영혼이 들어왔다는 것은 왜곡된 주장임을 알 수 있다. 사람이 자기 영혼이 있는데, 거기에 또 다른 선지자의 영혼이 들어올 수 있는가? 아니다. 한 사람 안에 두 영이 있으면 빙의한 이상한 존재가 된다. 사람이란 그 정의 자체로 하나님의 숨결이 한 사람의 육체에 들어가 생령이 된 존재다(창 2:7). 절대 한 사람의 육체에 다른 사람의 영이 들어갈 수 없다.

게다가 히브리서 13장 8절에 따르면 예수 그리스도는 어제나 오늘이나 영원토록 동일하신데, 영원하신 그분이 또다시 누구의 육체에 들어가실 필요가 없다. 기억하라! 그분은 지금 영으로 계시지 않는다. 부활 승천하셔서 부활의 몸으로 영광 중에 하나님 보좌 우편에 계신다. 절대 영으로만 계시지 않는다. 그래서 성경은 이런 예수님을 마지막 아담이라고 말한다. 예수님은 온 인류가 회복해야 할 이상적인 최후 인류의 모델이라는 뜻이다. 예수님은 영이 아니고, 우리와 같은 육의 사람도 아니고, 완벽한 부활의 몸을 가지신 '신령한 사람'이 되었다(고전 15:46). 예수 그리스도는 알파와 오메가, 처음이자 끝이 되시는데 그분이 중간에 누구의 육체에 들어가신단 말인가? 말도 안 된다. 예수 그리스도는 영원하시고 알파와 오메가 되시기 때문에 그의 제사장 직분도 영원하다.

> "예수는 영원히 계시므로 그 제사장 직분도 갈리지 아니하느니라"(히 7:24).

예수님은 영원히 계시기에 영원한 제사장으로 하늘 성소에서 우리를 위하여 기도하신다. 이 제사장 직분을 다른 누구에게 주시지도 않고 주신 일도 없다. 하나님은 "나는 내 영광을 다른 자에게, 내 찬송을 우상에게 주지 아니하리라"(사 42:8) 말씀하셨다.

이렇게 볼 때 본문에서 예수께서 말씀하는 깊은 뜻을 발견할 수 있다. 메시아는 그 길을 예비하러 왔던 선구자 세례 요한이 와서 고난받고 죽임을 당한 것처럼 그분도 친히 고난받고 거절당하고 버린 바 되고 멸시를 당하고 죽임을 당하는 것이 마땅하다는 것이다. 지금 예수님은 쓰임받기 위해 버림받는 길을 택하고, 이것이 사명을 감당할 때 찾아오는 마땅한 과정이라고 말씀한다.

우리 같으면 심히 괴로워하고 충격을 받는다. 내가 이 일을 이루기 위해, 이 꿈을 이루기 위해 얼마나 열심히 준비하고 계획하고 달려왔는가? 내 모든 것을 다해 여기에 올인하지 않았는가? 그런데 그렇게 야심 차게 준비했던 것이 하나씩 거절당하고, 버린 바 되고, 멸시를 당하며, 비웃음과 조롱거리가 된다. 그러면 사람은 미친다. 내가 이러면 안 될 것 같다. 그런데 예수께서는 이것이 하나님의 뜻을 이루기 위해 마땅히 가야 할 길이고, 그래서 이것을 공공연하게 선언하고 그곳을 향하여 저벅저벅 걸어가시는 것이다.

우리 같으면 열심히 살아오기만 했던 내 인생이 왜 이렇게 꼬이냐고 하나님을 원망한다. 멸시와 조롱과 고난 한가운데 하나님의 뜻을 좀처럼 헤아리거나 기다리지 못한다. 그래서 예수께서 제자들에게도 이렇게 말씀하신다.

> "인자가 죽은 자 가운데서 살아날 때까지는 본 것을 아무에게도 이르지 말라"(막 9:9).

십자가를 지나기까지는 이를 제대로 이해하지 못하기 때문이다. 인생에는 계획만으로 이해할 수 없는 부분이 있다. 반드시 십자가를 지고 사망의 음침한 골짜기를 지나야만 이해되는 것이 있다. 예수님의 부활에 도달해야 비로소 제자들은 지금 예수님이 변모하신 사건과 예수님의 수난과 십자가를 제대로 이해할 수 있게 된다.

우리는 잘 준비되어서 건축자가 짓는 집에 멋지게 사용되는 재료가 되기를 원한다. 그러나 주님은 종종 우리가 건축자들에 의해 버려지는 것을 허용하신다. 굴러다니는 돌, 버린 돌, 멸시당하는 돌. 그런데 이런 돌이 될 때 비로소 우리는 집 모퉁이의 머릿돌이 되는 놀라운 역사를 경험할 수 있다. 쓰임받기 위해 버림받더라도 그곳에서 부활의 주님을 소망 중에 기다리며 나아가는 소망의 성도로 서자.

39 Chapter 39. Mark 9:14-29

신앙생활이 점점 버거워질 때

[14]이에 그들이 제자들에게 와서 보니 큰 무리가 그들을 둘러싸고 서
기관들이 그들과 더불어 변론하고 있더라. [15]온 무리가 곧 예수를 보
고 매우 놀라며 달려와 문안하거늘 [16]예수께서 물으시되 너희가 무엇
을 그들과 변론하느냐. [17]무리 중의 하나가 대답하되 선생님 말 못하
게 귀신 들린 내 아들을 선생님께 데려왔나이다. [18]귀신이 어디서든
지 그를 잡으면 거꾸러져 거품을 흘리며 이를 갈며 그리고 파리해지
는지라. 내가 선생님의 제자들에게 내쫓아 달라 하였으나 그들이 능
히 하지 못하더이다. [19]대답하여 이르시되 믿음이 없는 세대여 내가
얼마나 너희와 함께 있으며 얼마나 너희에게 참으리요. 그를 내게로
데려오라 하시매 [20]이에 데리고 오니 귀신이 예수를 보고 곧 그 아이

*로 심히 경련을 일으키게 하는지라. 그가 땅에 엎드러져 구르며 거품
을 흘리더라. [21]예수께서 그 아버지에게 물으시되 언제부터 이렇게 되
었느냐 하시니 이르되 어릴 때부터니이다. [22]귀신이 그를 죽이려고 불
과 물에 자주 던졌나이다. 그러나 무엇을 하실 수 있거든 우리를 불쌍
히 여기사 도와주옵소서. [23]예수께서 이르시되 할 수 있거든이 무슨
말이냐 믿는 자에게는 능히 하지 못할 일이 없느니라 하시니 [24]곧 그
아이의 아버지가 소리를 질러 이르되 내가 믿나이다. 나의 믿음 없는
것을 도와주소서 하더라. [25]예수께서 무리가 달려와 모이는 것을 보
시고 그 더러운 귀신을 꾸짖어 이르시되 말 못하고 못 듣는 귀신아
내가 네게 명하노니 그 아이에게서 나오고 다시 들어가지 말라 하시
매 [26]귀신이 소리 지르며 아이로 심히 경련을 일으키게 하고 나가니
그 아이가 죽은 것같이 되어 많은 사람이 말하기를 죽었다 하나 [27]예
수께서 그 손을 잡아 일으키시니 이에 일어서니라. [28]집에 들어가시
매 제자들이 조용히 묻자오되 우리는 어찌하여 능히 그 귀신을 쫓아
내지 못하였나이까. [29]이르시되 기도 외에 다른 것으로는 이런 종류
가 나갈 수 없느니라 하시니라.*

복잡하고 정신없는 삶을 살다 보면 정말 어디론가 훌쩍 떠나 좀 단순하게 살고 싶다는 생각을 할 때가 있다. 집에서 키우는 애완동물을 보면 차라리 얘네처럼 살면 얼마나 좋을까? 아무 걱정 없이 주는 사료만 먹고 사는 게 차라리 낫겠다는 생각이 들기도 한다. 그런데 이런 생각을 정말 실천으로 옮긴 사람이 있다. 영국 옥스퍼드

대학교 연구원인 찰스 포스터다. 그 경험을 엮어 얼마 전 「그럼, 동물이 되어보자」라는 책을 냈다.[3] 이 책 첫 장에는 오소리처럼 살았던 경험을 적고 있다. 오소리처럼 언덕에 굴을 파고 그 안에 살며 오소리처럼 먹었다. 오소리가 먹는 주식은 무엇일까? 주식의 85%는 지렁이다. 그래서 그는 지렁이를 먹었다. 지렁이를 입에 넣으면 어떻게 될까? 어둠 속에서 식도를 따라 뱃속으로 기어 내려갈까? 생각만 해도 끔찍하다. 차라리 입안에서 지렁이를 끊고 씹어 먹으면 어떻게 될까? 낚싯바늘에 꽂힌 지렁이가 온몸을 꿈틀거리며 난리를 치는 것처럼 입안에서 난리를 치지 않을까? 포스터 박사는 자신의 경험을 상세하고도 담담하게 들려준다.

지렁이를 입안에 넣으면 지렁이는 목구멍을 향해 기어가는 게 아니라 치아 사이 틈새를 찾아 돌아다닌다. 그게 징그러워 앞니나 어금니로 지렁이를 잘근잘근 씹어도 지렁이는 몸을 격하게 꿈틀대지 않는다. 그냥 입속에서 씹혀 널브러져 죽는다. 더 나아가 저자는 지렁이의 맛을 상세하게 들려준다. 포스터 박사에 따르면 지렁이는 끈적끈적한 점액과 흙 맛이 나는 '궁극의 로컬푸드'라고 한다. 지렁이를 많이 먹어본 경험으로 볼 때 지렁이의 맛을 좌우하는 것은 몸통이고, 지렁이에게서 흘러나오는 점액의 맛은 몸통 맛과는 다른데, 그 맛이 참 다양하고 계절마다 다르다고 한다.

이런 오소리의 삶을 살면서 저자는 미각과 후각으로만 살아가는 단순한 삶의 궁극을 경험한다. 자고 깨고 지렁이를 먹고 배설하고 또 자고 깨고 지렁이를 먹고…. 혹시 이런 삶을 살고 싶은가? 단순한 삶이 동물을 이해하는 데 도움이 될 수는 있지만 현실로 돌아오면 여전히 우리에게는 복잡다단한 문제가 쌓여있다.

우리의 신앙생활도 이와 같다. 세상에서 방황하던 인생에 주님이 오시면 복잡한 우리 삶이 단순해진다. 복잡한 계산과 고민이 사라지고 세상이 알 수 없는 기쁨과 감사, 그리고 응답의 능력을 경험한다. 그러나 복잡한 삶의 현장에 들어가 다시 휩쓸리다 보면 이런 기쁨과 감격을 잃어버리고 어느 순간 신앙생활이 점점 버거워지기 시작한다. 본문은 이런 우리에게 의미 있는 도전을 주는 말씀이다.

본문은 예수께서 변화산에서 내려오시는 장면으로 시작한다. 예수님은 그곳에서 놀라운 하나님의 영광으로 변모하셨다가, 다시 이 땅에 내려오셨다. 멀리서 보니 큰 무리가 산 아래 남아있던 예수님의 제자들을 둘러싸고 거기에다 유대의 종교 지도자이자 율법학자인 서기관들까지 합세하여 논쟁을 벌이고 있었다.

이때 사람들은 산에서 내려오는 예수님을 본다. 제자들과 이들을 둘러싸고 있던 무리가 우르르 달려가 예수님을 맞이한다. 예수께서 물으신다. 너희가 그들과 무엇을 변론하느냐? 그러자 무리 중 한 사람이 나서서 예수께 자초지종을 설명한다.

> "선생님, 내 아들을 선생님께 데려왔습니다. 그 아이는 말을 못 하게 하는 귀신이 들려 있습니다. 어디서나 귀신이 아이를 사로잡으면, 아이를 거꾸러뜨립니다. 그러면 아이는 거품을 흘리며, 이를 갈며, 몸이 뻣뻣해집니다. 그래서 선생님의 제자들에게 그 귀신을 쫓아내 달라고 했으나, 그들은 쫓아내지 못했습니다"(막 9:17-18, 새번역).

우리는 여기서부터 제자와 아이 아버지의 영적 상황이 전혀 녹록치 않다는 것을 볼 수 있다. 그동안 마가복음 전반부(막 1:1–8:21)에서 믿음의 역사는 큰 어려움 없이 비교적 순탄하게 이루어져 왔다. 예수께서는 제자들에게 능력을 주시고 귀신을 내쫓는 권세를 주셨고(막 3:14–15), 이들을 파송하여 주신 능력을 사용해보도록 하였다(눅 10:17–20 참조). 이전에 예수께 나아온 사람들은 비록 자신의 문제가 심각하고 어렵지만 예수님께만 가져가면 해결된다는 믿음이 있었다. 그래서 어떻게든 예수님께 가져가면 즉각적으로 치유받았다. 귀신들도 벌벌 떨면서 도망갔다. 이런 예수께 나아와 믿음으로 내 문제를 맡기는 것이 그렇게 어렵지 않았다.

그런데 예수께서 가이사랴 빌립보에서 이제 십자가를 지게 될 것을 제자들에게 비로소 예고하고(막 8:31) 변화산에서 영광 중에 변모하고 난 후(막 9:2), 본격적으로 십자가를 지기 위한 수난의 길로 접어들려 하자 더 높은 수준의 믿음이 필요해지기 시작한다. 예수님의 길을 방해하는 귀신도 더 센 놈이 나타난 것 같다. 전에는 제자들이 조금만 기도해도 나갔다면 이번에는 웬만큼 기도해서는 나가지 않는다. 이전보다 더 집중적인 기도가 요구되고, 더 간절하고 강력한 믿음이 요구된다. 요구되는 믿음의 수준이 갑자기 높아졌다. 귀신 들린 아들의 아버지가 예수께 축사를 요청하자 예수께서는 어떻게 반응하는가?

> “대답하여 이르시되 믿음이 없는 세대여 내가 얼마나 너희와 함께 있으며 얼마나 너희에게 참으리요. 그를 내게로 데려오라 하시매” (막 9:19).

예수님은 아홉 명의 제자, 아이 아버지, 무리, 서기관들 모두를 향하여 믿음이 없는 세대라고 질책한다! 여기서 예수님이 요구하는 믿음은 우리를 흔들고 헷갈리게 만드는 상황에서 흔들리지 않는 믿음을 말한다. 이럴수록 선하신 하나님의 손길과 능력을 더 깊이 알고 신뢰하고 나아가라는 것이다. 이 말씀을 하신 후 예수께서 귀신 들린 아이를 자기에게 데려오라고 하신다. 아이를 데려오자 그 속에 있던 귀신이 어떻게 하는가?

> "이에 데리고 오니 귀신이 예수를 보고 곧 그 아이로 심히 경련을 일으키게 하는지라. 그가 땅에 엎드러져 구르며 거품을 흘리더라"(막 9:20).

이전 같으면 귀신이 알아서 달려와 예수께 엎드려 "어찌하여 우리를 멸하려 하시나이까. 우리는 당신이 누군지 아노니 하나님의 아들입니다" 하면서 예수님의 정체를 곧바로 드러냈을 것이다. 그러면 예수께서 "잠잠하고 나가라!" 한마디 하면 끝났다. 그런데 이번에는 귀신이 더는 이런 말을 하지 않는다. 도리어 더 난폭하게 행동한다. 심하게 경련을 일으키게 하고, 엎드려 데굴데굴 구르고 거품을 흘렸다. 사람들에게 공포 분위기를 조성하고 두려움에 떨게 만든다. 확실히 귀신이 예수께 더 저항하려는 모습을 볼 수 있다. 이전과는 달리 더 센 놈이다.

귀신이 난리를 치자 아버지는 더더욱 두려워한다. 귀신이 아이를 어릴 때부터 어떻게 괴롭혔는지 알고 있기 때문이다. 어릴 때 아이의 생명을 앗아가려고 불과 물에 뛰어들게 하는 일이 빈번했었다. 이 공포의 기억이 올라오면서 아버지는 예수님께 간청한다.

> "그러나 무엇을 하실 수 있거든 우리를 불쌍히 여기사 도와주옵소서"(막 9:22).

아버지가 하는 말에 귀 기울여 보라. "무엇을 하실 수 있거든." 이 말에는 예수께서 과연 고치실 수 있을까 하는 의심이 들어 있다. 사실 아이 아버지는 지금 예수님에 대한 믿음을 지키기가 상당히 버거운 상태다. 나름대로 예수를 믿었고, 그래서 자기 아들을 그의 제자들에게 데려왔다. 일종의 믿음의 행위다. 믿음을 발휘해서 행동했는데 아무 효과가 없다. 심지어 예수께 데려왔는데 아들이 얌전해지기는커녕 더 난폭해지고 거품을 물면서 귀신이 괴롭힌다.

바로 이 지점이 우리가 힘들어하는 부분이다. 믿음으로 결단하고 행동하였다. 그런데 환경이 좋아지기는커녕 점점 더 악화된다. 나는 믿음으로 결단하고 나아갔는데, 사람과 환경은 꿈쩍도 하지 않고 도리어 나를 더 괴롭힌다. 이 정도면 주님 앞에 나아가기가 점점 머뭇거려진다. 전에는 "주여 믿습니다" 했다가, 이제는 "주님 좀 하실 수 있으면 해주세요"라고 하다가, "주님 정말 하실 수 있으세요?"라고 한다. 그러다가 "주님, 결국 아무 소용없네요" 하며 실망으로 주저앉는다.

제자들이 이미 귀신을 내쫓는 데 실패했다. 예수님의 말씀대로 아들을 데려왔지만 증상은 더 심해진다. 그러니 아이 아버지 마음이 더 흔들리는 것이다. 그동안 믿음으로 버텨왔지만 이제는 그 믿음조차 흔들리고 있다. 내면의 이런 미묘한 변화를 알아차리고 예수께서는 말씀하신다.

> "예수께서 이르시되 할 수 있거든이 무슨 말이냐. 믿는 자에게는 능히 하지 못할 일이 없느니라 하시니"(막 9:23).

할 수 있거든 해달라니 그게 무슨 말이냐? 믿는 자에게는 능히 하지 못할 일이 없느니라! 이 혼란스럽고 버거운 상황 가운데 예수님은 분명한 기준을 말씀하신다. 어떤 혼란과 버거움 가운데서도 믿음을 놓지 말라는 것이다. 물론 이성적으로는 인정한다. 그러나 눈앞에 펼쳐지는 현실을 보면 마음이 흔들린다. 아버지는 자신의 이런 흔들리는 마음을 솔직하게 예수께 아뢴다.

> "곧 그 아이의 아버지가 소리를 질러 이르되 내가 믿나이다. 나의 믿음 없는 것을 도와주소서 하더라"(막 9:24).

아버지가 소리를 지르며 말한다. 왜 소리를 지를까? 무너지는 자신의 연약함을 자각하는 동시에 이래서는 안 된다는 안타까움이 한꺼번에 몰려와서다. 그는 절규하며 도움을 요청한다. "나의 믿음 없는 것을 도와주소서." 이 고백은 다 믿어진다는 말이 아니다. 그러나 믿음으로 결단하겠다는 선언이다. 하지만 이와 동시에 결단해도 흔들리고 무너지는 것을 어떻게 해볼 수 없는 안타까움이 묻어난다. 이런 간절한 외침과 간구는 아버지뿐만 아니라 장차 예수님이 십자가를 지는 길을 따라가는 모든 성도의 고백이기도 하다. 잘해보려고 예수님 믿고 따라가는데, 점점 어려움이 가중되고, 상황이 어려워지면 연약함에 흔들리고 얼마나 마음이 어렵겠는가? 이러다가 믿음마저도 저버리면 어떻게 되겠는가?

한편 이것은 믿음이 흔들리는 아버지만이 아니라 제자들에게도 하시는 말씀이다. 왜? 이제부터 예수님이 가시는 길이 거칠고 험한 십자가를 지시는 길이기 때문이다. 제자들은 예수께서 정치적 메시아로 등극하실 것에 대한 흥분과 기대로 예수님을 따라가지만 예수님은 예루살렘에서 붙잡히고 고난을 겪고 십자가를 지고 돌아가실 것이다. 제자들은 믿고 따라갔는데, 그 믿음이 산산조각이 나는 일이 벌어질 것이다. 이럴 때 우리는 어떻게 기도해야 하겠는가? “주여, 내가 믿나이다. 그러나 지금 이 압박감과 나를 짓누르는 고난이 저를 너무 많이 흔들고 있습니다. 나의 믿음 없는 것을 도와주소서!” 이런 간절한 요청 앞에 예수께서 마침내 아이를 고치신다.

> “말 못하고 못 듣는 귀신아 내가 네게 명하노니 그 아이에게서 나오고 다시 들어가지 말라”(막 9:25).

긴 세월 아들을 괴롭히며 아버지를 절망시키고, 이제는 예수님 앞에서조차 거칠게 저항하던 귀신은 예수님의 꾸짖음 한마디에 굴복한다.

"귀신이 소리 지르며 아이로 심히 경련을 일으키게 하고 나가니 그 아이가 죽은 것같이 되어 많은 사람이 말하기를 죽었다 하나 예수께서 그 손을 잡아 일으키시니 이에 일어서니라"(막 9:26-27).

귀신이 최후의 발악을 했다. 사람 잡을 정도로 아이에게 경련을 일으키며 강력하게 역사했다. 아이는 시체처럼 쓰러져있었다. 그러나 예수께서 그 손을 잡아 일으키시니 아이는 다시 회복되고 살아났다. 이 놀라운 사건 후, 제자들은 예수께 조용히 찾아와 묻는다. 자신들은 어찌하여 귀신을 쫓아내지 못했는지 묻는다(막 9:28). 그러자 예수께서 말씀하신다.

"이르시되 기도 외에 다른 것으로는 이런 종류가 나갈 수 없느니라 하시니라"(막 9:29).

즉 오직 기도를 통해서만 이런 종류의 역사가 나갈 수 있다는 것이다. 그동안 제자들은 별로 기도하지 않았다. 적은 기도, 작은 믿음으로도 예수님을 따라다니며 많은 능력과 기적을 경험했다. 그런데 이제 예수님이 본격적으로 십자가를 지러 가는 믿음의 순례 여정에서는 이런 적은 기도와 작은 믿음으로는 버텨낼 수 없다. 이제는 제자들이 많은 기도, 큰 믿음으로 준비해야 할 때다. 더 기도할수록 제자는 주님을 의지하게 된다. 기도는 하나님께 항복하는 것이다. 기도하지 않을 때는 고민하고 걱정하느라 밤잠을 못 잔다.

삶의 도전이 거칠어질수록 자리를 박차고 기도의 자리로 나오기를 바란다. 하나님께 항복할 수 있어야 한다. 기도할 힘조차 없을 때라면 "주여 힘없는 나를 도와주소서" "나의 믿음 없음을 도와주소서" 하고 절규하며 나아가야 한다. 주님은 사명을 감당하시며 계속해서 기도하셨다. 수시로 하나님께 나아가 대면하셨다. 변화산도 그렇게 십자가를 앞두고 기도하러 가신 것이다.

예수님이 그러셨다면 우리도 마땅히 기도의 자리로 나아가야 한다. 우리 삶이 갈수록 버겁다. 그리고 버거움이 무거움으로, 무거움이 이제는 감당할 수 없어 널브러지는 과중함으로까지 간다. 제자들과 아이 아버지가 바로 그런 순간까지 갔다. 이럴 때는 기도가 아니고는 올라가는 길을 찾을 수 없다. 기도가 아니고는 도전할 수 없다. 기도가 아니고는 이 모든 상황을 주관하셔서 능력으로 역사하시는 하나님의 능력을 볼 수 없다. 이제는 더 특별한 기도, 더 특별한 믿음이 필요할 때다. 자리를 박차고 주 앞에 나아가자.

[39장 각주]

3) 찰스 포스터, 정서진 역, 「그럼, 동물이 되어보자」(서울: 놀와, 2019).

40 Chapter 40. Mark 9:30-37

비교하지 말고 집중하라

*30그곳을 떠나 갈릴리 가운데로 지날새 예수께서 아무에게도 알리고
자 아니하시니 31이는 제자들을 가르치시며 또 인자가 사람들의 손에
넘겨져 죽임을 당하고 죽은 지 삼 일만에 살아나리라는 것을 말씀하
셨기 때문이더라. 32그러나 제자들은 이 말씀을 깨닫지 못하고 묻기
도 두려워하더라. 33가버나움에 이르러 집에 계실새 제자들에게 물으
시되 너희가 길에서 서로 토론한 것이 무엇이냐 하시되 34그들이 잠
잠하니 이는 길에서 서로 누가 크냐 하고 쟁론하였음이라. 35예수께
서 앉으사 열두 제자를 불러서 이르시되 누구든지 첫째가 되고자 하
면 뭇 사람의 끝이 되며 뭇 사람을 섬기는 자가 되어야 하리라 하시
고 36어린아이 하나를 데려다가 그들 가운데 세우시고 안으시며 제자*

들에게 이르시되 [37]누구든지 내 이름으로 이런 어린아이 하나를 영접하면 곧 나를 영접함이요 누구든지 나를 영접하면 나를 영접함이 아니요 나를 보내신 이를 영접함이니라.

특수한 재료로 벽을 만들어 소리가 밖으로 새어 나가지 않으면서 그 안에 소리가 잘 울려 메아리치도록 만든 방을 'Echo chamber', 반향실(反響室)이라 한다.[4] 말하거나 노래를 부르면 똑같은 소리가 되돌아온다. 그런데 이런 현상은 물리적인 소리의 영역만이 아니라 소셜미디어(SNS)에서도 일어난다. 어떤 이야기가 올라오면 많은 사람이 '좋아요'를 누르고, 주변에 이것을 열심히 퍼 나른다. 그럼 이 이야기에 대하여 '좋아요'를 누른 사람들의 소리로만 둘러싸여 있게 된다. 이런 효과를 '반향실 효과'(echo chamber effect)라고 한다.[5] 사람은 생각이 같은 사람끼리 그 생각을 공유하는 경향이 있다. 그렇게 할수록 자신의 이야기가 구체화되고 이에 대한 신념과 믿음이 증폭되고 강화된다. 이것을 아주 극명하게 보여주는 SNS가 바로 '페이스북'이다.

사람이 반향실 효과에 갇히게 되면 결국 자기가 보고 싶은 것만 보고 듣고 싶은 것만 듣게 된다. 그렇게 되면 내면에 확신이 생기고, 이 확신이 견고하게 되어, 내가 듣고 확신한 것만 옳다고 믿는 현상이 생긴다. 이를 '확증편향'이라 한다. 오늘날 이런 확증편향을 공고화하는 장치가 바로 SNS다. SNS를 많이 할수록 생각이 같은 이들끼리 서로 메아리를 울려주면서 다른 생각을 배척하고 자신의 것만을 고집하는 양극화가 일어난다. 이것이 정치로 가면 정치의 양극화, 이념의 양극화가 일어난다. 이런 양극화 가운데 우리가 배제하는 한 가지 사실이 있다. 우리가 어떤 사실을 확신하기 이전에, 우리는 모두 죄인이고 우리 안의 죄성은 우리 욕망을 자극하고 왜곡하여 잘못된 확신 아래 머물게 할 수 있다는 사실이다.

본문이 보여주는 제자들의 모습은 자신들의 반향실 안에 갇혀 확증편향에 사로잡혀 있는 모습이다. 예수님이 계속 말씀하시는 것은 귓등으로 듣고 결국 자기들이 옳다고 확신하고 듣고 싶은 말만 들으려 한다.

> "그곳을 떠나 갈릴리 가운데로 지날새 예수께서 아무에게도 알리고자 아니하시니 이는 제자들을 가르치시며 또 인자가 사람들의 손에 넘겨져 죽임을 당하고 죽은 지 삼 일 만에 살아나리라는 것을 말씀하셨기 때문이더라"(막 9:30-31).

'그곳'은 변화산 아래, 귀신 들린 아이를 치유하신 장소를 말한다. 예수께서 그곳을 떠나 갈릴리로 지나가신 것은 본격적으로 예루살렘을 향한 십자가 여정을 시작하기 위함이다. 예수께서는 이 여정을 아무에게도 알리지 않고 제자들에게만 가르치셨다. '가르치셨다'(헬. 에디다스켄)는 동사는 미완료시제다. 가르치는 행동을 계속하심을 의미한다. 예수께서는 갈릴리를 조용히 지나가면서 계속해서 제자들에게 사람들 손에 넘겨져 죽임을 당하고 삼 일 만에 살아날 것을 가르치신 것이다.

예수께서 지속해서 가르치신 이유는 무엇인가? 지금 제자들이 예수님의 말씀을 제대로 받아들이지 못하기 때문이다. 예수께서는 이미 제자들에게 이 말씀을 드러내놓고 하신 적이 있다.

> "인자가 많은 고난을 받고 장로들과 대제사장들과 서기관들에게 버린 바 되어 죽임을 당하고 사흘 만에 살아나야 할 것을 비로소 그들에게 가르치시되"(막 8:31).

이때 제자들의 반응이 어땠는가? 베드로가 예수님을 따로 붙들고 가서 꾸짖었다(막 8:32-33). 왜 그랬는가? 제자들 마음은 다른 기대와 꿈에 부풀어 있었기 때문이다. 게다가 베드로, 야고보, 요한 이 세 제자는 특별히 선택받아 변화산에 올라가 예수님이 영광스럽게 변모하신 모습을 보았다. 그동안 감추어졌던 주님의 영광스러운 모습을 보고 이들은 그저 황홀했다. 이후 산에서 내려오면서 예수께서 제자들에게 "인자가 죽은 자 가운데서 살아날 때까지는 본 것을 아무에게도 이르지 말라"(막 9:9)고 하셨다. 죽음과 부활에 대해 예고하신 것이다. 그리고 예수께서는 이제부터 이 길을 걷기 위해서는 이전과는 달리 한계를 넘는 기도의 필요성을 말씀하셨다(막 9:19-29). 기도 외에는 이런 종류의 능력이 나갈 수 없다(막 9:29). 이제부터 기도해야 할 것을 말씀하신 것이다.

본문에는 예수께서 다시 한번 자신의 길이 어떤 길인지 공식적으로 말씀하신다(막 9:31). 이에 대한 제자들의 반응은 무엇인가?

"그러나 제자들은 이 말씀을 깨닫지 못하고 묻기도 두려워하더라" (막 9:32).

이해가 안 가면 좀 물어봐야 하는데 묻지 않는다. 예수께서는 자꾸 반복적으로 말씀하시는데 왜 묻지도 않을까? 지금 제자들 안에 예수님의 말씀 말고 다른 소리가 서로 반향을 일으키고 있기 때문이다. 이 소리가 너무 크게 울리고 생생해서 확신으로 굳어지고, 다른 소리가 그 안에 파고들 여지가 없는 것이다.

"가버나움에 이르러 집에 계실새 제자들에게 물으시되 너희가 길에서 서로 토론한 것이 무엇이냐 하시되 그들이 잠잠하니 이는 길에서 서로 누가 크냐 하고 쟁론하였음이라"(막 9:33-34).

예수께서 십자가 지러 가는 그 길에서 제자들 간에 서로 다투는 소리가 메아리쳐 스승의 귀에까지 들렸다. 예수께서는 장차 사람들 손에 넘겨져 죽임을 당할 것이라고 하는데, 제자들은 같은 길을 가면서 전혀 다른 소리에 사로잡혀 서로 누가 크냐고 다투었다.

이 엄중한 순간에 왜 제자들은 비교하며 다툴까? 생각해볼 수 있는 가장 큰 이유는 변화산에서 스승이 영광 중에 변모하신 모습을 보았기 때문이다. 제자들은 예수께서 정말 왕이 되실 것이라 확신하게 되었다. 이제 곧 스승이 예루살렘에 들어가셔서 왕이 되실 것 같은데, 그전에 자기들끼리 서둘러 서열을 정리할 필요가 있다고 생각했다. 그래야 나중에 예루살렘에 가서 차지하는 영광이 달라도 암투를 벌이지 않을 것이기 때문이다. 제자들은 어떻게든 다른 제자들보다 우위에 있어야 한다고 생각했다. 그러면서 서로 누가 낫다 못하다, 누가 먼저 제자가 되었다, 누가 나보다 늦게 왔다 하면서 쟁론하고 있었다.

비교를 통한 지위 확보는 본질을 놓친다. 비교와 시기 질투로 시간과 에너지를 다 빼앗기고 마음에 평안이 없다. 조금 낫다 싶으면 마음이 꼭대기로 올라갔다가 조금 못하다 싶으면 바닥으로 곤두박질친다. 우월감과 열등감 사이에서 롤러코스터를 탄다. 우리나라 사람은 특히 비교에 민감하다. 이것은 우리나라가 살아가는 환경 자체가 이런 분위기를 형성하는 이유도 있다. 서로가 비슷한 환경에 사는 단일민족인 데다 밀집해서 살아간다. 도시 인구 밀도가 상당히 높다. 서로 비슷한 사람끼리 다닥다닥 모여 살다 보면 비교에 예민해지지 않겠는가?

너나 나나 서로 비슷한데 누가 갑자기 빨간색 모자를 쓴다. 그러면 순식간에 주목을 받는다. 그리고 조금 지나면 너나 나나 우후죽순으로 빨간색 모자를 쓰기 시작한다. 왜? 너나 나나 비슷한데 네가 써서 주목을 받는다면 나도 못할 것 없다고 생각하는 것이다. 그러니 서로 비교해서 다른 사람보다 조금 낫다 싶으면 심하게 우월감을 느끼고, 조금 못하다 싶으면 땅이 꺼지라 한탄하며 열등감을 느낀다. 서로를 있는 모습 그대로 존중하고 받아주면 좋은데, 남보다 더 나은 사람, 못한 사람 이런 패러다임 아래 있다 보니까 서로 비교를 통해 권위를 확보하려고 한다.

연말, 연초가 되면 청년들에게 나름 덕담이라고 하는 말이 "이제 결혼해야지"이다. 이 말에는 나름대로 그동안 너의 상황을 보았다는 의미가 들어있다. 그리고 다른 청년과 비교해보니 너만 결혼하지 않았다는 생각이 전제되어 있다. 여기서 한 마디 더해 권위를 확보하려 한다. "평생 외롭게 살래?" "나이 들면 후회한다" "그러다 혼자 죽으면 어쩔래?" 거의 협박 수준까지 간다. 이를 결혼 독촉 3대 레퍼토리라고 한다.[6] 또 신혼부부 중에 아직 자녀가 없는 가정도 있다. 그런 가정에도 가서 "이젠 아이 낳아야지?" 그러고는 "평생 자식 없이 외롭게 살래?" "나이 들면 후회한다" "그러다 죽으면 어쩔래?" 하며 출산 독촉 레퍼토리가 나간다. 이렇게 말하는 것은 이렇게 해서라도 자기가 생각하는 기준을 들이밀어 말을 듣게 하고 자기 권위를 세우려는 마음이 크다.

우리가 권위를 세우려 할 때 착각하는 것이 있다. 권위는 자기 말을 듣게 하려는 파워게임이 아니라는 점이다.[7] 이런 방식으로 권위를 세우려고 하면 진정한 권위를 잃은 채 권위적으로만 남게 된다. 비교우위와 파워를 통해 다른 사람 위에 권위를 세우는 것은 결코 그 사람을 눌러서 가두어놓을 수 없다. 건강한 권위는 반드시 깊은 사랑과 섬김에서 와야 한다. 예수님은 지금 제자들이 다투며 확보하려는 지위가 예수님이 추구하는 권위와 정반대 방향으로 가고 있음을 아셨다. 그래서 말씀하신다.

> "예수께서 앉으사 열두 제자를 불러서 이르시되 누구든지 첫째가 되고자 하면 뭇 사람의 끝이 되며 뭇 사람을 섬기는 자가 되어야 하리라 하시고"(막 9:35).

예수께서 가시는 길이 바로 이런 길이다. 끝까지 사랑하고 끝까지 섬기고 끝까지 책임지기 위해 십자가의 길을 가는 것이다.

남자가 결혼해서 부딪치는 가장 큰 도전이 무엇인가? 총각 시절에는 자신만을 위해 살았다면 이제는 한 가정을 책임지고 꾸려나가야 한다는 것이다. 자신에게로 향하던 사랑을 이제는 배우자와 자녀에게로 전향해야 한다. 개인에서 가정이라는 공동체로 사랑의 대상이 확장되고, 단지 함께하는 정도가 아니라 모든 것을 책임져야 하는 무한책임의 위치에 서는 것이다. 그런 면에서 가정은 무한도전이다.

이런 면에서 '가장'은 "에헴, 내가 가장이니 나의 말을 들으라" 하는 식으로 위상을 높일 것이 아니라 가족을 끝까지 보호하고 책임져야 하는 종의 위치에 내려감으로 위상을 높여야 한다. 결혼하고 자녀가 태어났는데도, 여전히 자기중심적인 틀 안에 머물러 있다면 아직 진정한 아버지의 자리로 내려간 것이 아니다. 아직 진정한 아버지의 권위를 얻은 것도 아니다. 어떤 아버지를 보면 아내에게 생활비를 한 푼도 안 준다. "물건 사고 영수증 줘. 그러면 돈 보낼게." 심지어 "너도 돈 있잖아" 하면서 알아서 먹고살라는 식으로 냉정하게 대한다.

가족을 섬기는 것에 인색하고 싫어하면서 섬김만 받고 싶어 한다. 이런 아버지일수록 권위적이다. 권위는 있는 대로 다 부리지만 모든 권위를 잃어버린다. 아버지는 가정을 통해 내가 어디까지 사랑할 수 있는 사람인지, 내 사랑이 얼마나 부족하고 이기적인지를 날마다 깨닫고, 뭇 가족의 끝이 되고, 뭇 가족을 섬기는 자가 되어야 한다. 사랑은 말로만 하는 것이 아니다. 행동이 가야 한다. 사랑은 움직

이는 것이다. 내 몸이 움직이고, 내 돈주머니가 움직여야 한다. 아버지들이여, 돈주머니를 회개할 수 있기를 축원한다. 이것이 움직이지 않으면 아버지가 아니라 아직 애다. 조금이라도 권위를 더 확보하려고 비교하며 다투는 제자들과 똑같다.

예수님은 제일 낮은 자리에서 모든 이를 섬기는 자가 첫째요 가장 권위 있는 자라고 말씀한다. 교회에도 이런 사람이 있다. 조용히 보이지 않는 곳에서 열심히 섬긴다. 자기 주머니를 털어 섬긴다. 이 귀한 섬김을 좀 알리려 하면 "목사님, 이건 말하지 마세요. 그저 조용히 섬기는 것이 좋습니다. 주님만 알아주시면 됩니다"라고 하는 사람이 있다. 성숙한, 진정 낮은 곳으로 내려가 섬기는 권위를 아는 이들이다.

예수님은 이 말씀을 하시고 어린아이 하나를 데려다가 제자들 가운데 세우시고 안아주시면서 말씀한다.

> "누구든지 내 이름으로 이런 어린아이 하나를 영접하면 곧 나를 영접함이요 누구든지 나를 영접하면 나를 영접함이 아니요 나를 보내신 이를 영접함이니라"(막 9:37).

예수님 당시 어린아이들은 지금처럼 그렇게 대접받지 못했다. "애들은 가라, 애들은 가!" 이런 식이었다. 심지어 아이가 태어나자마자 짐이 된다고 버리는 경우도 흔했다. 그런데 예수님은 한 어린아이를 세우시고 안아주셨다. 이것은 고대 사회에서 아이를 입양할 때 부모와 신체접촉을 처음으로 허락하는 일종의 의례와 같은 것이었다. 예수께서는 어린아이를 천국의 자녀로 존귀하게 영접해주신 것이다.

그러고는 "누구든지 내 이름으로 이런 어린아이 하나를 영접하면 곧 나를 영접하는 것이고, 그리고 이것은 곧 나를 보내신 분, 하나님을 영접하는 것"이라 하신다. 사람들이 제일 하찮게 생각하는 어린아이라도 존귀하고 소중하게 여기고 받아들인다면 이것이 곧 하나님을 영접하는 것이다. 어린아이를 영접하는 것은 그냥 '어서 와' 정도가 아니다. 그 아이의 정서적, 물질적 필요까지 채워주는 것을 의미한다.

세상이 말하는 권위를 세우는 방식과 정반대다. 비교우위를 통해 파워게임을 통해 억누르며 내 권위를 세우려는 것이 아니라 가장 힘없고 낮은 어린아이보다 더 낮게 내려가 그를 받아들이고, 그를 소중히 여기며, 그의 필요를 채우고, 그를 위하여 내 몸이 움직여 섬기기 시작하고, 또 내 돈주머니를 털어 섬기기 시작함으로 세우는 것이다.

예수님이 지시려는 십자가가 바로 이런 길이다. 예수님은 우리 인간의 죄와 연약함과 곤궁에 대하여 무한 책임을 지기 위하여 십자가에까지 내려가셨다. 우리가 예수님의 권위를 인정하는 이유가 무엇인가? 이렇게까지 우리를 위해 모든 것을 버리고 사랑하셨기 때문이다. 우리가 추구해야 할 권위가 바로 이런 권위다.

아직 다른 사람, 다른 가정과 비교하며 살아가는가? 내가 듣고 싶은 것만 듣고 내가 보고 싶은 것만 보는가? 이제 비교를 멈추길 바란다. 비교의 반향실 문을 열고 밖으로 걸어 나올 수 있어야 한다. 이런 식으로는 권위가 세워지지 않는다. 또 그런 식으로 비교하며 파워게임으로 눌러 내 권위를 세울 수도 없다. 본질에 집중하기 바란다. 더 낮은 곳으로 내려가고, 더 끝으로 내려가서, 이름 없이 빛도 없이 기쁨으로 조용히 섬길 수 있어야 한다. 내가 어떤 사랑을 받은 사람인지, 그래서 이 사랑을 갖고 어떻게 섬겨야 하는지에 집중하는 성도 되기를 바란다. 그럴 때 우리를 통하여 예수님의 사랑과 손길이 드러나고, 주변에 진정 권위 있는 사람으로 세워지는 놀라운 역사가 일어나게 될 것이다.

[40장 각주]

4) 김명호, "[한마당] 반향실에서 걸어 나와야 한다", 국민일보, 2019. 6. 21.
5) https://www.youtube.com/watch?v=swBF6x-2A2k,
https://www.youtube.com/watch?v=nQq2EiNW5ss
6) 김한수, "'언제 결혼할 거니?' 제발 교회에선 묻지 마세요", 조선일보, 2019. 4. 12.
7) 유한익, 「같이 있는 부모, 가치 있는 아이」(서울: 두란노, 2019), 80쪽.

41 Chapter 41. Mark 9:38-50

우리를 위하는 자를 품으라

[38]요한이 예수께 여짜오되 선생님 우리를 따르지 않는 어떤 자가 주의
이름으로 귀신을 내쫓는 것을 우리가 보고 우리를 따르지 아니하므
로 금하였나이다. [39]예수께서 이르시되 금하지 말라. 내 이름을 의탁
하여 능한 일을 행하고 즉시로 나를 비방할 자가 없느니라. [40]우리를
반대하지 않는 자는 우리를 위하는 자니라. [41]누구든지 너희가 그리스
도에게 속한 자라 하여 물 한 그릇이라도 주면 내가 진실로 너희에게
이르노니 그가 결코 상을 잃지 않으리라. [42]또 누구든지 나를 믿는 이
작은 자들 중 하나라도 실족하게 하면 차라리 연자맷돌이 그 목에 매
여 바다에 던져지는 것이 나으리라. [43]만일 네 손이 너를 범죄하게 하
거든 찍어버리라. 장애인으로 영생에 들어가는 것이 두 손을 가지고

> *지옥 곧 꺼지지 않는 불에 들어가는 것보다 나으니라. 45만일 네 발이*
> *너를 범죄하게 하거든 찍어버리라. 다리 저는 자로 영생에 들어가는*
> *것이 두 발을 가지고 지옥에 던져지는 것보다 나으니라. 47만일 네 눈*
> *이 너를 범죄하게 하거든 빼버리라. 한 눈으로 하나님의 나라에 들어*
> *가는 것이 두 눈을 가지고 지옥에 던져지는 것보다 나으니라. 48거기*
> *에서는 구더기도 죽지 않고 불도 꺼지지 아니하느니라. 49사람마다*
> *불로써 소금 치듯 함을 받으리라. 50소금은 좋은 것이로되 만일 소금*
> *이 그 맛을 잃으면 무엇으로 이를 짜게 하리요. 너희 속에 소금을 두*
> *고 서로 화목하라 하시니라.*

무더운 여름날 가끔 이런 엉뚱한 상상을 할 때가 있다. '수도를 틀면 수도꼭지에서 콜라와 사이다가 콸콸 쏟아져 나오면 얼마나 좋을까?' 하는 것이다. 그런데 이런 상상을 지금부터 약 1000년 전에 실현한 사람이 있다. 몽골제국의 4대 통치자였던 뭉케 칸이다. 1253년 몽골의 강력한 세력에 압도당했던 프랑스 루이 왕은 몽골제국이 파죽지세로 유럽 국가들을 격파하자 정세를 파악하고 화친하기 위해 수도사 윌리암 루브룩을 사신으로 보냈다.

당시 유럽의 강국이었던 독일과 폴란드는 파죽지세로 몰려오는 몽골제국의 세력에 대항하려고 십자 기사 연합군을 구성해서 헝가리 초원에서 1242년 4월 9일 맞붙었던 적이 있다. 보통 말을 타면 두 손으로는 말고삐를 잡는다. 무기를 쓴다고 해도 한 손으로 고삐를 잡고 나머지 한 손으로 칼이나 창을 사용한다. 그러나 몽골 병사들은 말을 타고 두 발을 말에 붙인 채 두 손을 자유자재로 썼다. 두 칼을 쓰기도 했고, 두 손으로 화살을 쏘아 적군을 정확하게 맞췄다. 그러니 연합군은 도저히 상대되지 않았다. 갑옷을 입고 말에도 갑옷을 입혔지만 결과적으로 움직임이 둔해졌다. 그러나 몽골군은 몸을 가볍게 해서 하루에 65km씩 진군하면서 적군을 차례로 섬멸하였다. 이때 싸웠던 몽골군은 2천 명, 유럽 연합군은 10만 명이었다. 이것이 몽골 제국사에서 그 유명한 '발슈타트 전투' 다. 결국 유럽 기사단은 제대로 싸우지도 못하고 대패했다. 순식간에 10만 명이 증발해버린 것이다. 몽골 병사 1명당 유럽 기사 20명을 죽인 셈이었다. 이것은 전 유럽에 엄청난 충격이었다.

이런 압도적인 군사력으로 칭기즈 칸은 전 세계를 제패했다. 그는 그 당시 발로 닿을 수 있는 거의 모든 지역을 정복했다. 서쪽으로는 유럽, 동쪽으로는 고려, 일본까지, 그리고 남쪽으로는 중국 금나라를 정복했다. 그런 와중에 칭기즈 칸이 죽고, 다음으로 2대 우구데이 칸, 3대 구육 칸에 이어 4대 뭉케 칸이 제국의 칸으로 즉위하자 그를 알현하려고 프랑스 루이 왕이 사신을 보낸 것이다.

루브룩은 몽골의 수도였던 카라코름에 도착해서 칸의 궁전으로 갔다. 그런데 궁전 앞마당에 은으로 만들어진 거대한 나무 조형물이 있었다. '실버트리' 라고 부르는 이 나무 꼭대기에는 천사가 나팔을 불고 있는 모습이 있고 꼭대기의 네 줄기에는 각각 도금한 뱀이 나무의 몸통을 꼬리로 휘감은 채 똬리를 틀고 앉아 있다.[8] 뱀의 입에는 각각 관이 연결되어 있어 위에서 아래로 음료가 분출되어 나오고 있었다. 네 개의 관에서 각각 포도주, 카라쿠미즈라고 하는 정제된 말 젖,

실버트리. 출처: 구글이미지

보알이라고 불리는 꿀로 빚은 음료수, 테라키나라는 이름의 쌀로 빚은 막걸리 같은 술이 나오고 있었다.[9] 아래에는 네 마리의 은 사자가 있었고 나무 발치에는 은제 항아리가 있었다. 이 항아리에 네 가지 음료가 떨어지고 사람들은 여기에 와서 음료를 자유롭게 마실 수 있었다. 이 거대하고 신기하고 황홀한 조형물을 보고 루브룩은 넋을 잃었고, 그 모습을 그림으로 그려 1253년 자신의 일기에 남겼다. 그 모습이 위와 같다.

아니, 말만 타던 유목민이 어떻게 이런 조형물을 만들 수 있었을까? 알고 보니 몽골제국이 정복전쟁을 벌이면서 윌리엄이라고 하는 당시 프랑스 파리 출신 최고의 장인을 영입해서 만든 것이었다. 몽골은 빠르게 전 세계를 제패하면서, 유목민족의 특성답게 특유의 유연성과 관용으로 식민지 백성을 수용하고 다스렸다. 그들의 종교를 인정해주고, 그들이 가진 기술을 높이 사서 기술자와 장인들을 매우 융숭하게 대했다. 몽골의 포용성으로 인해 제국은 빠르게 성장하면서도 빠르게 안정되어 갈 수 있었다. 몽골인이 아니더라도 그들이 제국의 발전에 도움이 되면 신분과 출신을 가리지 않고 적극적으로 인재를 등용하였다.

제국이 성장하고 존속하려면 필수적인 요소가 있는데 그것은 바로 제국이 포용과 관용성을 얼마나 갖고 있느냐 하는 것이다. 제국의 발전과 성장을 위해 필요한 사람들을 차별 없이 대하고 수용하고 인정해주고 보상해주는 시스템이 있어야 한다. 예수님 당시의 로마제국도 그랬다. 하지만 본문에 나오는 제자들은 하나님 나라를 위한 이런 포용성이 아직 준비되지 못한 것 같다.

> "요한이 예수께 여짜오되 선생님 우리를 따르지 않는 어떤 자가 주의 이름으로 귀신을 내쫓는 것을 우리가 보고 우리를 따르지 아니하므로 금하였나이다"(막 9:38).

제자들은 지금 자기들처럼 예수님을 열심히 따르지도 않았는데, 주의 이름으로 귀신을 내쫓는 어떤 사람들을 보고 마음이 어려웠다. 그래서 찾아가서 그렇게 하지 말라고 경고하고 금지하고 와서는 이것을 예수님께 보고한다.

제자들은 왜 그랬을까? 주목해야 할 것은 제자들이 '귀신을 내쫓는 사람들'을 금지했다는 부분이다. 제자들은 변화산 아래서 귀신들린 아들을 내쫓지 못해 진땀을 뺐던 적이 있다. 나중에 예수님께 "선생님 우리는 왜 귀신을 쫓아내지 못했나요?"하고 조용히 묻기도 했다(막 9:28). 그런데 지금 누가 귀신을 내쫓고 다닌다는 소식을 들은 것이다. 이는 제자들보다 능력이 많다는 이야기일 수 있고, 제자들이 자신들의 위치가 위협받는다고 느꼈을 여지가 충분하다. 제자들은 지금 이 부분에 상당히 민감하다. 조금 전까지만 해도 예수께서 십자가 지러 가시는 길에서 서로 누가 크냐고 격렬하게 싸우지 않았는가(막 9:34). 서로 예민하게 싸우고 있는 와중에 누군지도 모르는 자가 나타나서 귀신을 내쫓는다는 소문을 듣는다. 당황하지 않겠는가? 그래서 찾아가서 으름장을 놓는다. "어이, 당신 예수님 안 지 얼마나 됐어? 어? 난 예수님 갈릴리에서 시작할 때부터 쫓아다녔는데, 아직 우리도 공식적으로 쫓아내지 않는데, 당신이 뭐라고 함부로 귀신 쫓고 그래, 어? 자꾸 그러면 가만 안 둔다! 예수님께 말해서 저주받게 할 거야. 예수님 이름에 먹칠하지 마!" 그러면서 배제하려 하였다. 제자들은 예수께서 칭찬하실 줄 알았다. 그러나 스승은 의외의 말씀을 한다.

> "예수께서 이르시되 금하지 말라. 내 이름을 의탁하여 능한 일을 행하고 즉시로 나를 비방할 자가 없느니라. 우리를 반대하지 않는 자는 우리를 위하는 자니라"(막 9:39-40).

예수께서는 제자들에게 서로를 이런저런 모양으로 차별하거나 배제하지 말고 하나님 나라를 위한다면 모두 다 품고 포용하라는 것이다. 우리는 조금만 다르면 틀리다고 정죄한다. 나보다 재능 있고 잘하면 적극 기회를 주기보다는 어떻게든 못하게 배제하고 시기하고 질투하고 미워한다. 함께 예수님을 믿고 따르는 사람인데, 절대 내 위치에는 오면 안 되는 것처럼 미리 경계하고 배제한다. 사소한 것으로 차별을 두어 금지하고 미묘하게 우월한 자리를 차지한다고 생각하는 것이다. 우리는 서로 다른 것을 틀리다고 판단하고 무섭게 정죄하고 비난하려는 못된 습성이 있다. 그러나 주님의 마음은 어떠한가?

> "누구든지 너희가 그리스도에게 속한 자라 하여 물 한 그릇이라도 주면 내가 진실로 너희에게 이르노니 그가 결코 상을 잃지 않으리라"(막 9:41).

주님을 위하여 작은 것이라도, 물 한 그릇이라도 나누면 결코 상을 잃지 않는다는 것이다. 함께 하나님 나라를 위해서 일한다면 주님이 기뻐하신다. 주님은 시기와 배제로 형제를 실족시키는 것을 경고한다.

> "또 누구든지 나를 믿는 이 작은 자들 중 하나라도 실족하게 하면 차라리 연자맷돌이 그 목에 매여 바다에 던져지는 것이 나으리라" (막 9:42).

'연자맷돌' (헬. 뮐로스 오니코스)은 직역하면 '나귀의 연자맷돌' 이다. 이것은 사람이 돌리는 연자맷돌이 아니라 나귀가 돌리는 커다란 연자맷돌을 말한다. 이렇게 큰 돌을 목에 매달고 빠지면 나올 수 없다. 예수께서는 작은 자 중 하나라도 실족하게 하면 차라리 연자맷돌을 매고 바다에 던져지는 것이 낫다고 하신다. '작은 자' 는 제자들이 티격태격하면서 싸울 때 누가 크냐, 누가 작냐, 할 때의 작은 자를 말한다. 이는 객관적으로 작은 자가 아니다. 우둔한 자기 판단으로 볼 때 작은 자를 말한다.

제자들은 이미 그 마음에 '주님의 이름으로 귀신을 쫓는 자' 보다 자신들이 더 크다고 생각했다. 그러나 이들은 결코 큰 자가 아니었다. 예수님을 따라다닌 연수는 길었지만 귀신을 제대로 쫓아내지 못했다. 또 예수께서 십자가 지실 것을 두 번씩이나 예고했지만 그 말씀을 제대로 깨닫지 못하고, 도리어 그러면 안 된다고 가로막는 무지함을 계속해서 드러냈다(막 8:31-33, 9:31-32).

제자들은 착각하고 있었다. 사실 이들은 연약한 자를 실족하게 하는 잔인한 제자들이었다. 주님은 그 책임이 결코 가볍지 않다고 하신다. 공동체의 지체들을 실족하게 할 바에야 차라리 연자맷돌이 목에 매여 바다에 던져지는 것이 낫다고 하신다. 여기서 '실족하다'(헬. 스칸달리조)는 단어는 '돌에 걸려 넘어진다' 는 뜻이다. 또 '던져진다' 는 것은 수동태 형태다. 이렇게 교만한 착각 속에 사는 사람은 절대 스스로 바다에 들어가지 않는다. 자기도 어찌할 수 없는 힘에 의해 내던져지게 된다. 이런 경우는 자신의 교만과 악함으로 인해 내던져지는 것이다. 예수님은 자신의 무지와 교만으로 인한 배제를 심각하게 여기신다.

> "만일 네 손이 너를 범죄하게 하거든 찍어버리라. 장애인으로 영생에 들어가는 것이 두 손을 가지고 지옥 곧 꺼지지 않는 불에 들어가는 것보다 나으니라"(막 9:43).

'손' 은 자신의 목적을 성취하는 기본적인 신체 도구다. 목적을 성취하기 위해 도구로 사용하는 것이다. 요즘 시대에 자신의 목적을 성취하는 이런 신체적 도구로 손 말고도 중요한 것이 있다. 바로 혀다. 세 치 혀를 악하게 놀리며 자기의 이기적 목적을 달성하는 것이다. 그런데 예수께서는 이런 신체적 도구인 손이 죄를 범하거든 차라리 찍어버리라고 하신다. 또 혀가 죄를 범하면 찍어버리는 것이 낫다고 하신다. 손과 혀를 잘못 놀렸다가 주변 사람들 다 쓰러뜨리고 지옥불에 들어갈 바에야 차라리 손과 혀 없이 천국에 들어가는 것이 낫기 때문이다. 아예 손 없는 사람처럼, 혀 없는 사람처럼 사는 것이 낫다. 손만 들면 주변 사람들 다 쓰러진다. 입만 열면 다 상처받고 쓰러져 신음한다. 가는 곳마다 분란을 일으킨다. 이런 사람일수록 상대방을 이해하지 못한다. 도리어 자신은 정상적으로 손과 혀를 놀리는데, 왜 저러는지 모르겠다고 이해가 안 간다고 한다. 예수께서 무엇이라고 하시는가? 차라리 찍어버리라고 하신다. 이 말은 진짜 찍어버리라는 뜻이 아니다. 그 정도로 단호하게 대처하라는 것이다.

유대 랍비의 전승에 따르면 장애인들이 종말에 부활하게 되면 곧바로 장애가 치유되어 온전하게 회복될 것이라는 믿음이 있었다. 예수께서는 손과 혀는 나중에 부활 때에 치유되어 온전히 아름답게 사용될 테니까, 그때까지는 마치 없는 사람처럼 사용하지 말라고 하시는 것이다. 손과 혀를 잘못 놀리다 주변 사람 다 쓰러뜨리고 지옥에 던져지는 것보다 차라리 없는 것이 훨씬 낫다는 것이다. '지옥' (헬. 게헨나)은 히브리어 '게힌놈' 을 번역한 것인데, 이는 힌놈의 골짜기라는 뜻이다. 힌놈의 골짜기는 예루살렘 남쪽에 움푹 들어가 있는 깊은 골짜기로 구약시대 때 이스라엘 왕들과 백성들이 여기서 가나안의 신 몰렉을 숭배하면서 자기 자녀들을 불에 태워 희생 제물로 드렸던 곳이다. 이후 요시야가 종교개혁을 일으키면서 이곳은 쓰레기 소각장으로도 사용되어 불과 연기가 끊임없이 올라왔다. 도시에 창궐한 벌레들을 모아 태우고, 쓰레기를 태웠다. 이러한 것들로 인해 이 계곡을 지하 세계로 들어가는 문으로 간주하였고, 지옥으로 들어가는 문을 상징하는 것으로 여겼다.

예수님은 이어서 발에 대해서도 말씀하신다.

> "만일 네 발이 너를 범죄하게 하거든 찍어버리라. 다리 저는 자로 영생에 들어가는 것이 두 발을 가지고 지옥에 던져지는 것보다 나으니라"(막 9:45).

여기서 발은 범죄의 현장으로 이동하는 수단으로 사용된다. 자꾸 죄의 자리로 가면 찍어버리라고 하신다. 또 눈에 대해서도 말씀하신다.

> "만일 네 눈이 너를 범죄하게 하거든 빼버리라. 한 눈으로 하나님의 나라에 들어가는 것이 두 눈을 가지고 지옥에 던져지는 것보다 나으니라"(막 9:47).

자꾸 내 눈에 시기, 질투만 보이고 미워하게 하면 차라리 눈을 빼버리라고 한다. 보지 말라는 것이다. 이렇게 하여 차라리 내 안에 상대방을 배제하고자 하는 욕망을 다스리는 것이 낫다. 이어 예수께서는 지옥에 던져지는 것이 얼마나 끔찍한지를 생생하게 묘사한다.

> "거기에서는 구더기도 죽지 않고 불도 꺼지지 아니하느니라"(막 9:48).

이 말씀은 이사야서의 영향을 받았다.

> "그들이 나가서 내게 패역한 자들의 시체들을 볼 것이라. 그 벌레가 죽지 아니하며 그 불이 꺼지지 아니하여 모든 혈육에게 가증함이 되리라"(사 66:24).

이사야서의 벌레는 시체를 갉아먹는 벌레들이다. 따라서 본문 24절의 구더기는 사람을 갉아먹는 구더기를 말한다. 구더기가 얼마나 살이 연하고 약한가? 구더기는 뜨거운 태양 빛을 잠깐만 받아도 곧바로 타 죽는다. 그런데 구더기가 죽지 않는다는 것은, 살이 타자마자 다시 새 살이 오르며 살아나는 장면을 묘사한다. 지옥은 불로 고생하며 구더기에 갉아 먹히는 고통이 끊이지 않는 끔찍한 곳이다.

예수께서는 공동체의 지체들을 나름의 장벽을 쳐서 배제하고 무너뜨리고 실족하게 하는 것을 엄중하게 경고한다.

> "사람마다 불로써 소금 치듯 함을 받으리라"(막 9:49).

공동번역은 이를 "불소금에 절여질 것이다"로 번역한다. '불소금' 은 "네 모든 소제물에 소금을 치라"는 레위기 2장 13절과 깊은 관련이 있다. 하나님께 드리는 소제물에 소금을 치는 것은 제물을 정결하게 하는 기능을 한다. 그런데 소금이 불소금이다. 불소금 하면 생각나는 것이 무엇인가? 소돔과 고모라다. 사해 남서쪽에 있는 이곳은 소금이 많이 나는 지역이었다. 소돔이 타락하자 하나님은 이곳을 불로 심판하시고, 롯의 아내는 소금 기둥이 되었다. 불은 하나님의 심판과 징계다. 따라서 불소금은 성도를 정결하게 하는 하나님의 징계와 심판을 뜻한다. 이렇게 지체를 배제하고 실족하게 하는 자에 대하여 하나님이 징계하며 정결하게 하는 역사가 일어날 것이다.

이것은 일차적으로 예수님의 제자들에게 해당된다. 예수님의 십자가를 제대로 이해하지도 않고, 제대로 따라가지도 않으면서 다른 사람이 예수님을 따르려는 것을 배제한다. 그러나 이런 그들이 예수님의 십자가 앞에 모두 두려워하여 걸려 넘어진다. 제자들은 뿔뿔이 흩어져 도망간다. 이들은 불소금에 절여지는 역사를 경험하게 될 것이다. 그래서 예수께서 말씀하신다.

> "소금은 좋은 것이로되 만일 소금이 그 맛을 잃으면 무엇으로 이를 짜게 하리요. 너희 속에 소금을 두고 서로 화목하라 하시니라" (막 9:50).

여기서 소금은 성도들 상호 간의 관계에 맛을 내는 것, 다른 말로 하면 하나님의 은혜와 지혜를 말한다(골 4:6 참조). 여기서 소금은 은혜 가운데 머물게 하는 요소를 상징한다. 말할 때 그냥 생각나는 대로 팍팍 하는 것이 아니라 은혜 가운데서 소금의 적절한 맛같이 은혜롭고 지혜롭게 하라는 것이다. 여기서 소금은 겸손과 자기 부인과 순종과 은혜로 맛을 내는 소금이다.

우리는 그리스도의 몸 된 지체로 부름받았다. 이를 위하여 한 몸을 이루는 것이 중요하다. 그런데 나와 다르다고, 나보다 작다고, 나와 비교하면 별거 아니라고 무시하며 경계하고 시기하고 비난할 것이 아니다. 이런 태도는 찍어버려야 할 태도다. 하나님 나라를 위하여 함께하는 자는 모두 한 팀이다. 같은 편이다. 서로의 재능과 열정이 활짝 피어나도록 돕고 격려하고 인정하고 칭찬하자. 난 얼마나 지체들을 품고 있는가? 더 많이 품고 인정하고 격려해야 한다. 하나님의 나라가 확장되길 원한다면 이제는 그리스도를 위하는 자들을 같이 품으며 함께 나아갈 수 있어야 한다.

[41장 각주]

8) 플라노 드 카르피니, 김호동 역, 「몽골제국 기행: 마르코 폴로의 선구자들」(서울: 까치, 2015), 325쪽.
9) 위의 책, 325-326쪽.

42 Chapter 42. Mark 10:1-12

난 너무 이기적입니다

[1]예수께서 거기서 떠나 유대 지경과 요단강 건너편으로 가시니 무리
가 다시 모여들거늘 예수께서 다시 전례대로 가르치시더니 [2]바리새
인들이 예수께 나아와 그를 시험하여 묻되 사람이 아내를 버리는 것
이 옳으니이까. [3]대답하여 이르시되 모세가 어떻게 너희에게 명하였
느냐. [4]이르되 모세는 이혼 증서를 써주어 버리기를 허락하였나이다.
[5]예수께서 그들에게 이르시되 너희 마음이 완악함으로 말미암아 이
명령을 기록하였거니와 [6]창조 때로부터 사람을 남자와 여자로 지으
셨으니 [7]이러므로 사람이 그 부모를 떠나서 [8]그 둘이 한 몸이 될지니
라. 이러한즉 이제 둘이 아니요 한 몸이니 [9]그러므로 하나님이 짝지
어주신 것을 사람이 나누지 못할지니라 하시더라. [10]집에서 제자들이

다시 이 일을 물으니 [11]이르시되 누구든지 그 아내를 버리고 다른 데에 장가 드는 자는 본처에게 간음을 행함이요. [12]또 아내가 남편을 버리고 다른 데로 시집 가면 간음을 행함이니라.

이스라엘 정부 기관 중에 유대교의 모든 종교적 업무를 담당하는 공식 사법적 행정기관인 랍비청(Chief Rabbinate of Israel)이 있다. 랍비청에서는 유대인들의 종교적 기준을 제시하고, 이를 잘 지키도록 지도하는 역할을 한다. 유대인이 구약 율법대로 정결한 음식을 먹도록 지도하는 코셔 인증제도도 랍비청에서 심사하고 인증해야 공식적인 코셔 음식을 만들어 팔 수 있다. 또한 랍비청은 유대인들의 신앙생활을 지도하며, 신앙적으로 결정하기 어려운 일들을 잘 지도하는 일을 하고 있다.

그런데 얼마 전, 이 랍비청이 이스라엘 사회 내에서 상당한 비난을 받으며 곤경에 처한 일이 일어났다.[10)] 그것은 지난 3월에 랍비청에서 승인한 이혼 서류 때문이다. 이스라엘에서는 이혼에 대해서도 엄격하지만 이혼할 때는 반드시 랍비청에서 승인한 이혼 서류를 발부하게 되어 있다. 그것은 모세의 율법서 중 하나인 신명기 말씀 때문이다.

"사람이 아내를 맞이하여 데려온 후에 그에게 수치되는 일이 있음을 발견하고 그를 기뻐하지 아니하면 이혼 증서를 써서 그의 손에 주고 그를 자기 집에서 내보낼 것이요. 그 여자는 그의 집에서 나가서 다른 사람의 아내가 되려니와"(신 24:1-2).

모세는 가부장 중심사회였던 고대 근동에서 남성이 아내에게 수치되는 일, 곧 이혼 사유를 발견하고 갈라서려 할 때 반드시 이혼 증서를 발부하도록 했다. 만약 갈라서는 아내에게 이 이혼증서가 없으면 다른 사람과의 재혼이 법적으로 불가능하다. 증서 없이 그냥 갈라서고 다른 연인과 만나 결혼하면 그것은 간음으로 취급했고, 이것은 장차 하나님께 큰 징벌을 받는 것으로 여겼다. 랍비청은 신명기 말씀의 이런 전통을 이어받아 이혼하는 커플이 있으면 그 사유를 심사하였다. 과연 수치 되는 일이 무엇인가를 판단하고 적법할 경우, 이혼 증서를 발급했다.

그런데 지난 3월에 한 유대 종교인 남성이 이른 아침 급하게 랍비청을 찾아왔다. 그러더니 한 시간 안에 이혼을 허락해 달라고 요구하는 것이었다. 자기가 지금 급하게 이탈리아로 떠나게 되었는데, 더는 아내와 살 수 없고, 그래서 랍비청에서 이혼을 허락해주어야 하는데, 만약 그렇게 해주지 않으면 자기는 한 시간 후에 이탈리아로 영영 떠나버릴 것이고, 그러면 지금의 아내는 이혼 증서가 없어 재혼할 수도 없으니 평생 혼자 살아야 한다는 것이다. 지금도 유대의 보수적인 종교인들은 랍비청에서 발급하는 이혼 증서가 없으면 재혼할 수 없다.

이 남성의 강력한 요구로 급하게 랍비청의 재판관들이 긴급회의를 소집하였다. 이들은 이날 예정된 안건 처리도 미룬 채 이 남성의 긴급한 요구를 검토하며 거센 논쟁을 벌였다. "승인해야 한다. 안 그러면 한 여자가 평생 독수공방해야 한다." "안 된다. 뭔가가 좀 미심쩍다. 좀 더 철저하게 그 이유를 조사해야 한다." 시간은 없고 결국 얼마간의 격렬한 논의 끝에 랍비청 판사들은 이 남성의 이혼 요청을 허락했다. 이렇게 한 주요한 이유는 이 남자가 떠나가고 여인이 홀로 남아 결혼도 못하면 남은 아이들을 키워야 하는 여인이 매우 어려운 현실에 처할 것을 생각했기 때문이다. 유대교인 가정은 지금도 국가에서 지급하는 보조금으로 생계를 유지하고 토라를 공부하며 지내는데, 여자들은 일체의 경제활동을 하지 않고 주로 자녀를 낳고 가사를 돌보며 종교인 남편의 생활을 돕는다. 그런데 합당한 이혼 증서 없이 남자가 가버리면 이 여인은 국가에서 지급하는 보조금을 다시는 받을 수 없게 된다.

그런데 이 결정 후 이 남자가 이혼한 결정적인 이유가 밝혀졌다. 그것은 아내와의 성격 차이나 경제적인 문제가 아니었다. 그것은 이 남성이 바로 동성애자인 '게이'였기 때문이다. 이 유대교인 남성은 자신의 파트너로 이탈리아 사람을 만났고, 이탈리아인 파트너가 이혼하면 받아주겠다고 해서 비행기 표를 끊고 다급하게 이혼 서류를 갖고 랍비청을 찾아온 것이다. 동성애는 구약에서 엄격하게 금하는 일 중 하나다. 랍비청이 이혼을 공식 허락한 것이 결국 한 게이가 자신의 파트너와 동성 간에 결혼하도록 도와준 모양새가 되었다. 결국 이 남성은 아내의 경제적 사회적 신분 보장 때문에 랍비청의 이혼 승인을 요청한 것이 아니라 자신의 정욕을 채우려는 이기적인 목적으로 승인 요청을 한 것이다.

이와 유사한 논쟁이 본문에서 벌어지고 있다. 예수께서 갈릴리와 사마리아 지역을 지나 요단강 건너 분봉왕 헤롯이 관할하는 유대 지경에서 가르치고 계셨다. 십자가를 지기 위한 여행이 이제 서서히 긴장 국면으로 접어들고 있다. 이때 바리새인들이 예수께 묻는다. "예수님 사람이 아내를 버리는 것이 옳으니이까?"(막 10:2). 이들은 모르고 물었을까, 알고 물었을까? 분명 예수님을 시험하기 위한 의도성 있는 질문이다.

> "대답하여 이르시되 모세가 어떻게 너희에게 명하였느냐"(막 10:3).

예수께서 모세를 언급하신 것은 이스라엘이 믿고 따르는 지도자가 바로 모세였기 때문이다. 그러자 바리새인들이 대답한다.

> "이르되 모세는 이혼 증서를 써주어 버리기를 허락하였나이다"(막 10:4).

모세는 이혼 증서를 써주라고 했다는 것이다. 지금 이들은 신명기 말씀의 답을 알고 있었다. 당시 유대교 바리새파는 이혼에 대해 서로 견해 차이는 있을지언정, 정당한 사유가 있다면 가능한 것으로 인정하는 분위기였다. 그런데도 예수께 이 질문을 하는 이유는 무엇일까?

> "예수께서 그들에게 이르시되 너희 마음이 완악함으로 말미암아 이 명령을 기록하였거니와"(막 10:5).

예수께서는 질문하는 바리새인들의 근원적인 동기가 이들의 '완악함' 때문이라고 한다. '완악함' (헬. 스클레로 카르디아)은 '마음' '양심' 을 의미하는 '카르디아' 와 '굳다' '단단하게 하다' 를 의미하는 동사 '스클레로' 가 결합된 단어다. 즉 이스라엘 백성의 양심이 마비되어 굳어졌기 때문에 모세가 이 명령을 기록했다는 것이다. 양심이 마비되면 사람에게 미칠 유익의 유무보다는 자기 이익만을 생각한다. 이런 마음 상태로는 이혼하고자 하는 배우자에게 수단과 방법을 가리지 않고 온갖 나쁜 짓을 하므로 이렇게 이혼 증서라도 써주도록 법적으로 규정하지 않으면 연약한 여성들이 더 큰 피해를 보게 된다. 이런 완악함의 일면을 엿볼 수 있는 것이 당시 랍비들이 이혼 사유의 기준을 어떻게 보았느냐 하는 점이다. 핵심은 이들이 모세가 이혼을 허락하는 신명기 24장 3절의 '수치 되는 일' 을 어떻게 정의하느냐 하는 것이다(신 24:4, 난하주 ㄱ 참조).

당시 바리새인 지도자들은 수치되는 일이 무엇이냐를 갖고 두 파로 나누어 치열하게 논쟁하고 있었다. 하나는 보수적인 샴마이파였다. 샴마이 학파는 수치되는 것은 배우자의 외도나 부정 외에 다른 것은 해당되지 않는다고 주장했다. 부부의 하나 됨을 깨뜨리는 간음을 제외하고는 그 어떤 경우도 이혼은 허락되지 않는다고 여겼다. 반면 이와는 대조적으로 좀 더 느슨하고 자유로운 기준을 갖고 있던 힐렐 학파가 있었다. 이들은 수치되는 일에 남자의 기분과 자존심을 상하게 하는 것이면 무엇이든 해당된다고 해석했다. 음식을 태우거나 바가지를 긁고 남편 기분을 상하게 했을 때 이것은 이혼 사유에 해당되었다. 음식이 짜거나, 맛이 없거나, 심지어 집 안 청소를 제대로 하지 않은 경우에도 이혼 사유가 된다고 보았다. 심지어 다른 여자가 더 매력적으로 보일 때도 이혼할 수 있다고 주장했다. 배우자가 자기관리를 제대로 하지 못했기에 남편에게 수치되는 일이라 보았다.

힐렐 학파가 이렇게까지 과하게 해석하는 그 뒷배경에는 좀 더 엉큼한 계산이 숨어 있었다. 당시 고대 유대사회에서는 여자가 결혼할 때 아버지는 자기 부를 과시하는 지참금을 주었다. 이 지참금은 돈, 때로는 종과 기타 패물과 같은 재산이 포함된다. 이 재산은 여자가 결혼기간 내내 지참하고 있었다. 평상시에는 아내의 재산을 자기 재산처럼 쓰다가 이혼하면 당시의 이혼법에 따라 아내가 성적인 잘못을 범한 경우가 아닌 경우 그 지참금을 아내에게 돌려주어야 했다.

남편들은 이 돈을 다시 돌려주는 것을 무척 배 아파했다. 그래서 어떻게 하면 이 돈을 돌려주지 않고 그냥 차지할 수 있을까 고민했다. 만약 율법의 수치되는 일의 조건을 좀 더 자유롭게 해석하면 지참금은 그냥 남자가 가질 수 있었다. 그러니 남자들은 힐렐 학파의 주장이 솔깃했다. 잘만 악용하면 결혼하고 나서 조금 후에 이혼해서 큰돈을 챙기는 수단이 될 수 있었다. 이것은 남성들이 절대 권력을 쥐고 있어서 그렇다. 그래도 요즘에는 여권이 신장하여 상황이 많이 좋아졌다. 요즘 미국은 남편이 이혼하자고 하면 전업주부라도 재산의 50% 정도를 주어야 한다. 그래서 이혼 한 번 하면 휘청한다.

바리새인들이 예수께 묻는 말은 어떻게 하면 하나님이 원하시는 결혼생활을 유지하며 건강한 가정을 만들어 갈까에 대한 고민이 아니었다. 이들의 질문은 어떻게 하면 자기들의 탐욕을 정당화할 수 있는 근거를 마련할 수 있을지 알려 달라는 질문이었다. 이것은 마치 자신의 동성애를 정당화하기 위해 아내를 위한 것처럼 포장하여 이혼 서류를 발급해달라고 요구하는 서두의 사례와 크게 다르지 않다.

질문 자체가 삐딱하다. "사람이 아내를 버리는 것이 옳으니이까?" 아니, 상식적으로 옳지 않다. 그런데 왜 옳으냐고 물어볼까? 왠지 자기도 꺼림칙하지만 그래도 성경적으로 정당화하고 싶다는 것이다.

그런데 사실 이 질문 배후에는 유대 지역에 오신 예수님을 함정에 빠뜨리기 위한 더 큰 계략이 숨어 있다. 바리새인들은 예수님을 '시험하여 물었다' (막 10:2). 자칫 이들의 시험에 걸려들면 예수님은 큰 위기에 빠질 수 있다. 예수님 당시에 민감한 이슈 두 가지를 말한다면 하나는 세금 문제였고, 다른 하나는 이혼 문제였다. 이 문제에 대해 예수님이 어떻게 대답하느냐에 따라 예수님은 장차 이스라엘에 들어가실 때 유대 지역 백성들로부터 강력한 지지를 얻어 성공적인 데뷔를 할 수도 있고, 반대로 실패할 수도 있다.

세례 요한을 보라. 이혼에 대한 이슈를 잘못 말해서 헤롯왕의 미움을 받아 감옥에 갇혔다가 헤로디아의 농간으로 결국 죽임을 당했다. 따라서 이혼은 단순히 개인적인 이슈가 아니라 정치적인 소용돌이에 휘말릴 수 있는 매우 예민한 문제였다. 성경에서 제사장의 이혼한 여인의 결혼을 금하고 있는 것처럼 당시 기록된 쿰란공동체 문서에 보면 왕이나 군주의 이혼을 금하고 있다. 헤롯왕은 동생의 아내를 취하였다. 세례 요한은 백성의 모범이 되어야 할 왕이 다른 아내를 취하는 것이 옳지 않다고 했다가 붙잡혔다. 선지자라면 하나님의 바른 뜻을 전해야 했다. 세례 요한에게 세례를 받은 예수님이 세례 요한과 비슷하게 대답했다면 바리새인들은 예수님을 감옥에 넣거나 정치적인 소용돌이로 밀어 넣을 수 있었다.

결국 바리새인들은 이혼 문제에 숨어 있는 자신들의 완악함을,

이 문제로 예수님을 곤경에 처하게 하려는 교활함을 드러내고 있다. 이에 대한 예수님의 대답은 무엇인가? 모세가 아닌 창세기로 돌아가는 것이다.

> "창조 때로부터 사람을 남자와 여자로 지으셨으니 이러므로 사람이 그 부모를 떠나서 그 둘이 한 몸이 될지니라. 이러한즉 이제 둘이 아니요 한 몸이니 그러므로 하나님이 짝지어주신 것을 사람이 나누지 못할지니라 하시더라"(막 10:6-9).

하나님의 창조 질서에 따르면 남녀는 한 몸이 되어야 한다. 한 번 한 몸이 되면 사람이 나눌 것이 아니다. 이것이 바로 하나님이 계획하신 원래의 의도다. 예수께서는 어떨 때 이혼해야 하느냐가 문제가 중요한 것이 아니라 그 이전에 하나님께서 결혼을 제정하신 원래의 의도가 무엇인지 깊이 파악해야 한다고 말씀한다. 하나님은 결혼제도를 통해 아담 한 사람을 주셨다. 이담, 저담, 그담, 에브리담 등 여럿을 주시고 고르라고 하지 않으셨다. 이브도 마찬가지였다. 아담의 갈비뼈를 뽑아서 딱 이브 한 사람만 주셨다. 저브, 그브, 요브, 그렇게 주신 것이 아니다. 서로에게 맞는 딱 그 한 사람을 붙여주셨다.

그런데 유대인들은 이렇게 생각하지 않았다. 자기 완악함을 따라 배우자도 바꿀 수 있으면 바꿔보려고 했다. 더 예쁜 여자, 지참금이 더 많은 여자, 더 나긋나긋한 여자, 음식을 더 잘 만드는 여자, 더 깔끔한 여자 등 여성을 점점 조건으로 고른다. 가능한 한 자기만족을 위한 도구로 생각한다. 결혼의 의미도 잊고 아내를 탐욕을 만족시켜

줄 대상으로 전락시킨 것이다. 이것이 바로 '간음' 과 다름없다는 것이다. 예수님이 집으로 가셔서 예수님을 시험하려는 바리새인들이 없을 때 제자들에게 바로 이 점을 분명히 말씀해주신다.

"이르시되 누구든지 그 아내를 버리고 다른 데에 장가 드는 자는 본처에게 간음을 행함이요. 또 아내가 남편을 버리고 다른 데로 시집가면 간음을 행함이니라"(막 10:11-12).

그렇다면 문제는 이혼을 허락하느냐 마느냐, 이혼 사유가 무엇이냐가 중요한 것이 아니다. 더 근본적으로 중요한 것은 이것에 대해 문제를 제기하는 우리 마음속 깊은 곳에 도사리는 '완악함' 에 무엇이 들어있느냐는 것이다. 내 이기적인 욕심을 충족시키고자 하는 완악한 속을 들여다보는 것이 먼저다. 자기 완악함을 충족시키기 위해 이혼을 정당화하고 모든 것을 희생시키려 한다. 그러나 내 완악함을 충족시키는 와중에 가정이 깨지고 아이들이 큰 상처를 받는다. 이런 면에서 예수님께서 어린아이들을 만져주시는 장면(막 10:13)은 상당한 의미가 있다.

우리 안에 있는 이기적인 완악함은 하나님이 주신 소중한 가정을 너무 쉽게 함부로 대하고 상처를 준다. 오늘날 특히 우리의 완악함이 드러나는 부분이 있다. 바로 성공 신화다. 예전에 섬기던 교회에서 함께 청년부생활을 했던 한 자매에게 안부 전화를 받았다. 이런저런 대화를 하다가 남편과는 잘 지내는지 물어보았다. 신랑 신부 모두 결혼하기 전부터 잘 알고 지냈던 사이였다. 그런데 갑자기 울먹이면서

둘 사이가 심상치 않다고 말하는 것이다. 요즘 대화를 거의 하지 않는다고 한다. 밖에서는 사람들에게 잘하지만 집에서는 함부로 하고, 매일 12시가 넘어서 들어오고, 만나지도 않아도 될 사람들 만나고 늦게 온다. 심지어 생활비도 주지 않고 지낸다는 것이다. 같이 살지만 남남같이 지내고 있었다.

이야기를 들으면서 자매를 향해서 안타까운 마음이 많이 들었다. 그리고 동시에 형제를 향한 안타까운 마음도 많이 들었다. 이 형제에 대한 안타까움은 동시에 30~40대를 살아가는 대한민국 남성에 대한 안타까움이기도 했다. 우리나라 30~40대의 남성들, 상당수가 성공 신화를 꿈꾸며 산다. "샐러리맨의 신화를 이루어보리라." "내 남자로 태어났으니 칼을 빼 무라도 한 번 베어보리라." 대박신화, 인생역전에 대한 큰 꿈이 있다. 그런데 실제로 이런 성공 신화를 만들어내는 사람은 아주 극소수다. 사실 30대 후반부터 40대로 가면서는 서서히 자기 현실을 직시해야 할 때다. 그런데 눈을 뜨기 싫다. 왜? 10년 20년 넘게 그려온 모습이 되어야 하는데 그렇지 않은 자신이 너무 초라해보이고 자존심 상해서 직시하기가 싫은 것이다. 그동안 내가 뭐 했나 돌아보면 힘이 빠지고 실망스럽다.

자기를 직면할 용기가 없으니 어떻게 하는가? 계속 자기를 채찍질하는 것이다. 가정도 돌보지 않고, 자녀도 돌보지 않고 오직 성공을 향해서 계속 달려가려 한다. 그리고 가족에게는 이렇게 말한다. "조금만 기다려. 이것만 되면, 이것만 성공하면, 그러면 현재까지의 모든 문제가 한 방에 해결될 거고, 그때부터 진짜 인생이 시작될 거야. 그때까지는 참아. 그때까지는 내가 무관심할 테니 이해해줘." 그러면서 자신을 점점 메마른 사람으로 몰아간다. 우리 삶을 풍성하게 해줄 것들은 지금 여기에 있는데, 습관적으로 미래의 성공 신화, 대박신화를 위해 현재의 행복을 희생시킨다. 성공에 불필요한 것은 다 잘라버린다. 그러니 행복도 없다. 누릴 줄도 모른다. 오직 미친 듯이 달려가는 전진만이 있을 뿐이다. 하지만 점점 성공 신화와 거리가 멀어질수록 마음은 조급해진다. 말이 없어진다.

남성은 무엇인가를 성취하고 남들이 인정해주는 거창한 목표를 이루어야만 성공했다고 생각하는 경향이 있다. 이 목표를 위해서는 모든 것을 희생하려고 한다. 그러나 여성은 그렇지 않다. 관계 중심적이다. 지금 이곳에서 아름답고 사랑하는 관계를 맺으며 행복해야 한다. 많은 남성이 오직 성공이라는, 때로는 현실과는 너무 거리가 있는 자기 탐욕과 욕심으로 현실을 무시하고 무리하게 뛴다. 가정은 잘 보이지 않는다. 아내도 자녀도 잘 보이지 않는다. 이때 가정에 나타나는 현상이 있다. 대화가 사라진다. 아내가 말하는 것은 잘 들리지도 않고 또 듣지도 않는다. 점점 이기적으로 되어가는 데도 그냥 이렇게 생각한다. '그냥 둬도 굴러가겠지! 이것만 되면 다 풀릴 거야.' 그러나 이것은 큰 착각이다.

하나님이 성도의 가정, 믿음의 가정을 세우신 것은 이런 세상 가운데, 참된 사랑을 나누고 하나님의 살아계심을 보여주는 모델을 세우기 위해서다. 그런데 예수님 당시에 이미 모든 것이 무너졌다. 참된 사랑을 잃어버리면 어떻게 하는가? 속에서 탐욕이 일어난다. 그러면서 완악함이 고개를 든다. 나를 만족시키지 않는 이 사람 이제 필요 없어! 그러면서 다른 상대에게서 탐욕을 정욕을 만족시키려 한다. 또 사람 아닌 사물에게서 정욕을 채우려 한다. 쇼핑 바람이 난다. 이것저것 사고 실컷 소비하면서 마음에 응어리를 풀려고 한다. 그러나 돌아보면 남는 것은 빚뿐이다. 고통스럽다.

내 완악함을 직시해야 한다. "주님, 난 너무 이기적입니다. 나를 긍휼히 여겨주십시오"라고 간구해야 한다. 예수께서는 우리에게 오셔서 우리의 굳은 마음을 제거하고 부드러운 마음을 주어 하나님의 뜻을 기꺼이 순종하며 살아갈 힘과 능력을 주신다.

> "내가 그들에게 한 마음을 주고 그 속에 새 영을 주며 그 몸에서 돌 같은 마음을 제거하고 살처럼 부드러운 마음을 주어 내 율례를 따르며 내 규례를 지켜 행하게 하리니 그들은 내 백성이 되고 나는 그들의 하나님이 되리라"(겔 11:19-20).

우리 안의 완악함을 직시하고, 은혜를 구할 수 있어야 한다. 내 완악함을 합리화하고 정당화할 방법을 찾기 이전에 하나님이 본래 의도하신 뜻이 무엇일까를 구하기 바란다. 성령의 능력으로 내 안에 꿈틀거리는 정욕과 이기심을 태우며, 이런 유혹을 이기며 나아가는 성도로 서자.

[42장 각주]

10) Kobi Nachshoni, "Rabbinate judges rush a divorce deal to allow husband's marriage to another man" ynetnews, 3. 27. 2019.

43 Chapter 43. Mark 10:13-16

난 왜 저 인간이 싫을까?

13사람들이 예수께서 만져주심을 바라고 어린아이들을 데리고 오매
제자들이 꾸짖거늘 14예수께서 보시고 노하시어 이르시되 어린아이
들이 내게 오는 것을 용납하고 금하지 말라. 하나님의 나라가 이런
자의 것이니라. 15내가 진실로 너희에게 이르노니 누구든지 하나님의
나라를 어린아이와 같이 받들지 않는 자는 결단코 그곳에 들어가지
못하리라 하시고 16그 어린아이들을 안고 그들 위에 안수하시고 축복
하시니라.

계절이 변화하는 봄이나 가을이 되면 알레르기성 비염으로 고생하는 사람이 꽤 많다. 어릴 때는 꽃가루에 노출돼도 알레르기 증상이 없었는데 성인이 되면서 이런 증상이 나타나더니 점점 심해지는 경우가 많다. 왜 이런 일이 일어나는 것일까? 우리 몸은 평소에 피부나 점막의 표면을 덮고 있는 상피세포가 몸을 보호한다. 꽃가루나 음식물이 들어오려고 해도 상피세포라는 방어벽에 막혀 체내로 침입할 수 없다. 그런데 환절기 때 감기에 걸려 기관지 점막이 약해지거나 피부에 상처가 생기면 방어벽이 무너져 이물질이 침입하기 쉬운 상태가 된다. 이물질은 표피를 뚫고 진피까지 침입하게 되고, 이때 우리 신체의 면역 체계는 지금까지 이물질이 아니었던 것을 이때부터 이물질로 인식하여 이를 공격하려고 한다. 그 결과로 알레르기 반응이 일어나는 것이다.[11)]

이런 알레르기 반응은 신체뿐 아니라 인간관계에도 일어난다. 정신의학과 뇌 분야의 전문가인 아카다 다카시 박사는 이것을 '인간 알레르기'(Human Allergies)라고 불렀다.[12)] 처음에는 괜찮은데, 시간이 갈수록 만날수록 기분을 상하게 하고 자존심을 건드린다. 다른 이의 영역과 경계선을 수시로 함부로 침범한다. 이런 사람을 자꾸 만나면 우리는 관계에서 알레르기 반응을 일으킨다. 보면 불편하고 마음이 어렵고 괴롭다.

우리는 이런 인간관계의 알레르기를 직장생활에서 종종 경험한다. 전에 글로벌 여론조사 업체인 갤럽이 전 세계 직장인을 대상으로 조사한 바에 따르면 응답자의 75%가 직속 상사 때문에 일을 그만둔 적이 있다고 답했다.[13)] 어떤 선진국에서는 응답자의 65%가 임금 인상보다 차라리 상사의 교체를 더 원하기도 하였다. 무슨 말인가? 직장생활에서 우리는 생각보다 인간 알레르기를 많이 경험하고 마음고생을 한다. 서로 이해하고 상식이 통하면 좋겠지만 서로 이해하는 방식이 다르고 전제하는 것이 다르기에 만날수록 힘들다. 게다가 상사는 우월적인 직위를 이용하여 자기 생각과 조금만 달라도 쉽게 분노하고 고함친다.

이런 식으로 인간 알레르기를 일으키는 사람의 특징이 있다. 바로 공감 능력과 자기 성찰 능력이 떨어진다는 점이다. 쉽게 말하면 상식이 잘 통하지 않는다. 상대방은 너무나도 힘든데 그렇게 분노하고 소리치고도 자기는 아무렇지도 않다. 그래서 상대방은 갈수록 알레르기가 심해지는데, 자신은 그것을 모른다. 문제는 시간이 갈수록 이런 사람이 점점 많아진다는 것이다. 이런 상사를 경험하면 이런 사람과 비슷한 유형의 인간이 나타날 때 반발심과 알레르기 반응이 나오게 되어 있다. 오늘날 크게 회자되는 갑질 문화와 을의 반격 문화는 우리 사회의 거대한 인간 알레르기에 대한 집단적인 반응을 잘 보여주고 있다.

도대체 무엇이 문제일까? 여러 이유를 들 수 있겠지만 그 깊은 속에는 어릴 때 부모와의 건강한 애착 관계 형성이 모자란 경험이 핵심이다. 어린 아기일 때 관계에 안정감을 느끼고 신뢰하면서도 함께 공감할 대상이 있어야 하는데, 그런 대상이 잠시 나타났다 사라지니 늘 불안하다. 그리고 어떻게 공감해야 할지, 어떻게 자기를 표현해야 할지를 모른다. 결국 불안함과 두려움으로 자기를 억압하고, 이것이 쌓이면 쉽게 걷잡을 수 없는 분노가 터져 나온다. 그러면서 점점 자기

중심적인 사람이 된다. 요즘 갈수록 맞벌이와 여러 가지 활동으로 이런 건강하지 못한 관계로 자라는 이들이 많다. 갈수록 인간 알레르기가 많아지는 것이다.

어린 자녀를 둔 부모는 일하는 것도 중요하지만 자녀와의 건강한 애착 관계를 잘 형성할 수 있어야 한다. 특히 자녀가 자라가며 아버지의 역할이 중요하다. 프로이트가 말한 오이디푸스 콤플렉스에 따르면 어머니를 둘러싸고 아들과 아버지가 벌이는 삼각관계가 건강해야 하는데, 엄격한 아버지, 너무 권위적인 아버지, 심지어 아버지의 부재 아래에서 자란 자녀는 나중에 대인관계에서 긴장이나 불안을 느끼고, 자기를 억압하는 경우가 많다고 한다. 이런 사람은 권위적이고 오만한 사람에게 거북함을 느끼는 경우도 많다. 왜 그럴까? 자기도 모르게 아버지를 투영하기 때문이다. 아버지가 알레르기를 일으키는 항원인 알레르겐이 되었기 때문이다. 아버지는 자녀를 잘 응원하고 존중하고 적절하게 잘 져주어야 한다. 늘 자녀를 이겨 자녀 위에 군림하려 하면 안 된다. 자칫하면 알레르기 항원이 되기 쉽다.

본문에 보면 사람들이 예수께 어린아이들을 데려온다. 같은 내용을 진술하는 누가복음 18장 15절을 보면 여기 어린아이들은 단순한 어린이가 아니라 '어린 아기'로 되어 있다. 자기 힘으로 예수께 올 수 없는 아이들을 부모가 데리고 온 것이다. 어릴 때부터 예수님을 알고 친밀한 관계를 맺고 축복받는 분으로 만나게 해주려는 것이다. 우리는 여기서 아니, 왜 사람들이 갑작스럽게 어린 아기들을 예수님께 데리고 올까? 궁금해할 수 있다. 본문의 흐름을 살펴보면 그것은 앞서 예수께서 어린아이에 대하여 하신 말씀 때문임을 알 수 있다.

"어린아이 하나를 데려다가 그들 가운데 세우시고 안으시며 제자들에게 이르시되 누구든지 내 이름으로 이런 어린아이 하나를 영접하면 곧 나를 영접함이요. 누구든지 나를 영접하면 나를 영접함이 아니요 나를 보내신 이를 영접함이니라"(막 9:36-37).

예수께서 친히 어린아이를 제자들과 사람들 앞에 세우시고, 이런 아이를 영접하는 것이 자신을 영접하는 것이라고 말씀하셨다. 이런 말씀을 들었던 사람들은 아이들을 예수께 데려가고 싶어 하지 않았겠는가? 예수님의 축복을 받고 기도를 받도록 하고 싶지 않았겠는가?

제자들이 예수께서 이런 말씀을 하신 것을 기억하고 헤아리고 공감했다면, 사람들이 어린 아기를 예수님께 데려왔을 때 이들을 환대하면서 이들을 스승께 인도했을 것이다. 그러나 제자들은 그렇게 하지 않았다.

"사람들이 예수께서 만져주심을 바라고 어린아이들을 데리고 오매 제자들이 꾸짖거늘"(막 10:13).

여기 '꾸짖거늘' 이라는 단어에 주목할 필요가 있다. 여기서 '꾸짖다' 는 단어는 헬라어 '에피티마오' 인데, 이것이 영어 성경(NIV)에는 'rebuke' 라고 되어 있다. 이 단어가 이전에도 사용된 적이 있다.

바로 예수님이 십자가를 지겠다고 제자들에게 처음으로 공개했던 8장 31절에서다. 예수께서 많은 고난을 받고 버린 바 되고 죽임당할 것을 가르치시자 베드로가 예수님을 붙들고 항변했다. 여기 '항변하다'가 헬라어 에피티마오, 영어로는 rebuke라는 단어이다. 이를 영영사전 콜린스 코빌드는 다음과 같이 정의한다. "상대방의 행동이나 말이 우리의 판단 기준과는 많이 다르기에 상대를 향하여 심하게 힐난하는 말을 퍼붓는 것." 베드로는 극도의 자기중심성을 갖고 예수께서 십자가 지시는 것이 자기 기준과 기대와 다르니까 그 말씀을 이해하려 하지도 않고 분노를 참지 못하고 예수님을 붙들고 격하게 꾸짖은 것이다. 예수님의 만져주심을 기대하고 어린 아기를 데려온 사람들을 제자들은 이 정도 수준의 분노로 격하게 꾸짖고 있다.

고대시대에 어린아이는 오늘처럼 존중받는 존재가 아니었다. 어린아이는 아직 인격적으로 성숙하지 못하고 분별력이 없고 의존적이어서 하나님 말씀에 직접 참여할 수 없는 자로 무시당하던 존재였다. 당시의 관례대로 하면 그냥 혼내고 내쫓아도 문제가 없을지 모른다. 그러나 제자들은 예수님이 어린아이에 대해 하셨던 말씀을 들었던 기억이 있을 것이다. 곧 어린아이들이 예수님과 같은 이들이고 이들을 영접하는 것이 예수님을 영접하는 것이라는 말씀이다.

그런데 지금 제자들은 예수님의 말씀을 기억하고 이해하려 하지 않는다. 온통 자기중심적인 이기적인 생각으로 꽉 차 있다. 예수께서 방금 무슨 말씀을 하셨는가? 십자가를 져야 한다고 계속 말씀하셨다. 9장 31절에 십자가 질 것을 두 번째로 말씀하시자 제자들은 이 말씀을 깨닫지 못하고 묻기도 두려워했다고 한다(막 9:32). 왜 깨닫지 못하고 두려워했을까? 그것은 자기중심적인 생각 때문이었다.

9장 34절은 예수님께서 십자가 지러 가는 길에서 제자들끼리 누가 크냐 하며 치고받고 싸우고 있었다고 보도한다. 어떻게 해서든 자신이 예수께 더 인정받고, 서로 비교해서 자신이 다른 제자보다 더 나아야 한다는 비교우위를 차지하기 위해 격하게 치고받고 있었던 것이다. 여기서 겸손히 물러나 양보하면 큰일 난다. 왜? 예루살렘에 가서 큰 자리를 차지하지 못하고 빼앗기기 때문이다. 절대 물러나서는 안 된다. 이런 마음으로 가득하니 예수께서 어린아이를 영접하는 것이 나를 영접하는 것이라고 하신 말씀은 들리지도 않는다. 심지어 이런 말씀도 생각나지 않는다.

> "또 누구든지 나를 믿는 이 작은 자들 중 하나라도 실족하게 하면 차라리 연자맷돌이 그 목에 매여 바다에 던져지는 것이 나으리라"(막 9:42).

이런 상태로 부모들이 어린이들을 데리고 오자 어떻게 하는가? 격하게 분노하며 꾸짖었다. 제자들은 이들이 예수님께 찾아와서 인정받고 축복받는 것을 성가시게 생각하고 자신의 비교우위 구도를 형성하는 데 잠재적인 위협으로 생각했기 때문이다. 예수님 곁에서 예수님의 사역을 도와야 할 제자들이 무엇이 예수님을 정말 기쁘게 하는지에는 무지하게 된 것이다.

예수님이 동일시하는 예수님 같은 아이들이 오는데, 꾸짖고 비난하고 분노하고 실족시키고 오지 못하게 만든다. 지금 제자들 내면에는 인간들을 밀어내는 알레르겐이 가득하다. 이런 제자들에 대하여 예수님은 어떻게 하시는가?

> "예수께서 보시고 노하시어 이르시되 어린아이들이 내게 오는 것을 용납하고 금하지 말라. 하나님의 나라가 이런 자의 것이니라" (막 10:14).

'노하셨다' (헬. 아가나테오)는 '격노했다' 는 뜻이다. 예수께서는 제자들이 예수님의 말씀과 상관없이 자기중심성을 갖고 예수께 오는 이들을 밀어내는 것을 보고 격노하셨던 것이다. 자신들이 더 특권 있는 것인 양, 자신들이 더 인정받는 이들인 양 사람들을 자기중심적인 기준으로 보고 경계하고 자기 영역에 들어오지 못하게 밀어내고, 힐난하고 비난하는 그 모습에 분노하셨다.

우리 안에 있는 이런 알레르겐, 자기중심적인 항원은 결코 주님이 기뻐하시는 모습이 아니다. 아무리 예수님을 뒤에서 잘 따르고, 그의 수제자이고 인정받고 칭찬받는다고 해도 그것이 결국 예수의 십자가와 상관없이 자기를 위한 것이면 그것은 결코 주님과 상관없는 자기를 위한 따름에 불과한 것이다. 하지만 우리 안에 있는 이기적인 모습은 끊임없이 마음에 들지 않는 사람을 밀어내고 경계하고 들어오지 못하게 하려는 배타성을 띠려 한다. 이런 모습에 대해 예수님은 무엇이라 하시는가?

> "내가 진실로 너희에게 이르노니 누구든지 하나님의 나라를 어린

아이와 같이 받들지 않는 자는 결단코 그곳에 들어가지 못하리라 하시고"(막 10:15).

누구든지 하나님의 나라를 어린아이와 같이 받들지 않으면 안 된다고 하신다. 즉 하나님 나라를 순전한 마음으로, 예수께서 말하는 그대로 믿고 받아들이지 않으면 안 된다는 것이다. 여기에는 내가 가진 이기심, 야망, 경계선, 배타성, 두려움이 없어야 한다. 모든 시선을 주님께 고정해서 그대로 받아들이지 않고는 하나님 나라를 이루어갈 수 없다는 것이다. 제자들이 밀어내고 무시하고 분노하고 꾸짖었던 어린이들을 예수님은 정작 어떻게 하시는가?

"그 어린아이들을 안고 그들 위에 안수하시고 축복하시니라"(막 10:16).

여기 '축복하시니라'는 강조를 나타내는 미완료형이다. 계속해서 축복하셨다는 것이다. 이들은 미워하고 밀어낼 대상이 아니라 축복의 대상이라는 것이다. 우리가 하나님 나라를 이루어가려면 우리 안에 어린아이와 같지 않은 것들을 분별해야 한다. 내 안에 휴먼 알레르겐이 있는가? 그 알레르기 덩어리의 정체가 무엇인가? 내 안에 있는 은밀한 배타성은 무엇인가? 겸손하게 하나님 나라를 이루어가는 성도로 날마다 자신을 주께 내드리자.

[43장 각주]

11) 오카다 다카시, 김해용 역, 「나는 왜 저 인간이 싫을까?」(서울: 동양북스, 2016), 80쪽.
12) 오카다 다카시, 「나는 왜 저 인간이 싫을까?」, 13쪽.
13) 토마스 차모도 프레무지크, 이현주 역, 「왜 무능한 남자들이 리더가 되는 걸까?」(서울: 파우제, 2019).

44 Chapter 44. Mark 10:17-22

일은 왜 하는가

[17]예수께서 길에 나가실새 한 사람이 달려와서 꿇어 앉아 묻자오되 선한 선생님이여 내가 무엇을 하여야 영생을 얻으리이까. [18]예수께서 이르시되 네가 어찌하여 나를 선하다 일컫느냐. 하나님 한 분 외에는 선한 이가 없느니라. [19]네가 계명을 아나니 살인하지 말라, 간음하지 말라, 도둑질하지 말라, 거짓 증언 하지 말라, 속여 빼앗지 말라, 네 부모를 공경하라 하였느니라. [20]그가 여짜오되 선생님이여 이것은 내가 어려서부터 다 지켰나이다. [21]예수께서 그를 보시고 사랑하사 이르시되 네게 아직도 한 가지 부족한 것이 있으니 가서 네게 있는 것을 다 팔아 가난한 자들에게 주라. 그리하면 하늘에서 보화가 네게 있으리라. 그리고 와서 나를 따르라 하시니 [22]그 사람은 재물이 많은

고로 이 말씀으로 인하여 슬픈 기색을 띠고 근심하며 가니라.

우리가 흔히 듣는 말 중 하나가 "그 일은 왜 하세요?" 하는 질문이다. 그러면 대부분 무엇이라 대답하는가? "먹고살려면 이거라도 해야죠" 아니면 "돈 벌려면 이거라도 해야죠" 하는 대답이다. 그러나 일을 단순히 먹고살기 위해서나 돈을 벌기 위해서 하면 일에 대한 만족도와 행복감이 크지 않다. 이런 이유로 일하게 되면 우리는 일하는 시간을 그저 먹고살기 위해, 돈을 벌기 위해 이를 악물고 어려움을 꾹 참는 시간으로만 보낸다. 의미와 과정은 모르겠고 어쨌거나 돈만 벌면 된다. 그래서 할 수만 있으면 일찍 퇴근하는 곳, 할 수만 있으면 편한 곳, 의미보다는 조금이라도 돈을 더 많이 주는 곳으로 가고 싶어 한다.

우리가 하루에 일터에서 보내는 시간이 얼마나 될까? 잠자는 시간을 빼고 하루의 절반 이상을 차지한다. 우리 인생의 절반 가까이 살아가는 일터에서 만족과 행복을 느끼지 못하고, 의미를 발견하지 못하면 우리는 일을 억지로 하게 된다. 억지로 하는 일은 즐겁지 않다. 일에 대한 설렘보다는 짓눌리는 의무감으로 한다. 그래서 일만 끝나면 어디론가 자유롭게 탈출하고 싶어 한다. 어차피 의미도 모르고 하는 행복하지 않은 일인데, 이왕이면 돈을 조금이라도 더 많이 주는 곳으로 가고 싶어 한다.

하지만 일은 돈을 벌기 위해 어쩔 수 없이 버티는 것이 아니다. 먹고살기 위해서 할 수 없이 의무감에 이를 악물고 해야 하는 것도 아니다. 일은 우리를 성장시키고, 우리에게 있는 역량을 계발시킬 뿐만 아니라 폭을 넓히고 한 사람의 인간으로 성장하게 한다. 그뿐만이 아니다. 성도에게 일이란 제대로만 하면 세상을 아름답게 변화시키고, 하나님의 뜻이 하늘에서와같이 땅에서도 이루게 하는 현장이 될 수 있다. 하나님의 창조 질서와 뜻을 일을 통해 구현하고 맛볼 수 있는 것이다.

요즘 북미에서 크게 인기 있는 것 두 가지가 있다. 하나는 햄버거이고 다른 하나는 신발이다. 그런데 둘 다 특이하다. 먼저, 뉴욕에서 요즘 뜨는 베어버거를 보자. 이 버거집의 햄버거 패티는 진짜 고기가 아니라 식물 고기를 사용한다. 콩, 버섯, 호박 등에서 추출한 식물 단백질로 고기와 똑같은 맛과 식감을 낸다. 오랜 연구개발 끝에 진짜 고기와 똑같은 식물 고기를 개발하는 데 성공했는데, 이것을 만드는 양대 제조사가 '임파서블 미트'와 '비욘드 미트'다. 이런 고기를 개발한 이유는 고기를 생산하기 위해 많은 소를 키우면서 발생하는 환경오염과 이산화탄소 증가로 인한 지구 온난화의 피해가 크기 때문이다. 지구를 깨끗하게 하는 데 이바지하기 위해 식생활에 혁명을 일으키는 일을 한 것이다.

신발은 '로티스'라고 하는 신생 업체가 만든 신발이 큰 인기를 얻고 있다. 이 신발은 특이하게도 페트병으로 만들었다. 페트병을 갈아서 이것을 살균 처리하고 녹여 실로 가늘게 뽑아 3D 프린터에 넣으면 6분 만에 한 켤레를 생산해 낸다. 한 켤레 만드는 데 페트병 3개가 들어간다고 한다. 이렇게 하면 제작과정에서 쓰레기가 거의 나오지 않고, 환경 폐기물을 재활용하는 장점이 있다. 이것을 유명 인사들이 신고 다니며 단박에 뜨게 되었다. 2018년 한 해만도 350%나 성장하였다.

이런 것들을 보면 단순히 사업과 일이 돈 버는 것으로만 국한되는 것이 아님을 알 수 있다. 일을 통해 나 자신이 성장할 수 있고 단련될 수 있으며, 일을 통해 이 땅에 하나님의 창조 질서를 회복하고 하나님의 통치를 구현하는 데 이바지할 수 있다.

본문에는 한 사람이 예수님 앞에 나아와 진지하게 묻는다.

> "예수께서 길에 나가실새 한 사람이 달려와서 꿇어 앉아 묻자오되 선한 선생님이여 내가 무엇을 하여야 영생을 얻으리이까"(막 10:17).

여기 나오는 '한 사람'은 마태복음(19:20)에는 '젊은이'라고 묘사하고, 누가복음(18:18)은 '관원'(헬. 아르콘)이라 부른다. 교회의 전승은 이 사람을 '젊은 부자 관원'으로 불러왔다. 요즘으로 하면 젊은 나이에 많은 부를 일군 사람이었다. 그런데 이 젊은 부자 관원은 부를 일군 것만으로 만족하지 않았다. 그는 '영생'에 대해 비상한 관심이 있었다. 그래서 소문으로만 듣던 예수께서 자기 동네의 길로 지나가자 그에게로 달려와 곧바로 꿇어앉아 진지하게 물었다. 예수님을 향하여 '선한 선생님이여'라 부른다. 이는 젊은 관원이 예수님을 향한 존경심이 있고, 그의 말씀을 경청할 자세를 갖고 있음을 보여준다.

이 땅에서 부와 권세를 다 거머쥔 젊은이가 영생에까지 관심을 두는 것이다. 왜 영생에 이토록 비상한 관심을 가질까? 우리는 여기서 당대의 유대인들이 기대했던 '영생' 이란 개념을 검토해볼 필요가 있다. 우리는 '영생' 이라고 하면 죽은 다음에 펼쳐질 내세의 삶을 생각한다. 그러나 유대인들에게 영생은 이런 의미와 차이가 있었다.

여기 '영생' 이란 말은 헬라어로 '조에 아이오니오스' 다. '조에' 하면 생명이고, '아이오니오스' 하면 원형이 '아이온' 으로 '시대, 세대' 가 된다. '아이온' 에서 나온 영어단어가 세대라는 뜻의 'age' 다. 직역하면 '세대의 삶, 시대의 삶' 이 된다. 아이온은 히브리어로 '올람' 에 해당한다. 올람은 두 가지로 나눈다. '올람 하제' (현시대)와 '올람 하바' (오는 시대)이다. 유대인들에게 현시대와 오는 시대는 무엇을 의미할까? 이것은 오랫동안 이방 민족의 포로로 살았던 역사인식에서 나왔다. 유대인들에게 현시대는 포로생활의 시대다. 애굽의 포로, 앗수르의 포로, 바벨론의 포로, 페르시아의 포로, 그리고 지금은 로마제국의 포로로 있는 시대다.

유대인들은 현시대인 '올람 하제' 가 끝나고 다가오는 새로운 시대의 삶이 올 것을 기대하였다. 그것은 포로생활이 끝나고 해방되어 새로운 자유를 맛보는 시대다. 이때의 감격을 노래한 시가 시편 126편이다. "여호와께서 시온의 포로를 돌려보내실 때에 우리는 꿈꾸는 것 같았도다"(시 126:1). 현시대의 삶은 제국과 그 뒤에서 공중권세 잡은 사탄이 우리를 쥐어짜고 속이고 죄로 몰아간다. 그래서 로마서 12장 2절은 "너희는 '이 세대' 를 본받지 말고 오직 마음을 새롭게 함으로 변화를 받으라"고 말씀한다.

이처럼 성경은 이 시대와 새롭게 오는 시대를 구별한다. 그래서 마태복음 12장 32절은 "또 누구든지 말로 인자를 거역하면 사하심을 얻되 누구든지 말로 성령을 거역하면 이 세상과 오는 세상에서도 사하심을 얻지 못하리라"고 말씀한다. 세상을 '이 세상'과 '오는 세상'으로 구별하였다. 이것은 이 땅에서 저 천국으로 가는 것이 아니라 '이 시대'를 향해 침투해 오는 '새로운 시대'를 의미한다.

따라서 지금 젊은 부자 관원이 묻는 것은 "나중에 천국 가서 영원히 살 수 있을까요?"라고 묻는 것이 아니다. 그가 묻는 것은 "이제 하나님께서 이 로마의 압제와 통치를 끝내시고 하나님의 새로운 통치가 이루어질 새로운 시대를 오게 하실 텐데, 그때 나는 새로운 시대에서의 삶을 얻을 수 있겠습니까?" 하는 것이다. 여기서 '얻으리이까'는 헬라어로 '클레로노메조'라고 해서 '상속받는다'는 뜻이다. 새로운 시대의 삶을 상속받는 것은 "새로운 시대에도 지금처럼 하나님의 복을 풍성히 받는 삶을 살 수 있겠습니까?" 하는 질문이다.

유대인들은 하나님이 복 주신 표지로 물질적인 복을 얼마나 받았느냐를 중요하게 생각했다. 믿음의 족장 아브라함이 애굽의 통치자와 주변 통치자들의 틈바구니에서도 하나님이 주신 복으로 당대의 거부가 되었다. 지금 예수님을 찾아온 이 부자는 이제 예수께서 예루살렘에 가셔서 새로운 왕이 되시고 하나님의 새로운 통치를 이 땅에 가져오실 텐데, 다가오는 새 시대에 하나님이 약속하신 풍성하고 복된 삶과 소유, 상, 명예를 상속받으려면 무엇을 해야 하겠느냐고 묻는 것이다. 이렇게 볼 때 우리는 이 젊은 부자 관원이 예수님을 '선한 선생님'으로 불렀던 이유를 이해할 수 있다. 단순한 존경을 넘어 예수께서 장차 새로운 시대를 오게 하시면 예수님을 붙들어야 한다는 절박함과 함께 정치적인 사전 작업을 하려는 의도가 있는 것이다. 그러자 예수께서 대답하신다.

> "예수께서 이르시되 네가 어찌하여 나를 선하다 일컫느냐 하나님 한 분 외에는 선한 이가 없느니라"(막 10:18).

예수께서는 부자의 관심을 오직 하나님께 두도록 하신다. 하나님 한 분 외에는 선한 이가 없느니라. 물론 예수님도 선하신 하나님이다. 그러나 예수님은 지금 성육신하셔서 죄인들과 같이 되어 이들의 죄를 지고 오직 하나님의 뜻에만 순종하려고 한다. 지금 예수님은 부자 관원이 정치적인 의도로 접근하는 것을 아시고, 모든 주권을 오직 하나님께만 돌리고 계시는 것이다. 예수께서는 이 젊은 부자 관원의 질문에 이렇게 대답하셨다.

> "네가 계명을 아나니 살인하지 말라, 간음하지 말라, 도둑질하지 말라, 거짓 증언하지 말라, 속여 빼앗지 말라, 네 부모를 공경하라 하였느니라"(막 10:19).

이 계명들은 십계명의 5~10계명에 속한다. 유대인에게 십계명은 하나님과 인간 사이의 관계를 다루는 핵심적인 기초가 된다. 다른 말로 하면, 다가오는 시대에서 하나님의 통치를 풍성히 누리는 삶을 상속받으려면 하나님이 주신 십계명의 말씀을 잘 지켜야 한다고 말씀하는 것이다. 이에 대한 젊은 부자 관원의 대답이 무엇인가?

“그가 여짜오되 선생님이여 이것은 내가 어려서부터 다 지켰나이다”(막 10:20).

그는 분명 종교적인 가정에서 경건생활을 잘 훈련받으며 십계명을 지켜왔다. 그런데 여기 예수님의 말씀 중에 십계명과 하나 다른 표현이 있다. 그것은 ‘속여 빼앗지 말라’ 는 표현이다. 이것은 ‘네 이웃의 소유를 탐내지 말라’ 는 말씀을 이렇게 표현하신 것이다. ‘속여 빼앗다’ 라는 단어는 헬라어 ‘아포스테레인’ 에서 왔는데, 이것의 기본적인 의미는 ‘불법적으로 빼앗다’ 라는 뜻이다. 이것은 당시 1세기 팔레스타인들의 대지주들 사이에서 성행하던 사회적 압제, 특히 임금 체불을 암시하는 문맥에서 사용된다. 일종의 소작농 착취를 부각하는 표현이다. 말라기 3장 5절에는 “하나님께서 품꾼의 삯에 대하여 억울하게 하는 자를 심판하겠다.” 말씀하신다. 야고보서에도 당시 부자들에 대한 경고의 말씀을 다음과 같이 한다.

“들으라. 부한 자들아 너희에게 임할 고생으로 말미암아 울고 통곡하라. 너희 재물은 썩었고 너희 옷은 좀먹었으며 너희 금과 은은 녹이 슬었으니 이 녹이 너희에게 증거가 되며 불같이 너희 살을 먹으리라. 너희가 말세에 재물을 쌓았도다. 보라. 너희 밭에서 추수한 품꾼에게 주지 아니한 삯이 소리 지르며 그 추수한 자의 우는 소리가 만군의 주의 귀에 들렸느니라”(약 5:1-4).

당시 부자들이 소작농의 임금을 체불하는 일이 빈번하게 일어났고, 이는 상당한 관행으로 자리 잡았던 것 같다. 지금 예수께서 이 부자 관원에게 하시는 말씀이 무엇인가? 하나님의 통치가 임하는 새 시대에는, 지금처럼 관행으로 여기는 불법적 방식으로 주변에 고통과 피해를 주면서 재물을 얻는 것은 절대 복이 아니라는 것이다. 부가 많이 쌓이는 것이 하나님의 복이라고 생각하고 수단 방법을 가리지 않고, 때로는 자신을 위해 일해주었던 주변 사람들을 교묘하게 속이고, 일꾼에게 피눈물을 흘리게 하며 자신이 가진 힘을 휘두르는 것은 앞으로 올 새 시대의 삶, 곧 영생을 얻는 데 결코 적합하지 않다는 것이다. 그래서 예수께서 말씀하신다.

> "예수께서 그를 보시고 사랑하사 이르시되 네게 아직도 한 가지 부족한 것이 있으니 가서 네게 있는 것을 다 팔아 가난한 자들에게 주라. 그리하면 하늘에서 보화가 네게 있으리라. 그리고 와서 나를 따르라 하시니"(막 10:21).

예수께서 그의 내면 깊은 곳까지 꿰뚫어 보시고는 그를 사랑하는 마음으로 말씀한다. 예수님의 이 말씀은 부자가 십계명의 말씀을 다 지켰다고 자부하고 열심도 있지만 그에게 부족한 것을 정확하게 지적하신다. 그것은 부를 하나님의 복을 증명하는 최종적인 것으로 생각하여, 부를 위해 일을 하느라 더 중요한 하나님 사랑 이웃 사랑을 놓친 것이다. 그는 이웃을 피눈물 흘리게 하고 아프게 하고, 어떻게든 돈만 벌면 된다고 하면서 악착같이 재물을 모았다. 예수께서는 이것이 참된 복이 아니라고 말씀하는 것이다. 그리고 그에게 급진적인 삶의 방식을 제안한다. "네게 있는 것을 다 팔아 가난한 자들에게 주라. 그리하면 하늘에 보화가 있으리라. 그리고 와서 나를 따르라!"

'네게 있는 것' 이란 그의 재물(헬. 크틀레마)을 가리킨다. 성경에 '크틀레마' 는 주로 '토지' 와 관련된 재산을 가리킨다. 사도행전 5장 1절에 아나니아와 삽비라가 판 땅을 '크틀레마', 곧 소유로 표현한다. 지금 예수께서는 이 부자 관원에게 그가 이웃에게 고통을 유발하며 돈을 끌어모으기 위해 수단과 방법을 가리지 않도록 부추기는 원인이 되었을 그 '땅' 을 팔아 가난한 자들에게 주라고 하신다. 이는 그가 그동안 당연시하며 착취하고 힘들게 했던 이들을 파격적으로 돕고 이들의 후견인이 되라고 말씀하시는 것이다. 한 마디로 일의 목적을 바꾸라는 것이다.

왜 이렇게 과격하게 말씀하실까? 이 정도의 과격한 결단이 아니면 정말 예수님을 전심으로 따르지 못하고 결정적인 순간에 땅으로 인해 걸려 넘어지기 때문이다. 이런 결단으로 예수님을 전심으로 따르지 않으면 일을 통해 이웃을 사랑하고 섬기기보다 자꾸만 부를 쌓는 것, 오직 돈 버는 것에만 관심을 두고 이것만이 하나님이 주신 복의 전부인 것처럼 생각하게 된다. 예수께서 말씀하신 한 가지 부족한 것이 바로 이것이었다.

예수님은 이렇게 하면 하늘에 보화가 있을 것이라고 말씀한다. 이런 결단이 있을 때, 새롭게 오는 시대에 모든 것이 드러날 때까지 하나님이 그를 위해 보화를 보관하고 계실 것이고 이 보화로 새 시대에 풍성한 은혜와 유업을 누리게 될 것이라 말씀한다. 지금 나누는 것이 잃어버리는 것처럼 느껴질 수 있지만 결코 그렇지 않다는 것이다. 이 말씀에 부자 관원의 반응이 어떠한가?

"그 사람은 재물이 많은 고로 이 말씀으로 인하여 슬픈 기색을 띠고 근심하며 가니라"(막 10:22).

'슬픈 기색을 띠고'(헬. 스튀그나제인)는 '분개했다'는 뜻이다. 부자는 예수님의 말씀 앞에 분개하고 근심하여 돌아갔다는 뜻이다. 자신은 어떻게든 당대의 부자가 되어 하나님의 영광을 드러내 보이려고 열심히 달려왔고, 또 이런 부와 영예를 새롭게 다가오는 시대에도 계속해서 누리고 싶어서 예수님께 찾아왔는데, 지금 예수님은 일하는 이유와 목적, 부를 쌓는 방법과 목적을 바꾸라고 하시는 것이다. 그러니 분개했다.

자신을 위해서가 아니라 이웃을 위해 이제는 수단과 방법을 가려야 한다. 돈 버는 것 자체가 목적이 아니라 내게 주신 사람들을 복되게 하고, 하나님의 다스림에 전적으로 순종하며 살아가야 한다고 하자 분개한 것이다. 예수님의 말씀을 따르는 것은 이 부자가 지금까지 자신만을 위해 일했고, 오직 부 자체를 쌓기 위해 많은 이에게 피해를 주면서까지 수단 방법 가리지 않고 일했던 것을 스스로 인정하는 것과 같다. 그동안 그가 일했던 방식을 통째로 뒤엎는 것은 자신의 자부심 근거를 뒤엎는 것과도 같다.

우리는 왜 일하는가? 무엇을 위해 일하는가? 우리는 일을 통해 하나님 앞에 성장하고, 우리에게 주신 사람들을 사랑하고 섬기고 이롭게 하려고 일을 해야 한다. 이 세대는 부 자체를 위해 수단과 방법을 가리지 않고 온갖 불법을 하는 것을 당연시한다. 그러나 이 시대에 속하지 않고 새 시대를 소망하는 하나님의 백성들은 하나님의 나라를 이루며 확장하기 위해 바른 방법과 수단을 갖고 일해야 한다. 이제는 우리의 일터에서도 바른 과정과 목표를 통해 하나님께 영광 돌리며 나아가자.

45 Chapter 45. Mark 10:23-27

부자는 바늘귀를 통과할 수 있을까?

23예수께서 둘러 보시고 제자들에게 이르시되 재물이 있는 자는 하나
님의 나라에 들어가기가 심히 어렵도다 하시니 24제자들이 그 말씀에
놀라는지라. 예수께서 다시 대답하여 이르시되 얘들아 하나님의 나
라에 들어가기가 얼마나 어려운지 25낙타가 바늘귀로 나가는 것이 부
자가 하나님의 나라에 들어가는 것보다 쉬우니라 하시니 26제자들이
매우 놀라 서로 말하되 그런즉 누가 구원을 얻을 수 있는가 하니 27예
수께서 그들을 보시며 이르시되 사람으로는 할 수 없으되 하나님으
로는 그렇지 아니하니 하나님으로서는 다 하실 수 있느니라.

전에 어느 교회 성도가 교회에서 봉헌 찬양을 부탁받은 적이 있다. 이분은 어떤 곡을 찬양할까 고민하다가 평소에 좋아하던 송명희 시인이 쓴 찬양 '나'를 선택했다. 송명희 시인은 뇌성마비로 많이 고생했던 분이다. 처음에는 은혜롭게 연습했다. 그런데 연습을 하면 할수록 마음이 찔렸다.

나 가진 재물 없으나, 나 남이 가진 지식 없으나
나 남에게 있는 건강 있지 않으나 나 남이 없는 것 있으니
나 남이 못 본 것을 보았고
나 남이 듣지 못한 음성 들었고
나 남이 받지 못한 사랑 받았고
나 남이 모르는 것 깨달았네
공평하신 하나님이 나 남이 가진 것 나 없지만
공평하신 하나님이 나 남이 없는 것 갖게 하셨네

그런데 이 찬양을 부를수록 첫 소절부터 '나 가진 재물 없으나' 하고 부르면 속으로 '너에게 재물이 없다고? 그 정도면 많은 것 아니냐?' 하는 소리가 들리는 것이다. '나 남이 가진 지식 없으나' 하고 부르면 '아니, 대학 나오고 박사학위까지 받은 사람이 어떻게 그런 말을 할 수 있지?' 하는 소리가 들리는 것이다. '나 남에게 있는 건강 있지 않으나' 하면 '야, 너 그만하면 건강하잖아?' 하는 소리가 울리는 것이다. 처음 연습할 때는 은혜로웠는데, 부를수록 마음이 찔리고 자신에게 맞는 내용이 하나도 없었다. 그래서 혼자 가사를 바꾸어보았다.

나 가진 재물 조금 있으나,
나 남이 가진 지식 조금 있으나
나 남에게 있는 건강도 있으나
나 남이 없는 것도 있으니

이러니까 어느 정도 상황이 맞는 것 같았다. 그런데 이제 후렴이 마음에 더 걸렸다. '공평하신 하나님이 나 남이 가진 것 나 없지만 공평하신 하나님이 나 남이 없는 것 갖게 하셨네.' 하지만 자신을 돌아볼 때 '남이 있는 것도 갖게 하셨고, 남에게 없는 것도 갖게 하셨다.' 생각이 여기까지 이르니 감사보다는 부끄러움과 죄스러움이 가득 차게 되었다. 남이 가진 것도 넉넉히 가졌고, 남에게 없는 것까지 모두 가졌다고 생각하니, 자신이 '복덩이'가 아니라 '욕심덩이'라는 생각이 들었다. 이분은 하나님 앞에 깊이 회개하고 찬양곡을 바꾸었다. 그 후로는 이 찬양을 제대로 부르지 못하게 되었다고 한다.

우리는 신앙생활 할 때 하나님이 이왕이면 재물도 주시고, 믿음도 주시기를 바란다. 예수 잘 믿어 복 받고 아브라함처럼 부자 되고 행복하면 좋겠다는 생각이 들기도 한다. 그런데 예수께서는 자기를 찾아왔던 부자 청년을 돌려보내시고 제자들에게 다음과 같이 말씀한다.

> "예수께서 둘러 보시고 제자들에게 이르시되 재물이 있는 자는 하나님의 나라에 들어가기가 심히 어렵도다"(막 10:23).

'재물'은 헬라어 '크레마'로 우리에게 익숙한 돈(money), 부

(wealth), 부유함(rich) 등의 의미가 있다. 그래서 '재물이 있는 자' 라는 뜻은 부를 소유한 사람, 곧 부자를 말한다. 부자가 하나님 나라에 들어가기 어렵다는 말씀에 제자들이 놀란다. 유대교의 전통적인 가르침에 따르면 재물은 하나님이 복 주시는 표지라고 보았기 때문이다. 신명기에 따르면 하나님이 복을 주시면 땅이 기름지고 소산이 풍성해질 뿐만 아니라 기르는 양과 소 같은 가축도 번식하게 된다(신 7:13). 그런데 예수께서는 부가 있으면 도리어 하나님 나라에 들어가기가 매우 어렵다고 하신다.

> "제자들이 그 말씀에 놀라는지라. 예수께서 다시 대답하여 이르시되 얘들아 하나님의 나라에 들어가기가 얼마나 어려운지 낙타가 바늘귀로 나가는 것이 부자가 하나님의 나라에 들어가는 것보다 쉬우니라 하시니"(막 10:24-25).

부자가 하나님 나라에 들어가는 것이 얼마나 어려운지, 낙타가 바늘귀를 통과하는 것이 부자가 하나님 나라에 들어가기보다 쉽다고 하신다. 바늘귀가 얼만한가? 정말 작다. 낙타가 어떻게 들어갈 수 있겠는가? 불가능하다. 마찬가지로 부자가 하나님 나라에 들어가는 것은 불가능할 정도로 정말 어렵다는 것이다. 그렇다면 어느 정도 부자여야 이런 말씀이 해당할까? 하는 생각이 든다.

2018년 KB금융의 경영연구소에서 발간한 2018 한국 부자 보고서에 보면 한국의 부자는 금융자산 10억 이상이 있는 개인으로 정의한다. 10억이면 달러 화폐로는 밀리언 달러인데, 그래서 부자를 흔히 백만장자라고 한다. 백만장자를 10억 이상의 금융자산가로 정의한 것이다. 이런 부자가 우리나라에 2017년 말 기준으로 27만 8천 명 정도로 추정하고 있다. 그러면 10억 이상의 부자들이 볼 때 돈 좀 있는 부자라면 얼마 정도 있어야 할까? 2012년에는 100억은 있어야 한다고 했다가, 이것이 4년 후인 2016년에는 70억 이상은 있어야 한다고 대답했다.

아니, 그럼 이렇게 돈이 많으면 정말 하나님 나라에 들어가는 것이 어려울까? 돈 많이 벌어서 하나님 일도 많이 하고 영광을 돌리면 되는 것 아닐까? 본문에 있는 예수님의 말씀은 재테크와 부에 점점 많은 관심을 두는 자본주의 시대를 사는 현대인들에게 상당한 충격이고 도전이 된다.

그렇다면 이 말씀을 어떻게 이해해야 할까? 중세 사람들은 이것을 이해하려고 낙타를 축소하고 바늘귀를 확장했다. 낙타를 축소하는 방법은 성경을 필사하면서 헬라어 '낙타'(카멜론)를 밧줄을 의미하는 '카밀론'으로 수정해서 기록했다. 낙타가 바늘귀로 들어가는 것보다는 밧줄로 바늘귀에 넣는 것이 그나마 가능성이 좀 더 있어 보인다. 또 하나는 바늘귀를 확장하는 방법이다. 중세의 성인으로 알려진 토마스 아퀴나스의 글에는 안셀름이란 교부가 예루살렘에 '바늘귀'라고 불리는 작은 문이 있어서 낙타가 그리로 통과했다는 허구적인 이야기를 주장했다고 기록한다. 오늘날도 성지순례를 가면 '바늘귀'라고 불리는 좁은 통행 문이 있다. 하지만 이 바늘귀 문이 예수님 시대에는 존재하지 않았고, 후에 중세시대에 예루살렘 성을 재건축할 때 지은 것으로 밝혀졌다.

그렇다면 우리는 이 말씀을 자꾸 타협하려고 하지 말고 액면 그대로 받아들일 준비를 해야 한다. 오히려 우리는 이 말씀을 더욱 잘 이해하기 위해 구체적으로 재물이 있는 자, 부를 소유한 자란 어떤 사람을 말하고, 하나님 나라에 들어간다는 것이 무엇을 의미하는지를 검토해야 한다.

마가복음 10장 24절 난하주 1번에 보면 "재물을 의지하는 자는 하나님의 나라에"라고 되어 있다. 여기서 부자란 어떤 사람인지 그대로 나타난다. '부자'는 하나님을 의지하기보다 재물을 의지하는 자를 말한다. 하나님 나라에 들어간다는 것은, 하나님의 통치에 들어간다는 뜻이다. 부자는 하나님의 다스림 안으로 들어가야 하는데, 도리어 재물을 의지하며 재물의 다스림으로 들어간다. 22절에 젊은 부자 관원이 예수님 말씀 앞에 슬픈 기색을 띠고 근심하며 간 이유가 무엇일까? 예수님 말씀대로 순종하여 하나님의 통치 안으로 들어가는 것보다 재물을 소유하고 의지하는 것이 더 든든했기 때문이다.

프랑스의 기독교 철학자이자 사상가였던 자크 엘룰의 분석에 따르면 성경에 나오는 부자 중에 아브라함과 욥, 솔로몬을 제외하면 의로운 부자나 좋은 부자는 없다고 한다. 그만큼 부자 중에 하나님의 통치 안에 거했던 사람이 많지 않았다는 뜻이다. 솔로몬 같은 경우에도 나중에 부와 쾌락으로 인해 우상 숭배로 빠지지 않는가?

여기서 우리는 재물을 소유한다는 것이 무엇인지, 재물에 대한 철학을 정립할 필요가 있다. 재테크는 부를 늘리는 '기술'일 뿐이다. 철학 없이 '테크'만 강조하다 보면 철학 없는 부가 그 사람을 하나님에게서 떠나게 하고 망가뜨리며 하나님의 통치에서 벗어나게 하기 쉽다. 따라서 우리는 재테크 이전에 재물에 대한 성경적 입장, 철학을 정리할 필요가 있다.[14] 그렇다면 재물, 부란 어떤 특징을 갖고 있는가? 이에 관한 산상수훈의 말씀을 보자.

> "한 사람이 두 주인을 섬기지 못할 것이니 혹 이를 미워하고 저를 사랑하거나 혹 이를 중히 여기고 저를 경히 여김이라. 너희가 하나님과 재물을 겸하여 섬기지 못하느니라"(마 6:24).

첫째, 재물은 사람들의 섬김을 받으려 한다. 섬김이란 마음과 힘과 뜻을 다하는 것이다. 이런 면에서 재물은 영성적 특징을 갖는다. 영성은 전심을 쏟지 않으면 성장하지 않는다. 하나님은 마음을 다하고 뜻을 다하고 힘을 다하여 주 여호와를 사랑하라고 하셨다(신 6:5). 그러나 재물이 우리의 섬김을 받기 시작하면 우리의 영적생활을 압박하기 시작한다. 아침에 일어나서 기도하고 말씀 보고 내 삶을 맡기며 시작하는 것도 좋지만 그것보다 아침 일찍 일어나서 세계 주식시장 시황을 점검하고 환율과 유가를 체크하기에 바쁘다. 새벽기도 가는 것은 건너뛰어도 새벽에 일어나 전날 세계 시장 체크하는 것은 건너뛰지 않는다. 재물을 쌓고 지키고 늘리는 데 정말 부지런하고 신실하다. 하지만 이렇게 관심을 쏟다 보면 영적생활은 고갈되고 침체된다.

둘째, 이렇게 부를 쌓게 되면 우리는 부로 자신의 삶을 보장하려는 유혹을 받는다. 늙으면 내 인생을 누가 책임져 주겠는가? 뭐니 뭐니 해도 '머니'가 최고다. 이런 확신을 하게 된다. 자기 힘으로 미래의 안정을 보장하려고 하다 보면 필연적으로 불안과 염려 근심이 찾아온다. 돈이 쌓일수록 이상하게 더 불안하다. 빨리 더 큰 돈을 모으려는 조바심이 생기고, 또 모은 돈을 가장 효율적인 방법으로 늘리려면 어떻게 해야 할까 고민하고, 또 돈을 안전하게 지키려는 불안감이 생긴다. 그런데 문제는 이렇게 하다 보면 하나님을 믿기 보다는 돈을 믿고, 돈을 믿으면서 불안감을 함께 키워간다. 부를 키워가는 만큼 근심도 함께 키워간다. 마치 가시떨기에 뿌려진 자와 같다. 이런 자는 말씀을 듣기는 하되 세상의 염려와 재물의 유혹과 기타 욕심이 들어와 말씀을 막아 결실하지 못하게 되는 자다(막 4:18-19).

셋째, 부는 우리 눈을 막고 귀를 닫게 만든다. 자기 혼자 즐기는 일에 빠져서 다른 사람의 아픔을 보지 못하게 한다. 누가복음 16장에 나오는 부자와 나사로의 비유에 보면 부자는 죽은 후에 지옥에 갔고, 거지 나사로는 천국에 갔다. 왜 이런 결과를 맞이했을까? 부자는 살아 있을 때 하나님을 모르고 온통 부에만 빠져 부를 섬기고 살았기 때문이다. 부자는 날마다 좋은 옷을 입고 명품을 걸치고 호화롭게 즐겼지만 자기 집 문 앞에 있는 거지 나사로에게 아무런 관심을 두지 못한다. 그리고 이 점을 책망받는다. 자기중심성으로 꽉 차 있다. 이 부자는 하나님도 몰랐고, 하나님의 근심과 아픔이 무엇인지도 몰랐다. 이것이 부가 갖는 위험이다. 물질적으로는 부유한데 관계에는 무관심하고 냉랭하다. 가까운 사람 생일도 기억 못 한다. 긍휼히 여기지 못한다. 반면 예수님은 자비와 긍휼이 풍성하신 하나님이다. 주님이 허락하신 부로 나사로를 긍휼히 여기고 돕기를 원하셨다.

넷째로, 부는 하나님의 자리를 대신하기 쉽다. 시장경제를 살아가는 우리에게 돈이면 해결 못 할 일이 별로 없다. 물건만이 아니라 심지어 사람의 마음까지도 살 수 있다. 그러니 부를 많이 소유하면 하나님을 믿지 않기 쉽고, 하나님을 믿는다고 해도 하나님께 별로 기대할 것이 없다. 왜? 하나님께 믿고 의지할 바에야 돈으로 해결하면 된다고 생각하기 때문이다. 보이지 않는 하나님께 기도하는 것보다 보이는 돈에 의지하는 것이 훨씬 더 든든하게 여겨진다. 하나님께 내 영혼의 문제는 의지해도, 이 땅에서의 웬만한 문제는 돈의 힘을 의지한다.

그러니 항상 기뻐하거나 쉬지 말고 기도하거나 범사에 감사하기가 쉽지 않다. 왜? 항상 기뻐하는 것은 주님이 은혜 주심을 자각할 때 일어나는 일인데, 돈이면 충분하다고 생각하고 돈으로 기쁨을 대체하려 하기 때문이다. 쉬지 말고 기도하려면 주님께 구하여야 하는데, 돈이 해결해주니 굳이 기도할 필요가 없다.

주님을 잘 의지하지 않는 사람의 특징이 있다. 주변에 기도 부탁은 많이 하는데, 정작 본인은 기도하지 않는다. 기도 부탁할 정도면 본인도 새벽에 나와 열심히 기도해야 한다. 그러나 기도는 다른 사람이 해주면 좋은 것이지 내가 할 것까지는 아니다. 이런 사람일수록 잘 되기 위해 모든 수단과 방법을 모두 동원하려는 특징이 있는데, 이왕이면 다른 방법과 함께 기도도 여기에 추가하려는 심정으로 기도 부탁을 한다. 그러나 자신은 정작 기도하지 않는다. 실제로는 하나님을 그다지 신뢰하지 않기 때문이다.

다섯째, 부는 하나님이 맡겨주신 것이기에 나중에 반드시 심판을 받는다. 우리는 믿음으로 구원받는다. 그러나 선악 간에 행한 행위에 대해서도 하나님께 평가받는다. 하나님이 우리에게 시간도 맡기셨고, 사람도 맡기셨으며, 또 재물도 맡기셨다. 우리가 맡은 것을 관리해야 하는데, 이를 '청지기' 라고 한다. 청지기는 주인이 맡긴 것을 주인의 뜻대로 관리해야 한다. 시간과 재물로 우리는 하나님이 기뻐하시는 삶을 살고, 그런 흔적들을 남겨야 한다. 나사로 이야기가 나오는 누가복음 16장은 바로 이런 부분을 다룬다. 16장 9절에는 "불의의 재물로 친구를 사귀라 그리하면 그 재물이 없어질 때에 그들이 너희를 영주할 처소로 영접하리라" 고 말씀한다. 그래서 16장 초반에 나온 부자의 재물을 맡은 청지기는 재물로 사람의 무거운 짐을 덜어주고 사람을 얻지만 뒤에 나오는 부자는 주변 사람들에게 무관심하고 하나님에 무관심한 채 자기만족을 위해서만 살다가 심판을 받는다.

이렇게 볼 때 부자가 되는 것은 거부하기 힘든 강한 '매력' 을 가진 동시에 그에 못지않은 많은 '위험' 을 품고 있음을 알 수 있다. 내가 일군 부가 내 주인이 되는 순간, 나는 돈을 섬기게 된다. 그래서 잠언은 이렇게 말씀한다.

> "부자 되기에 애쓰지 말고 네 사사로운 지혜를 버릴지어다. 네가 어찌 허무한 것에 주목하겠느냐 정녕히 재물은 스스로 날개를 내어 하늘을 나는 독수리처럼 날아가리라"(잠 23:4-5).

그러면 물질은 하나님이 주시는 복이 아닌가? 여기서 우리는 우선순위를 잘 분별해야 한다. 하나님은 나에게 하나님을 잘 섬기라고 물질을 주셨는가, 아니면 물질을 잘 섬기라고 하나님을 믿게 하셨는가? 물론 하나님을 잘 섬기면 하늘과 땅의 기름진 것과 풍성한 소산과 가축들로 복을 주시는 것은 사실이다. 우리는 복을 주시는 이유를 잘 이해하고 있어야 한다. 이는 하나님과 바른 관계를 갖고 잘 섬기며 그의 말씀을 따라 사는 것을 하나님이 기뻐하시고, 이렇게 사는 사람들을 책임져주시기 위해서 이런 말씀을 하신 것이다. 부자가 되기 위해 하나님 말씀을 잘 믿고 따르는 것이 아니라 하나님을 잘 섬기면 다 책임져주겠다는 것을 알려주시려고 이런 말씀을 주신 것이다.

예수님은 "그런즉 너희는 먼저 그의 나라와 그의 의를 구하라. 그리하면 이 모든 것을 너희에게 더하시리라"(마 6:33)고 말씀하셨다. 따라서 성도들은 어떻게 하면 부를 더 늘릴까에 대한 고민보다 어떻게 하면 하나님 나라를 더 멋지게 이루고 확장해 갈 수 있을까, 어떻게 하면 하나님이 기뻐하시는 뜻을 이룰 수 있을까를 더 강렬하게 붙들어야 한다. 그런데 시간이 갈수록 이런 열망은 점점 사그라지고 '어떻게 하면 자산을 더 불릴 수 있을까?' 하는 생각이 마음에 꽉 차 있다면 지금 내 마음에는 부와 하나님의 우선순위가 뒤바뀌어 있는 것이다.

부자가 하나님 나라에 들어간다는 것은 죽어서 가는 천국만이 아니다. 지금 이곳에서 하나님의 통치에 들어가는 것도 포함한다. 지금 내 마음은 하나님의 통치에 온전히 들어가 기쁨과 사랑과 평강과 희락을 맛보고 있는가? 아니면 온통 돈과 부에 관한 관심과 고민으로 꽉 차 있는가? 예배 마치고 난 자리에 남은 주보에 보면 펀드와 주식 수익률 계산하고 놓고 가는 이도 가끔 있다.

우리는 물질적인 부를 최종적인 목표로 삼을 것이 아니라 예수님이 말씀하신 복을 참된 목표로 삼아야 한다. 예수님이 말씀하신 복은

팔복(마 5:3-10)으로 요약된다. 팔복의 말씀을 보면 복이 나오기 전에 이런 복을 추구하는 사람의 삶의 특징이 나온다. 참된 복은 천국을 소유하는 것(마 5:3), 곧 하나님의 다스림과 통치 안에 사는 것이다. 또 사람의 위로가 아니라 하나님의 위로, 곧 하늘 위로를 받는 사람이다(마 5:4). 땅을 유업으로 받는 것이다(마 5:5). 여기서 땅은 하나님 약속의 유업 곧 흔들리지 않는 부활의 생명으로 사는 영생의 삶이다. 견고한 삶, 요동하지 않는 삶이다.

마태복음 5장 6절은 하나님의 의로 배부른 삶이다. 진리의 말씀을 깨닫는 것만으로 배부르고 충만하고 행복한 삶이다. 더 나아가 하나님의 긍휼히 여김을 받는 삶이 복되다(마 5:7). 하나님을 뵙는 삶(마 5:8), 하나님의 자녀로 인정받는 삶(마 5:9), 천국을 사는 삶이다(마 5:10). 이러한 삶은 이 땅에서의 삶과 죽은 후 천국에서의 삶이 커다란 차이가 없다. 이 세상에서 좋다가 저 세상 가면 아무 가치도 없는 것은 가짜다. 변하지 않는 것이 진짜다. 그러니 이 땅에서의 이러한 삶은 진짜 복된 삶이다.

그렇다면 이런 복을 추구하는 우리 삶의 태도는 어때야 하는가? 심령이 가난해야 한다(마 5:3). 영적인 배고픔, 목마름이 있어야 한다. 말씀을 사모한다. 예배마다 사모함으로 참여한다. 또 자신과 이웃과 세상을 위해 애통해하고 아파한다(마 5:4). 온유해야 한다(마 5:5). 때로는 참고 당하기도 한다(시 37:7 참조). 더 나아가 하나님의 의를 추구하는 태도다(마 5:6). 하나님과 바른 관계, 기뻐하시는 뜻을 따라 사는 태도, 긍휼히 여기는 태도다. 그럴 때 다른 사람의 아픔에 진정성을 갖고 동참할 수 있다. 또한 마음이 청결해야 한다. 청결함이란 마음이 하나의 초점(single focus)에 맞추어져 있는 상태다. 하나님의 뜻에 마음이 모여 있는 삶을 말한다. 또 갈등과 분열을 조장하는 속에서도 평화와 일치를 추구한다(마 5:9). 끝으로 하나님의 뜻을 이루기 위해서 고생을 자초하는 삶이다(마 5:10).

자, 나의 삶에는 이런 모습이 있는가? 그렇다면 아직 복된 사람이다. 하나님이 내게 주신 크고 작은 부로 나는 어떤 삶을 추구하는가? 복된 삶은 이것으로 하나님 나라와 의를 위해 사용하는 것이다. 그러나 그렇지 않고 신앙과 세상에서의 야망을 이분법적으로 분리하면 우리는 바늘귀 앞에 선 부자가 될 가능성이 크다.

제자란 천국의 복을 추구하는 삶에 헌신해 자기 삶을 드린 이들이다. 베드로의 고백을 들어보자. "보소서. 우리가 모든 것을 버리고 주를 따랐나이다"(막 10:28). 늘 가난한 심령으로 먼저 그의 나라와 의를 구하며 천국을 누리는 성도 되길 바란다. 그럴 때 이 모든 것을 더하시는 하나님의 역사가 우리 삶에 풍성하게 일어나게 될 것이다.

[45장 각주]

14) 여기서 제시하는 입장에 대해서는 김영봉, 「바늘귀를 통과한 부자」(서울: IVP, 2003), 40-44쪽을 참조하라.

46 Chapter 46. Mark 10:28-34

성도의 존재감

28베드로가 여짜와 이르되 보소서. 우리가 모든 것을 버리고 주를 따
랐나이다. 29예수께서 이르시되 내가 진실로 너희에게 이르노니 나와
복음을 위하여 집이나 형제나 자매나 어머니나 아버지나 자식이나
전토를 버린 자는 30현세에 있어 집과 형제와 자매와 어머니와 자식
과 전토를 백 배나 받되 박해를 겸하여 받고 내세에 영생을 받지 못
할 자가 없느니라. 31그러나 먼저 된 자로서 나중 되고 나중 된 자로서
먼저 될 자가 많으니라. 32예루살렘으로 올라가는 길에 예수께서 그
들 앞에 서서 가시는데 그들이 놀라고 따르는 자들은 두려워하더라.
이에 다시 열두 제자를 데리시고 자기가 당할 일을 말씀하여 이르시
되 33보라. 우리가 예루살렘에 올라가노니 인자가 대제사장들과 서기

관들에게 넘겨지매 그들이 죽이기로 결의하고 이방인들에게 넘겨주겠고 34그들은 능욕하며 침 뱉으며 채찍질하고 죽일 것이나 그는 삼일 만에 살아나리라 하시니라.

언젠가부터 우리는 존재감이란 말을 자주 사용한다. 존재감이란 무슨 뜻인가? 존재만으로도 자연스럽게 우러나오는 느낌을 말한다. 굳이 말하지 않아도 그가 있는 것만으로도 그가 존재하는 것이 느껴진다. 그런 느낌이 강렬할 때 우리는 이런 존재감을 '미친 존재감'이라고 한다. 반면 말은 많이 하고 자랑도 많이 하는데 그의 존재감이 별로 느껴지지 않는다. 이럴 때 우리는 그런 사람을 '공기' '병풍', 또는 '투명인간' 같다고 한다. 우리가 이런 사람을 투명인간으로 느끼는 것이 처음부터는 아니다. 처음에는 의미 있는 사람으로 대하려고 하지만 대할수록 투명인간처럼 느껴져 그렇게 대하는 것이다. 반면 처음에는 그리 주목하지 않고 투명인간 같았는데 갈수록 미친 존재감을 발산하는 사람도 있다.

우리가 직장이나 조직에서 생활하다 보면 이런 존재감의 문제로 고민할 때가 종종 있다. 직장에서 내 존재감이 없으면 점점 직장생활에서 밀려나고 영향력을 발휘할 수 없다. 그래서 목소리도 크게 내고 한번 휘어잡아보려고도 하는데, 이런 나를 인정해주지 않고 때로 공기처럼 취급하면 정말 자존심 상하고 마음이 어렵다. 그래서 어떻게 하면 내 존재감을 더 키울 수 있을까를 고민하게 된다.

우리가 앞에서 살펴보았던 젊은 부자 관원이 처음 예수께 나타났을 때 그는 자신의 미친 존재감을 예수께 어필하려고 했다. 왜? 그래야 메시아이신 예수께서 예루살렘에 입성하여 왕이 되면 자신을 기억하였다가 다가오는 세대에서의 새로운 삶을 보장해주실 것으로 생각했기 때문이다. 이 부자는 예수님께 장차 다가오는 새로운 시대의 삶을 얻으려면 어떻게 해야 하냐고 물었다. 그러자 예수께서는 계명을 지키라고 대답하셨다. 이 말씀에 젊은 부자 관원은 이런 것들은 자신이 어릴 때부터 다 지켰다고 호기롭게 대답했다. 거의 완벽에 가까운 삶, 하나님이 복 주신 표징으로서의 풍부한 재산, 거기에다 젊었다. 언뜻 보기에 남들이 부러워하는 모든 것을 거의 완벽에 가깝게 갖춘, 경건의 대표 모델과 같은 미친 존재감을 뿜고 있었다.

그러나 이런 의기양양한 부자의 미친 존재감도 예수님의 말씀 한마디에 무너졌다. 네가 다른 이들에게 고통을 주며 모았던 그런 재물을 팔아 가난한 자들에게 나누어주고, 너는 나를 따르라고 말씀하셨기 때문이다. 이 말씀에 청년은 얼굴이 붉으락푸르락해지며 분노하고 근심하며 예수님을 떠났다. 자신의 강렬한 존재감을 어필하려던 시도가 그만 재물 앞에 넘어진 것이다. 이런 모습을 보고 베드로가 스승에게 나와 말한다.

> "베드로가 여짜와 이르되 보소서. 우리가 모든 것을 버리고 주를 따랐나이다"(막 10:28).

부자의 기세에 눌려 아무 말도 못 하고 있던 베드로가 자신들은 다 포기하고 예수님을 따랐다고 용기 있게 말한다. 그러자 예수께서는 하나님 나라에서 존재감은 어떻게 부각되는가를 말씀하신다.

"예수께서 이르시되 내가 진실로 너희에게 이르노니 나와 복음을 위하여 집이나 형제나 자매나 어머니나 아버지나 자식이나 전토를 버린 자는 현세에 있어 집과 형제와 자매와 어머니와 자식과 전토를 백 배나 받되 박해를 겸하여 받고 내세에 영생을 받지 못할 자가 없느니라"(막 10:29-30).

예수와 복음을 위하여, 집, 형제, 자매, 어머니, 아버지, 자식, 전토를 버린 사람은 현세에 있어 자신이 포기하고 버린 것들을 백 배나 받는다. 단, 박해를 겸하여서 받고 내세, 다가오는 시대에 새로운 삶인 영생을 받지 못할 자가 없을 것이다. 얼마나 놀라운 말씀인가?

그렇다면 예수님을 따르기 위해 다 포기하고 버려야 한다는 말인가? 여기서 '버린다'(헬. 아피에미)는 단어는 영어로 'leave behind', 즉 '뒤에 둔다'는 뜻이다. 복음을 위하여, 하나님 나라를 위하여 최우선순위를 두고 나머지는 우선순위에서 뒤로 둔다는 의미다. 베드로가 예수께 "주여 우리가 모든 것을 버리고 주를 따랐나이다"라고 할 때는 모든 것을 다 처분하여 팔고 따랐다는 의미가 아니다. 모든 것을 다 뒤로하고 주님을 따랐다는 뜻이다.

마가복음 1장에 보면 제자들이 예수님의 부르심에 모든 것을 뒤로하는 장면이 나온다. 제자들은 '그물을 버려두고' 예수를 따랐다(막 1:18). '버렸다'는 그물을 뒤로 두고 예수를 따랐다는 뜻이다. 또 야고보와 요한 역시 '아버지 세베대를 품꾼들과 함께 배에 버려두고' 예수님을 따랐다(막 1:20). 이는 이들의 모든 것을 다 처분하고 가족과 관계를 끊었다는 것이 아니라 예수님을 따르기 위해 우선순위에서 모든 것을 뒤로했다는 뜻이다.

그동안 내 뜻대로 사용하던 것을 다 뒤로하고 오직 주님만을 따라나선 것이다. 만약 정말 다 버린다고 하면 베드로는 집과 배를 다 처분하고, 가족과 의절하고, 아내와도 헤어지고 예수님을 따라야 한다. 그러나 마가복음에서 베드로가 예수님을 따라다니며 했던 사역을 추적해보면 베드로가 소유와 관계를 다 끊은 것은 아니라는 것을 알 수 있다. 베드로는 예수님을 따르기로 결단했어도 예수님을 자기가 살던 집으로 초대한다. 그리고 거기서 장모를 소개하고 장모가 치유함을 받는다(막 1:29). 또 갈릴리 호수에서 예수님께 작은 배를 제공한다(막 3:9, 4:1,36). 배들이 갑자기 어디서 났을까? 아마도 어부 출신이었던 베드로를 비롯한 제자들이 자신의 배를 예수님의 사역을 위해 선뜻 내드렸을 가능성이 크다. 나를 위해 배를 사용하던 것에서, 예수님을 위해, 복음을 위해, 하나님 나라를 위해 내드린 것이다. 사용권의 우선순위가 내가 아니라 예수와 하나님 나라를 위해 바뀐 것이다. 이것이 주님을 위해 모든 것을 뒤로한 것이다.

베드로는 아내와의 관계를 끊지 않았다. 고린도전서 9장 5절은 '게바(베드로)가 믿음의 자매 된 아내를 데리고 다닌다' 고 진술한다. 베드로는 예수께서 부활 승천하신 이후 아내를 데리고 다니며 사역을 감당했다. 물론 이때의 아내는 믿음의 아내로 변화되었을 것이다. 예수께서는 "하나님이 짝지어주신 것을 사람이 나누지 못할지니라" (막 10:9)고 말씀하지 않았는가? 따라서 제자들은 가족과의 관계를 끊고 예수님을 따랐던 것이 아니라 관계의 우선순위를 예수께 두고 따랐다. 참 신기한 것이 관계의 우선순위를 서로에게 두면 관계가 더 좋아질 것 같지만 점점 악화되고 삐걱대는 경우가 많다. 반면 부부가 함께 공통으로 예수님을 바라보면 관계가 더욱 건강해진다. 부부는 서로만 바라봐서는 안 된다. 함께 예수님을 바라보아야 한다.

예수께서는 분명히 말씀한다. "예수와 복음을 위해 이 모든 것을 뒤로한 자는 공중 권세 잡은 자가 미혹하고 권세를 부리는 이 시대에 이들이 포기하고 뒤로했던 집, 형제, 자매, 어머니, 자식, 전토를 백 배나 받되, 박해를 겸하여 받을 것이고, 더 나아가 내세에 영생을 받지 못할 자가 없을 것이다." 예수님을 위해 포기하고 뒤로했던 것들을 백 배나 받는다고 한다. 단, 기억할 것은 박해도 함께 받는다.

이 말씀은 마가복음 4장의 씨 뿌리는 비유를 염두에 둔 말씀이다. 씨를 뿌리면 새도 날아오고, 강렬한 햇볕도 내리쬐고, 가시덤불도 올라와 기운을 막으려 하지만 어린아이와 같이 순전한 마음으로 예수님을 따르며 모든 것을 뒤로하면 30배, 60배, 100배의 열매를 맺을 것이다.

여기서 100배의 열매는 하나님의 통치가 임하는 하나님 나라, 천국을 상징한다. 이것이 하나님 나라 비유의 핵심이다. 그렇다면 여기서 새롭게 받는 집, 형제, 자매, 어머니, 자녀, 전토는 무엇일까? 바로 하나님 나라 안에서 새롭게 발견하는 집, 형제, 자매, 어머니, 자녀, 전토다. 이는 예수님을 우선으로 따르고 그분의 다스림 안에 순종하는 몸 된 공동체를 이룰 때 얻게 되는 유업들이다. 이때 성도는 새로운 믿음의 형제, 자매, 어머니와 자녀를 얻게 된다. 아버지가 없는 것은 하나님 나라의 가장이 바로 하나님이기 때문이다!

이 말씀 후, 예수께서는 끝으로 "먼저 된 자로서 나중 되고 나중 된 자로서 먼저 될 자가 많으니라"고 말씀한다(막 10:31). '먼저 된 자로 나중 된 사람'은 일차적으로는 예수님을 찾아왔던 젊은 부자 관원을 가리킨다. 자신의 존재감을 부각하기 위해서 예수님을 찾아왔지만 결국 하나님 나라에서의 존재감은 미미하게 되었다. 이 부자는 자기가 잘하는 것과 소유를 근간으로 존재감을 형성하였다. 그러자 예수께서는 그가 자랑으로 삼는 모든 것을 뒤로하고 우선순위를 정리하고 나를 따르라고 도전하셨다. 반면 모든 것을 다 뒤로하고 예수님만 바라보았던 제자들은 하늘나라에서 주목받는, 미친 존재감을 끼치는 자들이 될 것이라고 말씀한다.

여기서 하나님 나라를 이루어가는 성도의 존재감이 어떻게 발현되는가가 드러난다. 성도의 존재감은 세상과 반대 방향이다. 세상에서는 자신의 존재감을 어떻게 발산하는가? 자신의 우월함, 소유, 자부심, 강점, 학력 등과 같은 것들로 발산한다. 경쟁이 치열한 직장에서는 이런 것들이 통할지 모른다. 하지만 이런 우리를 어떻게든 끌어내리려고 험담하고 술수를 쓰는 이들도 만만치 않다. 그래서 세상의 방식으로 자기 존재감을 부각하려다 보면 부딪침과 갈등이 많다.

그러나 성도는 자신의 자부심과 자존심을 형성하는 이런 것들을 다 뒤로하고 오직 예수만을 최우선순위로 여기고 따르는 사람이다. 내가 잘한 행동과 보잘것없는 지식을 어필하는 것이 아니라 오직 모든 일과 관계 가운데 예수만이 드러나며 예수께서 기뻐하시는 일을 하는 것이 목적이다. 기꺼이 나의 자존심을 접고, 내 자랑과 유익이 아니라 주님의 유익과 영광을 위해 나의 시간과 물질을 내드릴 때 세상에서 볼 수 없는 성도의 미친 존재감이 살아나게 된다. 예수께서 이 말씀을 하시고는 이제 본격적으로 그의 존재감을 드러내기 시작한다.

> "예루살렘으로 올라가는 길에 예수께서 그들 앞에 서서 가시는데 그들이 놀라고 따르는 자들은 두려워하더라"(막 10:32).

여기 중요한 동사 두 개가 있다. '올라간다'(아나바이노)는 동사와 '앞에 서서 가신다'(프로아고)는 동사다. '올라간다'는 것은 이제 요단강의 저지대에서 해발 750m나 되는 예루살렘을 향하여 십자가를 지러 가는 여정을 가리킨다. 말 그대로 위로 올라가는 길이다. 구약성경에서 '올라간다'는 표현은 예루살렘을 향한 영적 순례를 표현할 때 사용한다(시 122:1,4, 사 2:2 참조). 이런 영적 순례는 종말의 때 하나님이 오시는 길과 관련 있다.

> "외치는 자의 소리여 이르되 너희는 광야에서 여호와의 길을 예비하라 사막에서 우리 하나님의 대로를 평탄하게 하라"(사 40:3).

하나님이 오시는 길을 예수님이 가시는 것이다. 그런데 이 길을 예수께서 앞장서서 가신다. 그동안 제자들이 먼저 길을 안내하고 앞길을 살피며 갔다면 이제부터는 예수께서 마치 전쟁에 앞장서는 장수와 같이 이끌고 나아간다는 뜻이다. 이는 예루살렘에서 벌어질 영적전쟁을 예고하는 표현이다. 갑작스러운 예수님의 앞장서심에 제자들은 놀랐고, 예수님을 따르던 사람들은 두려워했다.

예수께서 앞장서는 이 길은 어떤 길인가? 하나님과 복음을 위하여 기꺼이 자신의 생명을 내버리는 길이다. 예수님은 제자들에게 진정한 성도의 존재감이 무엇인지 말씀하실 뿐만 아니라 이제 직접 그 존재감을 드러내시려고 앞장서셨다. 이런 태도는 두렵다. 주변 사람들도 두려워하고 걱정하게 만든다. 예수께서는 제자들에게 이 길이 어떤 길인지 말씀하신다.

> "보라. 우리가 예루살렘에 올라가노니 인자가 대제사장들과 서기관들에게 넘겨지매 그들이 죽이기로 결의하고 이방인들에게 넘겨주겠고 그들은 능욕하며 침 뱉으며 채찍질하고 죽일 것이나 그는 삼 일 만에 살아나리라 하시니라"(막 10:33-34).

이제 예수께서 가시는 길은 싸워 승리하고 자신의 능력과 힘을 과시하는 길이 아니라 전적인 무력함으로 자신을 내주는 길이다. 예수는 자신의 존재감을 부각하는 길이 넘겨지고 간계에 휘말리고 능욕과 채찍질과 죽임을 당하는 것이라고 한다. 이럴 것 같으면 우리는 중간에 다 포기한다. 이런 대접 받으려고 그동안 헌신한 것은 아니라는 생각이 들 것이다. 그런데 예수께서는 이 길로 나아가는 것이 진정한 성도의 존재감을 드러내는 길이라고 말씀한다.

이런 길에는 악인이 득세하지 않을까? 잠깐은 그렇게 보일 수 있다. 하지만 보이지 않는 하나님의 손이 예수님을 붙드신다. 하나님의 때, 곧 삼 일 후에 죽임당한 예수님을 높이 들어 살리시고, 구원과 부활의 능력으로 드러내신다. 사실 이 지점에 이르기까지 우리의 어려움이 있다. 우리는 자존심 상하거나 조롱받거나 험담을 듣거나 죽는 것을 정말이지 너무나도 싫어한다. 그래서 내가 살고 성도의 존재감이 죽는다.

우리의 도전이 바로 여기 있다. 우리는 기꺼이 죽는 데까지 나아가야 한다. 능욕받는 데까지 나아가야 한다. 예수님을 위해 내 모든 것을 기꺼이 내드리며 포기해야 한다. 이때 하나님이 함께하시는 성도의 강렬한 존재감이 살아날 것이다. 이런 존재감으로 성도는 세상의 빛과 소금의 역할을 감당할 수 있다. 이런 성도의 존재감을 발휘하는 복된 성도로 서자.

47 Chapter 47. Mark 10:35-45

다른 심장으로 살라

35세베대의 아들 야고보와 요한이 주께 나아와 여짜오되 선생님이여
무엇이든지 우리가 구하는 바를 우리에게 하여주시기를 원하옵나이
다. 36이르시되 너희에게 무엇을 하여주기를 원하느냐. 37여짜오되 주
의 영광중에서 우리를 하나는 주의 우편에, 하나는 좌편에 앉게 하여
주옵소서. 38예수께서 이르시되 너희는 너희가 구하는 것을 알지 못
하는도다. 내가 마시는 잔을 너희가 마실 수 있으며 내가 받는 세례를
너희가 받을 수 있느냐. 39그들이 말하되 할 수 있나이다. 예수께서 이
르시되 너희는 내가 마시는 잔을 마시며 내가 받는 세례를 받으려니
와 40내 좌우편에 앉는 것은 내가 줄 것이 아니라 누구를 위하여 준비
되었든지 그들이 얻을 것이니라. 41열 제자가 듣고 야고보와 요한에

대하여 화를 내거늘 [42]예수께서 불러다가 이르시되 이방인의 집권자들이 그들을 임의로 주관하고 그 고관들이 그들에게 권세를 부리는 줄을 너희가 알거니와 [43]너희 중에는 그렇지 않을지니 너희 중에 누구든지 크고자 하는 자는 너희를 섬기는 자가 되고 [44]너희 중에 누구든지 으뜸이 되고자 하는 자는 모든 사람의 종이 되어야 하리라. [45]인자가 온 것은 섬김을 받으려 함이 아니라 도리어 섬기려 하고 자기 목숨을 많은 사람의 대속물로 주려 함이니라.

중국이 개화되어 서양문물을 받아들일 때였다. 이때 서양의학도 함께 소개되었다. 옛날 중국 한의학에서는 심장이 우리 몸의 오른쪽에 있고, 간장은 왼쪽에 있는 것으로 믿고 있었다. 그런데 예수회 신부 제이콥 로(Jacobs Rho)가 서양의 「인체해부학」을 번역해서 중국에 소개하였다. 당시 중국인에게는 상당히 충격적인 내용이었다. 이 내용을 보고 중국의 유학자 한 사람이 곰곰이 생각해 봤다. 어찌 이럴꼬? 한참을 깊게 생각한 후에 그는 결론을 냈다. 서양 사람은 자기들과 생김새가 다를 뿐 아니라 심장과 간장의 위치도 바뀌었다는 것이다.

우리에게는 살아가면서 내면에 자리 잡은 일종의 고정관념이 있다. 이런 것들은 고정되어 있을 뿐 아니라 아예 단단하게 굳어져서 쉽게 변하지 않는다. 사진을 찍으려 할 때 뒤로 가는 이들이 있다. 그래야 얼굴이 작게 보이고 예쁘게 나온다고 생각한다. 서양 사람은 얼굴이 작아서 예쁜데, 우리나라 사람은 얼굴이 커서 그다지 예쁘지 않다는 고정관념이 있다. 그런데 식품의약품안전처에서 2007년부터 2009년까지 3년간 한국인(성인, 청소년, 아동)을 대상으로 얼굴 면적을 측정해서 발표했던 적이 있다.[15] 과연 서양 사람의 얼굴이 클까, 한국 사람의 얼굴이 클까? 그 결과 한국인의 얼굴이 서양 사람들 얼굴보다 작다는 것이 입증됐다. 왜 우리는 크다고 생각했는가? 바로 착시현상이라는 것이다.

이러한 고정관념에 의한 착시현상이 우리 인생의 '성공'을 두고도 나타난다. 우리 사회에서 성공한다는 것은 무엇인가? 어떻게든 스카이 캐슬의 최정점에 올라가기 위해서 수단과 방법을 가리지 않고 다른 이들을 밟고 올라가는 것이다. 고위 공직자나 교수가 자기 자녀를 좋은 대학에 입학시키기 위해 많은 인맥을 동원하여 이력서에 도움이 될 만한 좋은 자리에 인턴을 시키고, 저명한 학술지에 제1저자로 이름을 올리는 일도 서슴없이 한다. 본문은 2천 년 전 일어난 이스라엘판 스카이 캐슬의 현장이다. 본문은 이렇게 시작한다.

> "세베대의 아들 야고보와 요한이 주께 나아와 여짜오되 선생님이여 무엇이든지 우리가 구하는 바를 우리에게 하여주시기를 원하옵나이다"(막 10:35).

세베대의 두 아들, 야고보와 요한이 예수께 나와 부탁한다. "우리가 무엇을 구하든지 우리 부탁을 들어주세요!" 무엇이든지 들어 달라니, 예수님이 요술램프의 지니도 아니고, 상당히 당돌하다. 이런 갑작스러운 요구에 예수께서는 "그래, 너희에게 무엇을 하여주기 원하느냐"고 물으신다(막 10:36).

"여짜오되 주의 영광중에서 우리를 하나는 주의 우편에, 하나는 좌편에 앉게 하여주옵소서"(막 10:37).

'주의 영광 중에' 란 언제일까? 마태복음은 다음과 같이 말씀한다.

"예수께서 이르시되 내가 진실로 너희에게 이르노니 세상이 새롭게 되어 인자가 자기 영광의 보좌에 앉을 때에 나를 따르는 너희도 열두 보좌에 앉아 이스라엘 열두 지파를 심판하리라"(마 19:28).

세상이 새롭게 되어 인자가 자기 영광의 보좌에 앉을 때, 이때는 바로 다니엘서 7장의 비전이 실현될 때를 암시한다.

"내가 또 밤 환상 중에 보니 인자 같은 이가 하늘 구름을 타고 와서 옛적부터 항상 계신 이에게 나아가 그 앞으로 인도되매 그에게 권세와 영광과 나라를 주고 모든 백성과 나라들과 다른 언어를 말하는 모든 자들이 그를 섬기게 하였으니 그의 권세는 소멸되지 아니하는 영원한 권세요 그의 나라는 멸망하지 아니할 것이니라"(단 7:13-14).

이때 인자는 그의 권세를 자기 백성에게 나누어준다.

“옛적부터 항상 계신 이가 와서 지극히 높으신 이의 성도들을 위하여 원한을 풀어주셨고 때가 이르매 성도들이 나라를 얻었더라” (단 7:22).

“나라와 권세와 온 천하 나라들의 위세가 지극히 높으신 이의 거룩한 백성에게 붙인 바 되리니 그의 나라는 영원한 나라이라. 모든 권세 있는 자들이 다 그를 섬기며 복종하리라”(단 7:27).

제자들은 예수께서 예루살렘에서 가서 로마제국을 몰아내고 실제로 이스라엘의 왕이 될 것이라 기대했다. 이런 기대 속에 예수께서 왕이 되실 때가 점점 가까이 온다. 마가복음 10장 46절을 보면 예수께서 여리고에 도착하고, 11장 1절에는 예루살렘 가까운 감람산 부근의 벳바게와 베다니에 도착한다. 이처럼 예수님의 예루살렘 입성이 점차 가까울 때 세배대의 두 아들, 야고보와 요한이 예수께 가서 백지수표를 내밀며 여기에 사인해 달라고 청탁하는 것이다. “예수님 무엇이든지 우리가 구하는 것을 주시기를 원합니다!”

생각해보라. 정말 기가 막힌 타이밍이지 않은가? 어떻게 이렇게 적절한 시기에 먼저 치고 들어가서 예수님께 이런 부탁을 드릴 수 있을까? 같이 경쟁하던 제자들은 그야말로 허를 찔린 기분이었을 것이다. 우리는 관점을 조금 달리해서 이렇게 물어볼 수 있다. 도대체 이런 기가 막힌 타이밍에 제자들이 말하기 어려운 이런 당돌한 요구를 이 두 형제는 어떻게 서슴없이 할 수 있었을까? 그 속내를 들여다볼 수 있는 실마리는 마태복음 20장이 제공한다.

> "그때에 세베대의 아들의 어머니가 그 아들들을 데리고 예수께 와서 절하며 무엇을 구하니 예수께서 이르시되 무엇을 원하느냐. 이르되 나의 이 두 아들을 주의 나라에서 하나는 주의 우편에, 하나는 주의 좌편에 앉게 명하소서"(마 20:20-21).

자, 겉으로 볼 때는 제자들이 요구했는데 그 배후에 누가 있었는가? 엄마가 있었다. 엄마의 발 빠른 정보력과 실행력이 작동했다. 결국 야고보와 요한도 부모 청탁으로 예수님께 고속승진을 요청한 것이다. 제자라는 위치가 예수님이 왕이 되시기 전까지 밟는 일종의 인턴 과정이라고 한다면, 이제 인턴 마치면 곧바로 예수님이 세우실 왕국에서 좌의정 우의정, 왼팔 오른팔로 초고속 승진을 시켜달라고 부탁했다.

자, 이런 인사 청탁을 곁에서 지켜본 다른 제자들의 속은 어떨까? 뒤집힌다. 이것은 공정한 게임이 아니다. 자기들도 3년간 열심히 따라다니고 예수님 심부름하며 똑같이 배웠는데, 자기들의 노력을 비웃듯 뛰어넘는 야고보, 요한 엄마의 기습적인 인사 청탁이 그동안 유지해 왔던 팽팽한 긴장에 기름을 부은 것이다.

> "열 제자가 듣고 야고보와 요한에 대하여 화를 내거늘"(막 10:41).

나머지 제자들이 분노했다. 우리 같으면 다른 제자들과 피켓 들고 시위했을 것이다. 예루살렘 캐슬을 쌓고 있는 야고보, 요한, 그리고 어머니, 일가족의 불공정한 행위를 중단할 것을 촉구하는 기자회

견을 열었을지 모른다.

한편 야고보와 요한의 처지에서 볼 때 어머니의 적극적인 인사 청탁은 무엇이겠는가? 바로 자녀 성공의 DNA가 된다. 엄마가 옆에서 갑자기 끼어들었다는 것은 무엇인가? 제자들이 예수님을 따라갈 때 엄마는 다른 여인들과 함께 예수님을 따라다니며 자기 아들들의 행동을 관찰하며 보살폈다는 것을 의미한다. 헌신적인 어머니의 코칭이 있었다. 분명 어머니의 안목에 탁월한 부분이 있다.

사실 야고보와 요한은 베드로와 함께 예수님이 가장 아끼시는 수제자 그룹이었다. 9장 2절에도 보면 이 셋을 데리고 변화산에 올라가셨다. 가장 강력한 경쟁자였던 베드로는 예수님이 십자가를 지셔야 한다고 하니까 안 된다고 막아섰다가 "사탄아 물러가라"는 소리를 들었다. 상황을 지켜보았던 엄마는 아무래도 빨리 베드로를 제쳐야 한다고 생각했을지 모른다. 게다가 아들을 뒤에서 뒷바라지하고 따라다니면서 이런 과정을 통하여 예수님의 어머니와도 인맥을 구축했다. 아마 야고보와 요한은 제자들의 분노에 이렇게 말할 수 있었는지 모른다. "야, 부러우면 너희도 이런 어머니 만나면 되잖아. 엄마 백도 없는 것들이." 놀랍게도 이 어머니는 나중에 예수님이 십자가 지실 때까지 따라간다(마 27:56 참조). 세베대 아들들의 어머니는 마가복음 15장에 살로메로 그 이름이 소개된다.

> "멀리서 바라보는 여자들도 있었는데 그중에 막달라 마리아와 또 작은 야고보와 요세의 어머니 마리아와 또 살로메가 있었으니"(막 15:40).

이런 치열한 물밑 경쟁, 제자 간의 인턴 경쟁 가운데 예수님은 야고보와 요한, 그리고 그들의 어머니 살로메의 요청에 대해 무엇이라고 말씀하는가?

"예수께서 이르시되 너희는 너희가 구하는 것을 알지 못하는도다. 내가 마시는 잔을 너희가 마실 수 있으며 내가 받는 세례를 너희가 받을 수 있느냐"(막 10:38).

제자들은 이들이 구하는 진정한 성공, 진정한 출세, 진정한 일등됨이 무엇인지 알지 못한다는 것이다. 마치 우측에 심장이 있는 것으로 믿고 의료행위를 하고 약도 먹는데, 그렇게는 건강을 제대로 관리할 수 없는 것과 마찬가지다. 성공의 스카이 캐슬에서는 제자들이 구하는 것이 무엇인가가 뚜렷하다. 그러나 그리스도가 마실 십자가와 고난의 잔과 세례의 관점에서 제자들이 구하는 것은 전혀 다른 의미가 된다. 나중에 예수께서 온 세상의 죄를 대신 지고 가시 왕관을 쓰시고 십자가에 못 박혀 돌아가실 때 예수 좌우에는 누가 매달리는가? 바로 두 강도다. 전혀 다른 좌우편이다.

그래서 예수께서는 "너희가 구하는 것을 알지 못한다"고 말씀하신다. 그래서 예수님은 제자들에게 스승이 마시는 잔을 마실 수 있겠느냐고 묻는다. 그러자 제자들은 당당하고 자신감 있게 대답한다. "할 수 있나이다"(막 10:39) 과연 할 수 있을까? 예수께서 십자가 지실 때 이들은 도망갔다. 요한만큼은 십자가 아래까지 가기는 했지만 십자가에 달리신 예수님을 멀찍이서 바라보기만 할 뿐이었다. 이후 야고보와 요한은 부활의 주님을 만나고, 성령 강림 이후 변화되고 나서야 예수께서 가신 십자가의 길을 끝까지 따를 수 있었다. 이 모든 것을 아셨던 예수께서 말씀하신다.

> "너희는 내가 마시는 잔을 마시며 내가 받는 세례를 받으려니와 내 좌우편에 앉는 것은 내가 줄 것이 아니라 누구를 위하여 준비되었든지 그들이 얻을 것이니라"(막 10:39-40).

예수께서는 좌우편의 자리는 아버지 하나님의 주권 아래 있음을 분명히 밝히셨다. 하지만 나머지 열 제자는 예수께서 은연중에 야고보와 요한에게 좌우 자리를 허락한 것으로 오해했다. 모두 충격을 받고 분노로 부글부글 끓고 있었다. 예수께서는 제자들의 이런 모습을 보고 이들이 가진 인생의 성공 기준과 하나님 나라에서의 성공 기준이 얼마나 다른가를 말씀한다. 먼저 세상 기준에서의 성공과 출세다.

> "예수께서 불러다가 이르시되 이방인의 집권자들이 그들을 임의로 주관하고 그 고관들이 그들에게 권세를 부리는 줄을 너희가 알거니와"(막 10:42).

이방인의 집권자들은 로마제국의 집권자들을 말한다. 이를 좀 더 엄밀하게 번역하면 '이방인들을 지배한다고 여겨지는 자들'이다. 그래서 새번역 성경은 '민족들을 다스린다고 자처하는 사람들'이라고 기술했고, 영어 성경(NIV)은 통치자로 간주되는 이들(regarded as rulers)이라고 번역했다.

여기 놀라운 사실이 숨겨져 있다. 세상 사람들은 제국의 집권자들을 진짜 통치자라고 여기지만 이것은 자신을 통치자로 자처하는 그들의 생각이라는 것이다. 여기에는 그들에게 통치할 권세를 잠깐 허락하시고 세우신 분, 진정한 배후의 통치자는 하나님이라는 전제가 있다. 세상의 통치자들은 이 권세가 자기 것인 줄 착각하고 자기 멋대로 백성들을 함부로 대하며 주관하고 권세를 부리고 압제한다. 한마디로 이들은 세상에서 떵떵거리고 사는 이들이다. 제자들에게도 예수님을 잘 따라다녀 출세하고 이렇게 떵떵거리고 싶은 마음이 있었다. 하지만 이러한 행위는 이들이 영적으로 무지하고 무능하다는 것을 드러낼 뿐이다.

예수님이 뭐라고 하시는가? "너희 중에는 그렇지 않을지니"(막 10:43). 너희는 이런 방식으로 성공과 출세를 추구하지 말라는 것이다. 그렇다면 하나님 나라의 성공은 무엇인가?

> "너희 중에 누구든지 크고자 하는 자는 너희를 섬기는 자가 되고 너희 중에 누구든지 으뜸이 되고자 하는 자는 모든 사람의 종이 되어야 하리라"(막 10:43-44).

으뜸이 되고자 하는 자는 섬기는 자, 곧 모든 사람의 종(헬. 디아코노스, servant)이 돼라! 이는 세상의 방식과 정반대다. 어떻게 이럴 수 있는가? 스카이 캐슬의 최정점이 아닌 반대 방향으로 내려가라는 것이다. 하나님 나라는 보다 많은 권세를 확보하여 자기 임의로

부리는 나라가 아니라 도리어 권세를 내려놓고 하나님 나라와 뜻을 실현하기 위해 섬기고 종이 되어야 하는 나라임을 말씀한다. 하나님 나라의 특징은 바로 이렇게 섬기고 종이 되는 데 있다. 이 나라에서 제일 큰 사람은 섬기는 사람, 곧 종이 되는 사람이다. 그러면서 그 대표적인 모델로 바로 자신의 사역을 제시한다.

> "인자가 온 것은 섬김을 받으려 함이 아니라 도리어 섬기려 하고 자기 목숨을 많은 사람의 대속물로 주려 함이니라"(막 10:45).

원문에는 여기에 '가르'(because)라고 이유를 설명하는 접속사가 있다. 이 의미를 살려서 번역하면 이렇게 된다. "왜냐하면 인자조차도 섬김을 받기 위해서가 아니라 섬기기 위해서 왔고, 자기 생명을 많은 자를 위한 대속물로 주기 위해 왔기 때문이다." '인자'는 다니엘서 7장 13절에 나오는, 세상의 모든 권세를 하늘 아버지께 가지고 나아가 모든 권세와 영광을 받은 인자를 말한다. 이런 인자조차도 섬김을 받는 것이 아니라 섬기기 위해, 많은 이들을 속량하기 위한 대속물로 자기 생명을 주기 위해 왔다는 것이다.

세상 풍조 속에 사는 우리가 성공의 DNA, 곧 그 기준과 방식을 바꾼다는 것은 쉽지 않다. 그러나 성공은 세상 사람의 인정 가운데 있는 것이 아니고 하나님의 인정 가운데 있는 것이다. 그리스도를 따르는 성도는 이제부터 다른 심장으로 살아야 한다. 마음을 새롭게 함으로 변화를 받아 하나님의 기뻐하시는 선한 뜻을 기준으로 삼아야 한다. 우리 인생의 성공은 세상에서 내 임의로 주관할 수 있는 권세를 얼마나 얻었느냐가 아니다. 진정한 성공은 하나님이 관심 두신 자리에서 하나님이 허락하신 기회를 얻고 얼마나 기쁨으로 섬겼느냐 하는 것이다. 이것이 참된 성공임을 깨닫게 되면 세상의 크고 작음, 높고 낮음을 초월할 수 있다.

우리가 직장에서 승진할 때가 있다. 또 하나님의 특별한 은혜로 높은 자리에 앉게 될 때가 있다. 만약 이때 우리가 세상의 성공만을 추구한다면 우리는 늘 불안함과 허탈함으로 자유롭지 못할 것이다. 그러나 만약 그 자리를 하나님께서 주신 것으로 믿고 더 많은 사람을 섬기고, 더 많이 희생하기 시작한다면 주님께서 그를 통해 더 많은 섬김과 사랑의 역사가 일어나게 하실 것이다. 어느 곳에 있든지 그곳에서 하나님의 뜻을 따라 섬기며 종이 되어 하나님의 대사로 살아가는 복된 성도로 서자.

[47장 각주]

15) 천승현, "한국인 얼굴 크기, 서양인보다 작아", 이데일리, 2010. 3. 25.

48 Chapter 48. Mark 10:46-52

주여 보기를 원하나이다

46그들이 여리고에 이르렀더니 예수께서 제자들과 허다한 무리와 함
께 여리고에서 나가실 때에 디매오의 아들인 맹인 거지 바디매오가
길가에 앉았다가 47나사렛 예수시란 말을 듣고 소리 질러 이르되 다
윗의 자손 예수여 나를 불쌍히 여기소서 하거늘 48많은 사람이 꾸짖
어 잠잠하라 하되 그가 더욱 크게 소리 질러 이르되 다윗의 자손이여
나를 불쌍히 여기소서 하는지라. 49예수께서 머물러 서서 그를 부르
라 하시니 그들이 그 맹인을 부르며 이르되 안심하고 일어나라. 그가
너를 부르신다 하매 50맹인이 겉옷을 내버리고 뛰어 일어나 예수께
나아오거늘 51예수께서 말씀하여 이르시되 네게 무엇을 하여주기를
원하느냐. 맹인이 이르되 선생님이여 보기를 원하나이다. 52예수께서

이르시되 가라. 네 믿음이 너를 구원하였느니라 하시니 그가 곧 보게 되어 예수를 길에서 따르니라.

1997년 미국 켄터키 주 퍼듀카에서 고등학교 1학년 남학생이 학교 로비에서 모임을 하던 학생들에게 8발의 총을 쏘았다. 탕탕 소리가 날 때마다 학생들은 소리 지르며 도망가는 등 큰 소동이 벌어졌다. 그런데 놀랍게도 이 학생이 쏜 총탄 여덟 발은 100%의 명중률로 학생들의 머리와 가슴에 정확하게 명중했다.[16] 많은 사격 훈련을 받은 뉴욕 경찰도, 이런 큰 소동이 일어나는 경우 명중률은 평균 50% 미만이라고 한다. 그렇다면 불과 고등학교 1학년에 불과한 이 학생은 특수훈련이라도 받은 것일까? 그렇지 않다. 그는 범행을 저지르기 전날 총을 훔쳐서 총알 두 세트를 장전하고 사격 연습을 한 것이 처음이자 마지막이었다. 그는 전에 총을 쏘아본 적이 한 번도 없었다.

목격자들의 진술에 따르면 이 소년은 이상할 정도로 차분하고 평온한 표정을 짓고 있었다고 한다. 침착하게 상대방을 정확하게 겨누고 한 발씩 쏘았다. 도대체 어떻게 된 것일까? 알고 보니 이 학생은 사람을 총으로 쏘아 죽이는 일인칭 사격 게임을 수년 동안 매일 밤 여러 시간씩 했다고 한다. 그렇게 되니 지금 눈앞의 현실을 현실로 본 것이 아니라 게임 장면으로 보고 차분하게 권총의 방아쇠를 당긴 것이다. 게임에 중독되어 눈앞에서 실감 나는 게임을 하고 싶은 욕망으로 가득 차 있던 상태였다.

사람은 현실을 객관적으로 보는 존재가 아니다. 저마다의 욕구와 욕망으로 현실을 본다. 그래서 보아야 할 것을 보지 못하고, 진실이 아닌 것을 진실로 보려고 한다. 갈수록 맹목적인 욕망에 눈이 가려진 세대가 되어 간다. 불법을 저지르고도 욕망에 가득 차 자신은 불법을 한 것이 하나도 없다 하고 합법적인 불공정일 뿐이라고 한다. 욕망으로 진실을 가리니 진실을 이탈하고 도덕을 이탈한다. 그러니 점점 요지경 세상이 되어 간다. 내가 알던 진실이 더는 진실이 아니고 내가 알던 현실이 이제는 그 현실이 아니다.

피카소와 같은 세계적인 화가가 그린 그림을 보면 우리 생각으로는 잘 이해가 가지 않는다. 멀쩡하게 생긴 사람을 마치 조각내서 펼쳐놓은 것 같기 때문이다. 쉽게 이해되지 않는 그림들이다. 이런 추상적인 패턴이 도대체 왜 생겨났을까? 그것은 미술가들도 눈에 보이는 현실을 사실처럼 멋지고 아름답게 그리는 것을 따분하고 진부하게 여겼기 때문이다. 이전까지는 그림이 현실을 재현하는 기능이 컸는데, 더는 이런 기능에 만족하지 못했다. 스스로 창조자가 되어 이 세상을 쪼개 보고 분석해서 보려고 시도했다. 그것이 색과 공간을 구성하는 요소들을 정해진 규칙에 따라 해체하는 편집 작업을 시도하는 것으로 나타난 것이다.

이런 시도에 영향을 준 분야가 음악, 특별히 대위법을 정교하게 발전시켰던 바흐였다. 바흐는 정교한 음의 규칙을 따라 음악을 구성하는 요소들을 장엄하게 전개하는 기법을 발전시켰다. 이런 대위법에 영감을 받아 미술가 이텐은 1960년대에 기본색인 빨강, 파랑, 노랑에 이것의 보색인 초록, 주황, 보라, 여기에 계속해서 색의 규칙을 확장해서 12가지 색으로 분화하고, 이것을 대위법과 같은 규칙을 따라 공간과 색을 새롭게 구성하는 기법으로 발전시켰다.[17)]

이런 기법에 영향을 받아 미술계도 이제 보아야 할 부분을 주관적인 관점으로 새롭게 보는 시도를 시작한 것이다. 이런 음악과 미술이 시사하는 것이 무엇인가? 이제 더는 진실을 진실로 보기 어려운 시대라는 것이다. 작품 중에 종종 '무제' 라는 제목을 달고 나오는 것들이 있다. '무제' 는 보는 이의 관점에 따라 달라진다는 함의가 담겨 있다. 내가 제목을 정하면 보는 사람은 제목의 프레임에 갇혀 그림을 그렇게만 보지만 무제라고 하면 각자의 관점에 따라 다르게 보기 때문에 작품의 함의가 풍성해지는 효과가 있는 것이다.

본문은 맹인 바디매오가 예수님을 만나 치유받는 이야기다. 맹인은 시력을 잃어 앞을 보지 못하는 사람이다. 그러나 본문을 따라가다 보면 바디매오는 그 누구보다 잘 볼 수 있는 맹인임이 드러난다. 역설적으로 그동안 자신이 잘 본다고 생각했던 사람들은 도리어 제대로 보지 못했던 사람이라는 것이 드러난다.

본문은 예수님께서 예루살렘으로 들어가시기 전 여리고에 도착하는 장면으로 시작한다. 여리고는 고대부터 사람들이 정착했던 마을이다. 기후가 따뜻하고 오아시스가 있어 사람이 살기에 참 좋았다. 이 지역에 아직 남아있는 오래된 옛 건물은 주전 9천 년 이전의 것으로 추정되는데, 그러면 지금부터 약 1만 1천 년 전의 가옥이 되는 셈이다. 보통 2천 년 정도 되면 정말 오래된 건물이다. 그런데 여리고는 1만 년이 넘는다. 가나안 족속들은 아주 오랜 옛날부터 이곳에 거주하고 있었다. 그랬던 것을 그 옛날 여호수아가 이스라엘을 이끌고 와서 정탐꾼을 보냈고, 이후 여리고 성을 일곱 바퀴를 돌고 무너뜨려 차지했다. 이후 여리고는 가나안을 정복하기 위한 전초기지가 되었다. 요단강을 건너 사해 북단에서 여리고까지는 약 15~20km 정도 된다. 예수님은 이제 여리고에서 예루살렘을 향해 올라가려고 하신다. 직선거리로 약 27km 정도 서쪽으로 올라가면 예루살렘이다.

주목할 점은 예수님의 이름 예수가 여호수아와 그 어원이 같다는 것이다. 여호수아는 히브리어로 예수아가 되는데 이것은 '구원자' 라는 의미다. 예수아가 예수님시대에 '예수스' 로, 이것이 우리에게 친숙한 이름 '예수' 가 된다. 이는 예수께서 새(new) 여호수아로 여리고에 와서 영적전쟁을 수행하고, 예루살렘으로 올라가 세상을 장악하고 있는 악한 사탄의 권세를 깨뜨리는 거대한 영적전쟁을 수행하려는 여정을 암시한다.

옛날 여호수아는 여리고 성을 공격하기 전에 여호와의 군대장관 천사의 방문을 받는다. 처음에 여호수아는 천사를 몰라보고 물었다. "너는 우리 편이냐, 적들 편이냐?" 그러자 "나는 여호와의 군대장관으로 지금 왔다"고 하면서 "네 신을 벗으라. 네가 선 곳은 거룩하니라!"라고 말씀한다(수 5:13-15). 하나님의 군대장관이 나타난 이유가 무엇인가? 눈에 보이는 것만을 보고 싸우는 것이 아니라 하나님의 거룩한 전쟁을 하나님의 현실로 보고 싸우는 것이 중요함을 알려주기 위해서다. 사실 보이는 것만으로는 난공불락의 견고한 고대 성읍 여리고에 대한 두려움이 앞서기 쉽다. 그러나 하나님 군대장관의 방문을 받고 다시 이 성읍을 보니, 가나안 족속의 견고한 요새인 줄 알았던 이곳이 하나님이 주실 거룩한 땅이고 하나님이 함께 싸우려고 임하신 성읍임을 비로소 깨닫는다.

본문은 바로 이 성읍에 눈이 가려져 보지 못하는 맹인 바디매오가 살고 있었다고 진술한다.

> "그들이 여리고에 이르렀더니 예수께서 제자들과 허다한 무리와 함께 여리고에서 나가실 때에 디매오의 아들인 맹인 거지 바디매오가 길가에 앉았다가"(막 10:46).

예수께서 여리고에 들어갔다가 나오는데 디매오의 아들, 맹인 거지 바디매오가 길가에 앉아 있었다. '디매오' 하면 '가치 있다, 값지다, 영예롭다'는 뜻이다. '바(르)'는 아들이란 뜻이다. 그래서 '바디매오' 하면 '디매오의 아들'이란 뜻인데, 그 이름의 뜻을 종합하면 '값진 사람, 영예로운 사람의 아들'이란 뜻이다. 바디매오는 존귀하고 부유한 사람의 아들이었다가, 시각에 장애가 생기면서 거지의 삶으로 추락했을 가능성이 크다.

그런데 그가 예수께서 가시는 길가에 앉아 있었다. 예수께서 여리고로 오셨다가 얼마 있지 않아 떠나는데, 바로 그 떠나는 길가에 앉아 있었던 것이다. 자칫하면 예수님을 만나지 못하고 치유와 구원의 기회를 놓칠 수도 있었다. 주목할 것은 '길가'라는 표현이다. 이것은 마가복음 4장의 천국 비유 가운데 나오는 표현이다. "뿌릴새 더러는 길가에 떨어지매 새들이 와서 먹어버렸고"(막 4:4).

맹인 바디매오가 길가에 앉아 있는 모습이 길가에 뿌려진 씨앗과 같다. 이렇게 그냥 있다가 어떻게 되는가? 새들이 와서 그 뿌려진 씨를 먹어버릴 수 있다. 예수께서 예루살렘에서 맞닥뜨릴 영적전쟁만 을 생각하며 바쁘게 지나쳐 버리셨다면 바디매오라는 길가에 뿌려진 영혼은 금방 절망에 삼킨 바 될 뻔했다. 하지만 그가 그 길가에 앉아 사람들이 예수께서 지나가심을 이야기하자 그 소리를 듣고 있는 힘을 다해 소리 지르며 예수님을 부른다.

> "나사렛 예수시란 말을 듣고 소리 질러 이르되 다윗의 자손 예수여 나를 불쌍히 여기소서 하거늘"(막 10:47).

당시 유대인은 메시아가 성경의 예언을 따라 다윗의 자손으로 오실 것을 확신하고 있었다. 바디매오가 예수님을 '다윗의 자손'이라고 부르는 것은 바디매오도 예수님이 다시 오실 메시아임을 믿고 있었음을 보여준다. 바디매오는 있는 힘을 다해 소리 지른다. "예수여 나를 불쌍히 여기소서!" 불쌍히 여겨 달라는 것은 "은혜를 베풀어 주옵소서" 하는 말이다. "나는 길가에 뿌려진 씨앗과 같고 언제 먹힐지 모르오니 주여 나에게 은혜를 주십시오. 나는 참 연약한 인생입니다" 하고 외치는 것이다. 바디매오는 비록 육체적으로는 눈이 감겼지만 적어도 그의 인생에 하나님의 은혜가 가장 필요한 때가 바로 지금이라는 것을 보고 있었다. 지금 주님께서 은혜를 주지 않으시면 자신의 인생은 길가에 뿌려진 씨앗과 같음을 알고 있었다. 예수님을 따르던 주변 사람들이 바디매오의 부르짖는 소리를 듣고 시끄럽다며 나무라기 시작했다.

"많은 사람이 꾸짖어 잠잠하라 하되 그가 더욱 크게 소리 질러 이르되 다윗의 자손이여 나를 불쌍히 여기소서 하는지라"(막 10:48).

바디매오가 소리치며 예수님을 부르자 주변 사람들 반응이 어떠한가? 꾸짖으며 잠잠하라고 했다. '꾸짖다'(헬. 에피티마오)는 '상대방의 행동이나 말이 자기의 판단 기준과는 많이 다르기에 상대를 향하여 심하게 힐난하는 말을 퍼붓는 행위'를 말한다. 사람들은 바디매오에게 은혜가 필요하다는 것을 보지 못했다. 단 메시아이신 예수님이 오시는데 자꾸 길가에서 엉뚱하게 소리 지르는 훼방꾼 정도로 취급했다. 그래서 그런 바디매오를 심하게 비난하며 잠잠하라고 한 것이다.

그러자 바디매오는 어떻게 했는가? 더욱 소리를 높여 예수를 불렀다. 바디매오가 이렇게 소리 지르는 이유는 그를 꾸짖고 비난하며 조용히 시키려는 사람들 말에 동의하지 않았기 때문이다. 우리 같으면 '어? 조용히 해야 하나?' 하고는 예수께서 지나가실 때 잠잠히 있으려 한다. 그러나 바디매오는 지금이야말로 부르짖을 때고 지금이야말로 은혜받을 때임을 보았다. 그래서 더욱 간절히 소리 질렀다. 사람들이 조용히 하라고 해도 그 말에 동의할 수 없었다. 예수께서 지나가시면 바디매오에게 은혜 줄 수 있는 이가 아무도 없었기 때문이다. 그에게 필요한 은혜는 오직 예수만이 줄 수 있었다. 그래서 주변의 만류에 동의하지 않고 예수님을 향하여 "주여, 저는 은혜가 필요한 사람입니다" 하고 부르짖으며 나아갔다. 이것이 바로 믿음이다. 성경에서 믿음은 움직이는 행동으로 드러난다.

여기서 우리는 군중과 제자들의 이중성을 직시할 필요가 있다. 이들은 현실을 잘 파악해서 말하는 것 같다. 자신과 조금 다른 처지에 있는 사람들을 날카롭게 꾸짖고 비난한다. 그러나 이들은 실제로 현실을 믿음의 눈으로, 하나님의 현실로 파악하는 데는 맹인과 같다. 베드로를 보라. 예수께서 십자가를 지신다고 하니까 예수님을 붙들고 항변, 즉 심하게 꾸짖지 않았는가?(막 8:32). 그랬던 베드로를 향해서 예수께서는 "사탄아 물러가라"고 하시면서 꾸짖으셨다. 또 10장을 보면 사람들이 예수께서 만져주심을 바라고 어린아이들을 데리고 오자 제자들이 꾸짖는다(막 10:13). 그러나 예수께서는 천국이 이런 자의 것이라고 하시면서 도리어 제자들을 꾸짖으신다.

본문에서도 군중들이 바디매오를 꾸짖는다. 이들은 이것이 예수님을 점잖게 환영하는 길이라고 생각했다. 그러나 이들은 나중에 성난 군중으로 돌변하여 예수님을 십자가에 못 박으라고 거칠게 소리지르는 무리가 된다. 이들은 눈이 있지만 보지 못했다. 그러나 바디매오는 눈이 멀었지만 은혜의 때를 바로 분별할 줄 알았다. 그래서 예수께서 예루살렘으로 십자가 지러 가는 길에서 온 힘을 다하여 소리 질렀다. 예수님을 따라가는 길을 '제자도'라 한다. 바디매오는 제자도를 가는 이들의 길 곁에서 은혜를 달라고 나도 그 길을 가게 해달라고 간절히 부르짖고 있었다.

감사하게도 예수께서 이 소리를 들으셨다. 예수께서 머물러 서서 그를 부르라고 하셨다(막 10:49). 이 소리를 들은 바디매오는 겉옷을 내버리고 뛰어 일어나 예수께 나아왔다(막 10:50). 겉옷을 내버린 것은 어떤 행위를 의미할까? 당시 겉옷은 밤에 날씨가 쌀쌀해지면 이

불처럼 덮고 자는 침구 역할을 했다. 그런데 이것이 거지에게는 자리를 깔고 구걸하는 통을 놓는 일종의 매대와 같은 역할을 했다. 쉽게 말하면 겉옷은 그가 의지하던 생존 도구다. 그런데 주께서 부르신다는 말에 이것을 다 내버려 두고 후다닥 뛰어 예수께 나아간다. 아니, 앞도 보이지 않는데 어떻게 뛰어갈 수 있었을까? 소리를 듣고서 뛰어간 것이다. 이런 행위를 믿음이라 한다. 지금 바디매오는 예수님을 향한 자신의 믿음을 행동으로 계속 표현하고 있다. 예수께 나아가자 예수께서 물으신다.

> "예수께서 말씀하여 이르시되 네게 무엇을 하여주기를 원하느냐. 맹인이 이르되 선생님이여 보기를 원하나이다"(막 10:51).

"네게 무엇을 하여주기를 원하느냐?" 어디서 들어본 질문 같지 않은가? 바로 전 단락 35절에 보면 야고보와 요한이 예수께 "선생님, 무엇이든지 우리가 구하는 바를 우리에게 하여주시기를 원하옵나이다"라고 하자 예수께서 물으셨던 질문이다(막 10:36). 이때 야고보와 요한은 무엇이라 했는가? 하나는 우편에, 하나는 좌편에 앉게 해달라고 했다. 그러자 예수는 "너희는 내가 마시는 잔을 마실 수 있으며 내가 받을 세례를 받을 수 있느냐?"고 물었다. 그러자 제자들은 "예, 할 수 있나이다!" 하고 자신 있게 대답했다. 그러나 예수께서는 이렇게 대답한다. "너희는 너희가 구하는 것을 알지 못하는도다"(막 10:38).

아니, 시력 짱짱하게 잘 보이는데, 못 본다는 것이다. 왜 그럴까? 욕심에 눈이 멀어서, 세속적 성공과 출세에 대한 욕망에 눈이 멀어서 그렇다. 반면 시력을 잃은 맹인 바디매오는 주님이 물어보시자 무엇이라고 대답했는가? "내가 보기를 원하나이다." 여기 '본다'(헬. 아나브렙소)는 문자적으로는 '다시 본다'는 뜻이다. 직역에 가깝게 해석하면 "내 주님, 제가 다시 볼 수 있도록 해주세요"(Let me see again, NRSV)가 된다.

다시 본다는 것은 이 맹인이 예전에 시력이 있었다는 말이 된다. 이전에는 보았다. 그러나 지금은 보지 못한다. 왜? 아마도 여러 이유가 있었을 것이다. 당시 유대인들은 시력을 잃는 것을 죄 때문으로 보았지만 우리는 그 이유를 다 알지 못한다. 중요한 것은 맹인은 다시 보고 싶었고, 다시 눈을 뜨는 은혜를 갈망했으며, 그리고 두 눈이 회복된 상태로 살고 싶었다.

> "예수께서 이르시되 가라. 네 믿음이 너를 구원하였느니라 하시니 그가 곧 보게 되어 예수를 길에서 따르니라"(막 10:52).

바디매오의 믿음은 행동하는 믿음이었다. 아무리 다른 사람들이 "네게 무슨 은혜야? 조용히 해!" 그래도 "난 주님이 주시는 은혜가 필요합니다" 하고 주님을 바라보았다. 그는 은혜의 시선을 거두지 않고 주께서 부르실 때 모든 것을 두고 곧바로 일어나 뛰어나갔다. 그리고 마침내 이런 믿음이 그를 구원하였다.

더 놀라운 것이 있다. 예수님은 바디매오에게 '가라'(헬. 휘파게)고 말씀하셨다. 나를 따르라고 하신 것이 아니다. 앞서 젊은 부자 관원에게는 예수님을 따르라고 하셨다(막 10:21). 그런데 맹인에게는 은혜를 베푸시더니 자유롭게 가라고 하신 것이다. 삶의 현장으로 돌아가라는 것이다. 그러자 맹인은 어떻게 하는가? 곧 보게 되어 예수님을 길에서 따랐다! 길에서 따른다는 것은 제자도를 걷는 제자의 걸음을 내디뎠다는 것이다. 주께서 주신 은혜로 자신을 위해 사는 것이 아니라 주께서 주신 은혜로 주를 따르기 위해 나아갔다는 것이다. 은혜를 구했고, 그 은혜가 얼마나 귀한 것인가를 보았고, 그리고 그 은혜로 치유받자 그 은혜를 빼앗기지 않기 위해 주님을 꼭 붙들고 나아갔던 것이다. 갈라디아서는 이렇게 말씀한다.

> "그리스도께서 우리를 자유롭게 하려고 자유를 주셨으니 그러므로 굳건하게 서서 다시는 종의 멍에를 메지 말라"(갈 5:1).

> "형제들아 너희가 자유를 위하여 부르심을 입었으나 그러나 그 자유로 육체의 기회를 삼지 말고 오직 사랑으로 서로 종 노릇 하라" (갈 5:13).

더 놀라운 점은 예수님을 따르는 수많은 사람 중에서 이 맹인 바디매오가 진정 예수님이 가시는 십자가의 길에서 그 말씀을 성취하는 놀라운 도구로 쓰임 받았다는 사실이다. 그는 이사야의 예언을 성취하는 데 쓰임 받았다(사 35:1,5,8,10 참조). 주님 앞에 가난한 심령으로 "주여, 나를 불쌍히 여기소서. 저는 은혜가 필요합니다" 하고 부르짖길 바란다. 그리고 주께서 주시는 은혜로 자리를 박차고 일어나 끝까지 주님의 십자가의 길을 따르는 신실한 제자로 서라.

[48장 각주]

16) 데이브 그로스먼 외, 오수원 역, 「살인세대: 비디오 게임, 공격성, 그리고 살인의 심리학」(서울: 열린책들, 2019), 21쪽.
17) 김정운, "김정운의 바우하우스 이야기(18): 바흐 창조적 음악, 신이 되려한 추상화가들을 구원하다", 중앙SUNDAY, 2019. 8. 31-9.1.

[P·A·R·T·4]

예루살렘 입성과 심판 선언

Section_01
예루살렘 입성과 대결

49 Chapter 49. Mark 11:1-11

주가 쓰시겠다 하라

[1]그들이 예루살렘에 가까이 와서 감람산 벳바게와 베다니에 이르렀
을 때에 예수께서 제자 중 둘을 보내시며 [2]이르시되 너희는 맞은편
마을로 가라. 그리로 들어가면 곧 아직 아무도 타 보지 않은 나귀 새
끼가 매여 있는 것을 보리니 풀어 끌고 오라. [3]만일 누가 너희에게 왜
이렇게 하느냐 묻거든 주가 쓰시겠다 하라. 그리하면 즉시 이리로 보
내리라 하시니 [4]제자들이 가서 본즉 나귀 새끼가 문 앞 거리에 매여
있는지라. 그것을 푸니 [5]거기 서 있는 사람 중 어떤 이들이 이르되 나
귀 새끼를 풀어 무엇 하려느냐 하매 [6]제자들이 예수께서 이르신 대로
말한대 이에 허락하는지라. [7]나귀 새끼를 예수께로 끌고 와서 자기들
의 겉옷을 그 위에 얹어 놓으매 예수께서 타시니 [8]많은 사람들은 자

기들의 겉옷을, 또 다른 이들은 들에서 벤 나뭇가지를 길에 펴며 9앞에서 가고 뒤에서 따르는 자들이 소리 지르되 호산나 찬송하리로다. 주의 이름으로 오시는 이여 10찬송하리로다. 오는 우리 조상 다윗의 나라여 가장 높은 곳에서 호산나 하더라. 11예수께서 예루살렘에 이르러 성전에 들어가사 모든 것을 둘러 보시고 때가 이미 저물매 열두 제자를 데리시고 베다니에 나가시니라.

미국 미시간 호수 연안에 시카고의 대표적인 미식축구 경기장인 솔저필드가 있다. 1924년에 개장했고 2003년에 대대적인 리모델링을 거쳐 관중석만 6만 1,500석을 자랑하는 대규모 경기장이다. 이렇게 큰 공간에 사람이 다 찰까 싶다. 그런데 이 공간을 가득 채운 이벤트가 2019년 5월에 있었다. 바로 방탄소년단(BTS)의 미주 순회공연이다. 3월에 티켓 판매를 시작하자마자 몇 시간 만에 표가 다 동날 정도였다.[18] BTS 콘서트 티켓의 평균 가격이 202달러, 우리 돈으로 24만 원이다. 암표 시장에서는 평균 100만 원의 고가에 팔리기도 했다. 어떤 사람은 무려 430만 원을 주고 구입하기도 했다.[19] BTS의 역사적인 미주 공연에 열성 팬들이 어떻게든 참여하여 이들의 공연을 직접 만나보고 싶어 했기 때문이다.

이처럼 사람들은 역사적으로 기록에 남을 만한 현장에 직접 가보고 이에 감격한다. 입장권이 고가임에도 어떻게든 사려고 한다. 혹 현장에 가지 못하면 그 현장에 있던 어떤 물건이라도 간직하고 싶어 한다. 전에 아시아 홈런 킹으로 등장했던 이승엽 선수가 쳤던 55호 홈런볼이 한 홈쇼핑 채널에 경매로 나왔다. 얼마에 팔렸을까? 한 사업가에 의해 1억 2,500만 원에 낙찰되었다.[20] 몇천 원이면 살 야구공이 이토록 비싼 값어치를 하는 이유는 무엇일까? 그것은 바로 그 공이 그동안 깨지지 않던 일본 왕정치 선수의 55호 아시아 홈런 기록과 타이를 이룬 대기록을 달성하는 데 사용되었기 때문이다. 한국 야구사에서 역사적인 한 획을 기록한 공이라는 이유로 1억을 훨씬 넘는 비싼 값어치를 하게 된 것이다.

본문은 예수님의 사역에 있어서 역사에 남을 만한 큰 사건을 기록하고 있다. 예수께서 오랜 여행 끝에 마침내 예루살렘으로 오시고, 이제 유대인의 명절인 유월절을 맞이하여 이스라엘의 '왕' 으로서 입성하는 사건이다.

유월절은 이스라엘 최대 명절 중 하나다. 이날은 이스라엘이 애굽에서 탈출하기 이전에 하나님께서 애굽에 내리시는 열 번째 재앙, 곧 장자를 쳤던 날을 기념하는 절기다. 죽음의 사자가 애굽의 장자를 치러 돌아다닐 때 이스라엘 백성은 미리 하나님의 지시를 받아 집 문설주에 어린 양의 피를 발라 죽음의 사신이 지나갈 때 건너가도록 하였다. 유월절은 하나님의 능력으로 억압과 압제로부터 해방된 것을 기념하는 날이었다.

더 나아가 유대인들은 제2의 출애굽을 갈구했다. 그것은 로마의 억압과 압제로부터 해방되는 것이었다. 이것은 전 국민적인 염원이었다. 예수님의 공생애로부터 30년이 지난 후 로마 정부에서 공식적으로 조사한 기록에 의하면 유월절 기간에 제사를 위해 잡은 어린 양은 25만 마리 정도 되었다고 한다. 당시 유월절을 지키기 위해서 유럽과 소아시아에 흩어져 있던 전 세계의 유대인이 예루살렘으로 몰려들었다. 이들은 과거 아픈 침략의 역사 가운데 주변 세계에 포로로 끌려갔던 이들의 후손이었다. 유대인들은 자신들의 정체성을 확인하며, 언젠가 하나님께서 로마로부터의 자유를 허락하시고 제2의 출애굽을 일으키시고, 또 이 일을 이루실 메시아가 오기를 염원하였다.

이런 고양된 분위기 가운데 수많은 사람이 예루살렘을 향해 몰려갈 때 예수께서도 예루살렘으로 들어가셨다. 그냥 가는 것이 아니라 왕처럼 들어가셨다. 그래서 이 본문에 '왕의 대관식'이라는 별명을 붙인다. 예루살렘에 입성할 때 백성들이 환영하는 모습을 보면 마치 왕이 새로 즉위하여 들어가는 것과 같다.

> "많은 사람들은 자기들의 겉옷을, 또 다른 이들은 들에서 벤 나뭇가지를 길에 펴며"(막 11:8).

예수께서 들어가실 때 어떤 사람들은 자기가 입던 겉옷을 펴서 깔고, 어떤 사람들은 길에 있던 나무의 가지를 꺾어 길에 펴고 앞뒤로 펄쩍 뛰면서 주님을 찬양했다. 이 행동은 새로운 왕을 영접하며 그 권위에 절대 순종하겠다는 의미다. 구약성경에 보면 하나님의 사자가 예후에게 기름을 붓고, 예후가 이 사실을 주변 부하들에게 말하자 이들도 이와 비슷한 행동을 하였다.

> "여호와의 말씀이 내가 네게 기름을 부어 이스라엘 왕으로 삼는다 하셨다 하더라 하는지라. 무리가 각각 자기의 옷을 급히 가져다

가 섬돌 위 곧 예후의 밑에 깔고 나팔을 불며 이르되 예후는 왕이라 하니라"(왕하 9:12-13).

또 나뭇가지를 꺾어 길에 편 것은 그 이전 시대, 곧 마카비 혁명을 통해 유다의 독립을 성취했던 유다 마카비가 입성할 때 백성들이 했던 행동과 같다. 당시 백성들은 유다 마카비를 메시아로 여기고 종려나무 가지를 꺾어 그를 환영했다. 이런 관점으로 본문을 다시 보자.

"앞에서 가고 뒤에서 따르는 자들이 소리 지르되 호산나 찬송하리로다 주의 이름으로 오시는 이여. 찬송하리로다 오는 우리 조상 다윗의 나라여. 가장 높은 곳에서 호산나 하더라"(막 11:10).

호산나는 "지금 우리를 구원하소서"라는 의미이다. "주의 이름으로 오시는 이여"라고 외친 것은 백성이 예수님을 이스라엘 백성을 구하기 위해 오시는 메시아로 환영하고 있음을 보여준다. 얼마나 분위기가 뜨거웠던지 온 성이 들썩거렸다.

예수께서 메시아로 예루살렘에 있는 모든 백성의 열광적인 환영을 받으며 들어간다. 그런데 이 어마어마한 메시아의 예루살렘 입성 사건에 반드시 있어야 할 것이 있다. 이것이 없으면 도저히 왕의 대관식이 이루어지지 않는다. 무엇일까? 바로 나귀다. 사실 예수께서는 그동안 호수를 건널 때 배를 이용한 것을 제외하고는 무언가를 타고 다니지 않으셨다. 직접 걸어 다니셨다. 무엇인가 타고 들어간다는 것 자체가 상당히 의미 있는 변화다.

대관식에는 위풍당당한 말을 타고 들어가는 것이 보통이다. 로마 황제는 백마 여러 필을 앞세워 전차를 끌게 하고 들어갔다. 그러나 예수는 볼품없는 나귀를 타고 들어가신다. 이것은 예수께서 이스라엘에 승리의 왕으로서 들어가는 것이 아니라 겸손한 왕으로 들어가시고, 자신을 낮추기 위해 들어감을 상징적으로 보여주는 행위다. 이것이 이들에게 임하는 메시아의 참모습이다. 구약성경에 보면 다윗의 아들인 솔로몬이 왕으로 임명받을 때 나귀를 타고 가서 기름 부음을 받는다(왕상 1:38). 그래서 이스라엘 백성 중에는 장차 메시아가 올 때 그분은 다윗의 후손인 솔로몬같이 나귀를 타고 기름 부음을 받아 예루살렘으로 올 것을 기대하였다. 예수께서 나귀를 타고 예루살렘으로 입성하자 모든 이스라엘이 그를 메시아로 알고 열광적으로 맞이한다. 이처럼 나귀는 메시아의 본질적인 모습을 상징하는 중요한 도구였다.

예수께서 메시아로서 예루살렘에 들어갈 때 사용한 나귀는 비록 보잘것없지만 예수님을 태운 이후 그 주인이 아무도 태우지 않고 기념했다는 교회의 전승이 있다. 고대 전통에는 왕이 탔던 동물에는 다른 사람이 함부로 타서는 안 된다는 전통과 규정이 있었다. 마치 이승엽 선수의 홈런볼처럼 예수님의 역사적 사건에 귀한 기념이 되는 것이다. 2절에 따르면 나귀는 전에도 아무도 태우지 않았었다. 결국 예수님을 위해 예비 되었고, 예수님만을 위해 사용된 나귀였다. 당시 나귀는 오늘날로 말하자면 자동차와 같은 중요한 재산이었다. 나귀를 빌리는 것은 누군가에게 자동차를 빌리는 것과 비슷하다. 누가 와서 차 좀 빌려달라고 하면 선뜻 빌려주겠는가? 결코 그럴 수 없다. 오늘날 우리가 차를 빌리기가 어려운 것처럼 당시 나귀를 빌리는 것도 결코 쉽지 않았다.

이처럼 나귀를 빌리는 것이 쉬운 일이 아니었을 텐데 본문은 이 나귀를 빌려준 사람에 대해, 어떻게 빌렸는지에 대해 별로 언급이 없다. 말씀은 다음과 같이 간단히 설명한다. 맞은편 마을로 가면 매인 나귀와 나귀의 새끼가 있을 텐데 풀어서 끌고 오너라. 혹 누가 뭐라고 하면 이렇게 대답해라. "주가 쓰시겠다!" 이게 전부다. 그러면 이 사람이 즉시 보낼 것이다.

'즉시'(헬. 유튜스)는 영어로 'immediately'(NRSV), 'shortly'(NIV)에 해당한다. 이는 일말의 주저함도 없이 곧바로 순종하여 기꺼이 보낼 것이라는 말씀이다. 제자들은 예수님의 말씀대로 하였다. 마을에 가보니 나귀가 있었고 그 나귀를 풀어 데려오려 했다. 그러자 주인이 "어디에 쓰려고 나귀를 데려가오?" 하고 물었다. 제자들은 이렇게 대답했다. "주가 쓰시겠다!"(The Lord Needs It. NRSV, NIV), "주께서 이 나귀를 필요로 하신다." 그러자 아무 망설임 없이 선뜻 내주었다.

우리는 여기서 나귀 주인이 과연 어떤 사람이길래 이렇게 선뜻 귀한 나귀를 내주었을까 의아하다. 더구나 본문 말씀에는 이 사람에 대한 언급이 없다. 귀한 섬김을 보여준 무명의 성도였다. 물론 그 당시 로마 군사들은 군사적 필요 때문에 즉각적으로 전쟁 물자를 조달할 것을 요구할 권한이 있었다. 그러나 알지도 못하는 사람이 갑자기 와서 '우리 주인이 필요로 한다'고 빌려주지는 않았을 것이다.

추측할 수 있는 것은 지금 예수께서 예루살렘에 들어가기 전에 머무셨던 지역의 이름이다. 이 지역은 '벳바게' 와 '베다니' 다. 마태복음 21장은 벳바게만을 언급한다. 벳바게는 설익은 무화과의 집이라는 뜻이다. '베트' 하면 집이고, '파게' 하면 처음 익은 설익은 무화과 열매를 말한다. 우리도 보면 명태, 생태, 황태, 코다리 등 명태의 상태에 따라 다양한 이름을 붙이지 않는가? 무화과도 그렇다. 첫 열매 '파게' 가 있고, 보통의 무화과 열매를 의미하는 '테에나' 가 있다. '베다니' 는 집이라는 뜻의 '벳' 과 보통 무화과 열매를 가리키는 '테에나' 가 합쳐진 단어로, '무화과의 집' 이라는 뜻이다.[21] 결국 이 두 마을은 무화과가 많이 나는 서로 매우 인접한 동네였다. 벳바게에서 1.6km 동쪽으로 가면 베다니가 있었다.

베다니는 어떤 도시인가? 벳바게의 건넛마을 베다니는 예수님의 사랑하는 친구들이 많이 머물던 도시다. 요한복음 11장에 보면 마리아와 마르다가 여기 있었고, 죽었다가 살아난 나사로가 살던 마을이었다. 이로 인해 많은 사람이 예수님을 믿었고, 예수님을 위해 섬기고 싶어 했다(요 11:45 참조). 이 사건 이후 예수께서는 예루살렘에 들어가셨고, 사람들은 이로 인해 더욱 열광적으로 예수님을 맞이한 면도 있다.

이처럼 베다니는 예수님을 사랑하고 섬기고 싶어 하는 사람이 많이 있던 마을이었다. 따라서 예수께서 "너희 맞은편 마을로 가라"고 하셨을 때 그 마을은 베다니였다. 요한복음에 따르면 예수님은 베다니에서 나사로를 살리고 예루살렘으로 입성한다. 예수께서 쓰시도록 나귀를 내준 사람은 예수님을 사랑하고 어떻게든 섬기고 싶어 했던 신실한 제자였을 것이다. 누구인지는 정확하게 모른다. 다만 한 가지 확실한 것은 '주님을 무척이나 사랑했던 신자' 라는 점이다. 자기 이름 내기를 거부하고 무명으로 남기를 소망했던 익명의 한 제자였고 성도였다. 예수님은 이 사람에게 제자들을 보내 "주께서 쓰시겠다" 하면서 나귀를 달라고 하였다.

이 사람은 아마도 나귀를 소유하기까지 여러 해를 일했을 수 있다. 또 많은 고생을 했을 것이다. 그러나 지금까지 했던 고생도 이 한마디, "주께서 쓰시겠다"(The Lord Needs it), 이 한마디에 기쁨으로 내드린다. 나귀를 가져오는 데 다른 설명이 없다. 단 한마디, "주께서 쓰시겠다" 이것이면 충분하다. 우리는 이 말에 여러 이유를 달 수 있다. "왜 이 나귀를 쓰려 하시나요? 무엇 하려고 쓰시나요? 굳이 꼭 이 나귀를 쓰셔야 하나요? 쓰신 다음에는 다시 돌려주실 건가요?" 그러나 이 모든 질문은 한 마디에 녹아버린다. "주께서 쓰시겠다!"(The Lord Needs it).

무명의 제자는 이 한마디에 아무 말 없이 기쁨으로 나귀를 내드린다. 여기에 바로 성도의 행복이 있고 제자 됨의 의미가 있다. 인생에 있어서 큰 행복과 의미는 내가 하나님께 필요한 존재이고, 하나님을 위해 해야 할 사명이 있고, 하나님께서 나를 사용하실 때 있다. 사람은 나만을 위해 살 때 행복할 것 같지만 그렇지 않다. 도리어 불행해진다. 자기를 뛰어넘는 더 크고 아름답고 선한 가치를 위해 자신을 내줄 때 커다란 행복을 맛볼 수 있다.

무명의 제자는 나귀를 빌려달라는 말에 대가를 묻지 않는다. "주님, 나귀를 빌려드리면 사용료를 얼마나 주실래요? 이자는 얼마나 주시나요? 적어도 다시 돌려받을 수는 있나요?"라고 묻지 않는다. 오히려 이 사람은 쓰임받는다는 것 자체에 감격하며 아무 말도 하지 않는다. 아마도 주님께 기쁘게 내드릴 정도면 그 이후까지 주님께 다 맡기는 믿음이 있었을 것이다. "내드리면 제대로 쓰실 건가요?" 굳이 물어볼 필요가 없다. 주께서 꼭 필요한 곳에 마음껏 쓰시면 된다. 그렇다면 결과는 괜찮을까? 이것도 주께서 알아서 하실 것이다.

우리가 주께 내드린다는 것에는 내가 그와 운명을 같이 한다는 뜻이 들어있다. 다윗이 사울 왕을 피해 놉의 제사장 아히멜렉을 찾아가 급하게 진설병을 먹고 다시 도망갔을 때 이것이 나중에 발각되어 아히멜렉과 그 집안의 남자 85명이 살해당했다(삼상 21-22장). 아히멜렉은 다윗과 운명을 같이 할 각오로 진설병을 내준 것이다. 내가 주님을 위해 내드리는, 섬기는 이 일로 인해 핍박당할 수도 있고, 어쩌면 죽을 수도 있다. 그러나 그것은 내가 물을 바가 아니다. 이것까지도 맡길 수 있는 믿음이 있어야 한다. 사도바울이 그랬다. 이제 자기 앞에 어떤 일이 일어날 줄 모르나 주님께서 부탁하신 사명을 위하여 자기 생명조차 아끼지 아니하고 내드렸다.

> "보라. 이제 나는 성령에 매여 예루살렘으로 가는데 거기서 무슨 일을 당할는지 알지 못하노라. 오직 성령이 각 성에서 내게 증언하여 결박과 환난이 나를 기다린다 하시나 내가 달려갈 길과 주 예수께 받은 사명 곧 하나님의 은혜의 복음을 증언하는 일을 마치려 함에는 나의 생명조차 조금도 귀한 것으로 여기지 아니하노라"(행 20:22-24).

우리 인생의 의미는 주님을 알고 주님께서 주신 사명을 발견하고 이 사명을 위하여 쓰임받는 데 있다. 오늘 이 나귀의 주인이 바로 그렇게 쓰임받았다. 주께서 쓰시겠다고 하니까, 이 말에 모든 것을 맡기며 "네, 주님! 여기 있습니다. 다 쓰세요! 마음껏 쓰세요" 하고 믿음으로 드린 것이다. 그런데 이러고 나니 이 사건이 단순한 사건이 아니라 구약의 예언을 성취한 응답으로 이루어지는 역사가 일어났다. 예수께서 나귀를 타고 예루살렘에 임하겠다는 스가랴 9장 9절의 예언이 바로 이 무명의 제자를 통해 이루어진 것이다.

"시온의 딸아 크게 기뻐할지어다. 예루살렘의 딸아 즐거이 부를지어다. 보라. 네 왕이 네게 임하시나니 그는 공의로우시며 구원을 베푸시며 겸손하여서 나귀를 타시나니 나귀의 작은 것 곧 나귀 새끼니라."

마태복음은 이렇게 말씀한다.

"이는 선지자를 통하여 하신 말씀을 이루려 하심이라. 일렀으되 시온 딸에게 이르기를 네 왕이 네게 임하나니 그는 겸손하여 나귀, 곧 멍에 메는 짐승의 새끼를 탔도다 하라 하였느니라"(마 21:4-5).

그뿐만이 아니다. 이것은 창세기로부터 예언되었던 야곱의 축복이 성취되는 순간이기도 했다.

"규가 유다를 떠나지 아니하며 통치자의 지팡이가 그 발 사이에서 떠나지 아니하기를 실로가 오시기까지 이르리니 그에게 모든 백성이 복종하리로다. 그의 나귀를 포도나무에 매며 그의 암나귀 새끼를 아름다운 포도나무에 맬 것이며 또 그 옷을 포도주에 빨며 그의 복장을 포도즙에 빨리로다"(창 49:10-11).

'규'(scepter)는 통치자가 가진 권세를 상징하는 봉이다. 이스라엘을 다스리는 권세가 실로가 오시기까지 계속해서 유다 지파에 머무를 것이다. 여기서 '실로'는 평강의 왕, 장차 오실 메시아를 상징한다.[22] 모든 것을 맡기고 주님께 드렸더니, 이 드림이 하나님께서 구약으로부터 계획하시고 예언하셨던 사건을 이루는 놀라운 응답으로 나타난 것이다.

우리 삶엔 우연이 없다. 재수와 상관없다. 우리 삶은 한순간 한순간이 하나님의 섭리 가운데 붙들려 있다. 하나님이 사랑으로 섭리하신다. 나를 잘되게 하신 것도, 망하게 하신 것도, 부하게 하신 것도 하나님의 섭리 가운데 예비하신 것이다. 그러므로 우리는 때가 되면 주님께서 부르실 때 일말의 주저함 없이 "주여, 쓰시옵소서. 나는 주의 것입니다. 내 인생의 열쇠는 하나님께 있습니다"라고 고백하며 우리 것을 기쁨으로 드릴 수 있어야 한다.

이 세상에 잠깐 머물다 가는 인생이다. 짧은 생 가운데 우리는 주님이 원하시는 것을 기쁘게 드려야 한다. 내가 이렇게 있게 된 것, 내가 소유한 모든 것은 주께서 주셨기 때문에 가능했다. 그러므로 우리는 내 모든 것, 나의 생명까지라도 주님의 것임을 고백하며 기쁘게 드리기에 힘쓰는 성도가 되어야 한다. 주께서 필요하다고 나를 부르시면 나의 것을 기쁘게 내드리며 순종해야 한다. 이 결심을 통해 말씀이 우리 삶에 성취됨을 경험하게 될 것이다. 하나님의 말씀과 예언의 응답이 바로 나임을 경험하는 성도로 서자.

[49장 각주]

18) Kevin Rho, "[로컬 브리핑] 방탄소년단(BTS) 시카고 콘서트 '하루 더'", 중앙일보. 2019. 3. 4.

19) 양승준, "암표 한 장에 430만 원… 텐트촌 된 BTS 美 공연", 한국일보, 2018. 9. 6.

20) 정재윤, "1억 2500만원… 이승엽 55호 홈런볼 30代 남성에 팔려", 동아일보, 2003. 12. 23.

21) 류모세, 「열린다 성경: 식물이야기」(서울: 두란노, 2014), 17쪽.

22) 양형주, 「평신도를 위한 쉬운 창세기 3」(서울: 브니엘, 2018), 376쪽.

50 Chapter 50. Mark 11:12-25

신앙은 열매로 드러난다

[12]이튿날 그들이 베다니에서 나왔을 때에 예수께서 시장하신지라. [13]멀
리서 잎사귀 있는 한 무화과나무를 보시고 혹 그 나무에 무엇이 있을
까 하여 가셨더니 가서 보신즉 잎사귀 외에 아무 것도 없더라. 이는 무
화과의 때가 아님이라. [14]예수께서 나무에게 말씀하여 이르시되 이제
부터 영원토록 사람이 네게서 열매를 따 먹지 못하리라 하시니 제자
들이 이를 듣더라. [15]그들이 예루살렘에 들어가니라. 예수께서 성전에
들어가사 성전 안에서 매매하는 자들을 내쫓으시며 돈 바꾸는 자들의
상과 비둘기 파는 자들의 의자를 둘러엎으시며 [16]아무나 물건을 가지
고 성전 안으로 지나다님을 허락하지 아니하시고 [17]이에 가르쳐 이르
시되 기록된 바 내 집은 만민이 기도하는 집이라 칭함을 받으리라고

> 하지 아니하였느냐. 너희는 강도의 소굴을 만들었도다 하시매 18대제
> 사장들과 서기관들이 듣고 예수님을 어떻게 죽일까 하고 꾀하니 이는
> 무리가 다 그의 교훈을 놀랍게 여기므로 그를 두려워함일러라. 19그리
> 고 날이 저물매 그들이 성 밖으로 나가더라. 20그들이 아침에 지나갈
> 때에 무화과나무가 뿌리째 마른 것을 보고 21베드로가 생각이 나서 여
> 짜오되 랍비여 보소서. 저주하신 무화과나무가 말랐나이다. 22예수께
> 서 그들에게 대답하여 이르시되 하나님을 믿으라. 23내가 진실로 너희
> 에게 이르노니 누구든지 이 산더러 들리어 바다에 던져지라 하며 그
> 말하는 것이 이루어질 줄 믿고 마음에 의심하지 아니하면 그대로 되
> 리라. 24그러므로 내가 너희에게 말하노니 무엇이든지 기도하고 구하
> 는 것은 받은 줄로 믿으라. 그리하면 너희에게 그대로 되리라. 25서서
> 기도할 때에 아무에게나 혐의가 있거든 용서하라. 그리하여야 하늘에
> 계신 너희 아버지께서도 너희 허물을 사하여 주시리라 하시니라.

글로벌 컨설팅 기업인 타워스 왓슨이 2010년 글로벌 인적 자원 보고서를 발표한 적이 있다.[23)] 전 세계 직장인이 자기 일에 얼마나 몰입하는지 그 지표를 발표한 것이다. 몰입이라는 것은 자기가 하는 일에 완전히 푹 빠져서 신명 나게 일하는 것을 말한다. 이런 사람은 자기 일을 하다가 시간 가는 줄도 모르고 퇴근시간이 돼도 그 일에 빠져 자발적으로 더 매달리는 사람이다. 이 조사에 따르면 한국인 중 직장에서 자기 업무에 완전히 몰입하는 이들은 6%밖에 되지 않았다. 이는 전 세계 평균 21%에 비해 크게 떨어지는 수치였다. 많은 직

장인이 업무에 몰입하지 못하거나 마지못해서 한다고 대답했다. 직장에서의 업무 생산성이 크게 떨어지는 것이다. 일하느라 바쁘다고 하지만 실제로 자기 일에 몰입하여 성과를 내기 쉽지 않은 환경이다. 온종일 열심히 일하기는 하지만 별 성과가 없으면 다급하고 초조해진다.

중고등 학생들도 그렇다. 매일 공부한다고 학원에 열심히 다닌다. 집에 오면 책상에 꾸준하게 앉아 있다. 그러나 성적이 잘 오르지 않는다. 이때 어떤 친구는 하루에 서너 시간만 잔다는 말을 듣는다. 그러면 자기도 불안해서 3시간만 잔다고 달라붙는다. 그랬다가 다음 날 피곤해서 학교에서 온종일 끄덕끄덕 존다. 그렇게 잠을 줄이면서까지 공부했는데, 시험 결과는 신통치 않다. 오히려 더 떨어진다. 무엇이 문제인가? 몰입하지 못하기 때문이다. 집중하지 못한다. 학원에서 수업을 듣지만 옆 친구와 장난치며 수업 내용을 흘려보낸다. 학교 수업시간에는 선생님 실력이 없다고 무시하면서 괜히 그 시간에 다른 책을 펴놓고 공부한다. 집에 와서 공부한다고 문제집 펴놓고 앉아 있지만 음악 듣고 게임이나 인터넷 서핑을 하다 보면 어느새 새벽 1~2시다. 공부한다고 폼 잡는 시간은 많지만 실제로 정말 공부에 집중해서 몰두하는 시간은 얼마 되지 않는다. 잎만 무성하고 열매가 없는 모습이다. 나뭇잎이 무성하다는 것은 이제 곧 열매를 많이 맺을 준비를 한다는 것이다. 그런데 잎은 많은데 실제로 열매가 맺히지 않는 것이다.

본문에 예수께서는 베다니에서 길을 나오셔서 예루살렘을 향하여 가시는데 시장하셨다. 마침 멀리서 잎사귀가 무성한 무화과나무를 보셨다. 혹시 나무에 먹을 만한 열매가 있을까 하고 가 보셨다. 무화과나무에는 잎사귀 외에는 아무것도 없었다. 본문은 그 이유를 "이는 무화과의 때가 아님이라"(막 11:13)고 설명한다.

예수께서 예루살렘에 가신 때는 유월절이 다가오는 때였다. 유월절은 4월이었는데, 보통 무화과나무는 이르면 5월 하순부터 6월에 열매가 맺히고, 본격적인 열매는 8월 말부터 맺기 시작해서 10월까지 맺는다. 열매를 맺기 전 무화과나무는 잎사귀를 먼저 내고, 이 잎사귀가 있는 나뭇가지에서 싹이 나고 꽃이 피고 본격적인 열매를 낸다. 그런데 이렇게 잎사귀를 내기 전 3~4월이면 무화과나무에서 먼저 설익은 열매가 맺히기 시작하는데, 이런 설익은 무화과 열매를 '파게' 라고 한다. 이 파게가 많이 나는 동네가 바로 벳바게였다. 벳, 베이트 하면 집이란 뜻이다. 이런 파게가 맺힌 다음 무화과나무에서는 잎사귀가 무성하게 나고 싹이 나고 꽃이 피면서부터 본격적인 무화과 열매가 두 번에서 다섯 번까지 여러 차례 맺히는데 이것을 '테에나' 라고 한다.[24] 베다니는 '베이트 테에나' 라고 해서 테에나의 집, 무화과 열매의 동네라는 뜻이다.

예수께서 이 파게가 많이 맺히는 벳바게 부근의 동네 베다니에 가서 무화과나무를 보았다. 그런데 열매가 없고 무화과나무 잎사귀만 무성하게 있는 것이다. 보통 유월절기간이면 파게가 열리는 기간인데 멀리서 볼 때 벌써 잎이 무성한 것이 이상하다.[25] 무화과나무 잎사귀는 널찍하다. 얼마나 널찍한지 아담과 이브가 처음에 발가벗은 것을 보고 자기들 부끄러운 것을 이 무화과나무 잎으로 가릴 정도 정도였다. 그래서 어떤 학자는 혹시 선악과가 무화과나무가 아닐까 예상하기도 한다. 널찍한 나뭇잎이 무성하게 있으면 사람들은 기대한다. "야, 저 나무는 열매를 많이 맺겠구나!" 그런데 예수께서 무화과나무를 보고 놀라셨다. 설익은 열매, 파게라도 주렁주렁 있어야 하는데 아무 열매가 없는 것이다. 그저 나뭇잎만 무성하다. 열매 맺는다고 폼은 잡고 나뭇잎은 무성한데, 실제로 맺은 열매는 아무것도 없는 것이다. 이것을 보고 예수께서는 나무에 저주를 내리신다.

> "예수께서 나무에게 말씀하여 이르시되 이제부터 영원토록 사람이 네게서 열매를 따 먹지 못하리라 하시니 제자들이 이를 듣더라"(막 11:14).

이 장면만 보면 다소 당황할 수 있다. 예수께서 배고프다고 너무 신경질적으로 화를 낸 것은 아닌가? 그러나 그 이유는 본문 전체를 봐야 온전히 이해할 수 있다. 본문 바로 전 11절에 보면 예수님께서 예루살렘 성전에 들어가셔서 모든 것을 둘러보시고 해 질 무렵 베다니로 돌아오신 것을 말씀하고 있다. 예수님께서 무화과나무의 상태를 보고 노하신 것은 전날 둘러보신 예루살렘과 밀접한 관련이 있다. 이것을 강화해주는 문학적 장치가 바로 본문의 샌드위치 구조다.

본문은 두 개의 무화과나무 이야기(막 11:12-14, 20-25) 사이에 성전 이야기(막 11:15-19)가 들어 있는 구조다. 샌드위치 이름을 결정하는 것은 속에 있는 내용물이다. 안에 치킨이 들어있으면 치킨 샌드위치, 계란과 햄이 들어있으면 에그 햄 샌드위치다. 마찬가지로 두 개의 무화과나무 이야기는 그 자체로 볼 것이 아니라 그 사이에 있는 성전 이야기로 관통해야 전체 이야기가 연결된다.

핵심 부분인 성전 이야기(막 11:15-19)를 함께 살펴보도록 하자. 무화과나무를 저주하고 바로 성전에 가신 예수님은 바로 전날 보셨던 것처럼 열매 맺지 못하고 나뭇잎만 가득한 성전과 성전을 드나드는 이스라엘 백성의 모습을 보셨다. 구약성경에는 무화과나무를 종종 이스라엘이나 하나님의 성전을 상징하는 것으로 표현하곤 했다(렘 24:1-10, 사 34:4, 겔 47:1-12, 합 3:17, 고전 3:5-17). 성전은 그 역할을 제대로 감당하지 못하는 열매 없는 무화과나무와 같았다. 하나님을 섬기고 예배해야 하는 이스라엘 백성이 유월절에 상거래를 했다. 환전 장사를 하고, 비둘기를 팔며 하나님이 기대하시는 열매를 맺지 못하고 있었다.

당시 이스라엘 성전에 예배드리러 오는 모든 남자는 성전세를 내야 했다. 성전세는 반드시 세겔로 내야 했다. 당시 유대인들은 유월절을 지키기 위해 이스라엘뿐만 아니라 전 세계에서 왔다. 그리스, 로마, 시리아, 이집트, 페니키아 등 여러 나라에서 온 사람들이 성전세를 내려면 자기 돈을 성전에서 유통되는 성전 세겔로 바꿔야 했다. 성전 세겔은 노동자의 이틀 치 수입 정도의 금액이었다. 그런데 그중 3분의 1이 수수료였다. 또 성전에서 제사를 드리기 위해 양과 비둘기를 가져왔는데 성경에 따르면 흠 없는 제물이어야 했다. 그래서 성전에는 제물이 흠이 있나 없나 검사하는 감찰관리가 있었다. 멀리서 양과 비둘기를 가져오는 것도 힘들거니와, 가져오다 보면 다치거나 병들 때가 많았다. 또 어떤 관리들은 일부러 흠 있다고 퇴짜를 놓기도 했다. 그러면 이거 난감하다. 그래서 성전에서 흠 없는 제물을 판매하는 서비스를 대행했다.

당시 역사가 요세푸스의 기록에 따르면 주후 66년 유월절 희생 제물로 드려진 양이 25만 5,600마리였다. 이 제물의 몇 퍼센트만 팔아도 큰 이익을 취할 수 있다. 성전에서 이런 사업은 규모가 꽤 큰 비즈니스였고, 이것을 허락하는 권한은 제사장에게 있었다. 이렇다 보니 하나님께 예배드리는 성전에서 참된 예배와 기도는 사라지고, 오직 비즈니스와 자기 이익만 남게 되었다. 제사장도 유월절에 사업하느라 바빴고 예배는 형식으로 전락했다. 잎사귀는 무성한데 하나님이 정말 기대하는 영적 열매는 전무한 상태였다. 제사와 기도는 많이 드리지만 껍데기만 남았고 진정한 영적 열매를 맺기 위한 거룩한 몰입은 사라지고 말았다.

예수께서는 이것을 보고 분노하셨다. 그래서 이들을 내쫓고 장사하는 사람들을 금하며 말씀하셨다. 예수님의 이 분노는 충동적인 분노가 아니었다. 미리 와서 이런 모습을 둘러보고 다음 날 오셔서 화를 내는, 절제되고 준비된 이성적인 분노였다. 요한복음 2장에 따르면 예수께서 성전에 갔다가 노끈으로 채찍을 만들어 내쫓았다(요 2:15). 순간 화가 나면 아무것도 보이지 않는 사람이 있다. 노끈으로 채찍을 만들 여유가 없다. 눈에 보이는 것은 무조건 집어던져야 직성이 풀린다. 여기서 우리는 예수님의 분노를 배울 수 있다. 예수님의 분노는 자신의 분을 풀기 위한 충동적인 것이 아니라 하나님의 뜻을 이루는 거룩한 분노였다. 하나님의 마음을 그대로 드러내 보여주었다. 예수께서 분노하고 상인들을 내쫓으면서 하신 말씀을 보라.

"이에 가르쳐 이르시되 기록된 바 내 집은 만민이 기도하는 집이라 칭함을 받으리라고 하지 아니하였느냐. 너희는 강도의 소굴을 만들었도다 하시매"(막 11:17).

이 집, 곧 성전은 만민이 와서 하나님께 기도하는 집인데, 본질을 잃어버리고 강도의 소굴로 변질되었다고 탄식하신 것이다. 다른 말로 하면 원래 너희들이 집중해야 할 본질, 돌아가야 할 본질은 바로 이곳에서 모든 민족이 하나님께 드리는 진정한 기도, 진정한 예배가 회복되어야 한다는 것이다.

하나님은 우리 삶에 건강하고 아름다운 열매를 많이 맺기 원하신다. 우리 주변에 보면 잎만 무성한 사람이 있다. 무언가 한다고 요란하게 주변에 알리고 시작하는데 조금 지나고 보면 실질적인 열매가 보이지 않는다. 숲만 무성한데 열매가 없다. 도대체 무엇 때문일까? 그것은 정말 몰입해야 할 것에 몰입하지 못하고, 다른 것에 마음이 분산되어 있기 때문이다.

성전은 이스라엘 백성의 죄 문제를 해결하고, 하나님의 거룩한 백성으로 더욱 하나님께 나아가도록 준비시키는 역할을 해야 했다. 그러나 그 역할이 거의 마비되어 있었다. 하나님을 기쁘시게 하는 예배보다 예배를 통해 자기들이 누리는 금전적 이익에 눈이 멀었다. 본질보다는 본질을 통해 나타나는 부수적인 주변 것에 더 마음을 빼앗겼다. 예수께서 성전의 돈 바꾸는 자들과 비둘기 파는 자들의 의자를 둘러 엎으신 것은 이제는 제 역할을 하지 못하는 성전의 죽음을 선포하는 엄중한 행위 예언이었다.

요즘 조금만 싫어도 짜증 난다고 하는 이들이 많다. 짜증 날 때 함께 짝을 이루는 것이 '재미없다'는 말이다. '짜증 난다, 재미없다.' 한마디로 쉽게 싫증 난다는 것이다. 싫증 나면 집중력이 떨어지고, 다른 것에 한눈팔게 된다. 영적, 정서적 권태기가 찾아온다. 이때는 무엇을 해도 의욕이 없다.

싫증에 빠진 성도, 영적 권태에 빠진 성도는 하나님을 예배하는 것이 지루하다. 생활 가운데 무엇을 해낸다는 것이 버겁고 힘들게만 느껴진다. 기쁨이 없고 지루함에 하품만 나온다. 게으르니 잎만 무성하고 열매를 맺지 못하는 것이다. 무슨 봉사를 시작하겠다고 한다. 그러나 얼마 가지 못해 비틀거린다. "내 한 몸 추스르기도 힘들다"면서 기도하지도 못한다. 예전에는 그렇게 열정적이고 끌리던 것이 어느 순간 더는 끌리지 않는다. 권태가 찾아온 것이다. 이런 권태가 계속되면 이제는 권태가 반감으로 발전한다. 이것이 무섭다. 본문에 나오는 대제사장과 서기관들이 그랬다.

> "대제사장들과 서기관들이 듣고 예수를 어떻게 죽일까 하고 꾀하니 이는 무리가 다 그의 교훈을 놀랍게 여기므로 그를 두려워함일러라"(막 11:18).

회개를 촉구하는 예수님의 행위에 반감을 품고, 이 반감이 미움으로, 더 나아가 살의로 표출되었다. 영적 나태함이 살의로까지 발전한 것이다. 우리는 영적 나태함으로 일어나는 이런 독소를 분별하고 빼야 한다.

사도 바울은 푯대를 향하여 달려간다고 했다(빌 3:14). 전심으로 달려갈 때 우리 영혼의 독소가 빠지고 주의 은혜로 채워질 수 있다. 하나님을 가까이함이 복이다(시 73:28). 가까이하려면 우리 안에 회복되어야 할 것이 있다. 바로 기도다. 기도가 회복되어야 영혼의 독소가 빠진다. 반면 기도가 나태해질수록 삶의 싫증은 더 자주 일어난다.

동시에 우리는 우리 마음을 잘 지킬 수 있어야 한다. 주님이 은혜를 주시고 마음이 뜨거워질 때 중심을 잘 지켜야 한다. 마음이 너무 자주 식는 것은 마음을 잘 지키지 못하는 것이다. 우리 안에 싫증이 일어나고 권태가 시작되는 것은 아주 작고 사소한 것부터 시작된다. 언제부터인가 이런 싫증과 권태가 우리를 찾아와 잠식한다. 이럴 때 우리는 정신을 바짝 차리고 마음을 굳게 지켜야 한다. 더 깊은 은혜를 사모하면서 하나님을 더욱더 가까이해야 한다. 그렇지 않으면 우리는 영적 권태에 사로잡혀 있다가 육체의 정욕을 자극하는 것들에 점점 마음을 빼앗길 것이고, 결국 은혜로 비옥했던 심령이 메말라버릴 것이다.

예수께서 성전을 깨끗하게 한 다음 날 제자들은 지나가다 예수께서 저주했던 무화과나무가 뿌리째 말라버린 것을 보았다(막 11:21). 제자들이 무화과나무가 마른 것을 말씀드렸다. 그러자 예수께서는 "하나님을 믿으라"(막 11:22)고 말씀하신다. 네 마음을 하나님에게서 멀리하지 말고 지키라는 것이다. 그러면서 "누구든지 이 산더러 들리어 바다에 던져지라 하며 그 말하는 것이 이루어질 줄 믿고 마음에 의심하지 아니하면 그대로 되리라"고 하신다. 여기서 '이 산'은 예루살렘 성전이 있는 산을 말한다. 이 산은 원래 옛날 아브라함이 그 아들 이삭을 제물로 바치려던 모리아산으로 알려졌다. 여기에 다윗이 성전을 세웠고 이후로 계속 이 자리에 있었는데, 이 성전이 바다에 던져지라 하고 믿고 의심하지 아니하면 그대로 되리라는 것이다!

이는 단순한 기적이 아니다. 하나님을 향한 싫증과 권태에 빠진 이스라엘의 신앙이 결국 파괴될 것이라는 종말적인 심판의 선언인 것이다! 성전 체제가 영적 권태에 빠진 이스라엘을 부당한 이득과 욕망을 추구하게 하는 곳으로 변절되어 결국 심판받는다는 것이다. 성전이 무너지면 이제 어떻게 되는가? 이제는 성전을 통해 예배하거나 성전을 통해 기도하지 않고, 성도가 직접 하나님을 향해 기도한다.

> "그러므로 내가 너희에게 말하노니 무엇이든지 기도하고 구하는 것은 받은 줄로 믿으라. 그리하면 너희에게 그대로 되리라"(막 11:24).

이제 예수 그리스도로 말미암아 하나님을 향해 직접 몰입할 수 있는 시대가 열렸다. 이제는 날마다 하나님께 가까이 나아갈 수 있다. 이때 우리를 가로막는 것들이 있다. 우리는 이런 것에 너무 마음을 빼앗겨서는 안 된다. 혹 우리를 방해하는 것으로 인해 분노하고 용서하지 못하면 그것이 우리 가슴을 막고 하나님께 나아가는 것을 막는다. 하나님을 향한 기도는 하나님께 집중하기 위한 기도여야 한다. 방해하는 이들을 향한 분노를 쏟아놓는 것이 되면 안 된다.

"서서 기도할 때에 아무에게나 혐의가 있거든 용서하라. 그리하여야 하늘에 계신 너희 아버지께서도 너희 허물을 사하여 주시리라 하시니라"(막 11:25).

용서하지 못하는 마음, 분노와 미움을 쌓아두는 것은 마음에 쥐구멍을 내는 것과 같다. 순식간에 마음이 뚫릴 뿐 아니라 하나님을 향한 우리 마음의 열정을 급속도로 식게 만든다. 더 나아가 이 말씀은 이제부터 무너진 성전 대신 예수님으로부터 새로운 죄 사함의 역사가 일어나는, 예수님을 성전으로 삼는 새로운 성전시대를 예고하는 것이기도 하다. 주님을 모시고 살아가는 우리가 그분의 몸된 성전이 되는 것이다. 그리고 이렇게 새롭게 시작된 새 성전의 삶으로 우리는 아름다운 열매를 맺어가야 한다.

하나님께서는 열매를 찾으신다. 나뭇잎만 무성한 나무가 아니다. 나뭇잎만 무성한 나무의 특징이 무엇인가? 예루살렘 성전을 더럽혔던 제사장과 상인들처럼 본질에 집중하지 못한다는 점이다. 하나님께 집중하지 못할 때 영적 싫증과 권태가 일어난다. 내 삶은 어떠한가? 날마다 흥분되고 기쁘고 감사한가? 아니면 어느덧 싫증과 무기력에 어찌할 바 몰라 비틀거리고 있는가? 다시 기도를 회복해야 한다. 다시 예배를 회복해야 한다. 하나님을 향해 다시 집중하고 몰두하여 하늘이 열리는 성도로 서자!

[50장 각주]

23) 김상욱, "직장인 절반 '업무 몰입 않거나, 마지못해 다닌다'", 조선일보, 2010. 4. 19.
24) 류모세, 「열린다 성경: 식물이야기」, 16쪽.
25) 김동문, "무화과나무의 때가 아니면 무화과 열매가 안 맺히나?", 드림투게더 네트워크. 2019. 3. 19.

51 Chapter 51. Mark 11:27-33

권위적인 나,
권위적인 주님

27그들이 다시 예루살렘에 들어가니라. 예수께서 성전에서 거니실 때
에 대제사장들과 서기관들과 장로들이 나아와 28이르되 무슨 권위로
이런 일을 하느냐. 누가 이런 일 할 권위를 주었느냐. 29예수께서 이르
시되 나도 한 말을 너희에게 물으리니 대답하라. 그리하면 나도 무슨
권위로 이런 일을 하는지 이르리라. 30요한의 세례가 하늘로부터냐
사람으로부터냐 내게 대답하라. 31그들이 서로 의논하여 이르되 만일
하늘로부터라 하면 어찌하여 그를 믿지 아니하였느냐 할 것이니 32그
러면 사람으로부터라 할까 하였으나 모든 사람이 요한을 참 선지자
로 여기므로 그들이 백성을 두려워하는지라. 33이에 예수께 대답하여
이르되 우리가 알지 못하노라 하니 예수께서 이르시되 나도 무슨 권

위로 이런 일을 하는지 너희에게 이르지 아니하리라 하시니라.

지난 2010년 4월 10일 폴란드 대통령을 태우고 가던 여객기가 추락한 대형 사고가 일어났다.[26] 비행기에 탑승했던 대통령과 정부 고위 관계자들이 한꺼번에 사망한 참사였다. 비행기가 추락하기 전에 공항 주변에는 안개가 짙게 끼어 있었다. 관제탑에서는 짙은 안개로 인해 다른 곳으로 회항하라는 지시를 내렸다. 그러나 비행기는 그 지시를 듣지 않고 무려 네 차례나 무리하게 착륙을 시도하다 결국 사고가 났다. 사고 후에 발견된 블랙박스의 기록을 조사한 결과, 조종사가 상당히 무리하게 착륙을 시도한 것으로 드러났다. 여객기가 추락한 원인은 기체결함의 가능성, 안개가 꼈던 당시 사고를 유발하게 한 특이한 지형 등 여러 가지로 제기되고 있다.

다양한 이유 가운데 무시할 수 없는 유력한 것이 하나 있다. 그것은 바로 조종사들의 권위적인 계급문화다. 비행기는 대부분 기장과 부기장이 함께 운행하면서 서로를 보완해주게 되어있다. 기장이 비행기를 운항하면 부기장이 주변 상황을 점검하며 보완해주고, 부기장이 운항하면 기장이 점검해준다. 보통 기장은 경력이 많은 베테랑이고, 부기장은 경력이 짧아 아무래도 부족한 부분이 있다. 그런데 통계적으로 보면 기장이 비행기를 운항할 때보다 부기장이 운항할 때 사고가 훨씬 적게 일어난다. 왜 그럴까? 부기장이 운항할 때 기장이 옆에서 조언해주면 부기장이 그 말을 잘 듣고 수정하지만 기장이 운항할 때 부기장이 옆에서 말해주면 "알아~ 걱정 마" 하며 잘 듣지 않는 경우가 많기 때문이다. 더구나 비행기 조종사의 경우 폴란드나 우리나라 모두 전투기를 몰던 군인 출신이 많다. 그래서 권위와 계급에 더욱 약하다.

폴란드 비행기 추락사건이 일어나고 사흘이 지나 폴란드의 최대 일간지인 〈가제타 비보르차〉에는 이런 제목의 기사가 실렸다. "대한항공의 교훈" 핵심내용은 한국을 본받자는 것이었다.[27] 무엇 때문에 한국을 본받자고 했을까? 한국도 예전에는 비행기 추락 사고가 종종 일어났다. 우리가 잘 아는 것이 1997년 괌에서 일어난 대한항공 801편 추락 사고다. 이때 블랙박스에 저장된 대화 기록을 보면 사고가 일어나기 전 부기장이 위험을 감지하고 기장에게 4번이나 기체 위험 신호를 보냈다. 그러나 기장은 권위적으로 경고를 계속 무시했고, 결국 사고가 났다. 이런 큰 사고들을 거치면서 대한항공의 권위적인 문화가 급속도로 바뀌었다. 먼저, 비행기 조종 중에 일어나는 의사소통과 주요한 기술적 용어들을 영어로 사용하게 해서, 계급적인 의식에서 벗어나도록 격려했다. 또 민간인 출신 비행사들을 채용하기 시작하면서 권위적인 문화가 약화되었다.

우리는 살아가면서 권위 있어 보이려고 할 때가 많다. 이때 우리가 착각하는 것이 있다. 그것은 권위적이면 권위 있다는 것이다. 그러나 우리는 권위적일수록 주변의 많은 관계가 깨지는 것을 종종 경험한다. 권위적으로 자녀를 대할 때 자녀가 상처받는다. 가정에서 권위적으로 될 때 가정이 깨진다. 직장에서 권위적으로 될 때 부하직원이 다 피하고, 주변 동료로부터도 멀어진다. 하지만 우리는 권위적으로 보이는 것이 권위 있는 것이라고 생각한다.

그럼 우리가 권위적이려는 이유는 무엇일까? 그것은 권위가 발휘하는 즉각적인 영향력 때문이다. 사람들은 권위 앞에 곧바로 머리를 숙인다. 또 권위 앞에 곧바로 약해진다. 누군가가 세계적인 권위자라고 하면 덮어놓고 껌뻑 죽는다. 이 힘은 물리적인 힘보다도 강하다. 아무리 힘이 세도 권위 있는 사람 앞에서는 그 힘을 쓰지 못한다. 그래서 권위 앞에 존경을 표한다. 내 권위를 주변에서 보고 인정하기만 하면 이 권위는 막강한 영향력을 행사할 수 있는 것이다. 그래서 권위의 힘을 아는 사람은 할 수만 있으면 어떻게 해서라도, 심지어 거짓으로라도 자신을 포장해서 권위 있는 척이라도 하려 한다. 이럴 때 우리는 '권세 부린다' 라고 한다.

한때 우리나라에서 해외 명문대 학위를 위조한 것이 드러나 사회문제가 된 경우가 있었다. 국내의 한 무명인사가 미국의 최고 명문대를 나왔다고 해서 대학교수가 되고, 승승장구하며 관련 분야 기관 최고의 자리까지 오른 적이 있었다. 알고 보니 학력을 위조한 사실이 드러났다. 그만큼 권위가 주는 힘이 있다. 물론 여기서의 권위는 참된 권위는 아니다. 권위가 주는 위치의 힘만을 이용한 권위, 곧 지위(positional authority)다. 권위는 위치에 내용이 채워져 있어야 진정한 권위를 발휘할 수 있다. 이것을 '~다움' 이라 한다. '~다워야' 권위가 나온다.

본문 말씀에는 예루살렘 지도자들이 예수께 권위에 대하여 강력하게 항의하며 묻는다.

"그들이 다시 예루살렘에 들어가니라. 예수께서 성전에서 거니실 때에 대제사장들과 서기관들과 장로들이 나아와 이르되 무슨 권위로 이런 일을 하느냐. 누가 이런 일 할 권위를 주었느냐"(막 11:27-28).

대제사장을 비롯한 예루살렘의 성전 지도자들은 아직 전날 예수께서 성전에서 하셨던 일에 충격받아 있었다. 그도 그럴 것이 그동안 그들이 성전세에서 수수료를 받고 환전해주고, 흠 없는 재물을 판다고 하면서 매매행위를 하던 것에 대해서 누구도 문제를 제기하지 않았다. 그런데 예수께서 오셔서 이 모든 것을 뒤집고 강도의 굴혈이라고 충격적인 선언을 하신 것이다.

모든 유대인이 모인 성전에서 이렇게 대담하게 예언자적인 메시지를 선포하고 행동하는 이 사람은 누구인가? 도대체 누가 이런 권세를 주었는가? 이들은 충격과 두려움에 휩싸였다. 속으로는 부글부글 끓었지만 감히 그 당당한 권위 앞에 꼼짝하지 못했다. 예루살렘의 성전을 책임 맡은 지도자들은 예수 권세의 실체가 궁금했다. 그래서 화내지도 못하고 묻기만 한다. "도대체 어떤 권위길래, 도대체 누구에게 부여받은 것이기에 이런 일을 하느냐?" 이런 질문의 이면에는 이들이 자신들의 권위에 대해 떳떳하지 못하고 무엇인가 마음에 걸리는 것이 있음을 나타낸다.

예루살렘 성전은 다윗이 설계하고 솔로몬이 지었다. 이후 이스라엘의 제사장과 왕조가 긴밀히 연결되었다. 하지만 예수시대의 이스라엘 왕 헤롯은 정통 왕족 혈통이 아니었다. 에서의 후예인 에돔 사람, 곧 이두매 출신이었다. 헤롯이 등극하기 전에는 하스몬 가문이

왕과 제사장의 역할을 했다가 로마에 의해 무너지고, 헤롯은 이 틈을 타고 로마의 환심을 사서 왕으로 공식 승인받았다. 이후 헤롯이 제사장을 임명할 때도 승인해주었다. 이때 제사장이 되고 싶어 하는 가문들은 뇌물을 가지고 로마에 가서 호소하는 일이 종종 있었다. 이렇게 해서 받은 지위로 실컷 권세를 부리고 유익을 얻으려고 했다.

그런데 어느 날 성전을 정결하게 하고 환전상들을 뒤엎는, 알 수 없는 권위를 가진 당돌한 자가 혜성처럼 나타났다. 성전에서의 이런 행동은 진정한 예루살렘의 왕이 아니고는 결코 도발할 수 없는 일이었다. 물론 예수님은 왕으로서 기름 부음받은 메시아였다. 우리는 모두 이 사실을 잘 안다. 예수께서 세례를 받으실 때 하늘이 찢어지며 성령이 비둘기같이 임하시며 기름 부음을 받으신 사건을 우리는 알고 있다. 기름 부음받은 자를 '메시아'라 한다. 단 예수께서는 아직 왕으로 즉위하지 않은 메시아였다. 이 즉위는 세상 사람들의 기대와는 다르게 십자가와 부활로 즉위하실 것이었다.

예루살렘 성전 지도자들이 물었던 "누가 이런 일 할 권위를 주었느냐?"는 질문은 다른 말로 하면 "네가 왕이냐? 아니면 너는 왕과 무슨 관계냐?" 하는 뜻이다. 권위의 문제에서 깊이 명심할 것 두 가지가 있다. 첫째, 내가 주장하는 권위는 그 권위의 근원이 되는 사람, 기관, 힘 등이 뒷받침해주지 않으면 아무 소용이 없다. 둘째, 권위는 나 자신에게서 나오는 것이 아니라 권위를 부여해주신 분 때문에 나온다는 것이다.

옛날에는 왕의 명령을 전달하는 사자들이 있었다. 이들은 어느 성을 지나가든지 어느 곳을 가든지 막힘없이 갈 수 있었다. 아무리 높은 고관이라도 "어명이요~!" 이 한마디에 무릎을 꿇고 엎드렸다. 누구 때문에 그랬을까? 바로 어명 뒤에 있는 왕 때문이다. 만약 "어명이요~" 하는데 "네가 누군데 감히 무릎을 꿇으라고 하느냐? 괘씸하구나. 그렇게는 못 한다!" 그러면 그것은 곧 왕에 대한 반역이었다. 나중에 큰 처벌을 받게 된다.

따라서 우리가 권위를 주장하거나 받아들일 때 참된 권위 아래 있으려면 그 권위가 누구로부터 주어진 것인가를 분별할 필요가 있다. 참된 권위는 하나님에게서 흘러나온다. 본문에 나오는 '권위'(헬. 엑수시아)는 '~으로부터'를 의미하는 '에크'와 '본질'(essence)을 의미하는 헬라어 '우시아'가 결합한 단어다. 즉 권위는 참된 본질에서 흘러나오는 것이다. 흥미로운 것은 고대 교부들과 신학자들은 삼위일체를 설명할 때 '일체'를 '우시아'라고 했다는 점이다. 그렇다면 삼위가 일체되시는 하나님으로부터 흘러나오는 것이 바로 '엑수시아' 즉 권위다. 참된 권위의 근원은 바로 하나님이다.

예수께서는 도대체 누가 이런 권위를 주었느냐고 묻는 성전 지도자들의 중심을 꿰뚫어 보고 계셨다. 예수께서 참된 권위의 근원이신 하나님을 밝히 알려주어도, 이들에게는 진정 회개하려는 마음이 없는 것을 아셨다. 그래서 이들로 스스로 깨달으라고 오히려 되물으신다.

> "예수께서 이르시되 나도 한 말을 너희에게 물으리니 대답하라. 그리하면 나도 무슨 권위로 이런 일을 하는지 이르리라. 요한의 세례가 하늘로부터냐 사람으로부터냐 내게 대답하라"(막 11:29-30).

요한은 제사장 사가랴 집안에서 나온 선지자였다. 사가랴는 세례 요한이 태어나기 전 성전에 들어갔다가 10개월간 벙어리로 지낸 적이 있었다. 이 놀라운 현상을 당시의 제사장들은 다 알고 있었을 것이다. 그래서 제사장 집안은 대부분 세례 요한을 알고 있었다. 세례 요한이 요단강에서 세례를 줄 때 워낙 많은 사람이 모여들었고, 또 이스라엘의 지도자들도 세례 요한의 메시지를 귀 기울여 들을 정도였다. 예수께서는 이들이 인정하는 세례 요한이 준 세례가 하늘에서 온 것인지, 아니면 단지 사람이 준 세례에 불과한지 묻는다.

당시 많은 사람이 요한을 하나님이 보낸 선지자로 믿고 있었다. 만약 사람에게서라고 하면 많은 이스라엘 백성이 어떻게 이스라엘 지도자들이 믿음이 없냐고 비난할 것이다. 이들은 백성들의 이런 반응이 두려웠다. 그렇다고 하늘에서부터 왔다고 대답하기도 어렵다. 만약 요한의 세례를 하늘에게서 온 것으로 인정하면 그 권위로 요한에게 세례를 받은 예수님의 권위도 당연히 하늘에게서 온 것으로 인정할 수밖에 없기 때문이다. 게다가 세례를 받을 때 하늘이 갈라지며 하늘에서 "이는 내 사랑하는 자요 내 기뻐하는 자라" 하는 음성까지 들렸다. 양자 사이에 결정을 못 하고 머뭇거리던 지도자들은 결국 '모르겠다' 고 대답한다.

"그들이 서로 의논하여 이르되 만일 하늘로부터라 하면 어찌하여 그를 믿지 아니하였느냐 할 것이니 그러면 사람으로부터라 할까 하였으나 모든 사람이 요한을 참 선지자로 여기므로 그들이 백성을 두려워하는지라. 이에 예수께 대답하여 이르되 우리가 알지 못하노라 하니 예수께서 이르시되 나도 무슨 권위로 이런 일을 하는지 너희에게 이르지 아니하리라 하시니라"(막 11:31-33).

아니, 모르긴 왜 모르는가? 이들은 알고 있었다. 예수는 하늘이 내린 권세를 갖고 있었고, 마땅히 그 권위를 인정해야 한다는 것을. 그러나 이들은 인정하기 싫었고 인정하지 않았다. 왜? 이미 너무 권위적이 되어 있었기 때문이다. 이것을 인정하면 이스라엘 최고 종교 엘리트인 자신들 체면이 구겨지고 망신당한다고 생각했다. 권위는 하나님이 주시는 것이어야 하는데, 마치 이 권세가 내 것인 양 남용했다. 권세만 부리려고 했던 실체의 모습이 폭로되는 것이다.

권위에 대해서 우리가 꼭 기억해야 할 것이 두 가지 있다. 먼저, 권위는 내 것이 아니라 주어지는 것이다. 둘째, 그래서 모든 권위에는 한계와 범위가 있다. 하나님은 권위를 주실 때 늘 권위의 범위와 한계를 정해주신다.

"그러나 우리는 분수 이상의 자랑을 하지 않고 오직 하나님이 우리에게 나누어주신 그 범위의 한계를 따라 하노니 곧 너희에게까지 이른 것이라"(고후 10:13).

권위의 범위와 한계를 알고 그 자리에 머무르는 것을 겸손이라고 한다. 겸손한 사람은 하나님께서 부여하신 범위와 한계를 따라 권위를 행사한다.[28] 반면 그 한계를 넘어서서 자기 권한을 남용하는 것은 교만이고 타락이다. 사탄도 원래는 하나님을 섬기는 천사였다. 그러나 그 본분과 한계를 벗어나면서 타락했다.

> "또 자기 지위를 지키지 아니하고 자기 처소를 떠난 천사들을 큰 날의 심판까지 영원한 결박으로 흑암에 가두셨으며"(유 1:6).

그래서 진정한 권위를 올바로 사용하려면 자기 범위와 한계를 잘 알고 지켜야 한다. 동시에 권위를 주신 권위자와 가깝게 지내야 한다. 그래야 권위를 주신 분의 뜻을 분명히 이해하고 진정 권위 있게 행동할 수 있다. 권위의 참된 목적은 권위를 주신 분의 뜻을 이루는 것이다. 만약 우리가 권위의 참된 목적을 이해하지 못하면 이 권위를 나의 자존심과 지위(position)를 지키려는 데 오용하고 남용하기 시작한다.

우리는 하나님이 우리에게 주신 권위를 가정과 일터에서 남용하지 말아야 한다. 하나님이 내게 왜 이런 권위를 주셨을까 늘 생각해야 한다. 내게 권위를 주신 이유와 목적이 있다. 우리는 주신 분의 올바른 의도와 목적을 이루기 위해 권위를 사용해야 한다. 만약 하나님이 내게 주신 기업이면 하나님의 뜻과 영광을 위해서 하나님이 주신 한계와 범위 안에서 권위를 사용해야 한다. 함부로 남용하여 사람들을 아프게 하고 다치게 해서는 안 된다. 주일은 주님의 날임을 인정하고 반드시 하나님 앞에 나아가 예배드려야 한다.

우리가 올바른 영적 권위자가 되면 두 가지 축복이 임한다. 첫째는 하나님의 축복의 통로가 된다. 올바른 영적 권위가 행사되는 곳에 하나님의 풍성한 복이 임한다. 하나님의 손길이 함께 한다. 왜? 이 권위를 통하여 영광받는 것을 기뻐하시기 때문이다. 그래서 진정한 권위자는 축복의 통로가 된다. 둘째, 어떤 위기에서도 주께서 주신 권세로 보호받고 승리할 수 있다. 왜? 위기에서 성도가 흔들리면 하나님이 주신 성도의 권위도 흔들리기 쉽기 때문이다.

반면 하나님 권위는 인정하지 않고, 내 권위로만 어떻게 하려고 안간힘을 쓰다 보면 어느덧 나도 모르는 사이 하나님 축복의 통로 한가운데를 막아서고 어려움을 겪는다. 이스라엘의 성전 지도자들이 그랬다. 자기 권위를 세우려고 하나님 아들의 권위를 인정하지 않고, 도리어 자신의 권위로 성전을 더욱 더럽혀 결국 성전의 몰락을 가져온다. 이스라엘은 주후 70년 더럽고 타락한 성전이 로마 군대에 의해 파괴된다. 완전히 박살난다. 하나님이 보호하시는 손길을 거두어 가신 것이다. 결국 이스라엘은 오늘 예수님과의 대화로부터 시작해서 멸망의 길로 한 걸음씩 달려갔다.

우리는 어느 곳에 있든지 그곳에서 올바른 영적 권위자로 설 수 있도록 힘쓰고 또 이를 위해 기도해야 한다. 가정에서 부모는 자녀에게 축복을 흘려보내고 자녀를 보호하는 권위자로 세움을 받았다. 그러나 안타깝게도 많은 부모가 축복의 통로가 되지 못하고 있다. 부모는 하나님의 권위로 축복을 흘려보내는 통로가 되어야 하는데, 그 통로가 막혀있는 경우가 많다. 부모가 너무 바쁘다 보니 부모의 권위가 축복의 도구로 사용되지 못한다. 자녀는 부모가 집에서 기도하는 모습, 성경 읽는 모습을 보지 못한다. 주일을 제외하고 집에서 하나님을 찾는 흔적을 보지 못한다. 바빠서 영적 권위고 뭐고 세울 시간도 없고, 그러다 보니 자녀들의 정서와 영성은 점점 메말라 간다. 한 연구 결과에 따르면 소득의 20%를 포기하면 자녀들의 삶의 질이 60% 나아진다고 한다. 그런데 자녀들의 삶의 질은 생각하지 못하고 정신없이 달리다가 자녀에게 너무 많은 상처와 실망을 준다.

자녀를 징계할 때 자신을 통제하지 못하고 분노하는 것, 자녀들의 잘못된 행동을 자녀들의 존재 가치와 동일시하는 것, 자녀에 대한 기대나 규칙에 일관성 없이 기분대로 대하는 것, 부모가 너무 바빠서 자녀를 위해 양질의 시간과 공간을 내지 못하는 것, 자녀를 조건적인 사랑으로 대하는 것, 목소리나 표정, 단어 선택에서 자녀를 무시하고 함부로 대하는 것, 자녀와의 약속을 일방적으로 지키지 않거나 깨뜨리는 것, 자녀를 다른 집 자녀와 비교하는 것, 자녀가 느끼고 생각하는 것이나 제시한 의견을 묵살하는 것, 이런 것들은 자녀의 정체성과 성장 과정에 부정적 영향을 끼친다. 사람의 인격을 형성하는 영향력의 영역을 보면 말이나 교육은 7%에 불과하고, 경험을 통한 영향은 18% 정도 된다. 그러나 삶의 본을 보여주는 것은 75%나 된다. 지금 내 자녀가 이렇게 형성된 것은 75%가 바로 부모의 삶을 통해 보여주는 영향력 때문이다.

잘되는 자녀는 부모가 다르다. 부모가 자녀에게 절대적인 좋은 영향을 주는 나이가 4~9살 사이라고 한다. 이때 건강한 권위를 경험해야 한다. 이때가 지나면 아이는 더 이상 품 안의 아이가 아니다. 아직 기회가 있을 때 우리는 가정에서 건강한 권위를 회복해야 한다. 그렇다고 아이가 10살이 넘었다며 포기할 것이 아니다. 부모가 다시 하나님 앞에 경건을 회복할 때 자녀들은 부모를 통해 흘러드는 하나님의 권위를 새롭게 경험하며 변화하게 된다. 아직 기회는 있다.

예수께서는 하늘과 땅의 모든 권세를 받으셨고, 또 이 권세를 우리에게 주의 나라와 영광을 위하여 사용하도록 허락해주셨다. 우리가 나아가서 성령의 능력으로 이 권위를 사용할 때 그곳에서 진정한 하나님의 축복이 흘러갈 것이다. 하나님께서 우리를 세우신 삶의 각 처소에서 건강한 영적 권위를 발휘하여 복의 통로가 되는 거룩한 성도로 우뚝 서야 한다.

[51장 각주]

26) 김종욱, "폴란드 대통령 탑승 비행기 추락원인 의문 증폭", 연합뉴스, 2010. 4. 11.
27) 오윤휘, "폴란드 언론 '항공문화개선, 한국에서 배우자'", 조선일보, 2010. 4. 15.
28) 홍성건, 「그리스도인의 영적 권위」(고양: 예수전도단, 2009), 149쪽.

52 Chapter 52. Mark 12:1-12

농부의 착각

1예수께서 비유로 그들에게 말씀하시되 한 사람이 포도원을 만들어
산울타리로 두르고 즙 짜는 틀을 만들고 망대를 지어서 농부들에게
세로 주고 타국에 갔더니 2때가 이르매 농부들에게 포도원 소출 얼마
를 받으려고 한 종을 보내니 3그들이 종을 잡아 심히 때리고 거저 보
내었거늘 4다시 다른 종을 보내니 그의 머리에 상처를 내고 능욕하였
거늘 5또 다른 종을 보내니 그들이 그를 죽이고 또 그 외 많은 종들도
더러는 때리고 더러는 죽인지라. 6이제 한 사람이 남았으니 곧 그가
사랑하는 아들이라. 최후로 이를 보내며 이르되 내 아들은 존대하리
라 하였더니 7그 농부들이 서로 말하되 이는 상속자니 자 죽이자. 그
러면 그 유산이 우리 것이 되리라 하고 8이에 잡아 죽여 포도원 밖에

내던졌느니라. 9포도원 주인이 어떻게 하겠느냐. 와서 그 농부들을
진멸하고 포도원을 다른 사람들에게 주리라. 10너희가 성경에 건축자
들이 버린 돌이 모퉁이의 머릿돌이 되었나니 11이것은 주로 말미암아
된 것이요 우리 눈에 놀랍도다 함을 읽어 보지도 못하였느냐 하시니
라. 12그들이 예수님의 이 비유가 자기들을 가리켜 말씀하심인 줄 알
고 잡고자 하되 무리를 두려워하여 예수를 두고 가니라.

세계에서 가장 높은 산으로 알려진 에베레스트산은 해발이 8,848m다. 높다 못해 지금도 계속해서 매해 5cm씩 높아지고 있다고 한다. 가장 높은 산이기에 해마다 많은 이가 에베레스트 정상 등반을 시도한다. 게다가 최근 들어 계속되는 지구 온난화의 영향으로 눈과 얼음이 줄어들자 더 많은 사람이 등반을 시도한다. 하지만 등반하는 것이 만만치 않다. 네팔 정부는 에베레스트 정상에 오르려는 관광객들에게 등반 비용을 6만 5천 달러, 우리 돈으로는 약 7,900만 원을 받는다.[29)] 네팔 정부에 에베레스트 등반 관광은 주요한 수입원이 되는 셈이다. 비용만 만만치 않은 것이 아니다. 산을 오르는 위험도 만만치 않다. 지난 65년간 총 270명이 사망했다. 2019년 한 해만도 지난 5월 26일 기준으로 17명이나 된다.

에베레스트에 오르는 사람들은 대부분 중간에 포기하거나 죽을 것이란 예상을 하지 않는다. 정상에 올라 잠시라도 가장 높은 곳에서 세상을 내려다보며 사진 한 컷 찍고 내려오기를 기대한다. 그러나 간과하는 것이 하나 있다. 높이 오를수록 공기가 적어지는 탓에 위험을 정확하게 인식하는 인지 능력이 떨어진다는 점이다. 많은 이가 이에 따른 적절한 선택과 판단에 치명적인 실수를 저지른다.

존 크라카우어가 쓴 「희박한 공기 속으로」(Into Thin Air)라는 책은 이런 과정을 잘 보여준다.[30] 등반가이자 아웃도어 매거진 저널리스트였던 존 크라카우어는 1996년 5월 등반 원정대와 함께 에베레스트산을 올랐다. 그런데 등반 도중 12명이 한꺼번에 죽는 참사를 겪는다. 직접적인 원인은 영하 70도의 눈 폭풍이 몰아닥친 것이었지만 크라카우어는 희박한 공기 속에서 정확한 인지력과 판단력 부족이 근본 원인인 것으로 분석한다. 그는 책에서 다음과 같이 회고한다.

에베레스트 정상 8천m 위에서는 적절한 열정과 무모한 정상 정복열의 경계선이 아주 모호해져 버린다. 그리하여 에베레스트 산비탈에는 시체가 즐비하다. 통계에 따르면 평균 정상에 올랐던 네 명 중 한 명은 하산 도중 사망한다. 인간에게는 호기심과 도전정신이 있다. 더 높은 곳에 오르고 싶은 열망이 있다. 그러나 가장 높은 성공의 정점에 선다는 것은 마치 에베레스트 정상에 서는 것과 같다. 희박한 공기로 제대로 된 인지와 판단이 어려워지는 것이다.

이것은 특히 우리 인생에 부와 권력의 정점에 오를 때도 비슷하다. 이때가 되면 우리는 아주 쉽게 사람의 도리와 자신의 한계를 무시한 채, '나는 이것을 차지하고 소유하기 위해 무슨 짓을 해도 괜찮다' 는 착각과 오만에 빠진다.[31]

본문에서 우리는 이런 모습을 포도원 농부들에게서 본다. 농부들은 정말 좋은 포도원을 주인으로부터 거저 받았다.

"예수께서 비유로 그들에게 말씀하시되 한 사람이 포도원을 만들어 산울타리로 두르고 즙 짜는 틀을 만들고 망대를 지어서 농부들에게 세로 주고 타국에 갔더니"(막 12:1).

예수께서 사셨던 갈릴리 부근에는 참 비옥하고 넓은 땅이 많다. 지금도 갈릴리 호수 인근에는 포도밭이 많다. 포도밭뿐만 아니라 지금은 여기에 바나나 농장이 많이 들어서 있다. 새들이 와서 먹지 못하도록 곳곳에 커다란 그물망을 씌워 막아놓은 모습을 볼 수 있다. 본문에는 이런 비옥한 지역에 포도원을 만들어 울타리를 두르고 즙 짜는 틀도 만들고 망대를 지어 농부들에게 세로 주고 타국에 간 한 사람이 등장한다. 오늘날로 하면 건물에 세 들어오는 이들을 위하여 주인이 내부 인테리어를 파격적으로 다 해준 것과 같다.

울타리를 두른 것은 들짐승이 와서 포도 열매를 따 먹지 못하도록 보호하기 위한 것이다. 즙 짜는 틀은 포도주를 생산하기 위한 일종의 생산 설비로, 돌을 깎아서 만든다. 생산 설비를 갖추는 것은 비용이 많이 든다. 횟집에 가서 주인이 쓰는 칼을 물어보면 칼 하나에 몇백만 원씩 한다. 미용실에서 사용하는 가위는 최소 백만 원 이상이다. 이처럼 좋은 도구를 갖추는 것은 비용이 많이 든다. 포도원 주인은 울타리와 즙 짜는 틀 뿐만 아니라 망대도 설치했다. 망대(watchtower)는 도둑이 와서 포도를 서리해가지 않도록 지켜보는 감시대를 말한다. 우리가 알고 있는 나무로 만든 오두막 정도가 아니다. 돌로 견고하게 쌓아 올린 망대다. 시간과 비용이 많이 들어간다. 이렇게 비옥하고 좋은 지역에 충분한 시설을 갖춘 포도원을 세를 주고 주인은 타국에 갔다. 당시 세는 일반적으로 소출의 4분의 1 정도가 되었다. 그리고 포도는 거두어 오래 보관할 수 없으니 포도주를 만들어 세를 내곤 하였다.

이 정도로 주인이 배려한 것을 보면 상당히 호의적이다. 사실 좋은 땅에 모든 시설을 갖추어주기도 쉽지 않거니와 마음껏 농사짓도록 자리까지 비켜준 것을 보면 주인이 이 소작농들을 상당히 신뢰하고 배려하고 있음을 엿볼 수 있다.

예수께서 이 말씀을 하시는 이유가 무엇인가? 이 포도원이 바로 이스라엘임을 말씀하기 위한 것이다. 본문은 이스라엘을 포도원으로 비유한 이사야 5장을 반영한다.

> "나는 내가 사랑하는 자를 위하여 노래하되 내가 사랑하는 자의 포도원을 노래하리라. 내가 사랑하는 자에게 포도원이 있음이여 심히 기름진 산에로다. 땅을 파서 돌을 제하고 극상품 포도나무를 심었도다. 그중에 망대를 세웠고 또 그 안에 술틀을 팠도다. 좋은 포도 맺기를 바랐더니 들포도를 맺었도다"(사 5:1-2).

하나님께서 이스라엘을 사랑하셨다. 그래서 사랑하는 자를 위하여 좋은 포도원을 만드셨다. 심히 기름진 산에 돌을 제거하고 극상품 포도나무를 심으셨다. 정말 좋은 종자를 심고 망대(watchtower)를 세우고 포도주 틀도 설치하였다. 이렇게 포도원을 만들어주며 기대했던 바가 있다. 그것은 하나님의 사랑하는 자들이 좋은 포도를 맺는 것이다. 그러나 결과는 정반대였다. 이들은 들포도를 맺었다. 하나님은 정말이지 할 수 있는 최선을 다하셨다. 이어지는 4절을 보라.

> "내가 내 포도원을 위하여 행한 것 외에 무엇을 더할 것이 있으랴. 내가 좋은 포도 맺기를 기다렸거늘 들포도를 맺음은 어찌 됨인고"(사 5:4).

도대체 이스라엘은 왜 들포도를 맺게 되었을까? 예수께서 본문 말씀의 비유를 통해서 들포도를 맺는 핵심적인 이유 중 하나가 바로 포도원을 맡은 품꾼, 즉 농부의 잘못된 열망과 인식에 있다고 말씀한다. 농부가 가진 잘못된 열망이 무엇인가? 포도원이 너무 좋고 포도나무가 너무 좋아 이것을 자신의 소유로 삼고 싶다는 것이다. 그릇된 욕망은 더 나아가 이제 포도원은 내 것이고, 주인이 다시 빼앗아 가면 안 된다고 착각하기 시작한다. 추수 때가 되자 주인이 포도원 소출 얼마를 받으려 한 종을 보낸다.

> "때가 이르매 농부들에게 포도원 소출 얼마를 받으려고 한 종을 보내니 그들이 종을 잡아 심히 때리고 거저 보내었거늘"(막 12:2-3).

주인은 풍성한 소출 가운데 그에게 돌아가야 할 마땅한 몫(his share, NRSV)을 받으러 종들을 보냈다. 이 포도원은 주인의 포도원이고, 농부들은 단지 위탁받아 일한 것이기에 주인의 몫을 돌려드리는 것은 마땅한 일이다. 그런데 이 농부들의 마음에는 이미 다른 의식이 들어있었다. 이 좋은 포도원이 주인의 것이 아니라 내 것이었으면 좋겠고, 이제는 내 것이라는 생각이다. 그래서 어떻게 하는가?

종을 잡아 심히 때리고 거저 보냈다. 이것은 주인에게 무언의 메시지를 보내는 것이다. 자꾸 주인의 것이라고 주장하고 주인 몫을 챙기러 오면 이렇게 반 죽여놓겠다고, 이제 이 포도원은 우리 것이니 더는 건드리지 말라는 메시지다. 이것은 주인에게 충격이다. 주인이 보낸 종은 사실 주인을 대표해서 간 것인데, 그 종을 이렇게 때리면 이것은 곧 주인에 대한 폭력과 마찬가지다.

처음 포도원을 받을 때 농부들은 이처럼 좋은 포도원에서 일하게 해주셔서 고맙다며 감격했을 것이다. 게다가 울타리나 망대나 포도주 틀도 주인이 다 파격적으로 마련해주며 마음껏 농사지으라고 배려해주었다. 그런데 이처럼 큰 은혜를 모르고 이제는 이것이 자기 것이라고 큰소리치는 것이다. 주인은 충격받고 분노했을 것이다. 그러나 이 일을 당한 후에 주인이 취한 행동은 파격적이다.

"다시 다른 종을 보내니 그의 머리에 상처를 내고 능욕하였거늘" (막 12:4).

주인은 인내하며 농부들이 뉘우치고 마음을 다시 잡아 열매를 바치기를 기대하며 다시 종들을 보냈다. 그러나 농부들은 주인이 보낸 종들의 머리에 심하게 상처를 내고 조롱과 경멸을 쏟아붓고 주인에게 보냈다. 이 정도면 주인은 농부들에게 복수해야 하지 않겠는가? 행한 대로 갚아주어야 마땅한데도 주인은 다시 인내하며 농부들에게 다른 종을 보낸다. 왜 그랬을까? 그것은 이사야 5장 1절에서 말씀하신 것처럼 이스라엘을 사랑하셔서 그렇다. 사랑하셨기에 소망을 품고 인내하시며 자비를 베푸신 것이다.

> "또 다른 종을 보내니 그들이 그를 죽이고 또 그 외 많은 종들도 더러는 때리고 더러는 죽인지라"(막 12:5).

이후 여러 번 종들을 계속해서 보냈다. 그러나 갈수록 농부들의 마음은 거칠어지고 완악해졌다. 이제 주인에게 더는 보낼 종이 없었다. 딱 하나 남았는데, 바로 주인이 사랑하는 아들이었다. 만약 이 아들이 가면 그래도 주인의 아들이니 이야기를 듣고 정중하게 대하지 않을까 하는 기대가 있었다.

> "이제 한 사람이 남았으니 곧 그가 사랑하는 아들이라. 최후로 이를 보내며 이르되 내 아들은 존대하리라 하였더니"(막 12:6).

마침내 이렇게 아들을 보냈다. 농부들 반응은 어땠을까?

> "그 농부들이 서로 말하되 이는 상속자니 자 죽이자. 그러면 그 유산이 우리 것이 되리라 하고 이에 잡아 죽여 포도원 밖에 내던졌느니라"(막 12:7-8).

농부들은 외쳤다. "자, 이 아들은 상속자다. 이 상속자를 죽이면 더는 상속할 사람이 없게 되고, 그러면 이 포도원은 우리 것이 된다! 와

~" 그러고는 덤벼들어 이 아들을 잡아 죽여 포도원 밖으로 내던졌다.

여기까지 오면 우리는 이 이야기가 무슨 이야기인지 눈치챌 것이다. 이 비유는 바로 포도원 이스라엘에 열매를 바랐던 하나님과 이 땅에 오신 하나님의 아들, 예수 그리스도의 이야기다. 포도원 농부들은 누구인가? 조금 전까지 성전에서 참된 권위를 두고 논쟁했던 성전 지도자들, 즉 대제사장과 서기관과 장로들이다. 머리에 상처를 받고 능욕당한 종의 가장 대표적인 사례로는 세례 요한을 들 수 있을 것이다. 그는 예수님의 길을 예비하러 왔다가 머리가 잘려 순교했다.

지금 예수께서 말씀하시는 것이 무엇인가? 성전지도자인 대제사장들과 서기관들과 장로들은 자신들이 마치 성전의 주인이고 모든 것을 통제하는 양 사유화했지만 이 성전은 그들의 것이 아니라 하나님의 것이라는 점이다. 하나님은 여기 있는 영적 지도자들에게 의의 열매를 기대하셨다. 메시아가 올 때 기쁨으로 그를 맞이하고 존대하고 그를 따르기를 원하셨다. 그러나 이들은 하나님의 아들이 눈엣가시였다. 그만 없애면 자신들은 이 성전의 기득권을 그대로 유지할 수 있다고 생각했다.

결국 십자가에 못 박고 그를 예루살렘 성 밖 무덤에 매장한다. 마태복음은 이것이 바로 예수님에게 일어난 사건임을 명시하기 위해 본문 8절을 좀 더 구체적으로 분리해서 진술한다.

"이에 잡아 포도원 밖에 내쫓아 죽였느니라"(마 21:39).

아들마저 죽은 것을 알고 주인은 어떻게 하는가?

"포도원 주인이 어떻게 하겠느냐. 와서 그 농부들을 진멸하고 포도원을 다른 사람들에게 주리라"(막 12:9).

주인이 농부들을 진멸한다. 이것은 곧 이스라엘의 멸망을 의미한다. 실제로 예루살렘 성과 성전은 예수님이 십자가에 달려 죽으신 후 대략 한 세대 후인 주후 70년에 로마의 공격으로 멸망한다. 놀라운 것은 이 포도원을 다른 사람들, 곧 이방인들에게 준다는 사실이다. 이 포도원에 이방인도 와서 함께 다시 시작하는 새 이스라엘이 되는 것이다. 바로 교회의 시작이다. 더 놀라운 것은 이런 역사를 유대인들은 자신들도 모르게 늘 말씀으로 암송했다는 사실이다.

"너희가 성경에 건축자들이 버린 돌이 모퉁이의 머릿돌이 되었나니 이것은 주로 말미암아 된 것이요. 우리 눈에 놀랍도다 함을 읽어 보지도 못하였느냐 하시니라"(막 12:10-11).

이것은 시편을 인용한 말씀이다.

"건축자가 버린 돌이 집 모퉁이의 머릿돌이 되었나니 이는 여호와께서 행하신 것이요. 우리 눈에 기이한 바로다"(시 118:22-23).

이 말씀은 유월절을 지키러 오는 이스라엘 순례자들이 암송하는 말씀이다. 특히 이들은 그 핵심으로 25~26절을 크게 암송했다.

“여호와여 구하옵나니 이제 구원하소서. 여호와여 우리가 구하옵나니 이제 형통하게 하소서. 여호와의 이름으로 오는 자가 복이 있음이여. 우리가 여호와의 집에서 너희를 축복하였도다”(시 118:25-26).

그러나 이들은 이것이 어떤 식으로 이루어질지 몰랐다. 예수께서는 건축자가 버린 돌이, 농부들이 잡아 죽여 성 밖에 내버린 그 아들이 가장 귀한 돌로 집의 머릿돌이 될 것을 말씀한다. 건축자들이 누구인가? 바로 성전지도자들인 대제사장과 서기관과 장로들이다. 이들이 인정하지 않고 잡아 죽이고 버린 그 모퉁이 돌이 머릿돌이 되어 새로운 포도원의 기초가 된 것이다.

우리는 우리 삶 자체가 하나님이 주신 참으로 소중한 선물임을 종종 망각한다. 내 심장이 정상적으로 뛰고 두 발로 걷고 소화가 잘 된다면 사실 이것만으로도 기적이고 감사한 일이다. 그런데 하나님은 여기에다 진리의 말씀을 아는 은혜까지 주셨다. 진리를 듣는 귀를 주셨다. 하지만 조금 지나면 우리는 이 모든 것이 다 내 것인 양 착각한다. 주인이 이렇게 주신 이유가 무엇인가? 하나님 나라를 향해 아름답게 열매 맺으라는 것이다. 그러나 우리는 하나님의 은혜로 열매가 맺히면 다 내 것인 줄 안다. 그리고 주인께 드리기에 인색하다.

이 모든 것이 은혜이고 선물임을 인정하며 나아가길 바란다. 하나님이 은혜를 부어주실 때 겸손하라. 만약 농부가 주인에게 이 모든 것이 은혜였음을 인정하며 마땅한 소출을 감사함으로 드렸다면 어떤 일이 일어났을까? 더 큰 칭찬과 상급을 주고, 더 큰 포도원을 맡기지 않았겠는가? 우리에게는 더욱 장기적인 관점이 필요하다. 결국 하나님이 복 주시고 끝까지 붙들어주셔야 한다. 이런 인정과 감사가 없으면 우리는 성공의 정점 어느 순간에 마치 높은 에베레스트산에서 산소가 희박하여 착각하는 것처럼 교만해지며 착각하기 시작한다. 은혜로 주신 선물이 내 것이라 착각하고 이걸 사유화하기 위해 목숨을 걸다 결국 추락한다.

예수께서 이 비유를 말씀하시자 놀라운 일이 일어난다.

> "그들이 예수의 이 비유가 자기들을 가리켜 말씀하심인 줄 알고 잡고자 하되 무리를 두려워하여 예수를 두고 가니라"(막 12:12).

비유가 무슨 말인지 모르는 것이 아니라 듣고 한번에 깨달았다. 비유가 이런 것이다. 이단 단체들은 비유가 신비하고 감추어져 들어도 무슨 말인지 깨닫지 못하다고 주장하는데, 사실은 그렇지 않다. 원래 비유는 그 어원인 '파라볼레'가 의미하는 것처럼 곁에(파라) 두고(볼레) 쉽게 이해하도록 하기 위한 문학 장치다.

유대의 성전 지도자들은 예수님의 말씀을 알아차렸다. 그러나 끝까지 이 성전을 자기 것으로 사유화하려는 태도를 회개하지 않았다. 하지만 주님은 이런 강퍅함에 좌절하지 않으셨다. 새로운 소망 중에 이들이 버릴 건축자의 버린 돌을 통하여 하나님 나라를 새롭게 세워가려 하신다. 나의 신앙생활은 어떠한가? 처음부터 은혜로 시작했음을 고백하는가? 그렇다면 끝까지 은혜로 나아가야 한다.

[52장 각주]

29) 장형인, "히말라야 에베레스트 산에 숨겨진 놀라운 사실 14가지", 인사이트, 2016. 3. 11.

30) 존 크라카우어, 김훈 역, 「희박한 공기 속으로」(서울: 황금가지, 2007).

31) 김규나, "권력이라는 산, 이성이 질식하는 곳", 조선일보, 2019. 9. 14.

53 Chapter 53. Mark 12:13-17

스파이더맨이 피곤한 이유

[13]그들이 예수의 말씀을 책잡으려 하여 바리새인과 헤롯당 중에서 사
람을 보내매 [14]와서 이르되 선생님이여 우리가 아노니 당신은 참되시
고 아무도 꺼리는 일이 없으시니 이는 사람을 외모로 보지 않고 오직
진리로써 하나님의 도를 가르치심이니이다. 가이사에게 세금을 바치
는 것이 옳으니이까 옳지 아니하니이까. [15]우리가 바치리이까 말리이
까 한대 예수께서 그 외식함을 아시고 이르시되 어찌하여 나를 시험
하느냐. 데나리온 하나를 가져다가 내게 보이라 하시니 [16]가져왔거늘
예수께서 이르시되 이 형상과 이 글이 누구의 것이냐. 이르되 가이사
의 것이니이다. [17]이에 예수께서 이르시되 가이사의 것은 가이사에
게, 하나님의 것은 하나님께 바치라 하시니 그들이 예수께 대하여 매

우 놀랍게 여기더라.

스파이더맨은 오랜 세월 동안 여러 세대에 걸쳐 사랑받은 영화 캐릭터다. 스파이더맨이 처음 나온 것이 1962년 8월 '마블 코믹스' 사의 만화 잡지인 「어메이징 판타지」 15호였다. 만화가 큰 인기를 끌자 1977년에는 TV 시리즈로 제작되었고, 2002년에는 토비 맥과이어가 주연하여 실사영화로 나왔다. 그 이후 최근에 나온 〈스파이더맨 노 웨이 홈〉까지 모두 11편이 나왔다.

스파이더맨이 이렇게 오랫동안 전 세계 사람에게 꾸준히 사랑받는 이유가 무엇일까? 이는 스파이더맨의 캐릭터와 상황에 공감하는 사람이 많기 때문이다. 어린이들은 스파이더맨이 도시의 건물들 사이를 거미줄을 쏘며 날아다니고 악당들을 물리치는 멋진 모습을 부러워한다. 하지만 이런 능력은 별로 공감되지 않는다. 스파이더맨에게 우리가 공감하는 이유는 스파이더맨이 처한 피곤한 현실 때문이다. 평소에는 평범하게 살다가 위기가 닥치면 현실에서 하던 일을 다 팽개치고 변장하고 나가 싸워야 한다. 밤에는 경찰 무전기에 주파수를 맞춰놓고 범죄 신고가 있으면 가서 악당들을 물리친다. 그러니 밤에 잠도 제대로 못 자고, 낮에는 일상생활을 해야 하니 피곤하다. 공부도 점점 따라가지 못하고 여자 친구와의 사이도 소원해진다. 스파이더맨은 이 두 가지 현실을 모두 지탱하기에 버거워한다.

그래서 고민한다. 차라리 스파이더맨을 때려치우고 평범하게 살까? 그러나 자기 안에 있는 스파이더맨의 능력과 잠재된 본능이 자꾸 자기를 일깨운다. 한편으로는 이런 생각도 해보았을 것이다. 아예 학교 공부를 때려치우고 전업 스파이더맨을 해볼까? 그러나 이것도 생각보다 쉬운 일은 아니다. 착한 일만 한다고 해서 생활이 보장되지 않기 때문이다. 그래서 스파이더맨이라 하더라도 열심히 피자 배달 아르바이트를 해야 하고, 공부도 해야 한다. 일상생활과 스파이더맨 역할을 모두 감당해야 하는 것이 바로 스파이더맨이 피곤한 이유다.

놀라운 것은 이 힘들고 고단한 현실 속에서 스파이더맨은 참 잘도 버틴다는 것이다. 슈퍼 히어로 영화에서 가장 많이 얻어맞고 가장 극적으로 내동댕이쳐지는 캐릭터다. 그런데 그런 중에도 포기하지 않고 죽기 살기로 이를 악물고 정의의 편에 서서 악당을 물리친다. 그래서 스파이더맨의 가장 큰 특기는 뛰어난 지구력, 곧 버티는 힘이다.

성도는 세상에서 스파이더맨과 같은 존재이다. 세상 속에서 열심히 살아야 하지만 동시에 하나님의 영광을 위해 살아가야 한다. 세상에 살지만 완전히 세상에 속해서도 안 되고, 그렇다고 세상을 완전히 등지고 주님만 따라가서도 안 된다. 성도라는 이름은 '거룩한 무리'라는 뜻이다. 세상에 살고 있지만 세상과는 구별된 존재인 것이다. 분리된 존재가 아니다. 구별된 존재일 뿐이다. 때로는 힘들고 세상에 얻어맞고 내동댕이쳐져 널브러지면 차라리 다 때려치우고 싶지만 그래도 거룩한 부르심을 붙들고 버텨야 한다. 이를 위해서 성도에게는 모든 상황 속에서도 버텨낼 수 있는 지구력과 예민한 분별력이 필요하다.

본문에서 예수님도 이런 이중적인 긴장 상황 사이에 놓이셨다. 바리새인과 헤롯 가문을 지지하는 헤롯 당원들은 예수께 와서 아주

도발적인 질문을 한다.

"가이사에게 세금을 바치는 것이 옳으니이까 옳지 아니하니이까" (막 12:14).

이 질문은 이스라엘 백성의 정체성을 규정하는 데 있어서 매우 민감한 질문이었다. 로마의 속박에 구속된 이스라엘 백성 중 상당수가 하나님의 백성은 세상 권력에 세금을 내면 안 된다고 여겼다. 로마제국에 속해 살고 있지만 로마와 등을 돌리고 싶어 했다. 이 질문을 이해하려면 예수님 당시의 이스라엘 역사를 이해할 필요가 있다.

예수님이 태어날 당시 이스라엘을 다스리던 왕은 헤롯 대왕이었다. 헤롯 대왕은 당시 로마가 임명한 조공을 바치는 왕이었다. 헤롯은 이스라엘이 로마의 속국임을 인정하고 매해 로마에 일정한 공물과 조세를 바쳐야 했다. 로마는 이런 헤롯을 인정하고 이스라엘을 어느 정도 자기 뜻대로 다스릴 대단한 재량권을 부여했다. 헤롯은 예수님이 태어나고 얼마 되지 않아 죽었는데, 헤롯이 죽기 전 그는 왕국을 세 곳으로 나누어 자기의 세 아들인 헤롯 안티파스, 헤롯 빌립, 헤롯 아켈라우스에게 나누어주었다.

헤롯 안티파스에게는 갈릴리와 동부 요단강 동쪽에 있는 베뢰아 지역을 주었고, 빌립에게는 북쪽에 있는 넓은 동부 요르단 지역을, 아켈라우스는 유대와 사마리아, 그리고 이두매 지역을 다스리도록 결정하고 이를 유언장으로 작성해서 로마에 보냈다. 왜냐하면 로마가 이것을 승인해야 법적인 효력을 발휘할 수 있기 때문이다. 이때 유대 지역에 있는 대제사장을 비롯한 종교 지도자들은 사절단을 로마에 보냈다. 이들은 로마에 헤롯의 아들 중 아켈라우스가 괴팍스러워 백성의 지지를 받지 못하고 있으니 유대 지역을 다스리지 못하게 하고, 자신들만의 독립적인 유대교 공동체를 꾸려가게 해달라고 건의했다.

로마는 종교사절단의 제안을 수용했다. 그래서 헤롯 안티파스와 빌립은 분봉왕으로 임명했지만 아켈라우스는 유대 종교사절단의 제안을 고려해서 왕으로 임명하지 않고 '대공'으로 임명했다. 아켈라우스는 자신이 왕으로 임명되지 못하자 분노하여 유대와 사마리아 지역의 백성들을 아주 포악하게 다스렸다. 백성들은 너무나도 고통스러웠다. 다시 비밀리에 로마 황제에게 사절단을 보내서 백성들이 너무나도 힘들다는 것을 전달했고, 이 호소가 받아들여져서 아켈라우스의 대공 직위를 해제하고 갈릴리로 추방했다. 그리고 그 지역은 로마 군대가 직접 주둔해서 로마 총독이 다스리는 로마 직영 지역으로 삼았다.

당시 로마가 다스리던 지역은 두 종류로 나뉘었다. 평화롭고 안정된 지역은 원로원과 집정관이 다스렸고, 폭력 소요가 많이 일어나는 위험한 지역은 총독이 군대를 주둔시켜 다스렸다. 이스라엘은 두 번째 지역에 해당했다. 이런 지역에서 거두는 세금은 백성을 위해 쓰이지 않고 곧바로 로마 황제에게로 바쳐졌다. 자기들이 바친 세금이 황제에게로 나간다는 사실은 이스라엘 백성의 자존심을 짓밟았다. 하나님의 백성은 약속의 땅을 허락하신 하나님께 마땅히 모든 것을 드려야 하는데 이방인 왕에게 세금을 내는 것은 하나님의 백성으로

서는 할 수 없는 일이라고 생각했다.

그래서 집정관이 다스리던 초기, 이 지역에 씨레니우스라는 로마 총독이 세금을 거두려고 인구조사를 하자 백성들은 폭동을 일으켰다. 세금을 내느니 차라리 노예가 되겠다면서 저항했다. 이때 고울 지역의 '유다' 라는 사람이 대표적인 선동자로 붙잡혔는데, 그는 처형을 당하면서 '로마에게 세금 바치는 일은 절대 없다!' 고 울부짖으며 죽었다. 멜 깁슨이 주연한 영화 〈브레이브 하트〉에서 마지막 죽을 때 '자유' (Freedom)를 외쳤다면 유다는 '세금 반대' (No Tax)를 외치며 죽은 것이다.

당시 세금은 세 종류가 있었다.

첫째, 토지세다. 토지에서 나는 생산물에 대해서 곡식은 10분의 1 가격을, 과실은 5분의 1을 세금으로 냈다.

둘째, 인두세다. 이것은 인구조사에서 14~65세로 판명된 모든 사람은 하루 임금을 세금으로 내야 했다.

셋째는 항구나 관문을 드나드는 이들에게 통행세를 징수했는데, 그 액수는 상품 가치의 2~5%였다. 이렇게 거두어지는 세금으로 로마는 상류층의 사치스러운 생활을 유지하고, 또 로마의 온갖 이방 신상을 모시는 신전들을 지었다. 세금으로 압제자의 이런 활동을 지원하는 것이니 어느 이스라엘 사람들이 좋아하겠는가? 그러나 헤롯 왕가를 따르는 헤롯당 사람들은 세금을 내는 것에 찬성했다. 왜? 그래야 자기 권력을 누리고 유지할 수 있기 때문이다. 반면 하나님의 말씀으로 돌아가자는 경건운동을 펼쳤던 바리새인들은 이것에 대해 반대 입장이었다. 이러한 배경을 바탕으로 본문을 보자.

"그들이 예수의 말씀을 책잡으려 하여 바리새인과 헤롯당 중에서 사람을 보내매"(막 12:13).

여기 보면 바리새인과 헤롯당의 사람들이 모두 예수님께 와서 가이사에게 세금을 바치는 것이 옳으냐고 물었다. 참고로 가이사(시저, Caesar)는 로마 황제의 가문 명으로, 당시에 가이사(시저)는 로마 황제를 가리키는 말이었다. 이 질문은 예수님의 말씀을 '책잡기' 위한 것이었다. 영어 성경(NRSV)에는 이 표현을 'trap in' 이라고 하였다. 함정에 빠뜨리기 위한 질문이라는 것이다. 만약 세금을 바치라고 하면 바리새인들이 들고일어날 것이고, 바치지 말라고 하면 헤롯당 사람들이 예수님을 로마 총독에게 고발할 것이다. "어떻게 해야 하나요? 맞나요 틀리나요?" 이들은 이렇게 묻고 예수님을 더욱 거칠게 몰아붙인다. "우리가 바치리이까 말리이까"(막 12:15) 집요하게 되풀이해서 묻는다.

특히 여기서 말하는 세금은 헬라어 '켄소스', 이는 인두세(poll-tax), 곧 일종의 주민세를 말한다. 원래 '켄소스' 라는 단어는 히브리어나 아람어에서 '벌금' 이나 '형벌' 을 뜻하는 '케나스' 라는 단어에서 온 것이다. 유대인들은 로마가 부과하는 인두세를 일종의 형벌과 저주로 보았다. 하나님의 선민이 약속의 땅에 사는데 로마제국에 세금을 내는 것이 이들에게는 형벌이자 저주였다. 자신들은 거룩한 백성으로 불경스러운 로마 동전이 아닌, 유대 화폐 '세겔' 로 환전하여 성전세만 내는 것이 마땅하다고 생각했다. 실제로 주후 67년 헤롯 아그립바 2세가 통치할 때 대대적인 조세 저항운동이 일어났고, 이것을 계기로 유대전쟁이 발발해서 주후 70년 예루살렘 성이 멸망하게 된다.

그러자 예수께서는 그들에게 로마의 동전인 데나리온 하나를 갖고 오라고 말씀하신다. 이 동전에 보면 앞면에는 가이사, 즉 시저의 초상이 새겨져 있었다. 그리고 그 그림 아래 '신성한 로마의 대제사장' 또는 '신의 아들 가이사'와 같은 문구가 기록되어 있었다. '사람을 외모로 보지 않는다'는 말은 '사람의 얼굴 곧 로마 황제의 초상에 주목하지 않는다'는 뜻이다. 이런 화폐로 로마에 세금을 낸다는 것에 대해 유대인들은 강한 저항감이 있었다. 바리새인과 헤롯당 사람들은 예수님께 "이런 것은 별로 상관없는 것으로 여기시는 줄 압니다"라고 단정하며 함정에 빠뜨리려 하고 있다.

이것을 가이사에게 바쳐야 하는가 말아야 하는가? 이는 정치적으로 어느 편인가를 드러내려는 교묘한 질문이다. 이런 질문은 어떻게 대답해도 예수님을 결국 궁지에 빠뜨리겠다는 집요함의 표현이기도 하다. 본문은 이들의 집요한 질문을 '외식'이라 말씀한다. 겉으론 정정당당한 대의를 위해 말하는 것 같은데 예수님을 붙잡기 위한 속임수라는 뜻이다.

> "우리가 바치리이까 말리이까 한대 예수께서 그 외식함을 아시고 이르시되 어찌하여 나를 시험하느냐. 데나리온 하나를 가져다가 내게 보이라 하시니"(막 12:15).

우리는 마가복음 서두에 예수께서 광야에서 40일을 계시면서 사탄에게 시험받으셨던 것을 기억한다(막 1:13). 마태복음은 이를 더욱 자세히 진술하는데, 마귀는 예수님을 데리고 높은 산에 가서 천하만국의 영광과 권세를 보여주고 이것을 붙잡으라고 유혹한다(마 4:8-9). 세상의 정치적 권세를 잡으라는 유혹이 본문에서는 헤롯당과 바리새인의 시험으로 구체화되어 제시되고 있다. 하지만 어느 것을 잡아도 실제로는 예수님을 궁지에 빠뜨려 체포하고 십자가에 못 박으려는 음흉한 계략으로 이어진다.

예수님의 말씀에 이들은 로마 황제의 초상이 새겨진 동전을 가져온다.

> "예수께서 이르시되 이 형상과 이 글이 누구의 것이냐. 이르되 가이사의 것이니이다. 이에 예수께서 이르시되 가이사의 것은 가이사에게, 하나님의 것은 하나님께 바치라 하시니 그들이 예수께 대하여 매우 놀랍게 여기더라"(막 12:16-17).

여기서 '바치라'(헬. 아포디도미)는 동사는 단순히 '건네주다'는 의미가 아니라 '빚진 것을 갚는다'는 의미로 영어 'repay, pay-back'의 의미를 가진다. "한 푼이라도 남김없이 갚지 않고서는 결코 나오지 못하리라"(눅 12:59) 할 때 '갚다'와 같은 의미다. 가이사의 초상이 그려진 동전이 있다는 것은 가이사에게 갚을 것이 있다는 것이다. 그 나라의 돈을 가지고 있다는 것은 그 나라의 일부로서 속해 있다는 의미고, 그 나라에 속해 있다는 것은 그 나라에 빚진 것들을 갚을 의무가 있다는 것을 말한다. 국가가 시민들의 삶을 위해 마련하는 것들이 있다. 공원도 만들고 길도 만들고 상하수도 시설도 만들고 쓰레기도 치워주고 경찰을 통해 치안을 유지한다. 당시에도 로마는 군사를 통해 나라의 평화를 유지하고 전 세계로 뻗은 로마의 길을 확장해 나갔다. 로마의 통치 관할 안에 살면 그 안에 사는 빚이 있다. 이것은 피해야 할 것, 저항해야 할 것이 아니라 마땅히 갚아야 할 것이다.

그러나 더 중요한 것이 있는데 우리는 가이사의 것은 가이사에게 내면서, 동시에 하나님의 것은 하나님께 바쳐야 한다는 사실이다. 가이사의 형상이 새겨진 것이 로마의 주화였다면 하나님의 형상이 새겨진 것은 누구인가? 바로 사람이다. 사람은 하나님의 형상대로 지음 받았다. 그렇다면 우리는 우리 인생 전체를 하나님께 아름답게 드려야 한다. 이것이 가이사의 형상이 새겨진 동전으로 제국에 갚아야 할 세금을 내는 것보다 훨씬 더 중요한 문제다. 예수께서는 지금 더 중요한 문제가 무엇인가를 분별하고 그것에 집중할 것을 말씀하시는 것이다. 다음의 말씀을 보자.

> "우리가 우상은 세상에 아무것도 아니며 또한 하나님은 한 분밖에 없는 줄 아노라. 비록 하늘에나 땅에나 신이라 불리는 자가 있어 많은 신과 많은 주가 있으나 그러나 우리에게는 한 하나님 곧 아버지가 계시니 만물이 그에게서 났고 우리도 그를 위하여 있고 또한 한 주 예수 그리스도께서 계시니 만물이 그로 말미암고 우리도 그로 말미암아 있느니라"(고전 8:4-6).

지금 예수님께 다가와 문제를 제기하는 바리새인과 헤롯당원들이 더 깊이 고민해야 할 질문이 있다. 외식으로 다가와 예수님을 함정에 빠뜨리려는 이들은 정말 자신의 모든 것을 다해 하나님을 섬기고 있는가? 자기 인생 전체를 드리고 있는가? 구약성경에 보면 이스라엘의 지도자들은 하나님께 형식만 드리지 자기 전부를 드리는 것에는 매우 주저하였다. 한 발은 형식적으로 하나님께 두고 있는 것 같지만 다른 한 발은 세상의 쾌락과 탐욕에 푹 담그고 있었다. 그래서 구약성경 말라기에서 하나님은 이들이 형식적으로 섬기는 모습에 "너희 중에 성전 문을 닫을 자가 있었으면 좋겠도다"(말 1:10)라고 말씀하실 정도이다.

예수께서는 성전세를 바치느냐 마느냐의 양자택일의 문제를 양자 긍정으로 바꾼다. 성전세도 내야 하고 동시에 하나님께 자신의 모든 삶을 드려야 한다. 왜? 우리는 이 땅에 나그네로 살지만 천국의 시민으로 부름받아서 양자 사이에서 살아가야 하기 때문이다(벧전 1:1,17, 빌 3:20). 우리의 최종적인 국적은 천국이지만 이 땅에 머무르는 한 우리는 나라에 대한 갚을 빚, 일종의 의무가 있는 사람들이다.

하지만 엄밀히 말하면 오늘날 성도가 빠지기 쉬운 것은 가이사에게 세금을 내는 문제가 아니다. 오히려 하나님의 것을 하나님께 드리는 것이다. 마땅히 하나님의 백성이면서, 하나님께 예배드리는 것을 아까워한다. 자녀는 중학생이 되고 고등학생이 되면 "하나님, 이제 저는 공부해야 하는 학생입니다. 빠져도 이해해주실 줄로 믿습니다." 그러면서 집에 가서 인터넷과 게임으로 밤을 지새운다. 이런 식으로 우리는 청소년 때부터 하나님이 자신의 참된 주님임을 인정하고 시간과 물질과 마음을 드리는 것에 인색해지는 연습을 한다. 우리는 가이사의 것은 가이사에게, 동시에 하나님의 것은 전적으로 하나님께 온전히 드릴 수 있어야 한다. 참된 부흥은 어그러지는 세상 풍조 가운데, 오직 하나님만을 갈망하고 하나님께 자신의 전부를 드리려는, 하나님께 목마르고 주린 성도들이 일어날 때 불같이 일어난다.

성도는 하나님과 가이사 사이에 살아가면서 정말 부지런해야 한다. 깨어 있어야 한다. 둘 중의 하나만 택하는 것이 아니라 제3의 길을 가야 한다. 우리는 이 세상에 살면서 가이사의 것을 가이사에게 갚아야 하지만 동시에 우리의 전부가 되시는 하나님께 모든 것을 드리기 위해 더욱 깨어 부지런해야 한다. 이 균형이 깨어지면 영적 유혹과 시험이 오고, 삶의 균형이 무너지고 침체가 찾아온다. "부지런하여 게으르지 말고 열심을 품고 주를 섬기라"(롬 12:11). 우리가 부지런해야 하는 궁극적 이유에 주목하라. 부지런하여 세상을 섬기기 위해서가 아니라 주님을 섬기기 위해서다. 스파이더맨은 피곤하지만 그리스도의 스파이더맨과 스파이더우먼은 성령이 주시는 능력으로 이 모든 것을 넉넉하게 감당해야 한다.

우리가 세상 속에서 주님께 흔히 드리는 변명은 무엇인가? 너무 바쁘다는 것이다. 주님을 섬기기에는 세상이 너무 바쁜가? 혹시 주님을 섬기기에 세상의 시험이 너무 달콤하고 큰 것은 아닌가? 우리는 바쁜 가운데서도 주님을 섬기는 일에 절대 뒤처지지 않음으로 세상에서 구별되게 살아가야 한다. 이것이 거룩이다. 어떤 일이 있어도 예배를 귀하게 여길 수 있기를 축복한다. 예배는 내 인생의 주권이 주께 있음을 고백하는 것이다. 시간과 물질과 섬김을 구별해야 한다. 구별하지 않으면 우리는 그 시간에 그 물질로 의미 없는 세상 풍조에 휩쓸려 방탕하고 낭비할 때가 많다. 가이사의 것은 가이사에게, 하나님의 것은 하나님에게 온전히 드리는 지혜로운 복된 성도로 서라!

54 Chapter 54. Mark 12:18-27

부활의 언어로 성경 바라보기

[18]부활이 없다 하는 사두개인들이 예수께 와서 물어 이르되 [19]선생님
이여 모세가 우리에게 써주기를 어떤 사람의 형이 자식이 없이 아내
를 두고 죽으면 그 동생이 그 아내를 취하여 형을 위하여 상속자를
세울지니라 하였나이다. [20]칠 형제가 있었는데 맏이가 아내를 취하였
다가 상속자가 없이 죽고 [21]둘째도 그 여자를 취하였다가 상속자가
없이 죽고 셋째도 그렇게 하여 [22]일곱이 다 상속자가 없었고 최후에
여자도 죽었나이다. [23]일곱 사람이 다 그를 아내로 취하였으니 부활
때 곧 그들이 살아날 때에 그중의 누구의 아내가 되리이까. [24]예수께
서 이르시되 너희가 성경도 하나님의 능력도 알지 못하므로 오해함
이 아니냐. [25]사람이 죽은 자 가운데서 살아날 때에는 장가도 아니 가

고 시집도 아니 가고 하늘에 있는 천사들과 같으니라. [26]죽은 자가 살아난다는 것을 말할진대 너희가 모세의 책 중 가시나무 떨기에 관한 글에 하나님께서 모세에게 이르시되 나는 아브라함의 하나님이요 이삭의 하나님이요 야곱의 하나님이로라 하신 말씀을 읽어보지 못하였느냐. [27]하나님은 죽은 자의 하나님이 아니요 산 자의 하나님이시라. 너희가 크게 오해하였도다 하시니라.

2002년과 2003년, 전 세계에 있는 수학자들은 경악과 의심의 눈초리에 휩싸여 있었다. 그것은 바로 수학계에서 가장 풀기 어려운 7대 난제 중 하나인 푸앵카레 가설을 증명하는 논문이 러시아의 한 무명 수학자의 홈페이지에 게재되었기 때문이다. 우리는 흔히 수학 하면 답이 있는 학문이라고 생각한다. 그도 그럴 것이 학창 시절에 풀었던 수학 문제 뒤에는 항상 해답이 있었다. 인생이 수학과 같다면 얼마나 좋을까 생각했던 적 있지 않은가? 그러나 수학 분야에는 아직 풀지 못한 문제가 많이 있다. 특히 7대 난제와 같은 문제들은 100년이 넘도록 전 세계의 수학 천재들이 평생을 매달렸어도 아무도 풀지 못했던 문제들이다.

그래서 2000년 5월에 미국 매사추세츠에 있는 저명한 수학 연구소인 클레이 수학연구소는 이 문제들을 빨리 해결하기를 바라는 마음으로 2000년 5월 24일, 수학의 7대 난제를 선정했다. PNP 추측, 리만 가설, 양-밀스 진량간극 가설, 내비어-스토크스 방정식, 버치와 스위너턴 다이어의 가설, 호지 가설, 그리고 푸앵카레 가설이다.

연구소는 이 문제를 푸는 사람에게는 한 문제당 100만 달러, 우리 돈으로 약 12억에 해당하는 상금을 주겠다고 내걸었다. 그래서 2000년 가을, 우리나라에서도 서울대에서 이 문제에 대한 설명회를 개최하기도 했다. 그런데 상금을 내건 지 2년도 채 되지 않아, 러시아에 있는 페렐만이라는 무명의 학자가 7대 난제 중 하나인 푸앵카레 가설 문제를 푸는 논문을 자신의 홈페이지에 게재한 것이다.

전 세계에 있는 수학자들은 경악했다. 어떤 사람은 이것이 사기라고 생각하기도 했다. 클레이수학 연구소는 이것이 사실인지를 가리기 위해 쟁쟁한 수학자 여섯 명을 구성해 2년 동안 검증 절차를 거쳤다. 그리고 마침내 타당한 해결방법임을 증명하였다. 이 문제의 해법이 맞는지를 이해하는 데만도 2년이 걸릴 정도면 문제가 얼마나 어려운지 대략 짐작이 갈 것이다. 중요한 것은 푸앵카레 증명을 이해하려면 파렐만이 이 문제를 해결하기 위해 세운 독특한 그만의 수학언어로 이해해야 한다는 것이다. 다른 수학 공식과 언어로는 이해할 수 없다. 새로운 수학 공식과 새로운 해결방법을 받아들이고 이것으로 푸앵카레 증명을 이해하는 데 2년이 걸렸다. 이런 것을 보면 문제를 해결하는 새로운 관점을 이해하고 받아들이는 것이 쉽지 않음을 알 수 있다.

인생에도 우리 힘으로 풀 수 없는 난제들이 있다. 살아가면서 부딪히는 문제 하나하나를 어떻게 풀어야 할지, 어떻게 헤쳐 나가야 할지 막막할 때가 많다. 좋은 해답이라도 있으면 좋겠는데, 이것이 답인지 잘 모를 때가 많다. 고난과 죽음의 문제 앞에서는 더욱 어렵다. 특별히 죽음과 그 이후에 어떻게 될 것인가의 문제는 사람의 역량 범위를 벗어난다. 문제에 대한 해답이 보이지 않으면 어떻게 하는가? 자기 생각으로만 답을 찾으려 한다. 그러나 참된 답을 얻으려면 우리 인생의 문제뿐 아니라 삶과 죽음의 문제까지도 해결하실 수 있는 하나님의 언어로 이해해야 한다. 하나님의 일하시는 방식을 받아들여야 한다. 그러나 이것이 쉬운 문제만은 아니다. 왜냐하면 우리에게는 자기 생각이 너무나 가득하기 때문이다.

본문의 말씀은 죽음과 그 이후의 문제에 대해 자기 생각으로 꽉 찬 사두개인들이 예수님을 난처하게 하여 어려움에 빠뜨리려는 의도로 예수님께 다가와 묻는 장면으로 시작한다.

> "부활이 없다 하는 사두개인들이 예수께 와서 물어 이르되" (막 12:18).

사두개인들은 하나님을 믿었지만 부활을 믿지 않았다. 왜 믿지 않았을까? 이들은 부활보다는 현세가 더 좋았기 때문이다. 사두개인들은 원래 다윗시대의 제사장이었던 사독의 후손들로 이스라엘의 정치와 종교에 권력을 갖고 영향력을 행사하는 귀족 집단이었다. 사독의 후손이라고 해서 '사두개'라 불렸다. 모든 권력이 이들에게 집중되어 있어 당시의 헤롯 왕가와 로마 총독에게 매우 협조적이었고 가깝게 지냈다. 이들은 제사장의 후손이라는 자부심 때문에 성경도 모세오경만 믿었다. 바리새인들처럼 모든 성경을 믿지 않고 바리새인의 구전 전승과 죽음 이후의 내세를 믿는 이들의 성경 해석을 인정하지 않았다. 사두개인에게 사람의 생은 이생뿐이고 죽으면 끝이었다.

이들에게 내세의 삶은 없다. 여기서 많은 것을 누리고 살다가 천국에 갈 때 여기 있는 것 다 두고 가면 억울하지 않겠는가? 그러니 이들은 이 땅에서 모든 것을 누리며 사는 것에 지배적인 가치를 두었다. 사두개인들의 마음에는 이생의 현실적인 계산과 생각이 자리 잡고 있었다.

그런데 이런 생각을 가진 사두개인들이 예수께 와서 부활이 어떤지를 묻는다. 이들이 본문 19~23절에 제기한 문제는 당시 흔히 행했던 형사취수혼제도였다. 일곱 형제가 있었는데, 맏이가 결혼했다. 그런데 아이 없이 먼저 죽고 말았다. 당시 결혼의 목적은 크게 두 가지였다. 하나는 자녀 생산이다. 가문을 잇는 것이 중요했다. 다른 하나는 조상 대대로 이어가라고 하나님이 허락하신 땅과 가업을 잇고 전수하는 것이었다. 그래서 형이 자녀 없이 죽으면 아래 동생이 형수를 취해 자녀를 낳게 하고 자녀를 낳아 형의 가문을 잇게 하였다. 그리고 더불어 형의 재산도 형수가 낳은 자녀가 잇게 했다. 그런데 형이 죽고 둘째 동생이 형수를 취했는데, 둘째도 죽었다. 그래서 셋째가 취했는데 셋째도 죽고, 또 그렇게 넷째도 죽고 다섯째도 죽고 여섯째도 죽고 일곱째까지 다 죽었다. 그리고 이 여자도 얼마 지나지 않아 죽었다. 여기서 의문이 생긴다. 사두개인은 예수께 묻는다. "부활 때 곧 그들이 살아날 때에 그중의 누구의 아내가 되리이까"(막 12:23).

나중에 부활해서 천국에 가면 상당히 곤란해진다. 형제들끼리 이 여인을 두고 자기 아내다 아니다 갑론을박을 벌이며 갈등이 일어날 텐데, 과연 이런 곳을 천국이라 할 수 있을까? 바리새인의 주장대로 부활을 인정한다면 부활은 이런 문제에 대해 엄청난 혼란을 일으키는, 맞이하고 싶지 않은 사건이 된다.

취수혼제도는 사두개인이 언급하는 것처럼 하나님께서 이스라엘을 위해 마련해주신 제도였다(신 25:5-10). 하나님이 만드신 제도로 장차 부활 때 큰 혼란을 일으키는 것을 하나님이 허락하시는 것은 모순처럼 보인다. 하나님은 어지러움의 하나님이 아니요, 질서의 하나님이기 때문이다(고전 14:33 참조). 고로 사두개인들은 죽음 이후 하나님의 보상이나 부활 같은 것은 없고, 오직 이 세상에서의 삶만이 있다고 결론지었다.

정말 사두개인의 말대로라면 부활은 무척이나 곤란한 사건이 된다. 예를 들어 아버지는 젊을 때 돌아가셨는데, 아들은 백 살까지 살다가 죽었다. 이 둘이 천국에서 만나면 어떻게 될까? 늙은 아들이, 젊은 아버지에게 아버지라고 해야 하나? 형은 갓난아이 때 죽고, 둘째는 백 살까지 산다면 나중에 천국 가서 백 살 먹은 노인 동생이 갓난아이에게 '형님!' 하면서 영원히 똥기저귀를 갈아주어야 하나? 또 성형수술한 사람도 문제다. 성형하고 천국에 갔는데, 오리지널로 부활해야 하나 아니면 성형한 얼굴로 부활해야 하나? 만약 성형한 얼굴로 부활하면 주님께서 '네가 누구냐? 난 너에게 쌍꺼풀과 그렇게 높은 코를 준 적이 없는데 너는 누구냐?' 이럴 것이고, 만약 원래 얼굴로 부활하면 성형한 얼굴로 같이 살았던 남편이 '저…. 누구세요?' 하며 못 알아보면 어떻게 하겠는가? 재혼해서 살다가 천국 갔는데 일찍 죽은 전남편하고 살아야 하나, 아니면 재혼한 남편하고 살아야 하나? 이 모든 것을 생각해보면 부활은 생각보다 엄청 스트레스받고 힘든 일이 될 것이다. 그래서 사두개인들은 그런 천국은 없다. 지금

이대로 살면 끝이다. 이렇게 결론 내렸다.

사두개인이 예수님께 한 질문은 궁금해서가 아니라 예수님을 이런 논리를 바탕으로 궁지에 몰아넣어, 결국 부활이 없다고 인정하도록 하려는 유도 질문이었다. 예수께서는 이런 사두개인들의 질문에 다음과 같이 대답하신다.

> "예수께서 이르시되 너희가 성경도 하나님의 능력도 알지 못하므로 오해함이 아니냐"(막 12:24).

메시지 성경은 이렇게 번역한다. "너희는 크게 잘못 생각하고 있다. 첫째로, 너희는 성경을 모른다. 둘째로, 너희는 하나님께서 일하시는 방식을 모른다." 지금 사두개인들의 논리와 생각이 크게 잘못되었다는 것이다. 자신의 좁은 머리로 부활을 이해할 것이 아니라 하나님이 말씀하시려는 바를 제대로 이해해야 하고, 또 성경에 나타난 하나님이 일하시는 방식을 바로 알아야 부활을 올바르게 이해할 수 있다는 것이다.

사람은 종종 자기가 이해하는 방식으로만 하나님을 이해하려고 하고, 자기가 이해하는 언어로만 하나님의 역사를 이해하려 한다. 사두개인은 천국의 소망을 인간의 얄팍한 상상력과 논리로 제한하고 있었다. 우리는 예수님의 말씀을 깊이 생각해야 한다. "너희가 성경을 모른다. 하나님이 일하시는 방식도 모른다." 우리는 자칫 성경을 오해하기 쉽고, 하나님의 역사도 내 좁은 소견의 울타리로 제한할 수 있다는 것이다. 우리가 하나님이 일하시는 방식을 우리의 좁은 생각으로 규정하고 제한할 때 천국의 소망은 엽기적이고 두렵고 부담스러운 소망으로 변질하기 쉽다. 우리는 겸손하게 하나님의 말씀으로 다시 돌아가야 한다. 25절 말씀을 보라.

"사람이 죽은 자 가운데서 살아날 때에는 장가도 아니 가고 시집도 아니 가고 하늘에 있는 천사들과 같으니라."

예수께서는 천국은 우리가 이 땅에서 보던 방식으로 이해할 것이 아니라 하나님의 방식으로 이해해야 한다고 말씀하시는 것이다. 예수님 말씀에 따르면 우리가 나중에 부활하면 이 땅에서 살던 방식으로 소생하는 것이 아니라 천사와 같은 존재로 새롭게 변화되어 부활한다. 그곳에서는 하나님을 기뻐하고 감격하는 영원한 즐거움이 있다. 또 천국은 이 땅에 사는 것과 같은 연약한 육체로 살지 않으면 더는 자녀를 생산할 필요가 없다. 그래서 더는 결혼하지 않는다. 재산을 상속하기 위해 애쓸 필요가 없다. 하나님이 우리의 유업이 되시기 때문이다. 그래서 더는 먹고 살기 위해서 취수혼제도를 실시할 필요도 없다.

천사와 같은 거룩한 부활의 몸으로 더는 슬픔과 근심과 걱정 없이 한없는 기쁨과 감격으로 예수님과 함께 깊이 사랑하며 거하는 곳이 천국이다. 그리고 더 이상 생식하는 일이 없기에 이 땅에 있었던 관계가 그대로 부부, 자녀의 관계로 이어지는 것이 아니다. 이때는 모두가 그리스도의 정결한 신부로 선다. 새로운 관계의 중심에 그리스도가 계시게 된다. 그리고 그리스도를 중심으로 새로운 형제자매

관계가 성립된다.

거룩한 몸은 지금 우리가 갖고 있는 육체와 같지 않다. 관절염, 당뇨병, 고혈압으로 고생하지 않는다. 하나님이 새로운 부활의 영광을 주시기 때문이다. 예수님이 십자가에 못 박히시고 부활하셔서 일어나신 모습을 보면 부활의 영광이 어떤 것인지 어렴풋이 짐작할 수 있다. 분명한 것은 지금 육체와는 다르다는 것이다. 만약 똑같았으면 무덤가에 갔던 막달라 마리아나, 엠마오의 두 제자가 예수님을 몰라보는 일은 없었을 것이다. 예수님의 몸에 큰 변화가 있었던 것이 틀림없다. 예수께서 말씀하신다.

> "하나님께서 모세에게 이르시되 나는 아브라함의 하나님이요 이삭의 하나님이요 야곱의 하나님이로라 하신 말씀을 읽어보지 못하였느냐. 하나님은 죽은 자의 하나님이 아니요 산 자의 하나님이시라. 너희가 크게 오해하였도다 하시니라"(막 12:26-27).

예수께서 인용하신 말씀은 출애굽기 3장 6절에 나오는 말씀이다. 예수께서는 사두개인이 붙들고 있는 신명기 말씀 이전에 있던 출애굽기 말씀으로 거슬러 올라가고 있다. 보다 근원적인 하나님의 의도를 보여주시기 위해서다. 출애굽기부터 이해해야 신명기가 제대로 풀리는 것이다. 그러나 반대로 이들이 주장하는 대로 신명기부터 보고 출애굽기를 보면 출애굽기가 이해되지 않는다. 이해가 되지 않으면 자칫 성경도 부인하고 부정할 수 있다. 여기 보면 모세가 불타는 떨기나무 가운데 말씀하시는 하나님을 만난다. 하나님이 이때 모세에게 자신을 다음과 같이 소개하신다. "나는 아브라함의 하나님, 이삭의 하나님, 야곱의 하나님이다." 만약 아브라함, 이삭, 야곱이 이미 죽어 부활하지 않았다면 하나님은 이렇게 말씀하셨을 것이다. "나는 아브라함의 하나님이었고, 이삭의 하나님도 됐었고, 야곱의 하나님이기도 했다!" 하나님 '이다' 가 아니라 '이었다.' 우리도 이력서 쓸 때 전에 했던 것과 현재 하는 것을 구분한다. 전 새마을 조기축구회장. 그러면 지금은 더 이상 조기축구회장 아니다. 그런데 현 마을 부녀회 회장 그러면 현재 회장이다. 전(前)과 현(現)은 다르다. 그런데 하나님은 다 현재로 말씀하신다. "모세야, 난 현재 아브라함의 하나님이고, 현재 이삭의 하나님이며, 현재 야곱의 하나님이다." 어떻게 이렇게 말씀하실 수 있는가? 지금 이들이 모두 부활해서 하나님 곁에 있기 때문이다.

그래서 예수께서는 "하나님은 죽은 자의 하나님이 아니요 산 자의 하나님이시라"고 말씀한다. 하나님은 부활한 백성의 하나님이라는 것이다. 사두개인들에게 아브라함은 죽은 조상이었다. 그러나 하나님께 아브라함은 지금 부활해서 천국에서 하나님 곁에 있는 자녀였다. 그래서 예수님은 사두개인들에게 말씀하신다. 하나님은 죽은 자의 하나님이 아니요, 산 자의 하나님이시다!

그렇다면 사두개인들은 어떻게 해야 하는가? 자기의 생각과 오해를 내려놓고 하나님의 관점으로, 하나님의 눈으로 인생을 다시 보아야 한다. 지금 자기가 사는 현재의 세상을 새롭게 봐야 한다. 그리고 마치 자기만 진리를 붙들고 있는 것처럼 교만하게 다른 사람을 배척할 것이 아니라 하나님 앞에 겸손하게 진리를 포용하고 예수님과 예수님의 제자들을 품어야 한다. 겸손하게 진리에 마음을 열고 타인을 진리로 포용하는 것, 이것을 성숙이라고 한다.

오늘날 사두개인은 없지만 사두개인같이 성경을 오해하게 하고 하나님의 능력에 대해서도 무지하게 하는 유혹이 있다. 가장 큰 유혹은 유튜브다. 너무나도 무분별한 검증되지 않은 영상들이 호기심을 자극하고 자극적으로 퍼져나간다. 전에 교회에 걸려오는 상담 전화를 받았다. 어느 지역에서 신앙생활을 하는 분인데, 다니는 교회 담임목사님이 유튜브에 빠졌다. 그러더니 이 영상을 성도들에게 막 나누어주고, 이제 몇 년 안에 주님이 곧 오신다고 하시면서 세대주의 종말론을 가르친다는 것이다. 입만 열면 세대주의적으로 계시록 해석을 가르쳤다. 주님이 그날과 그때는 아무도 모른다고 했지만 이런 저런 징조를 보니 2025~2026년이면 올 것 같다는 것이다. 모른다고 하신 것을 자꾸 알 것처럼 이야기한다.

극동방송에도 이러한 상담 전화가 많이 온다고 한다. 그런데 상당수가 유튜브를 보고 문의하는 상담이다. 물론 좋은 영상도 많지만 독성이 있는 좋지 않은 영상도 많다. 빠져들 때는 그것이 맞는 것 같다. 그런데 어느 정도 지나고 나면 이상해진다. 전에 늘 좋은 영상이라고 유튜브 영상을 보내주는 성도가 있었다. 너무 은혜롭고 좋다는 것이다. 목사님도 보고 좀 은혜받고 도전받아야 한다는 것이다. 그런데 상당히 자극적이고 신비적이다. 기도 중에 뭘 자꾸 보고, 직접 주님의 음성을 듣고, 이분을 통해 놀라운 역사가 많이 일어난다고 했다. 그러더니 이분처럼 기도해야 한다고 하고, 이분처럼 방언기도 해야 한다고 하고, 심지어 방언을 못하면 구원받지 못하는 것처럼 이상한 말을 자꾸 하는 것이다. 이분 집회를 저 멀리 다른 지역에도 몇 시간이나 차를 타고 쫓아다니셨다. 그런데 조금 지나서 이단 시비가 나오고 이상한 열매들이 나오기 시작한다. 결국 신문에 이분의 문제가 불거져 나왔다.

방언은 구원과 아무 상관이 없다. "너희는 그 은혜에 의하여 믿음으로 말미암아 구원을 받았으니 이것은 너희에게서 난 것이 아니요 하나님의 선물이라. 행위에서 난 것이 아니니 이는 누구든지 자랑하지 못하게 함이라"(엡 2:8-9). 구원은 은혜에 의해 믿음으로 받는 것이다. 왜? 누구도 자랑하지 못하게 하기 위해서다. 방언으로 나는 것이 아니다. 방언으로 오래 기도하는 것이 자랑이 되면 위험해진다. 우리는 예수님의 말씀, "너희가 성경도 하나님의 능력도 알지 못하므로 오해한다"는 말씀을 깊이 새겨야 한다.

성도는 하나님의 눈으로 세상을 바라보고 하나님의 진리로 세상을 살아가는 존재다. 나의 좁은 생각을 버리고, 나의 구미를 자극하고 흥분시키는 이상한 복음을 따라갈 것이 아니라 바른 진리 위에 우리의 신앙을 세워야 한다. 더 나아가 성도는 세상 풍조대로 따라가서는 안 된다. 성도 중에도 보면 이사 갈 때 이왕이면 손 없는 날 가는 게 좋다고 손 없는 날 골라 가는 이도 있다. 한 달에 한 번 정도 귀신이 소풍가는 날이란다. 하지만 예수님을 모시는 가정에 귀신들은 예수님의 이름으로 떠나갔다. 전에 예수 믿고 회심한 한 무당이 이런 고백을 한 적이 있다. 자기 고객 중 20%가 예수 믿는 성도라는 것이다. 딱 찾아오면 머리에 십자가가 보였다고 한다.

진리에 바로 서지 않으면 이상한 것 의지하고 자꾸 따라가게 된다. 이는 하나님의 능력도 모르고 하나님이 일하시는 방식도 모르는 행위다. 우리에게는 이 세상과는 비교할 수 없는 부활의 소망이 있다. 그리고 그 소망을 주신 분은 죽은 자의 하나님이 아니요, 산 자의 하나님, 지금 이곳에서 나와 함께하시며 나를 붙들어주시는 하나님이다. 이 하나님을 믿고 신뢰하며 천국의 소망 가운데 이웃을 사랑하고 섬기는 거룩한 성도로 담대하게 나아가길 바란다.

55 Chapter 55. Mark 12:28-34

듣고 이해하고 물으라

28서기관 중 한 사람이 그들이 변론하는 것을 듣고 예수께서 잘 대답하
신 줄을 알고 나아와 묻되 모든 계명 중에 첫째가 무엇이니이까. 29예
수께서 대답하시되 첫째는 이것이니 이스라엘아 들으라. 주 곧 우리
하나님은 유일한 주시라. 30네 마음을 다하고 목숨을 다하고 뜻을 다하
고 힘을 다하여 주 너의 하나님을 사랑하라 하신 것이요 31둘째는 이것
이니 네 이웃을 네 자신과 같이 사랑하라 하신 것이라. 이보다 더 큰
계명이 없느니라. 32서기관이 이르되 선생님이여 옳소이다. 하나님은
한 분이시요 그 외에 다른 이가 없다 하신 말씀이 참이니이다. 33또 마
음을 다하고 지혜를 다하고 힘을 다하여 하나님을 사랑하는 것과 또
이웃을 자기 자신과 같이 사랑하는 것이 전체로 드리는 모든 번제물

과 기타 제물보다 나으니이다. 34 예수께서 그가 지혜 있게 대답함을 보시고 이르시되 네가 하나님의 나라에서 멀지 않도다 하시니 그 후에 감히 묻는 자가 없더라.

최근 들어 20대 우울증 환자가 늘고 있다. 건강보험심사평가원에서 받은 자료에 따르면 병원에서 우울증 치료를 받은 20대 환자가 5년 전인 약 5만 명에 비해 9만 8,434명으로 97%나 늘어났다.[32) 이런 추세라면 20대 우울증 환자는 2019년 기준으로 12만 5천 명에 달할 것으로 추정하고 있다. 또한 20대 세대가 자주 사용하는 SNS에서는 점점 공격적인 문화가 확산하고 있다. 선한 의도로 남긴 글에도 무자비하게 공격하거나 공개적으로 망신을 주는 일이 빈번하다. 얼마 전에도 한 연예인이 한 젊은 네티즌의 악성댓글에 충격을 받아 그만 자살하지 않았는가? 왜 갈수록 이런 일들이 악화될까?

이런 현상에 대해 원인을 분석한 책이 「나쁜 교육」이란 제목으로 출간되었다.[33) 저자는 미국 뉴욕경영대학원의 사회심리학자인 조너선 하이트(Jonathan Haidt) 교수다. 하이트 교수는 그 원인을 오늘날 젊은 세대의 특징과 함께 이 세대를 교육하는 방식에서 찾았다.

하이트 교수에 따르면 오늘날의 20대는 90년도 후반에 태어난 이들로, 이들을 'i 세대'라 명명한다. 인터넷 세대라는 말이다. 어릴 때부터 인터넷과 SNS의 바다에서 살아온 세대다. 이와 함께 이 세대를 양육하는 방식도 크게 달라졌다. 전에는 아이들끼리 놀고 장난치고 산과 들로 뛰어다녔다면 이제는 안전주의 문화가 사회에 자리 잡았다. 미국 같은 곳도 총기사건이나 마약사건이 빈번하다보니 가능한 한 아이들을 안전하게 지키고 보호하는 것에 집중하게 되었다. 부모들의 이런 안전주의, 보호주의적인 태도로 인해 밖에서 놀게 하는 일도 현저하게 줄고, 대신 집에서 게임과 인터넷으로 시간을 보내게 되었다. 그러다 보니 이 세대는 세상에서 부딪치거나 갈등을 겪고 해소하고 타협하고 절충하는 과정을 거의 겪지 않고 그저 온실 속 화초처럼만 자랐다.

우리나라도 자녀가 초등학교만 가면 놀이터에서 보기가 쉽지 않다. 아이들을 위험과 갈등에서 보호한다고 놀이와 놀이터에서 퇴출시키고 오직 공부만 하라고 몰아간다. 그러다 보니 인간관계에 대한 저항력이 약해지고 쉽게 상처받는다. 자신을 너무나 쉽게 희생자로 정의하여 분노하며, 내 편이 아니면 적이라는 극단적인 편 가르기의 태도와 공격적인 성향이 있다. 그러다 보면 다른 사람의 이야기를 귀담아듣지 않고 쉽게 결론 낸다. 내 편이 아니면 적이라는 극단적인 생각을 하고 토론을 거부한다. 그리고 자기만의 세계에 더욱더 빠져들어 자기만 옳다는 확증편향에 사로잡힌다. 하지만 관계에 대한 건강한 근육이 없으면 앞으로 우리 자녀가 살아갈 세상은 정말 힘들어진다. 갈수록 집안에 처박혀 있게 되고 은둔형 외톨이가 되고 만다. 20대에 청년 공동체 신앙생활을 해야 하는 중요한 이유가 또한 여기에 있다.

전에 세계적인 경영 사상가 짐 콜린스가 「위대한 기업의 선택」이라는 책을 쓸 때 함께 작업했던 UC 버클리 대학의 모튼 한센 박사가 있다. 위대한 기업을 함께 연구했던 그가 이번에는 위대한 성과(outperfomance)를 내는 뛰어난 개인(outperformer)의 특징을 분석해서 연구한 「아웃퍼포머」라는 책을 냈다. 이 책에는 소위 말하는 업무 고수의 특징들을 총 8가지로 분석했는데, 그 특징 중 하나가 업무 고수들은 업무를 수행할 때 주변의 지원을 얻어내는 능력이 뛰어나다는 점이다.[34] 내가 좋은 아이디어를 내도 상사가 "그건 필요 없어!" 이 한마디 하면 좋은 아이디어는 사장되고 만다. 그런데 아웃퍼포머는 그렇게 생각하는 상사의 의견에 얼굴 하나 붉히지 않고 또 정면으로 반박하지도 않고 생글생글 웃으면서 결국은 상사로 동의하게 할 뿐만 아니라 회사의 자원과 역량을 전폭적으로 지원받게 만들어내고야 만다는 것이다. 어떻게 그렇게 하는가? 상사의 부정적인 말에 주눅 들지 않고, 상사의 두려움이 무엇인지 물어보고 잘 듣고 이해하고 공감하고 자신이 요구하는 것을 기분 좋게 설득하는 것이다.

이런 면에서 교회에서 직분을 맡고 임원을 맡는 것은 성도의 건강한 근육을 단련하는 데 참 좋은 활동이다. 더 나아가 우리 아이들도 자꾸 하라고 격려해야 한다. "야, 왜 고생스럽게 그런 걸 맡았냐? 왜 하필이면 네가 맡았냐? 못한다고 해!"라고 하지 말고, "잘했다. 어떻게 하면 네가 잘 할 수 있도록 도와줄 수 있을까?" 이렇게 나가야 한다. 이런 역량이 바로 리더십 역량이다. 본문에는 이런 역량을 보여주는 잘 알려지지 않은 한 사람이 등장한다. 그 사람은 예수님을 경계하고 적대시했던 예루살렘 지도자 무리 중 한 서기관이었다. 이 서기관이 예수님에 대해 어떤 태도를 견지하는지 보라.

"서기관 중 한 사람이 그들이 변론하는 것을 듣고 예수께서 잘 대답하신 줄을 알고 나아와 묻되 모든 계명 중에 첫째가 무엇이니이까"(막 12:28).

여기 보면 이 서기관의 특징을 드러내는 일련의 동작들, '듣고' '알고' '나아와' '묻되'가 나온다. 서기관의 이런 태도는 주변의 다른 서기관에 비해 파격적이다. 예수께서는 예루살렘에 입성 후 여러 서기관을 상대했다. 11장에서는 예루살렘 성전에서 성전을 정화하는 것을 본 서기관들이 등장한다. 이들은 예수님이 이렇게 하시는 것을 보고 '예수를 어떻게 죽일까' 생각했다(막 11:18). 극단적인 분노와 편 가르기로 일관한 것이다.

11장 후반부(27절)에는 또 다른 서기관들이 나온다. 이들은 예수께 나아가 무슨 권위로 이런 일을 하느냐고 따진다. 그러자 예수께서 이들에게 또 다른 질문을 던진다. "요한의 세례가 하늘로부터냐 사람으로부터냐"(막 11:30). 이들은 분명히 알고 있음에도 예수 앞에 진실을 숨기고 딱 잡아떼었다. 백성을 두려워했기 때문이다(막 11:32). 그래서 "우리가 알지 못하노라!"(막 11:33)고 대답한다. 예수께 정확한 대답을 듣고 깨달아야 하는데 결국 그 기회를 거부했던 것이다. 확증편향으로 인한 경청 거부다. 그러고는 수단 방법을 가리지 않고 예수를 체포하려 한다(막 12:12).

이들은 예수님을 직면할 자신이 없어 바리새인과 헤롯당 중에서 사람을 보낸다(막 12:13). 여기에 사두개인들도 합세한다(막 12:18). 이 와중에 본문의 서기관은 이 모든 난상토론을 주의 깊게 듣고 예수님의 말씀을 경청하고, 예수께서 말씀하시는 바가 무엇인지 깨달았던 것 같다. 예수께서 말씀하는 성경의 깊은 의미를 새롭게 깨달은 것이다.

서기관은 여기서 멈추지 않고 예수께 나아가 더 깊은 질문을 던진다. "모든 계명 중에 첫째가 무엇이냐?"는 것이다. 이 질문은 그동안 다른 서기관들이 해왔던 것처럼 예수님을 함정에 빠뜨리려는 의도적인 질문이 아니라 진리를 갈구하는 순수한 호기심에서 나온 것이었다. 이것은 놀라운 일이다. 왜냐하면 이들에게는 이미 예수에 대한 적개심과 편견이 자리 잡고 있었기 때문이다. 사람은 보통 상대방이 적이라고 생각하고 나쁜 사람이라 규정하면 무슨 말을 해도 잘 듣지 않으려는 편견을 갖기 마련이다. 서기관의 진지한 질문에 예수께서 대답하신다.

> "예수께서 대답하시되 첫째는 이것이니 이스라엘아 들으라. 주 곧 우리 하나님은 유일한 주시라. 네 마음을 다하고 목숨을 다하고 뜻을 다하고 힘을 다하여 주 너의 하나님을 사랑하라 하신 것이요 둘째는 이것이니 네 이웃을 네 자신과 같이 사랑하라 하신 것이라. 이보다 더 큰 계명이 없느니라"(막 12:29-31).

예수께서는 여기서 신명기 6장 4~5절 말씀과 레위기 19장 18절 말씀을 결합하셨다. 먼저는 하나님을 사랑하라. 마음을 다하고 목숨을 다하고 뜻을 다하고 힘을 다하여! 주 너의 하나님을 사랑하라. 둘째, 네 이웃을 네 자신과 같이 사랑하라. 그러면서 이보다 더 큰 계명이 없다고 하신다.

예수님의 대답은 모든 율법을 꿰는 핵심이다. 그래서 마태복음에서는 "이 두 계명이 온 율법과 선지자의 강령이니라"(마 22:40)고 말씀한다. '강령'이란 큰 줄거리 또는 기둥이 되는 말씀이란 뜻이다. 영어 성경은 이 두 개의 율법에 모든 것이 달려있다고 한다. 이는 두 개의 빨랫줄과 같다. 빨랫줄에 여러 빨래를 걸듯, 이 두 가지 계명에 다른 모든 율법 계명이 걸려있는 것이다. "네 이웃을 네 몸과 같이 사랑하라"는 말씀은 가장 복잡한 제사 규정이 담긴 레위기의 중간에 담긴 핵심적인 주제 구절이다. 이는 이 모든 제사 규정도 결국 하나님을 사랑하고 이웃을 사랑하기 위한 것이라는 말씀이다. 이 말씀은 구약성경이 말하는 당연하고 명백한 진리다. 예수께서는 이어지는 말씀을 통해 커다란 충격과 울림을 준다. "이보다 더 큰 계명이 없느니라."

바리새인, 서기관, 사두개인, 그리고 대제사장과 같은 예루살렘의 지도자들은 성전 제사를 율법 중 가장 중요한 계명으로 생각했다. 이들이 예수님을 향하여 분노한 이유는 예수께서 그동안 이들이 지켜온 성전의 관행을 뒤엎으셨기 때문이다. 예수께서는 이사야(56:7)와 예레미야(7:11)의 말씀을 인용하며 "내 집은 만민이 기도하는 집인데 너희가 강도의 소굴을 만들었다"고 말씀하셨다(막 11:17). 그러고는 관행처럼 여겼던 성전의 환전상과 매점상들을 뒤엎고 내쫓으셨다(막 11:15-16). 성전만을 떠받들며 부활이 없다고 주장하는 사두개인들의 질문에 대해서도 너희가 하나님 나라를 오해하고 있다고 하시면서 부활 때에는 새로운 영광의 몸으로 변화된다고 말씀하셨다(막 12:24-25).

그들에게는 예수님이 성전을 부인하고 율법을 어기는 이단아같이 보였던 것이다. 그런데 예수님 말씀을 경청하던 본문의 서기관은 예수님의 이런 말씀과 행위가 율법을 어기고 깨뜨리는 것이 아니라 도리어 율법의 본질에 더 가까이 가는 것임을 깨닫게 되었다. 자신이 율법을 크게 오해하고 있음을 깨달았던 것이다.

예수께서 인용하셨던 예레미야와 이사야 말씀을 보면 성전에서 드리는 제사가 더 이상 하나님을 기쁘시게 하기는커녕 더는 받지 않으시는 역겨운 제사로 변질되었음을 지적한다. "너희는 이것이 여호와의 성전이라, 여호와의 성전이라, 여호와의 성전이라 하는 거짓말을 믿지 말라"(렘 7:4, 참조 렘 7:5-10). 성전이 문제가 아니라 죄로 물들어 더는 하나님을 사랑하지 않고 이웃을 사랑하지 않는 이들이 문제였고, 이런 이들이 성전을 더럽힌 것이 문제였다. 이사야 1장에는 더 직접적인 말씀이 나온다.

> "여호와께서 말씀하시되 너희의 무수한 제물이 내게 무엇이 유익하뇨. 나는 숫양의 번제와 살진 짐승의 기름에 배불렀고 나는 수송아지나 어린 양이나 숫염소의 피를 기뻐하지 아니하노라. 너희가 내 앞에 보이러 오니 이것을 누가 너희에게 요구하였느냐. 내 마당만 밟을 뿐이니라. 헛된 제물을 다시 가져오지 말라. 분향은 내가 가증히 여기는 바요 월삭과 안식일과 대회로 모이는 것도 그러하니 성회와 아울러 악을 행하는 것을 내가 견디지 못하겠노라. 내 마음이 너희의 월삭과 정한 절기를 싫어하나니 그것이 내게 무거운 짐이라. 내가 지기에 곤비하였느니라. 너희가 손을 펼 때에 내가 내 눈을 너희에게서 가리고 너희가 많이 기도할지라도 내가

듣지 아니하리니 이는 너희의 손에 피가 가득함이라"(사 1:11-15).

이런 말씀을 잘 알고 있던 서기관은 예수께서 율법을 무시하고 고의로 어기고 깨뜨리는 것이 아니라 도리어 그 본질을 제대로 세우려 하심을 깨달았다. 그래서 예수께서 율법의 가장 중요한 것이 하나님을 사랑하고, 이웃을 사랑하는 것이라고 하실 때 마음에 커다란 울림이 있었던 모양이다. 그래서 대답한다.

> "서기관이 이르되 선생님이여 옳소이다. 하나님은 한 분이시요 그 외에 다른 이가 없다 하신 말씀이 참이니이다. 또 마음을 다하고 지혜를 다하고 힘을 다하여 하나님을 사랑하는 것과 또 이웃을 자기 자신과 같이 사랑하는 것이 전체로 드리는 모든 번제물과 기타 제물보다 나으니이다"(막 12:32).

이 깨달음을 고백하자 예수께서 대답하신다.

> "예수께서 그가 지혜 있게 대답함을 보시고 이르시되 네가 하나님의 나라에서 멀지 않도다 하시니 그 후에 감히 묻는 자가 없더라" (막 12:34).

율법의 핵심을 깨닫는다면 하나님 나라에서 멀지 않다. 예수께서 오셔서 그의 피로 새 언약을 세우신 것은 이 율법의 본질을 새롭게 구현하기 위해서다. 그래서 양과 짐승의 피로 더는 새로워질 수 없는 강팍한 마음을 십자가의 피로 완전히 깨끗하고 새롭게 하셔서, 변화된 마음으로 하나님을 사랑하고 이웃을 사랑할 수 있게 하셨다(롬 12:1-2 참조). 그래서 예수님은 율법을 폐하러 오신 것이 아니라 율법을 완전하게 하러 오셨다(마 5:18-19 참조).

어떤 이단 단체는 예수님이 십자가에서 율법을 폐지했다고 하는데, 이는 불완전한 성전 제사를 더 나은 대제사장 예수 그리스도가 자신의 피로 드린 제사로 대체한 것이다. 예수는 율법의 근본정신을 폐지하신 것이 아니라 본래의 '하나님 사랑, 이웃 사랑'이 더 깊이 구현될 수 있도록 새 길을 열어주신 것이다. 이제야 비로소 서기관은 깨닫게 되었다. 그리고 덕분에 주변의 서기관들도 율법의 깊은 본질에 대한 깨달음에 도달하게 되었다. 그러고는 그 앞에 두려움과 떨림으로 더는 시비 걸고 함정에 빠뜨리려는 질문을 멈추게 되었다.

우리는 신앙생활의 두 방향에 항상 주의를 기울이고 여기에 우리 신앙생활의 기초를 세워야 한다. 첫째, 하나님을 사랑하기 위해 섬겨야 하고, 하나님을 사랑하기 때문에 섬기는 것이다. 둘째, 이웃을 사랑하기 위해 섬겨야 하고, 이웃을 사랑하기 때문에 섬기는 것이다. 우리는 하나님을 사랑하기에 우리 이웃에게 좀 더 마음을 열고 관심을 가져야 한다. 이웃에게 묻고 잘 듣고 그들을 이해하라. 그리고 사랑으로 품으라.

오해와 편견과 극단적인 분노가 만연한 시대에 우리는 하나님을 사랑하고 이웃을 사랑하는 일로 부름받았다. 이 세상 풍조가 조장하는 오해, 편견을 내려놓고, 이제는 지금보다 더 깊이 하나님 말씀을 귀 기울여 듣고, 하나님 나라에 가까이 다가가는 성도로 서자!

[55장 각주]

32) 정석우, “미래 안보여… 20대 우울증 올 12만 명 넘을 듯”, 조선일보, 2019. 11. 30.

32) 조너선 하이트 외, 왕수민 역, 「나쁜 교육」(서울: 프시케의숲, 2019).

34) 모튼 한센, 이지연 역, 「아웃퍼포머: 최고의 성과를 내는 1%의 비밀」(서울: 김영사, 2019), 87(EPUB).

56 Chapter 56. Mark 12:35-37

더 깊이 알아야 더 풍성하게 경험할 수 있다

[35]예수께서 성전에서 가르치실새 대답하여 이르시되 어찌하여 서기
관들이 그리스도를 다윗의 자손이라 하느냐. [36]다윗이 성령에 감동되
어 친히 말하되 주께서 내 주께 이르시되 내가 네 원수를 네 발 아래
에 둘 때까지 내 우편에 앉았으라 하셨도다 하였느니라. [37]다윗이 그
리스도를 주라 하였은즉 어찌 그의 자손이 되겠느냐 하시니 많은 사
람들이 즐겁게 듣더라.

유명한 발명가인 토머스 에디슨은 세상을 놀라게 할 만한 발명품들을 내놓으며, 그의 나의 서른다섯 살에 절정기를 누리고 있었다. 세계 각국의 대통령이 에디슨을 만나고 싶어 했고, 수많은 사업가가 에디슨의 연구에 자금을 대려고 줄을 섰다. 에디슨의 실험실에는 연일 관광객이 끊이질 않았다. 얼마나 유명했던지 편지 봉투에 에디슨 얼굴을 대충 그려놓기만 해도 에디슨 집에 편지가 배달될 정도였다. 에디슨은 1882년에 최초의 중앙발전소를 세우고 뉴욕시의 일부 중요 지역에 전력을 공급했다. 얼마 지나지 않아 미국 내의 수많은 도시가 경쟁적으로 발전소를 건립했고, 에디슨은 미국 경제발전의 상징적인 인물로 기억되었다. 에디슨의 미래는 더할 나위 없이 창창해보였다.

그러나 얼마 지나지 않아 문제가 생겼다. 에디슨이 채택했던 전력 시스템은 직류 방식이었는데, 산업용으로 사용하는 대용량의 전기를 먼 거리에서 공급하려면 교류방식이 훨씬 효과적이고 안정적이었다. 에디슨의 조수였던 니콜라 테슬라는 이것을 알아채고 에디슨에게 획기적인 방법을 제안했다.[35] 그러나 에디슨은 이 제안을 받아들이지 않았다. 자신이 발명한 직류방식만이 최고라고 생각하고 조수의 제언은 제대로 검토하지도 않았다. 에디슨에게 거절당한 테슬라는 언젠가는 교류전기의 시대가 올 것을 예측하고 조지 웨스팅하우스라는 사업가를 만나 자신의 아이디어를 나눈다. 이것은 곧 사업이 되었고 순식간에 에디슨의 사업을 대체하였다. 결국 에디슨은 급격히 쇠락의 길을 걷게 되었다.

에디슨은 전기에 관해서는 자신이 최고 잘 안다고 생각했다. 그래서 조수인 테슬라의 의견을 받아들이지 않았다. 오히려 에디슨은 늙어 할아버지가 될 때까지 교류 전기는 위험하다고 주장했다. 결국 시대의 흐름을 거스르고 사람들에게 더 풍성한 전기의 혜택을 누릴 기회를 제공하지 못했다. 우리가 잘 알고 있는 전기차 제조회사 테슬라의 이름이 바로 이 에디슨의 조수인 테슬라에서 왔다. 자신이 충분히 잘 안다는 교만한 생각은 더 이상 새로운 것에 대해 문을 열지 않고, 현실에 안주하게 한다. 그래서 좀 더 깊이 알면 더 풍성히 누릴 수 있는 기회를 제대로 활용하지 못한다. 결국 더 깊이 알기를 거부하는 고집스러운 사람이 되고 풍성함을 누리지 못하는 사람이 된다.

본문에 나오는 서기관들이 바로 그런 경우였다. 이들은 이스라엘 백성에게 율법을 해석해주는 일을 했었고 사람들은 이들을 랍비, 곧 선생님이라 불렀다. 서기관은 율법을 가장 잘 알고 있다고 생각했다. 그랬기에 이들은 자신들의 상식을 뒤엎는 예수님을 율법 지식으로 넘어뜨리려고 끊임없이 공격했다. 무슨 권위로 성전의 환전상을 뒤엎고 요란하게 했는지(막 11:27-33), 가이사에게 세금을 바치는 것이 옳은지(막 12:13-17), 부활이 어떤 것인지(막 12:18-27), 가장 큰 계명이 무엇인지(막 12:28-34)와 같은 예민한 문제들을 자신들의 얄팍한 율법 지식으로 계속해서 공격하고 예수님을 여기에 걸어 넘어뜨리려 했다. 말씀에 대한 얕은 지식으로 말씀이 육신이 되신 하나님의 아들을 걸어 넘어뜨리려 한 것이다.

예수께서는 그동안 이들의 질문에 줄곧 대답하다 바리새인과 서기관들의 질문에 근본적인 문제가 있음을 발견한다. 그것은 이들이 알고 있는 메시아에 대한 근본적인 지식이 얄팍한 반쪽짜리 지식이라는 점이다. 하나님에 대한 지식이 충분하지 않았기에 비록 사람들이 보기에는 그럴싸한 논리였다 할지라도 예수님이 보시기에는 전체를 깊이 보지 못한 어리석은 질문이었다. 그래서 예수께서는 이들에게 적극적으로 메시아에 대한 본질적인 질문을 던진다.

> "예수께서 성전에서 가르치실새 대답하여 이르시되 어찌하여 서기관들이 그리스도를 다윗의 자손이라 하느냐"(막 12:35).

당시 서기관들은 그리스도는 다윗의 자손이어야 한다고 생각했다. 그리스도는 '기름 부음받은 자'(anointed one)란 뜻으로 헬라어로 '크리스토스', 히브리어로 '메시아'에 해당한다. 이스라엘에서는 기름 부음을 받는 의식을 통해 왕으로 임명된다. 기름 부음받은 자란 새로운 통치자, 곧 왕의 출현을 의미한다. 당시 서기관들은 다윗의 자손 가운데 새로운 정치적 통치자가 될 그리스도를 기대하고 있었다. 그도 그럴 것이 구약성경의 많은 예언이 다윗의 자손 중에 기름 부음받은 자의 출현을 말하고 있었기 때문이다. 예수님 당시에 유다 백성들은 그리스도가 장차 다윗 왕가를 회복하고 압제 가운데 있는 이스라엘을 회복시킬 것으로 기대했다.

> "여호와의 말씀이니라. 보라. 때가 이르리니 내가 다윗에게 한 의로운 가지를 일으킬 것이라. 그가 왕이 되어 지혜롭게 다스리며 세상에서 정의와 공의를 행할 것이며 그의 날에 유다는 구원을 받겠고 이스라엘은 평안히 살 것이며 그의 이름은 여호와 우리의 공의라 일컬음을 받으리라"(렘 23:5-6).

“내 종 다윗이 그들의 왕이 되리니 그들 모두에게 한 목자가 있을 것이라. 그들이 내 규례를 준수하고 내 율례를 지켜 행하며”(겔 37:24).

“그 후에 이스라엘 자손이 돌아와서 그들의 하나님 여호와와 그들의 왕 다윗을 찾고 마지막 날에는 여호와를 경외하므로 여호와와 그의 은총으로 나아가리라”(호 3:5).

이런 예언 말씀을 통해 당시의 서기관들은 메시아를 다윗의 후손으로 오시는 정치적 왕으로 기대하고 있었다. 그러나 이들은 성경을 더 깊이 보지 못했다. 자신들이 이해하지 못하는 것은 그냥 덮고 넘어갔다. 예수께서는 이들이 당연하게 기대하고 있던 것에 더 깊은 질문을 던진다. “어찌하여 서기관들이 그리스도를 다윗의 자손이라고 하느냐”(막 12:35). 그러면서 시편 110편 1절의 말씀을 인용하며 다음과 같이 말씀하신다.

“다윗이 성령에 감동되어 친히 말하되 주께서 내 주께 이르시되 내가 네 원수를 네 발 아래에 둘 때까지 내 우편에 앉았으라 하셨도다 하였느니라. 다윗이 그리스도를 주라 하였은즉 어찌 그의 자손이 되겠느냐”(막 12:36-37).

‘주께서 내 주께 이르시되’ 는 히브리 성경으로 ‘네움 예흐바 라도나이’ 라고 하는데, ‘네움’ 하면 ‘말한다’ 는 뜻이고, ‘예흐바’ 하면 여호와를 말한다. '라도나이'는 '나의 아도나이께', 즉 '나의 주님께'라는 뜻이다. 본문 앞에 나오는 '주께서'는 여호와 하나님을 의미한다. 여호와 하나님이 '내 주께' 말씀하셨다는 것은 하나님께서 장차 오실 메시아에게 말씀하셨다는 것인데, 이 오실 메시아를 다윗이 '내 주'라고 부른다는 것이다.

여기에 예수께서 던지신 질문의 핵심이 있다. 만약 다윗이 성령에 감동하여 장차 오실 메시아를 자신의 주님으로 불렀다면 서기관은 메시아를 단지 다윗의 후손으로만 볼 수 있느냐 하는 것이다. 다윗은 하나님을 예배하며 성령의 임재 가운데서 놀라운 체험을 하고 깨달았는데, 그것은 앞으로 오실 메시아는 사람으로 오실 하나님이 될 것이며, 이분은 영광을 받기에 합당하시다는 것이다. 메시아는 단순한 자기 후손이 아니라 자기 후손의 육신으로 이 땅에 오시는 하나님이다. 예수께서는 서기관들이 잘못 알고 있던 메시아의 정체성의 핵심적인 부분을 건드렸다. 자기 후손을 주님이라고 부르는 것이 어떻게 가능할까? 해결의 실마리를 로마서는 다음과 같이 보여준다.

> "그의 아들에 관하여 말하면 육신으로는 다윗의 혈통에서 나셨고 성결의 영으로는 죽은 자들 가운데서 부활하사 능력으로 하나님의 아들로 선포되셨으니 곧 우리 주 예수 그리스도시니라"(롬 1:3-4).

육신으로는 다윗의 혈통에서 나셨지만 하나님의 거룩한 영으로는 하나님의 아들이기에 다윗의 후손으로 오시는 동시에 다윗의 주님이 될 수 있다는 것이다. 더 나아가 시편 110편 4절은 이렇게 말씀한다.

"여호와는 맹세하고 변하지 아니하시리라 이르시기를 너는 멜기세덱의 서열을 따라 영원한 제사장이라 하셨도다."

주님은 멜기세덱의 서열을 따르는 영원한 제사장이다. 이 땅의 제사장은 다 섬기는 연한이 있다. 족보도 있다. 그런데 멜기세덱의 서열은 일반적인 제사장의 서열이 아닌 위로부터 온 시작도 끝도 없는 영원한 제사장의 족보다. 멜기세덱은 아브라함이 근동의 그돌라오멜 왕을 격파하고 조카 롯을 구해왔을 때 그를 맞이하고 축복하며 제사를 드렸던 살렘, 곧 예루살렘의 왕이자 제사장이었다(창 14:17-24). 성경에는 그의 기원과 끝을 진술하지 않는다. 시작도 없고 끝도 없는 제사장으로 등장하는 것이다(히 5:5-6, 6:20 참조). 이러한 예수님의 말씀에 "많은 사람이 즐겁게 들었다"(막 12:37). 그러나 서기관들은 여전히 마음을 열지 못하고 계속해서 꼬투리를 잡아 예수님을 잡으려고 집요하게 따라다녔다.

메시아에 대한 서기관과 예수님의 이해가 이토록 차이가 나는 이유는 무엇일까? 서기관은 조상으로부터 전수된 전통적인 해석을 전해 듣기만 했던 반면 예수께서는 하나님의 임재 앞에서 메시아 됨이 무엇인지를 직접 경험하고 아셨기 때문이다. 서기관의 지식은 메시아에 대해 아는 지식이었지만 예수님의 지식은 메시아를 직접 아는 지식이었다.

하나님을 아는 지식에는 두 종류가 있다. 하나는 하나님에 '대해' 아는 지식이다. 우리는 하나님을 많이 알지 못하면서도 하나님에 대해서는 많은 것을 알 수 있다. 설교를 통해서, 신앙서적을 통해서, 성경 공부를 통해서 하나님에 대해서 많은 것을 알 수 있다. 다른 하나는 하나님 '을' 아는 지식이다. 하나님에 '대해' 아는 지식이 하나님 '을' 아는 지식으로 바뀌어야 한다.

하나님에 대해 아는 지식과 하나님을 아는 지식은 분명 다르다. 하나님을 알았던 다니엘의 세 친구인 사드락, 메삭, 아벳느고를 보자. 이들은 바벨론 느부갓네살 왕이 세운 신상에 절하지 않는다는 죄목으로 잡혀 왔다. 바벨론 왕실의 충실한 신하였던 이들이 절하지 않는다고 하자 왕은 화가 나서 이들을 잡아들인다. 그리고 협박한다. 다시 한번 기회를 줄 테니 절해라. 그렇지 않으면 맹렬히 타는 풀무불에서 죽을 것이다. 그러자 사드락과 메삭과 아벳느고가 대답한다.

> "느부갓네살이여 우리가 이 일에 대하여 왕에게 대답할 필요가 없나이다. 왕이여 우리가 섬기는 하나님이 계시다면 우리를 맹렬히 타는 풀무불 가운데에서 능히 건져내시겠고 왕의 손에서도 건져내시리이다. 그렇게 하지 아니하실지라도 왕이여 우리가 왕의 신들을 섬기지도 아니하고 왕이 세우신 금 신상에게 절하지도 아니할 줄을 아옵소서"(단 3:16-18).

다니엘의 세 친구는 큰 위기 가운데도 흔들림이 없었다. 이들은 강렬하게 불타는 풀무불 앞에서 압도되지 않고 오히려 하나님을 향한 열정으로 활활 불타올랐다. 하나님이 불에서 구원해주시지 않을까 걱정하지 않았다. 하나님께서 건져내시겠지만 건져내시지 않는다 하더라도 괘념치 않는다.

여기 하나님을 아는 사람의 특징이 나온다. 그는 하나님을 치열하게 추구하며 하나님의 능력을 경험하고 침묵도 경험한다. 이 모든 것을 다 경험하고 확신한 후, 그를 향한 지칠 줄 모르는 낙관적인 열정을 갖고 하나님을 향한 담대함을 보여준다. 결과가 비록 내가 기대한 대로 나오지 않는다 하더라도 결과와 상관없이 하나님을 위해 지금 내 길을 기쁘게 달려간다.

성도는 이제부터 어린아이가 되지 않고 하나님의 아들을 믿는 것과 아는 일에 하나가 되어 온전한 사람을 이루어 그리스도의 장성한 분량이 충만한 데까지 이르러야 한다(엡 4:13-14). 우리는 깊이 아는 일과 믿는 일에 집중해야 한다. 하나님을 떠났던 이스라엘 백성에게 호세아 선지자는 선포한다. "그러므로 우리가 여호와를 알자. 힘써 여호와를 알자. 그의 나타나심은 새벽 빛같이 어김없나니 비와 같이, 땅을 적시는 늦은 비와 같이 우리에게 임하시리라 하니라"(호 6:3). 우리는 하나님 알기에 힘써야 한다. 집요하게 구하고 찾아야 한다. 과거에 알던 하나님이 아니라 지금도 날마다 새로운 일을 행하시는 하나님을 깊이 알아 가기에 힘쓰는 성도로 서자.

[56장 각주]

35) 전범진, "영화로 읽는 경제학 시네마노믹스(34) 커런트 워: 전기시장 독점하기 위해 가짜뉴스까지 동원… 에디슨의 '어두운 야망'이 세상의 빛을 밝혔다", 한국경제, 2021. 1. 25.

57 Chapter 57. Mark 12:38-44

전부를 넣었느니라

[38]예수께서 가르치실 때에 이르시되 긴 옷을 입고 다니는 것과 시장에
서 문안받는 것과 [39]회당의 높은 자리와 잔치의 윗자리를 원하는 서기
관들을 삼가라. [40]그들은 과부의 가산을 삼키며 외식으로 길게 기도하
는 자니 그 받는 판결이 더욱 중하리라 하시니라. [41]예수께서 헌금함을
대하여 앉으사 무리가 어떻게 헌금함에 돈 넣는가를 보실새 여러 부자
는 많이 넣는데 [42]한 가난한 과부는 와서 두 렙돈 곧 한 고드란트를 넣
는지라. [43]예수께서 제자들을 불러다가 이르시되 내가 진실로 너희에
게 이르노니 이 가난한 과부는 헌금함에 넣는 모든 사람보다 많이 넣
었도다. [44]그들은 다 그 풍족한 중에서 넣었거니와 이 과부는 그 가난
한 중에서 자기의 모든 소유 곧 생활비 전부를 넣었느니라 하시니라.

군대에서 휴가 나온 청년들을 만나면 가끔 놀랄 때가 있다. 군에 간지 석 달밖에 되지 않았는데 휴가 나온 군복을 보면 계급 작대기가 하나 더 붙어있다. 단 삼 개월 만에 일 계급 특진해서 일병이 되어 나왔다. 어떤 경우에는 두 계급 특진으로 나오기도 한다. 훈련도 받지 않고 취사반에서 열심히 칼질만 했는데, 모자에는 특전사 마크가 붙어있고, 상의에는 공수부대 낙하산 마크가 붙어있다. 아니, 언제 이렇게 힘든 훈련을 받았냐고 물어보면 그저 씩 웃으면서 한마디 한다. "가짜에요." 알고 보니 계급은 아직 이등병인데 이등병 계급장 달고 밖으로 나오려니 창피해서 두 개짜리 달고 나왔다고 한다. 모자에 아무것도 없으니 힘들게 훈련받는 공수부대에 비해 군생활 너무 편하게 하는 것 같아 좀 멋있게 보이고 싶어 달고 나왔다고 한다.

이처럼 군복이 주는 메시지가 있다. 한 개인이 집단에 소속되면 그 집단이 부여하는 평가와 가치를 따라간다는 것이다. 군대에서는 진급과 계급이 중요하다. 개개인만 있을 때는 아무렇지 않더라도 개인이 모이면 반드시 힘과 권력이 한쪽으로 집중되게 되어있다. 그리고 그 집단 안에서 보다 많은 힘과 권력을 추구하려는 성향이 있다. 이때 한 개인의 도덕의식은 제대로 힘을 발휘하지 못하는 경우가 많다. 예를 들어 예비군 훈련을 받을 때 예비군복만 입으면 화장실에 구애받지 않고 온 땅을 나의 화장실로 삼고 싶은 마음이 든다. 모자도 비뚤게 쓰고, 옷도 풀어 헤친다. 이전까지는 한 개인이 자기의 정체성과 도덕성을 유지하고 있었다면 군복을 입으면 순식간에 예비군이라는 집단이 주는 도덕성에 영향을 받는다.

이런 상황을 예리하게 관찰한 미국의 신학자가 있다. 라인홀드 니버다. 니버는 이 문제를 관찰하고 「도덕적 인간과 비도덕적 사회」라는 책을 저술했다.[36] 니버는 문제를 제기한다. 한 개인이 아무리 도덕적이어도 사회가 비도덕적이라면 그 개인은 사회 속에서 비도덕적 존재로 변화한다. 이때 개인은 어떻게 대처해야 할 것인가?

아무리 개개인이 선량해도 개인이 모여 사회를 이루면 그 사회는 권력 구조가 생겨나고 필연적으로 권력이 추구하는 것을 따라가게 되어 있는데, 그렇게 되면 도덕적인 개인에게서 볼 수 없던 전혀 다른 특성이 나타난다. 그것은 집단으로서 자기 이익을 추구하고 그 이익에 부합한 논리와 생리를 갖게 되는 것이다. 그래서 어떤 조직이든 집단 이기주의가 생겨나고 부패할 가능성을 안게 된다. 우리가 좋은 공동체에 속해야 할 이유가 여기 있다.

예수님 당시 가장 막강한 영향력을 행사했던 이스라엘의 정치, 종교집단은 서기관과 바리새인이었다. 각 사람 하나하나는 하나님 앞에 올바로 서기 위해 노력하는 순수함과 진지함이 있었을 것이다. 요한복음에 보면 한밤중에 예수님을 찾아왔던 니고데모는 유대의 존경받는 산헤드린 공의회 의원이었다. 그러나 그는 예수님을 조용히 일대일로 만났지, 절대 집단 속에서 만나지 않았다. 집단 속에 있을 때는 다른 이들의 눈치를 봐야 하기에 솔직히 말하기가 어렵다. 예수님은 서기관들을 보면서 이런 사태의 본질을 간파하고는 주변에 예수님을 따르는 사람들에게 말씀하셨다.

> "예수께서 가르치실 때에 이르시되 긴 옷을 입고 다니는 것과 시장에서 문안받는 것과 회당의 높은 자리와 잔치의 윗자리를 원하

는 서기관들을 삼가라"(막 12:38-39).

'삼가라' 는 말은 조심하고 경계하라는 뜻이다. 무엇을 경계해야 하는가? 예수께서는 크게 네 가지 모습을 말씀한다.

첫째, 긴 옷을 입고 다니는 모습이다. 긴 옷은 크게 두 가지 가능성을 생각해볼 수 있다. 첫째는 축제나 왕궁에서 입는 길게 늘어뜨린 예복이다. 이를 헬라어로 '스톨레' 라고 하는데, 제사장이나 왕의 신분을 표현할 때 자주 사용된다. 또 다른 가능성은 옷 귀퉁이에 길게 늘어뜨린 옷술을 말한다. 민수기 15장 38절에 보면 "이스라엘 자손에게 명령하여 대대로 그들의 옷단 귀에 술을 만들고 청색 끈을 그 귀의 술에 더하라"는 말씀이 있다. 옷감을 머리 땋은 것처럼 땋아서 술을 만들어 옷 귀퉁이에 달고 다니라는 것이다. 지금도 정통파 유대인 중에는 이렇게 술을 만들어 달고 다니는 사람이 꽤 있다. 이 술은 하나님의 백성이라는 특권을 상징하는 것이었다.

예수님 당시 서기관들은 술을 붙이고 다녔는데, 가만 보니 일반 유대인과 율법을 가르치는 자신들과는 뭔가 좀 다르게 구별이 있어야 한다고 생각했다. 그래서 술을 아주 굵고 길게 늘어뜨리고 다녔다. 마치 이등병이 계급장 하나 가지고는 밖에 다니기가 부끄럽다 생각하고 가짜 계급장을 달고 공수부대 마크를 달고 다니는 것처럼 서기관들은 일반 유대인이 다는 술보다 훨씬 굵고 크고 색깔도 화려한 것을 만들어 달고 다녔다. 술이 굵고 크면 옷도 좀 길어야 어울린다. 그래서 발까지 닿는 긴 옷을 입고 기품 있게 천천히 걸어 다녔다. 이것은 서기관들이 유대인 사회에서 가장 존귀한 위치에 있다는 것을 인위적으로 알리는 방식이기도 했다.

둘째, 이렇게 긴 옷과 술을 달고 다녔던 서기관들은 사람이 모이는 저잣거리에 가서 문안받는 것을 즐겼다. 당시 종교 지도자들은 일반 백성과는 달리 순결을 상징하는 흰 세마포 옷을 입었다. 원래 이 세마포 옷은 하나님께 제사를 올리거나, 회당에서 예배드릴 때 입는 특별한 옷이었다. 그러나 서기관들은 시장과 같이 사람이 많이 모이는 곳에도 이런 옷을 입고 나갔다. 생각해보라. 길고 굵은 술을 단 흰 세마포 옷을 길게 늘어뜨리고 천천히 여유 있게 걷는다. 목사가 전통시장에서 하얀 목사 가운을 입고 앞에 십자가 마크가 달린 목회자 후드를 걸치고 지나간다고 생각해보라. 눈에 확 띄지 않겠는가? 서기관들은 바로 이런 점을 노렸다. 보통 유대인들은 이런 종교 지도자들에게 다가가서 존경 어린 눈으로 인사한다. "샬롬~ 서기관님!" 그러면 서기관은 목소리를 좀 깔고 "아, 예~ 샬롬!"이라고 대답하고 지나간다. 이들은 이런 방식으로 사람들의 존경과 인사를 억지로 받아내고 싶어 했다.

셋째, 이들은 높은 자리를 좋아했다. 회당에서 예배드리면 늘 가장 높은 자리에 앉았다. 회당 앞쪽에는 성경 두루마리가 놓여 있었고, 강대상 옆에 의자가 있는 것처럼 상좌가 있었다. 여기는 지정석이 아니라 그날 예배에 초대 손님이나 중요한 분이 올 것을 대비한 빈자리였다. 이 자리는 회중 전체를 보고 앉도록 의자가 배치되었다. 그런데 서기관들은 그 주에 자기가 회당 예배에서 어떤 순서를 맡았든지 아니든지 일단 그 자리에 앉고 싶어 했다. 왜? 사람들의 인정과 자신의 영적인 권위를 과시하고 싶었기 때문이다. 게다가 옷도 멋있지 않은가!

넷째, 이들은 잔칫집에 초대받으면 항상 상석에 앉고 싶어 했다. 당시 잔치의 상석은 집주인의 오른편과 왼편 자리다. 그래서 잔치에 초대받아 갔을 때 사람들은 주인 오른편 왼편에 누가 앉았는가를 보고 분위기를 파악한다. 제자들이 예수님께 왕이 되시면 하나는 오른편에 하나는 왼편에 앉게 해달라고 부탁한 것도 이런 분위기 가운데 한 말이었다(막 10:37 참조).

이런 모습은 서기관들이 이스라엘의 지도자로 하나님 앞에 본질을 추구하기보다는 종교적 조직의 상층부에서 누릴 수 있는 권력과 이익에 과도하게 집착하는 모습을 보여준다. 큰 옷술을 달고 높은 자리에 앉아 자신이 이스라엘 조직의 가장 위에, 가장 강력한 권한과 거룩함이 있다는 것을 암묵적으로 자랑한다. 집단 속에서 점차 부패하는 한 개인의 모습을 볼 수 있다. 예수님은 이런 모습의 또 다른 예를 드는데, 40절 말씀에 '과부의 가산을 삼킨다' 고 하신 것이다.

당시 과부는 결혼할 때 가지고 갔던 혼인 지참금을 갖고 있는 경우가 많았다. 그러면 서기관들은 과부를 찾아가 말한다.

"이 재산은 하나님의 율법에 의해 정확하게 관리해야 합니다."

"어떻게 해야 하는데요?"

"이건 생각 밖으로 복잡하니까 저를 믿고 맡겨주십시오. 잘 관리해 드리겠습니다."

그래서 돈을 맡기면 이를 성전을 위한 헌금으로 귀탁시키고, 자기가 횡령한다. 또 "그동안 십일조를 많이 못 하셨네요" 하고 밀린 십일조를 내라며 다 착복했다. 또 율법에 대한 법률 조문을 해주고 수수료 명목으로 착복했다. 이처럼 율법 전문가라는 이름으로 조직에서 부여하는 특권을 자기 사리사욕을 채우는 데 이용했던 것이다.

더 부패할수록 겉은 더 깔끔해보인다. 우리는 이런 모습을 경계해야 한다. 서기관들이 그랬다. 이들은 과부의 가산을 삼킬 뿐 아니라 외식으로 길게 기도하는 자였다. 당시 바리새인들과 서기관들은 길게 기도하는 것으로 유명했다. 왜 이렇게 길게 기도했는가? 성경은 '외식으로' 길게 기도했다고 말한다. 외식이란 겉으로 보이는 것, 체면을 말한다. 바리새인들은 겉으로 경건하고 거룩하게 보이기 위해서 기도했다. 내 기도가 하나님께 어떻게 드려지느냐보다는 사람들에게 어떻게 보이느냐가 더 중요했다. 그 마음에는 바리새인이라면, 서기관이라면 "이 정도는 기도해야 해!" 하며 화려한 수식어를 붙여 길게 기도해야 한다고 생각했다. 신앙생활을 처음 하는 이가 이런 기도를 들으면 어떤 생각이 들까? '기도는 아무나 하는 게 아니야, 난 기도 못 해!' 그러고는 누군가 앞에서 기도하는 것에 움츠러들기 쉽다. 그러다 보면 혼자 있을 때 기도하는 것도 망설인다. 그러나 기도는 사람 앞에 하는 것이 아니라 하나님 앞에 하는 것이다. 서기관과 바리새인들의 기도는 하나님 앞에 전혀 상달되지 못했다.

이런 서기관들의 심리 깊은 곳에는 도덕적 우월감이 자리 잡고 있다. "난 서기관이니까 너희보다 나아. 그리고 나아야 해!" 도덕적 우월감이 있으면 겸손해지기 어렵다. 다른 이들 의견보다 자기 생각이 더 중요하다. 결국 이기적이게 되고 외식하는 모습으로 변한다. 그 대표적인 모습으로 예수께서는 부자와 과부가 헌금하는 장면을 말씀한다(막 12:41-44).

당시 예루살렘 성전에는 모두 17개의 연보궤, 곧 헌금함이 들어 있었다. 이 연보궤는 '나팔' 이라는 별명이 붙어있었다. 왜냐하면 그 모양이 나팔 모양으로 생겨서 주둥이에 돈을 넣으면 나팔관을 통해서 연보궤에 들어가기 때문이다. 그런데 당시 돈은 지폐가 없었고, 동전을 사용했다. 금화, 은화, 동화에 따라 소리가 달랐다. 돈의 가치가 큰 것은 무겁고 크고, 돈의 가치가 적은 것은 작고 얇았다. 5백 원짜리와 10원짜리가 차이 나듯, 당시 동전 크기도 차이가 났다. 제사장들과 연보궤 주변에 있는 사람들은 나팔관 안에 동전이 들어가는 소리만 듣고도 헌금을 많이 하는지 적게 하는지 알 수 있었다. 무겁고 큰 동전을 많이 가져와서 연보궤에 넣으면 나팔관에 '콸콸콸' 동전 흘러가는 소리가 들린다. 그런데 가난한 사람이 와서 10원짜리 두세 개 넣으면 겨우 땡그랑 거리는 소리 조금 나고 만다.

본문에서 예수님은 헌금함을 마주 보고 앉으셔서 사람들이 어떻게 헌금하는지 보시는데, 여러 부자가 돈을 많이 넣었다고 한다. 콸콸 소리를 내면서 동전이 많이 들어가면 주변 사람들이 "와~ 저 사람 헌금 많이 하네" 하며 웅성거리지 않겠는가? 그런데 한 과부가 오더니 두 렙돈을 넣는다. 한 렙돈은 한 데나리온의 64분의 1 정도의 액수였다. 하루 임금을 6만 원이라고 하면 한 렙돈은 우리 돈으로 하면 천 원 정도 한다. 두 렙돈이니 2천 원을 드린 것이다. 어떤 사람은 와서 몇 십만 원어치를 5백 원짜리 동전으로 가져와서 콸콸 쏟아 넣는데, 이 과부는 천 원, 이천 원을 드린 것이다.

주님은 이 장면을 보시고 말씀하신다. "이 가난한 과부의 헌금이 다른 사람보다 많다!"(막 12:43). 이 과부는 그 가난한 중에서 자기 모든 소유, 생활비 전부를 드렸기 때문이다. 아마도 이 과부는 무엇인가 중대한 기도 제목이 있었던 모양이다. 비록 다른 사람이 볼 때는 별것 아닌 것처럼 보였을지 모르지만 이 과부 입장에서는 모든 것을 다 드린 것이다. 부자가 헌금할 때 쏟아지는 동전 소리는 일종의 도덕적 우월감을 만들어낼 수 있었다. 그러나 과부는 그 어떤 우월감도 가질 수 없다. 오히려 겸손하게 아무 티도 내지 않고 드린다. 마음을 다해 주님만 바라보고 물질을 드리자 주님이 기쁘게 받으신 것이다. 반면 객관적인 액수는 많아도 하나님을 향한 마음이 실리지 않고 사람들의 인정과 감탄만을 위해 드리는 예물은 하나님이 기뻐 받지 않는다. 사람들의 시선과는 달리 하나님은 과부의 시선을 보시고 아신다. 하나님의 시선에서 볼 때는 비도덕적인 사회 속에 탐욕으로 물들어 사람의 인정을 구하는 지도자들보다는 아무런 영향력이 없는 미약한 인생이지만 하나님 앞에 순수한 마음으로 선 모습이 훨씬 더 귀하고 아름다웠다.

주목할 것은 자신의 모든 것을 아낌없이 부어드린 이 여인은 메시아의 모습을 닮았다는 점이다. 예수께서 조금 전까지 서기관들에게 메시아에 대해 어떻게 말씀하셨는가? "주께서 내 주께 이르시되 내가 네 원수를 네 발 아래에 둘 때까지 내 우편에 앉았으라"(막 12:36). 다윗은 그리스도를 주님이라고 하였다! 메시아는 다윗의 자손, 왕가의 후손으로 왔지만 서기관들처럼 자신의 특별한 특권과 지위로 이익을 착복하려 하거나 외식함으로 사람들의 인정을 받으려 하지 않으셨다. 도리어 자기의 생명을 다 내주셨다. 자신의 모든 것을 아낌없이 내주신 것이다. 이런 면에서 이 여인은 메시아 사역의 전조를 보여준다.

우리가 겸손히 우리의 모든 것을 아낌없이 주님의 영광을 위하여 드릴 때 주께서는 이런 우리의 드림을 기쁘게 받으신다.

우리는 우리의 걸음이 늘 하나님 앞에 있음을 깊이 생각해야 한다. 이를 라틴어로 '코람데오' (하나님 앞에서)라고 한다. 사람들이 보기에가 아니라 주님이 보시기에 아름다운 모습으로 서야 한다. 주님을 생각함으로 나의 것을 자꾸만 기쁘게 내드릴 수 있는 성도되기를 바란다. 지금 본문에서 바리새인과 서기관들이 잊고 있는 것이 무엇인가? 그들의 외식으로 언젠가 하나님 앞에 심판받는다는 사실이다 (막 12:40).

우리는 보다 겸손하고 진실해야 한다. 조직의 위에 올라가려 하면 자꾸 높은 것, 더 큰 것을 추구한다. 자신을 자꾸 크게 보이려 노력한다. 그러나 이렇게 해서는 겸손할 수 없다. 우리는 늘 주님 앞에 겸손하게 낮아져서, 내 모든 형편을 아시는 주님께 내 마음과 내가 할 수 있는 최선을 드릴 수 있어야 한다. 기쁘게 전부를 드려야 한다. 우리의 시간, 재능, 물질, 마음이 매 순간 주님께 최선으로 드려지도록 힘쓰라.

[57장 각주]

36) 라인홀드 니버, 남정우 역, 「도덕적 인간과 비도덕적 사회」(서울: 대한기독교서회, 2005).

"예수께서 대답하시되 첫째는 이것이니

이스라엘아 들으라. 주 곧 우리 하나님은

유일한 주시라. 네 마음을 다하고

목숨을 다하고 뜻을 다하고 힘을 다하여

주 너의 하나님을 사랑하라 하신 것이요"

(막 12:29-30).

Section_02

성전멸망 선언

58 Chapter 58. Mark 13:1-13

격변의 시대를 살아가려면

1예수께서 성전에서 나가실 때에 제자 중 하나가 이르되 선생님이여
보소서. 이 돌들이 어떠하며 이 건물들이 어떠하니이까. 2예수께서 이
르시되 네가 이 큰 건물들을 보느냐. 돌 하나도 돌 위에 남지 않고 다
무너뜨려지리라 하시니라. 3예수께서 감람산에서 성전을 마주 대하여
앉으셨을 때에 베드로와 야고보와 요한과 안드레가 조용히 묻되 4우
리에게 이르소서. 어느 때에 이런 일이 있겠사오며 이 모든 일이 이루
어지려 할 때에 무슨 징조가 있사오리이까. 5예수께서 이르시되 너희
가 사람의 미혹을 받지 않도록 주의하라. 6많은 사람이 내 이름으로 와
서 이르되 내가 그라 하여 많은 사람을 미혹하리라. 7난리와 난리의 소
문을 들을 때에 두려워하지 말라. 이런 일이 있어야 하되 아직 끝은 아

*니니라. [8]민족이 민족을, 나라가 나라를 대적하여 일어나겠고 곳곳에
지진이 있으며 기근이 있으리니 이는 재난의 시작이니라. [9]너희는 스
스로 조심하라. 사람들이 너희를 공회에 넘겨주겠고 너희를 회당에서
매질하겠으며 나로 말미암아 너희가 권력자들과 임금들 앞에 서리니
이는 그들에게 증거가 되려 함이라. [10]또 복음이 먼저 만국에 전파되어
야 할 것이니라. [11]사람들이 너희를 끌어다가 넘겨줄 때에 무슨 말을
할까 미리 염려하지 말고 무엇이든지 그때에 너희에게 주시는 그 말
을 하라. 말하는 이는 너희가 아니요 성령이시니라. [12]형제가 형제를,
아버지가 자식을 죽는 데에 내주며 자식들이 부모를 대적하여 죽게
하리라. [13]또 너희가 내 이름으로 말미암아 모든 사람에게 미움을 받을
것이나 끝까지 견디는 자는 구원을 받으리라.*

18세기 유럽에서는 인류의 발전에 대한 무한한 긍정과 신뢰가 꽃피고 있었다. 과학혁명으로 인류의 생산성이 폭발적으로 증가하고 있었고, 이성의 발달과 경험주의의 발달로 지식의 폭발적인 증가가 있었다. 이때 과학, 사회, 예술, 음악 등 모든 분야에서 놀라운 발전이 일어났다. 이때 사람들은 인간의 무한한 가능성을 신뢰했고, 이렇게 가다가 아름다운 유토피아를 건설할 수 있으리라는 희망이 강렬했다.

바로 이즈음 등장한 것이 자유주의 신학이다. 자유주의 신학은 18세기 유럽의 계몽주의와 낭만주의의 영향을 받아, 인간의 가능성에 대한 무한한 긍정과 신뢰를 바탕으로 꽃핀 신학이다.[37] 자유주의 신

학은 성경을 인간의 합리적인 이성과 경험에 기초해서 이해하고, 인간의 능력에 기초한 인본주의적 관점을 강조하였고, 인류의 진보에 낙관적이었다. 이성과 경험을 신뢰하다 보니 하나님의 신비로운 역사를 이성에서 배제해 신화에 불과한 것으로 치부하기에 이르렀다.

이때 나온 종말론 이론이 '후천년설'(post millenialism)이다. 후천년설은 인류의 과학기술과 학문이 발전할수록 이 세상은 점점 살기 좋은 세상이 되어가고, 사람들의 도덕성은 향상되어 점점 선하게 성장해 가며, 그 결과 세상에 악은 점차 감소할 것이라는 낙관적 예상에 기초한다. 인류는 자연스럽게 점진적으로 발전하게 되고 결국 모든 인류에게까지 복음이 전파되어 이후에는 자연스럽게 천년왕국 시대로 들어가게 될 것으로 믿었다. 천년왕국이 대격변이 아니라 인류 발전단계의 자연스러운 다음 단계로 여겨졌던 것이다.

그러나 인류에 대한 낙관은 너무나도 순진했다. 생각보다 인간은 그렇게 선한 존재가 아니었다. 인류는 19세기 초, 곧 천년왕국이 도래할 것으로 기대했던 20세기 초에 제1차 세계대전과 제2차 세계대전을 겪는다. 두 차례의 이 거대한 세계전쟁을 통해 그동안 그럴듯하게 포장했던 인류의 죄악상과 야만성이 그대로 폭로되었다. 인간은 선한 존재가 아니라 철저한 죄인이었고, 자기 힘으로 스스로를 구원할 수 없는 죄인임을 뼈저리게 겪은 것이다. 결국 인류의 도덕성과 이성적 능력에 대한 신뢰는 무너지고, 이와 더불어 오만했던 자유주의 신학은 무너지고 말았다. 전 세계에 이런 거대한 대격변이 지나가면 그동안 모든 이들을 붙들어주고 지지하던 거대한 신념체계는 산산조각 무너지게 된다. 이후 세상에는 허무주의와 염세적 실존주의가 만연하게 되었다.

이런 세계 질서의 붕괴는 우리가 살아가는 오늘날도 이따금 경험한다. 우리는 1998년에 국가부도에 직면한 금융위기 사태를 경험한 적이 있다. 이때 환율이 치솟고 그동안 갖고 있던 자산가치가 휴지조각이 되었다. 내가 믿고 신뢰하던 것들이 속절없이 붕괴되기에 이르렀던 것이다. 그로부터 10년 후인 2008년, 우리는 미국에서 시작되어 전 세계를 뒤흔들었던 금융위기를 또 겪어야 했다. 이 위기로 우리는 또다시 큰 흔들림을 경험하였다. 이런 대격변이 우리를 할퀴고 지나가면 우리는 이 사회를 떠받치는 근본적인 국가시스템, 세계 금융시스템 자체를 불신하게 된다. 이런 시스템을 불신하면 어떻게 되는가? 그다음부터는 공동체 의식이 붕괴되고 각자도생의 길을 탐색하게 된다.

각자도생(各自圖生), 우리가 흔히 사용하는 한자지만 중국에서 유래된 고사성어는 아니다. 그럼 어디에서부터 등장하는가? 조선왕조실록에 무려 네 번이나 등장한다.[38] 내용은 하나같이 나라가 외적의 침입으로 유린당하고 기근으로 도탄에 빠지자 백성들이 더는 조정을 바라보지 않고, 각자 살길을 도모하기 시작했다고 하면서 사용된다. 조정을 믿고 기다리는 것이 바보라는 의식이 생기게 되었고 그다음부터 각자 살 길을 찾게 되었다. 이렇게 각자도생의 오랜 역사를 가진 우리 국민에겐 각자도생의 생존 DNA가 뼛속까지 새겨져 있다 해도 과언이 아니다.

각자도생 할 때는 아무도 믿지 못한다. 이럴 때 믿을 수 있는 것은 핏줄, 가족밖에 없다. 결국은 다른 사람은 모르겠고, 우리 가족이 잘 살기 위한 몸부림의 결과다. 관직에 오르면 국가를 우선시하는 것이 아니라 가족을 먼저 생각하며 그 관직을 이용하여 살 길을 찾는다. 이는 결국 그 사회의 부정부패로 이어진다. 세계적으로 볼 때 가족주의가 강한 나라일수록 부정부패가 심한 것으로 드러났다. 몇 해 전 한 장관 후보도 공직의 기회를 활용하여 결국 가족의 도생을 도모하다가 사회에 큰 파장을 주지 않았는가? 아무리 부동산을 억눌러도 그럴수록 불안의 심리 가운데 각자도생을 도모하는 전투의지가 치열해진다. 그러니 부동산 가격이 폭등한다. 나라가 비정상적이라고 하지만 우리 집 가격이 오르면 좋게 여긴다. 앞으로 나라의 상황과 전 세계의 전망이 그다지 밝지 않은 혼란의 시대가 계속된다면 이런 각자도생의 풍조는 기승을 부릴 것이다. 그렇다면 과연 이런 각자도생이 시대에 성도는 어떻게 살아야 할 것인가?

본문은 예수께서 성전을 나가시자 제자들이 성전의 웅장함에 감탄하며 묻는 장면으로 시작한다.

> "예수께서 성전에서 나가실 때에 제자 중 하나가 이르되 선생님이여 보소서. 이 돌들이 어떠하며 이 건물들이 어떠하니이까"(막 13:1).

유대인들은 성전이 우주의 배꼽이라고 생각했다. 시편은 종종 성전의 중심성을 노래한다. "하나님이 그 성 중에 계시매 성이 흔들리지 아니할 것이라. 새벽에 하나님이 도우시리로다"(시 46:5). "터가 높고 아름다워 온 세계가 즐거워함이여 큰 왕의 성 곧 북방에 있는 시온 산이 그러하도다"(시 48:2). 그런데 이 성전이 이스라엘의 범죄로 말미암아 바벨론에 의해 주전 586년 파괴되었다. 세계의 중심이 파괴되었고, 하나님은 이스라엘을 떠나가셨다. 얼마나 충격적인가? 이후 하나님은 70년 만에 다시 돌아오셨고, 이스라엘 성전은 재건되어 주전 515년에 봉헌되었다. 그러나 솔로몬이 지을 때처럼 화려하지 않았고 볼품없었다. 그랬던 것을 헤롯 대왕 때 로마의 어마어마한 재원을 끌어들여 주전 20년부터 성전을 대대적으로 개축하기 시작했고, 주후 64년경, 헤롯 아그립바 2세 때 완성되기에 이른다. 이때 성전은 비로소 화려한 제2의 성전시대를 시작하여 전성기를 맞이하고 있었다.

당시 성전을 지은 돌 중 큰 것은 무려 길이가 가로 20m, 세로 2.5m, 높이는 3m나 되는 것도 있었다. 돌덩어리 하나의 무게가 300t을 족히 넘겼다. 이런 거대한 돌들을 정교하게 다듬어 성전을 지었다. 당대의 유대역사가 요세푸스는 "건물의 외양은 마음이나 눈을 대경실색하게 만들기에 충분했다"고 기록했을 정도다. 아마도 예수님과 제자들은 성전에서 감람산으로 나가는 통로로 지나갔을 것이다. 이때 동쪽 벽 황금의 문을 통과해서 지나갔을 것이고, 이 부근에 놓인 어마어마한 돌과 건축물을 보았을 것이다.

제자들은 예수님께 "예수님 이 어마어마한 돌들을 보세요, 이 건물들이 정말 웅장하고 훌륭하지 않습니까?"라고 묻고 있었다. 이렇게 훌륭한 성전은 유대인들이 하나님의 백성임을 긍정해주는 가장 대표적인 상징이었고, 하나님에 대한 기초적인 신념을 제공하였다. 하나님의 선민으로서의 세계관과 가치관에 확신을 제공했다. 그런데 예수께서는 이에 대해 충격적인 선언을 하신다.

"예수께서 이르시되 네가 이 큰 건물들을 보느냐. 돌 하나도 돌 위에 남지 않고 다 무너뜨려지리라 하시니라"(막13:2).

이 어마어마한 성전이 돌 하나도 돌 위에 남지 않고 전부 무너뜨려질 것이다. 이것은 엄청난 충격이다. 예수께서 공생애 사역을 하시던 때를 주후 30년으로 보면 지금 이 성전은 주전 20년부터 50년째 계속 대공사 중이었다. 유대인에게 이 성전은 하나님이 이스라엘과 함께하시고 이스라엘을 세계의 중심으로 삼으실 것이라는 희망의 상징이었다. 그런데 예수께서는 이 성전이 돌 하나도 돌 위에 남지 않고, 완전하게 파괴될 것이라고 말씀하시는 것이다.

예수께서는 지금까지 계속해서 유대의 성전이 사실상 그 기능을 제대로 발휘하지 못하고 있고 하나님의 진노를 유발하고 있음을 경고하셨던 바 있다. 성전에서 매매하는 자들을 내쫓으시며 "내 집은 만민이 기도하는 집이라 칭함을 받으리라고 하지 아니하였느냐. 너희는 강도의 소굴을 만들었도다"(막 11:17)라고 꾸짖으셨다. 그런데 이 성전이 마침내 산산조각 날 것이라 선언하시는 것이다.

이렇게 되면 유대교의 성전제도가 무너지고, 유대인들이 믿고 있던 여호와 신앙이 완전히 산산조각 나는 충격적인 일이 발생한다. 유대인들은 그야말로 전 세계로 뿔뿔이 흩어져 각자도생의 길을 모색하는 일들이 일어나게 될 것이다. 실제로 이 성전은 예수님의 예언 이후 "이 세대가 지나가기 전에 이 일이 다 일어나리라"(막 13:30)고 말씀하셨던 것처럼 한 세대가 지나가기 전인 주후 70년, 로마군단의 침공으로 무너지고 만다.

예수께서 성전을 빠져나와 맞은편 감람산에 앉아 성전을 바라보고 계실 때 베드로, 야고보, 요한, 안드레가 나와 조용히 묻는다.

> "우리에게 이르소서. 어느 때에 이런 일이 있겠사오며 이 모든 일이 이루어지려 할 때에 무슨 징조가 있사오리이까"(막 13:4).

이 대격변의 각자도생의 시대에 제자들은 어떻게 살아야 하는가? 본문에서 예수님은 크게 세 가지로 말씀한다.

첫째, 사람의 미혹을 받지 않도록 주의하라는 것이다. "예수께서 이르시되 너희가 사람의 미혹을 받지 않도록 주의하라"(막 13:5). 대격변의 시대에는 많은 유혹이 있다. 과연 어떤 유혹인가? "많은 사람이 내 이름으로 와서 이르되 내가 그라 하여 많은 사람을 미혹하리라"(막 13:6). 성전이 무너지는 대격변의 시대가 오면 사람들의 믿음도 함께 무너지며 무엇이라도 붙들고 의지할 것이 필요하다. 이럴 때 거짓 믿음을 팔고 선전하는 이들이 우후죽순으로 등장한다. "내가 그라"(I AM)는 표현은 자신이 신성을 가진 참된 메시아요 보혜사라 주장하는 것이다. 이럴 때 사람을 따라가면 안 된다.

우리나라의 이단 발흥사를 보면 한국 기독교 역사 100년간 자칭 보혜사가 200명이나 나왔다. 그중에서 사람들이 적어도 500~1,000명 이상 따르는 보혜사가 40명이나 된다. 나라가 어지럽고 세계가 어수선할 때일수록 이런 이들이 기승을 부린다. 각자도생의 시대에는 사람 믿고 따라가다간 큰 낭패를 겪는다. 각자도생의 시대에는 저마다 구원을 외치는 이들이 많아진다. 내 말대로 하면 구원에 가까이 갈 수 있다고 교묘하고 확신 있게 설득한다. 이때가 되면 어지럽고 혼란스러운 일들이 더 많이 일어나게 될 것이다.

"난리와 난리의 소문을 들을 때에 두려워하지 말라. 이런 일이 있어야 하되 아직 끝은 아니니라. 민족이 민족을, 나라가 나라를 대적하여 일어나겠고 곳곳에 지진이 있으며 기근이 있으리니 이는 재난의 시작이니라"(막 13:7-8).

이때 나라가 나라를 대적하여 싸우는 전쟁이 일어나고, 지진이 일어나고 기근이 든다. 어지럽고 혼란스럽다. 사람이 세운 모든 신뢰할 만한 제도가 흔들리고 금이 간다. 그뿐만이 아니다. 이때 사람들은 예수 믿는 성도들을 붙들고 어려움을 주는데, 이는 성도가 예수 그리스도의 참된 복음을 붙들고 있기 때문이다.

"너희는 스스로 조심하라. 사람들이 너희를 공회에 넘겨주겠고 너희를 회당에서 매질하겠으며 나로 말미암아 너희가 권력자들과 임금들 앞에 서리니 이는 그들에게 증거가 되려 함이라"(막 13:9).

각자도생의 시대에 성도에게 닥치는 가장 큰 위기는 성전이 무너지는 것이 아니다. 기존의 제도가 무너지는 일도 아니다. 그것은 우리 신앙이 위협받는 위기다. 이때 성도가 정신을 차리지 않으면 위기 앞에 굴복하기 쉽다. 주목할 것은 예수께서는 이런 어려움 자체에 주의를 기울이는 것이 아니라 이런 어려움을 통해서조차 권력자들과 임금들 앞에 서서 복음을 증거하는 일이다. 이 대격변의 시기에 우리가 주목해야 할 중요한 것이 바로 이것이다. 어찌 되었든 간에 복음은 계속해서 온 세상 모두에게 전파되어야 한다는 것이다.

"또 복음이 먼저 만국에 전파되어야 할 것이니라"(막 13:10).

세상 나라가 갈등을 일으키고 무너지고 난리가 나는 가운데도 계속해서 복음은 전파되고 확장되어야 한다. 이런 와중에 끝까지 믿음을 지키고 복음을 붙드는 성도에게는 어려움이 따른다.

> "사람들이 너희를 끌어다가 넘겨 줄 때에 무슨 말을 할까 미리 염려하지 말고 무엇이든지 그때에 너희에게 주시는 그 말을 하라. 말하는 이는 너희가 아니요 성령이시니라. 형제가 형제를, 아버지가 자식을 죽는 데에 내주며 자식들이 부모를 대적하여 죽게 하리라"(막 13:11-12).

사람들이 성도들을 끌어다 넘겨주는 충격적인 일이 일어난다. 내가 믿었던 사람이 나를 배신하여 어려움에 처하게 한다. 그런데 그것으로 사람을 원망할 것이 아니다. 그렇게 하다가는 종말에는 사람 원망할 일이 참 많아진다. 이럴 때 중요한 것은 성령께서 기뻐하는 말을 하는 것이다. 성령께서는 성도의 마음을 붙들어주시고 담대하게 하셔서 할 말을 주신다.

"또 너희가 내 이름으로 말미암아 모든 사람에게 미움을 받을 것이나 끝까지 견디는 자는 구원을 받으리라"(막 13:13).

성도가 예수님의 이름으로 말미암아 많은 사람에게 미움받는 일들이 일어난다. 그런데 끝까지 견디는 자는 구원을 받을 것이다. 이런 것을 보면 각자도생의 시대에 아무 상관 없을 것 같은 성도에게 오해와 미움받는 일들이 많아짐을 알 수 있다. 앞으로 성도 신앙의 성패는 이런 어려움 가운데 얼마나 끝까지 견딜 수 있느냐가 될 것이다.

이것은 지금도 마찬가지다. 오늘날 우리가 신뢰하고 의지했던 이 세상의 모든 질서가 기초부터 흔들리고 있다. 미국과 중국을 중심으로 한 세계 질서의 기초적인 틀이 흔들리고 신뢰가 흔들린다. 또 나라의 기초와 근간이 흔들린다. 많은 사람이 각자도생을 위하여 난리와 난리 소문, 나라가 나라를 대적하는 소문에 귀를 기울이고 있다. 살길을 모색하기 위해서다. 그런데 세상이 말하는 각자도생의 길로 가면 살 것 같은데, 그 끝에 어려움이 있다.

성도는 사람의 미혹을 주의해야 한다. 미혹은 항상 그럴듯하게 우리를 유혹하기 때문에 웬만해서는 자신을 지키는 것이 참 쉽지 않다. 그러려면 예수 그리스도를 단단히 붙잡아야 한다. 말씀의 기준에 바로 서지 않으면 자신을 지켜내기가 어렵다. 갈수록 예수님을 대충 믿어서는 안 되는 시대가 온다. 이왕 믿을 거 예수 잘 믿어야 한다. 이제부터 평안히 믿는 것이 아니라 어려움과 핍박을 겸하여 받으며 믿기 시작할 때가 온다.

격변의 시대에 주님 외에는 의지할 것이 없다. 다른 것을 든든히 붙들었다가 한순간에 무너지고, 무언가 의지할 만하다고 생각하면 미혹한다. 그래서 성도는 격변의 시대일수록 기도해야 한다. 주님을 더욱 의지해야 한다. 중요한 것은 이런 와중에도 복음이 증거되는 것이다. 갈수록 복음 증거가 성도의 우선순위로 자리 잡아야 한다. 성령으로 충만하여 힘 있게 복음을 증거하는 일에 쓰임받기를 기도하며 나아갈 수 있어야 한다. 힘든 격랑의 시대, 어려울수록 주님의 손에 붙들려 하나님의 영광을 드러내며 쓰임받기를 바란다. 각자도생의 시기, '예수도생' 하자.

[58장 각주]

37) 양형주, 「바이블 백신 2」(서울: 홍성사, 2019), 257-260쪽.
38) 이향휘, "[힐링 콘서트] 각자도생 시대", 매일경제, 2016. 7. 8.

59 Chapter 59. Mark 13:14-20

멸망의 가증한 것은 무엇인가

14멸망의 가증한 것이 서지 못할 곳에 선 것을 보거든 (읽는 자는 깨달
을진저) 그때에 유대에 있는 자들은 산으로 도망할지어다. 15지붕 위
에 있는 자는 내려가지도 말고 집에 있는 무엇을 가지러 들어가지도
말며 16밭에 있는 자는 겉옷을 가지러 뒤로 돌이키지 말지어다. 17그날
에는 아이 밴 자들과 젖먹이는 자들에게 화가 있으리로다. 18이 일이
겨울에 일어나지 않도록 기도하라. 19이는 그날들이 환난의 날이 되
겠음이라. 하나님께서 창조하신 시초부터 지금까지 이런 환난이 없
었고 후에도 없으리라. 20만일 주께서 그날들을 감하지 아니하셨더라
면 모든 육체가 구원을 얻지 못할 것이거늘 자기가 택하신 자들을 위
하여 그날들을 감하셨느니라.

영미권 문학 역사에서 가장 많이 읽히고, 아직까지도 전 세계에 많은 팬을 거느리고 있는 작품 중 하나가 영국 작가 코난 도일이 쓴 추리소설 「셜롬 홈즈」 시리즈일 것이다. 코난 도일은 화학, 생물학, 지리학, 식물학, 법학, 범죄학, 사회과학, 예술, 문학, 암호학 등 여러 분야에 상당히 전문적인 지식을 갖고 소설을 치밀하게 구성해서 독자들에게 스릴 있는 재미를 선사했다. 그는 「셜록 홈즈」를 쓰기 전에 의사로서 많은 분야에 관심을 갖고 연구했던 것으로 알려졌다.

그런데 이렇게 냉철하고 이성적이었던 코난 도일이 당시 런던 상류층 사이에 크게 유행했던 〈심령술〉에 심취한 적이 있었다. 거의 매일 심령술 모임에 참석하며 자기 아내가 초자연적인 능력이 있는 존재라고 믿었고, 어린 학생이 장난삼아 만든 요정 사진을 보고 이것이야말로 귀신이 존재하는 증거라고 믿었고, 사진에 핀을 꽂았던 자국을 요정의 배꼽이라고 주장했다. 당대의 지성이 어떻게 이런 엉뚱한 것에 빠졌을까?

이것은 오늘날도 마찬가지다. 1993년 노벨화학상을 받은 미국의 생화학자 캐리 멀리스 박사의 경우도 그렇다. 그는 엉뚱한 망상에 빠져있었는데, 자신이 외계인에게 납치되었다는 것이다. 낯선 누군가가 자기에게 다가와 인사를 했는데 그 후에 무슨 일이 일어났는지 잘 기억이 나지 않는다고 했다. 그 낯선 누군가는 외계인임이 틀림없다는 것이다.

이렇게 논리적이고 지성적인 사람들이 이런 엉뚱한 신념에 사로잡히는 이유가 무엇일까? 전에 영국 국영방송 BBC에서 과학 전문기자로 활동했던 데이비드 롭슨은 이런 현상을 연구해서 「지능의 함정」이란 책을 냈다.[39] 이 책에 따르면 사람들이 이런 엉뚱한 논리에 빠지는 것을 '지능의 함정'(intelligence trap)이라 명명한다. 똑똑한 사람일수록 자기만의 세계관에 갇혀 자기가 정해놓은 목적에 결론을 맞추고, 모든 생각과 논리를 동원해서 자기가 정해놓은 결론이 맞는다고 주장하는 것이다. 그러다 보니 이런 결론을 위해 동원하는 논리가 증거가 빈약하고 논리적으로도 오류투성이다. 지능의 함정에 빠진 이에게 반대 의견을 이야기하면 그는 '그건 당신이 뭘 몰라서 그렇다, 나만이 모든 것을 제대로 안다'라고 생각하며 다른 사람의 의견을 쉽게 묵살한다.

본문에 등장하는 '멸망의 가증한 것'도 그 해석에 있어, 이것이 무엇이냐를 놓고 수많은 이들을 '지능의 함정'에 빠뜨린 주제다.

> "멸망의 가증한 것이 서지 못할 곳에 선 것을 보거든 (읽는 자는 깨달을진저) 그때에 유대에 있는 자들은 산으로 도망할지어다" (막 13:14).

멸망의 가증한 것이 서지 못할 곳에 선 것을 보거든 도망가라고 한다. 이 일이 얼마나 큰지 19절은 이렇게 말씀한다.

> "이는 그날들이 환난의 날이 되겠음이라. 하나님께서 창조하신 시초부터 지금까지 이런 환난이 없었고 후에도 없으리라"(막 13:19).

이 멸망의 가증한 것이 서는 때는 하나님께서 창조하신 때부터 지금까지 없었고, 또 이후에도 없을 전무후무한 큰 환난이 있는 시대라는 것이다. 도대체 이때는 언제이고 이 멸망의 가증한 것은 무엇일까? 이 구절에 대한 다양한 해석과 추측이 쏟아져 나왔다. 듣다 보면 '어? 정말 그런가?' 하는 생각이 들 정도다. 사실 이런 여러 주장을 믿으며 지금이 바로 이때라고 두려워하는 이들이 꽤 많다.

그 대표적인 주장 중 하나가 세대주의 종말론 해석이다. '멸망의 가증한 것'은 마지막 때 적그리스도를 중심으로 하는 세계 질서(New World Order)를 세우는 데 등장하는 핵심적인 요소라는 것이다. 마지막 때가 되면 적그리스도가 나타나 멸망의 가증한 것을 세우고, 이것을 중심으로 세계 단일정부의 본부를 예루살렘에 두고 글로벌 GPS 전산 통제 시스템을 장악하여 새로운 지배 체제를 구축한다는 것이다. 이때 적그리스도는 전 세계의 경제권을 장악하여 짐승의 표를 받지 않으면 어떤 물건이든 매매를 못 하도록 통제한다고 한다.

적그리스도가 전 세계 사람들을 통제하는 수단은 사람의 몸 안에 심는 좁쌀만하게 작은 전자 생체칩이고, 여기에 GPS와 신용카드 기능이 있어 전 세계 어디에서도 이것으로 매매행위를 하며 살아갈 수 있다고 주장한다. 이 칩은 한 번 이식하면 절대 뺄 수 없고 평생 간직하고 살아야 한다. 이 칩들을 컨트롤하는 슈퍼컴퓨터가 벨기에 브뤼셀에 있는 유럽연합 본부에 설치되었는데, 유럽연합은 앞으로 더 많은 이탈 국가가 생겨 10개의 국가만 남게 되고, 이것이 10뿔 짐승을 이룰 것이라고 한다(계 13:1). 이 슈퍼컴퓨터의 이름은 짐승이란 뜻을 가진 비스트(BEAST)다. 우리말로 생체암호와 인공위성추적(Biometric Encryption And Satellite Tracking)의 약자라는 것이다. 이것이 전에 세대주의 종말론을 주장하는 일부 책자에 소개된 이후 더 많이 퍼지게 되었다.

과연 이 주장이 얼마나 신빙성이 있을까? 벨기에 브뤼셀에 가면 유럽연합본부가 있는 것이 사실이다. 그리고 2014년 통계자료를 보면 전 세계 500위 이상의 슈퍼컴퓨터 통계에 보면 벨기에에는 슈퍼컴퓨터가 딱 한 대 있는데 그것이 브뤼셀에 있다고 나온다. 참고로 이 당시 우리나라에 슈퍼컴퓨터 등록 대수는 5대였다. 그런데 슈퍼컴퓨터가 있는 장소는 브뤼셀 유럽연합 본부가 아니라 벨기에의 대표적인 국립대학인 헨트대학이다. 헨트대학은 우리나라 송도에도 글로벌 캠퍼스를 두고 학생들을 유치하고 있다.

알고 보니 사실이 아닌 소설이었다. 그렇다면 이 비스트라는 컴퓨터는 어디서 온 것일까? 그것은 조 무써(Joe Musser)라는 크리스천 소설가가 1971년에 미국 존더반 출판사를 통해서 펴낸 소설 「Behold a Pale Horse」(보라, 청황색 말이다)라는 책에 가상으로 쓴 내용이다. 당시 미국에서 이 책이 출간되었을 때 센세이션을 일으켰다. 문제는 소설에 나온 비스트라는 컴퓨터의 존재를 사람들이 정말 있는 것처럼 믿기 시작했다는 것이다. 사태가 심각하다는 것을 깨닫고 조 무서는 당시 정기간행물을 발행하던 크리스천 라이프 출판사에 편지를 보내서 BEAST 컴퓨터는 소설에 등장하는 가상의 내용이고 실제로는 존재하지 않고, 이것은 단지 소설에 존재할 뿐이라는 저자의 입장을 밝혀달라고 요청한 바 있다.

이런 주장은 세대주의 종말론을 주장하는 이들의 대표적인 주장 중 하나이다. 세대주의 종말론은 성경에 나온 내용이 오늘 우리시대에 실제로 이루어지고 있다 믿고, 그 증거를 부지런히 찾아서 성경 말씀에 대입하여 입증하려고 한다. 그래서 이들은 우리시대에 있는 사회적 혼란상이 계시록과 마가복음 13장, 그리고 마태복음 24장을 이루어가는 것이라고 해석한다. 이런 세대주의 종말론을 많은 이단이 가져가서 자기시대에, 자기네 단체를 통해 이루어지는 것으로 자의적으로 해석해서 사용한다. 여러 단체가 바로 이 멸망의 가증한 것이 무엇인지 나름대로 해석을 제시한다. 어떤 단체는 이것이 교황이라 하고, 또 어떤 단체는 마리아 동상이라고도 하며, 또 교회에 세워진 십자가라고도 한다.

또 어떤 단체는 이것이 자기네 교주가 이전에 몸담았던 첫 장막이었다고 주장한다.[40] 그런데 이전 교주가 첫 장막을 저버리고 미국으로 도피했다. 이것을 '배도' 라고 한다. 배도하고 첫 장막을 떠나자 그다음에 세워진 첫 장막의 목자는 첫 장막의 이단 정체성을 버리기 위해 정통 장로교 교단으로 바꾸는데, 이 일을 한 것이 첫 장막을 아예 멸망시킨 멸망의 일이라고 하면서 그런 첫 장막의 후임 목사를 '멸망자' 라고 한다. 이 멸망자와 그의 사역, 그리고 사역을 돕는 조직체들을 모두 '멸망의 가증한 것' 이라고 한다. 이 멸망의 가증한 것 다음에는 '구원자' 가 등장한다. 배도와 멸망을 지나 구원을 일으킨 것이 바로 약속한 새 언약의 목자인 자기네 교주라는 것이다.

이들은 성경에 기록된 것이 자기네 단체에 이루어졌다고 주장한다. 사실 말이 되지 않는다. 그래서 말이 되도록 하기 위해서 비유와 알레고리로 무조건 성경에 기록된 것이 자기네 단체를 빗대어 비유한 것이라고 하면서 꿰맞춘다. 성경이 다 비유면 성경 자체가 말하는 진리는 없다. 오직 이단 단체가 꿰맞추어 말하고 싶은 것만 남게 된다. 하지만 이런 해석이 객관적으로 입증되지 않는다. 성경 말씀이 자기네 단체를 말한다는 명확한 증거는 없다. 성경이 말하는 멸망의 가증한 것이 교주가 몸담았던 첫 장막 성전을 무너뜨린 일이라고 입증할 증거가 없다. 교주가 그렇다고 해석하니까 그런 것이다.

자, 이상 살펴본 해석은 모두 멸망의 가증한 것이 바로 오늘 우리 시대에 일어났다고 해석하는 것이다. 본문을 정확하게 이해하기 위해 필요한 것은 이 말씀이 어떤 문맥의 흐름에서 왔느냐다. '멸망의 가증한 것'은 어떤 상황에서 나왔는가? 13장 1절을 보라. 예수님과 제자들이 예루살렘 성전에서 나가는 중에 제자들이 묻는다. 선생님 보십시오. "이 돌들이 얼마나 크고 웅장하며 또 이 돌들로 지어진 예루살렘 성전이 얼마나 크고 멋집니까?" 그러자 예수님은 이 성전이 돌 하나도 돌 위에 남지 않고 무너뜨려진다고 말씀한다.

> "예수께서 이르시되 네가 이 큰 건물들을 보느냐. 돌 하나도 돌 위에 남지 않고 다 무너뜨려지리라 하시니라"(막 13:2).

그러자 제자들이 예수께 묻는다. "우리에게 이르소서. 어느 때에 이런 일이 있겠사오며 이 모든 일이 이루어지려 할 때에 무슨 징조가 있사오리이까"(막 13:4). 어느 때에 이런 일이 있겠느냐는 질문은 성전이 무너지는 때가 언제냐를 말한다. 그러니까 본문은 예루살렘 성전이 무너지는 일이 일에 대한 징조를 말씀하는 것이다. 14절 후반은 "그때에 유대에 있는 자들은 산으로 도망할지어다"라고 한다. 이는

'멸망의 가증한 것' 이 서는 것은 유대 땅 예루살렘에서 있는 일이고, 이 일이 일어날 때 예루살렘 인근에 있는 이들은 산으로 도망가라는 것이다.

'멸망의 가증한 것' 은 다니엘서에 등장했던 예언이다.

> "그가 장차 많은 사람들과 더불어 한 이레 동안의 언약을 굳게 맺고 그가 그 이레의 절반에 제사와 예물을 금지할 것이며 또 포악하여 가증한 것이 날개를 의지하여 설 것이며"(단 9:27).

한 왕이 와서 예루살렘 성전에서 드리던 제사를 금지하고 포악하고 가증한 것을 세울 것이라고 한다. 이는 이방 왕이 쳐들어와서 예루살렘 성전의 제사 기능이 마비되고 그곳에 포악하고 가증한 우상을 세울 것을 의미하는 것이다. 이는 다니엘서 11장 31절에도 나온다.

> "군대는 그의 편에 서서 성소 곧 견고한 곳을 더럽히며 매일 드리는 제사를 폐하며 멸망하게 하는 가증한 것을 세울 것이며."

여기서도 이방 왕의 군대가 쳐들어와, 예루살렘 성전의 성소를 더럽히고 매일 드리는 제사를 폐지시키고 가증한 우상을 세울 것이라고 한다. 이는 12장 11절에도 나온다.

> "매일 드리는 제사를 폐하며 멸망하게 할 가증한 것을 세울 때부터 천이백구십 일을 지낼 것이요."

다니엘서에서 반복적으로 말하고 있는 이 사건은 주전 167년 12월 8일, 헬라제국의 분할왕국 중 하나인 시리아왕국의 셀류코스 왕조 제8대 왕인 안티오쿠스 에피파네스 4세에 이르러 성취되었다. 에피파네스 4세는 유대의 충성을 강요하며 강력한 헬라화 정책을 추진하였고, 급기야 예루살렘 성전에 군대를 데리고 쳐들어가 성전을 무너뜨리고 거기에 제우스 신상을 세우고, 번제단에 부정한 짐승인 돼지의 피를 뿌리며 제사를 드렸다. 이것은 하나님의 성전이 이방인에 의해 모독당한 충격적인 사건이 되었다.

지금 예수께서 다니엘서의 성취 본문을 가져와 "멸망의 가증한 것이 서지 못할 곳에 선 것을 보게 된다"고 하시는 것은 이와 유사한 사건이 예루살렘 성전에서 다시 일어날 것을 말씀하는 것이다. '서지 못할 곳'이라는 것은 우상이 들어와서는 안 되는 거룩한 성소를 의미한다. 그곳에 또다시 이방 군대가 쳐들어와 우상이 들어설 사건을 예고하는 것이다.

이것이 언제 일어났을까? 이 사건은 역사적으로 주후 70년 로마의 디도(Titus) 장군에 의해 성취되었다. 디도가 이끌던 로마 군대는 예루살렘을 침공하였고, 결국 무너뜨렸다. 이때 디도 장군은 황제의 형상과 로마제국을 상징하는 독수리가 새겨진 깃발을 들여와 성전에 꽂고, 이교도의 제사를 드렸다. 그리고 예루살렘 성전을 불태우고 무너뜨렸다. 그러니까 이 말씀은 제자들이 13장 처음에 "웅장한 예루살렘 성전이 어떠냐?"고 한 질문에 대해, 돌 하나도 남지 않고 무너질 것이라고 하신 예언에 대한 구체적인 답변인 것이다.

이스라엘 백성들에게 성전이 무너진다는 것은 있을 수 없는 충격이다. 왜? 이곳은 하나님의 임재와 영광이 머무는 온 우주의 중심이라고 확고하게 믿었기 때문이다. 유대인에게 성전이 무너지는 것은 곧 온 세상이 무너지고 온 우주가 무너지는 것이었다. 그래서 본문은 성전의 멸망을 우주적 멸망을 묘사하는 묵시적 언어로 표현하고 있다.

"이는 그날들이 환난의 날이 되겠음이라. 하나님께서 창조하신 시초부터 지금까지 이런 환난이 없었고 후에도 없으리라"(막 13:19).

여기 하나님께서 창조하신 "시초부터 지금까지"라는 표현을 주목하자. '지금까지'는 예수님 초림 때까지를 말한다. 이렇게 성전이 완전히 파괴된 적이 없었다. 물론 이전에 시드기야 왕 때 바벨론이 침공하여 성전이 무너진 적이 있었다. 그러나 이제는 성전이 완전히 파괴되어 역사상 사라지게 된다. 이때 성전이 무너진 이후 지금까지 성전은 다시 세워지지 않았다. 지금 이곳에는 '황금사원' 으로 불리는 이슬람의 모스크가 세워졌다.

이렇게 성전이 무너질 때 예수께서는 유대에 있는 자들은 산으로 도망하라 말씀한다. 유대에는 중앙 산지가 관통하고 있어서 주변에 피할 산과 언덕이 많이 있었다. 사실 산이라기보다 거의 언덕에 가깝다. 이런 유대 언덕과 산지는 동쪽으로 계속 가면 요단 계곡까지 연결된다. 이런 산들에 동굴이 많았다. 이런 곳으로 피해 도망가라는 것이다. 이때 지붕 위에 있는 자는 내려가지도 말고, 집에 있는 무엇을 가지러 가지도 말고 밭에 있는 자는 겉옷을 가지러 돌이키지 말라고 한다(막 13:15-16).

이것은 예루살렘에서 돌이켜 피신할 때 절대 미련을 갖고 돌아보지 말라는 것이다. '돌이키지 말라'는 것은 창세기 19장에서 소돔과 고모라의 멸망을 피하여 돌이키는 롯과 그의 가족을 위해 하는 말씀의 상황을 반영한다.

> "그 사람들이 그들을 밖으로 이끌어 낸 후에 이르되 도망하여 생명을 보존하라. 돌아보거나 들에 머물지 말고 산으로 도망하여 멸망함을 면하라"(창 19:17).

이것은 롯이 소망과 미련을 두었던 소돔을 완전히 끊으라는 것이다. 죄악에서 완전히 돌이키라는 것이다. 마찬가지로 예루살렘 성전이 무너질 때 예수께서는 제자들에게 이 성전에 미련을 두지 말고 완전히 돌이키라고 말씀한다. 예루살렘 성전은 성도들에게도 매우 중요한 장소였다. 왜냐하면 사도행전 1~2장을 보면 처음 성령이 강림했던 곳이 예루살렘 근교에 있는 마가의 다락방이었고, 성령을 받은 성도들은 날마다 마음을 같이 하여 성전에 모여 예배드리기를 힘썼다(행 2:46-47).

그러나 예루살렘 성전이 이방 군대에 의해 침략받고 멸망의 가증한 것이 서거든 더는 미련을 두지 말로 도망가라고 하신다. 예수께서는 "그날에는 아이 밴 자들과 젖먹이는 자들에게 화가 있으리로다. 이 일이 겨울에 일어나지 않도록 기도하라"(막 13:17-18)고 말씀한다. 피난이 일어날 때 임산부가 무거운 몸으로 도피하는 것, 또 갓난아기를 데리고 피신하는 것은 참 어려운 일이다. 게다가 이 일이 겨울에 일어나면 더 난처한 상황에 처한다. 겨울은 우기이기에 비가 폭우처럼 쏟아지기 일쑤였고, 사방에 마른 계곡들에 물이 불어나 도망가기가 어려워진다.

실제로 교회 역사를 보면 예루살렘이 무너질 때 예루살렘 교회는 뒤를 돌아보지 않고 요단 계곡 쪽에 있는 '펠라' 라는 언덕으로 피신했다는 기록이 있다. 또 이렇게 피신할 때 임산부와 갓난아이를 데리고 가는 어머니들이 불어난 물을 건너느라고 고생을 많이 했다고 한다. 유대 역사가 요세푸스의 기록에 따르면 로마 군대가 쳐들어왔을 때 거라사 쪽으로 도망하는 성도들이 요단을 건너다가 이런 일을 겪었다.

이 거대한 성전을 뒤도 보지 않고 도망쳐야 하는 이유는 무엇인가? 이는 성전이 성전의 기능을 상실했기 때문이다. 이제 성전은 더 이상 성전이 아니다. 사실 성전은 멸망의 가증한 것이 서기 전부터 이미 가증하게 변해갔다. 그래서 예수님은 이미 성전에 들어가셔서 이곳이 '강도의 굴혈' 이 되었다고 책망하셨다(막 11:15-17).

그렇다면 도망가면 대안은 있는가? 그렇다. 이제부터는 주님의 몸된 성전, 곧 성도들로 이루어진 우리가 교회가 된다. 우리가 세상의 소망이 되는 것이다. 세상의 눈에 보이는 것, 의지할 만한 것이 다 무너져도 성도는 그리스도 안에서 새 소망을 발견할 수 있다. 이제 우리가 그리스도의 이름으로 모이는 것은 엄청난 은혜이자 소망이다. 이곳에서 새로운 소망을 발견해야 한다. 천국의 확신과 기쁨, 영생의 소망을 발견해야 한다. 그리고 함께 아름다운 천국을 이루어가야 한다.

[59장 각주]

39) 데이비드 롭슨, 이창신 역, 「지능의 함정」(서울: 김영사, 2020).
40) 양형주, 「신천지 백신 2」(서울: 두란노, 2020), 55-71쪽.

60 Chapter 60. Mark 13:21-23

거짓 그리스도, 거짓 선지자

[21]그때에 어떤 사람이 너희에게 말하되 보라. 그리스도가 여기 있다.
보라. 저기 있다 하여도 믿지 말라. [22]거짓 그리스도들과 거짓 선지자
들이 일어나서 이적과 기사를 행하여 할 수만 있으면 택하신 자들을
미혹하려 하리라. [23]너희는 삼가라. 내가 모든 일을 너희에게 미리 말
하였노라.

중국 후베이성 우한 지역에서 발발한 것으로 알려진 코로나 19로 전 세계가 공포에 떨고 있다. 걸리면 치명적이다. 마치 좀비 영화의 한 장면을 연상시키듯 중국당국은 우한시 자체를 봉쇄했다.

홍콩은 중국 본토 방문을 전면 금지하고 최고 비상사태를 선포했다. 더는 코로나 19가 주변으로 퍼져나가지 않도록 극단적인 조치를 취한 것이다. 미국은 우한에 전세기를 투입해서 자국민을 철수시키고, 영사관을 폐쇄 조치했다. 그러나 이런 조치에도 아랑곳하지 않고 코로나 19는 일파만파로 전 세계에 급속도로 퍼져나가고 있다.

코로나 19의 전염성은 지난 2002년 중국에서 일어난 사스보다 10배나 빠르다. 결과 또한 치명적이다. 코로나를 막기 위해 그야말로 전 세계가 초비상이다. 잘 대처하는 것이 참 중요하겠지만 사실 그 이전에 도대체 왜 자꾸 이런 질병이 중국에서 나오는가에 대해서도 생각해보아야 한다. 지난 2002년 전 세계를 공포에 떨게 했던 사스는 그 원인이 코로나 바이러스로 알려졌다. 그런데 이번에 일어난 코로나 19 또한 신종 코로나 바이러스로 알려졌다. 코로나 바이러스는 동물만이 아니라 사람에게도 전파되는 바이러스로 지금까지 6종류가 알려졌다. 그중에 우리가 잘 아는 메르스 바이러스와 사스 바이러스가 있다. 메르스는 중동에서 일어났고, 이번에 일어난 코로나 19와 사스는 모두 중국에서 일어났다. 그렇다면 치명적인 전염병이 유독 중국에서 자주 일어나는 이유가 무엇일까?

먼저, 기후다. 전에 사스가 일어났던 중국 광둥성이나, 이번에 코로나 19가 일어난 후베이성 우한시 모두 기후가 따뜻하고 비가 자주 내리는 습한 지역이라는 공통점을 갖고 있다. 그러니 전염병이 퍼지기 좋은 환경이 된다.

둘째, 먹을거리 문화다. 중국인들에게는 닭, 오리, 개구리, 뱀, 개, 원숭이, 전갈, 지네, 고슴도치, 악어, 박쥐 등등 모든 것이 다 먹을거리다. 코로나 바이러스는 박쥐와 염기서열이 89.1% 일치한다고 한다. 사실 박쥐는 모기, 지네 같은 것을 먹고 사는 전염병 보균 덩어리인데, 우한에서 박쥐는 약재로 취급하고 있다. 전에 사스 코로나 바이러스도 박쥐에서 나왔다. 그런데 이 박쥐에서 나온 코로나 바이러스의 변종이 코로나 19다.

셋째, 위생개념이다. 이들은 대형마트 같은 데서 깔끔하게 포장된 고기를 믿지 못한다. 좋은 고기는 신선한 고기다. 중국에서는 주로 살아있는 것을 그 자리에서 잡아먹는 문화가 있다. 재래시장에 가면 살아있는 짐승을 그 자리에서 잡아주는 곳이 많다.

결국 오랫동안 계속되어왔던 중국의 환경과 문화와 의식이 이런 전염병을 일으키게 된 것이다. 치명적인 질병은 어느 날 갑자기 나온 것 같지만 그 배경을 보면 결코 어느 날 갑자기 나타난 것이 아니다. 그런 치명적 질병이 나올 수밖에 없는 환경과 문화에서 오랫동안 잠복해 있다가 어느 순간 나타나는 것이다.

추운 바깥에 있는 얼음덩어리를 집으로 가져와 식탁 위에 놓는다고 생각해보자. 아무런 변화가 없던 얼음이 실내 온도가 0도를 넘어 1도가 되면 그때부터 녹기 시작한다. 어느 정도 지점까지는 아무 변화가 없던 것이 임계점을 넘기기 시작하면 그다음부터 급속도로 변화가 시작된다. 이처럼 변화는 항상 갑자기 시작되는 것이 아니다. 배후에 변화가 일어날 수밖에 없는 거대한 시스템이 지속적으로 작용하다가 어느 임계점을 넘기기 시작하면서 일어나는 것이다.

본문에는 성전이 무너지는 때에 일어날 주요한 현상으로 거짓 그리스도와 거짓 선지자들이 일어날 것을 예수께서 말씀하고 있다. 이들은 어느 날 갑자기 나타난 것이 아니다. 이런 이들이 나타나는 배후의 토양이 자양분을 공급하다가 이것이 어느 한계 이상의 임계치에 이르면 그다음부터 우후죽순으로 일어나기 시작한다.

> "그때에 어떤 사람이 너희에게 말하되 보라. 그리스도가 여기 있다. 보라. 저기 있다 하여도 믿지 말라"(막 13:21).

여기 그때가 언제인가? 바로 예루살렘 성전이 무너질 때다. 이때가 되면 수많은 거짓 그리스도가 일어난다. 그런데 이런 거짓 선지자에 대한 경고는 앞서 예수께서 하신 적이 있다.

> "예수께서 이르시되 너희가 사람의 미혹을 받지 않도록 주의하라. 많은 사람이 내 이름으로 와서 이르되 내가 그라 하여 많은 사람을 미혹하리라"(막 13:5-6).

우리는 성전이 무너질 때가 되면 단순히 거짓 그리스도, 거짓 선지자가 나온다는 현상적인 결과에 주목할 것이 아니라 어떤 요인으로 인해 거짓 선지자가 일어나는가에 좀 더 주목해야 한다. 이런 환경이 되면 거짓 선지자는 계속 나올 것이기 때문에 거짓 그리스도의 배후에 대해 총체적으로 이해하는 것이 중요하다.

본문 23절은 "너희는 삼가라. 내가 모든 일을 너희에게 미리 말하였노라"고 말씀한다. '삼가라'는 표현은 영어 성경에, 'Watch Out, Be Alert' 등으로 번역되었다. 깨어 있어 분별하라는 뜻이다. 이 말씀은 5절에도 사람의 미혹을 받지 않도록 '주의하라' 고 한 말씀에 동일하게 사용되었다.

그렇다면 거짓 그리스도와 거짓 선지자는 어떤 환경에서 나오며 어떤 특징이 있을까? 첫째, 전에 겪어보지 못했던 큰 변화의 시기에 나타난다. 성경에 거짓 선지자에 대한 경고가 처음 나오는 곳은 신명기 13장과 18장이다.

> "너희 중에 선지자나 꿈꾸는 자가 일어나서 이적과 기사를 네게 보이고 그가 네게 말한 그 이적과 기사가 이루어지고 너희가 알지 못하던 다른 신들을 우리가 따라 섬기자고 말할지라도 너는 그 선지자나 꿈꾸는 자의 말을 청종하지 말라. 이는 너희의 하나님 여호와께서 너희가 마음을 다하고 뜻을 다하여 너희의 하나님 여호와를 사랑하는 여부를 알려 하사 너희를 시험하심이니라"(신 13:1–3).

하나님께서는 모세를 통해 장차 이스라엘 백성이 약속의 땅 가나안에 들어갈 때 일어날 일에 대해 경고하셨다. 그동안 광야에서는 오직 하나님만 바라보고 맡기며 살았다. 하나님이 불기둥 구름기둥으로 보호하시고, 또 만나와 메추라기를 공급하시며 광야에 샘물을 내시며 이스라엘로 살게 하셨다. 이때는 모든 것을 주님께 맡기며 살았기에, 거짓 선지자가 일어날 수 없었다.

하지만 가나안 땅에 들어가자 상황이 달라졌다. 그동안 하늘에서 공급되던 만나와 메추라기가 끊겼다. 구름기둥과 불기둥이 사라졌다. 이제부터는 오직 하나님께서 이스라엘에 주신 말씀만을 붙들고 살아야 할 사명을 주셨다. 그런데 약속의 땅에 들어가 보니, 말씀을 붙잡지 않고 바알에 의지해서 사는 이들이 있었다. 이들은 가나안 땅에서 농사를 짓고 살려면 바알을 의지하자고 한다. 농경문화에서 중요한 것은 무엇인가? 예측 가능성이다. 과연 내일 비가 올 것인지 안 올 것인지, 올해 농사가 잘될 것인지 아닌지 하는 점이다. 그래서 비가 오지 않을 때는 바알 신에게 음란한 기우제를 지내고, 잘못된 영에 사로잡혀 미래를 예언하며 맞추는 이들이 생기기 시작했다.

신명기 13장 1절은 장차 "선지자나 꿈꾸는 자가 일어난다"고 한다. 기도하려고 눈만 감으면 환상과 음성이 들린다. 앞으로 일어날 일을 말한다. 이것이 안 이루어지면 모르겠거니와 기가 막히게 맞는 경우도 많다. 거짓 선지자가 말하는 것이 이루어지는 것 같으면 사람들은 점점 그를 믿고 따르게 된다. 이때쯤 거짓 선지자가 하는 말이 무엇인가? 우리가 이렇게 신앙생활 하면 안 된다는 것이다. 여호와는 광야의 신이니 농사를 지으려면 농사의 신을 따라가자고 한다. 이런 거짓 부추김에 대해 하나님은 그들의 말을 절대 청종하지 말라고 하신다. 이것을 신명기 18장 9~11절은 이렇게 말씀한다.

> "네 하나님 여호와께서 네게 주시는 땅에 들어가거든 너는 그 민족들의 가증한 행위를 본받지 말 것이니 그의 아들이나 딸을 불 가운데로 지나게 하는 자나 점쟁이나 길흉을 말하는 자나 요술하는 자나 무당이나 진언자나 신접자나 박수나 초혼자를 너희 가운데에 용납하지 말라."

여기 보면 점쟁이나 길흉을 말하는 자가 나온다. 또 좀 더 가면 요술하는 자, 무당, 박수, 신접자가 나온다. 진언자까지 나온다. 진언자는 마법과 주문을 걸어 독사를 조종하는 자를 말한다. 모두 다른 영에 사로잡힌 이들을 말하는데, 본문 서두에 나오는 자가 점쟁이나 길흉을 말하는 자다.

우리 중에도 기도하면서 길흉을 예언하고 점쟁이처럼 응답받는 이들이 있다. 조심하고 주의해야 한다. 내 안에 영적 역사가 일어난다고 다 따르다간 다른 영에 사로잡히기 쉽다. 그러다 결정적인 순간, 우리 인생을 망가뜨린다. 주님의 음성은 사랑과 신뢰, 믿음의 교제 영역 안에서 일어나는 것이 가장 바람직하다. 또한 성경은 하나님이 우리 인생을 직조하신 방식이 형통함과 곤고함을 뒤섞어서 사람으로 하여금 시종을 알 수 없게 하셨다고 한다. 아브라함도 하나님의 부르심을 따라 고향 본토 친척 아버지의 집을 떠날 때 갈 바를 알지 못하고 떠났다(히 11:8).

자꾸 '된다, 안 된다' 식으로 직통계시의 응답이 오면 이것은 다른 영으로 접신하는 첫 단계가 된다. 이때 주의해야 한다. 어떤 기도원에 가면 간판이 있다. '쪽집게 권사.' 바른 응답은 잘 된다 안 된다가 아니라 '나만을 바라보고 신뢰하라'가 되어야 한다.

둘째, 새로운 구원 신화가 등장할 때 거짓 선지자가 일어난다. 급변하는 환경 속에 얼마나 당황스럽겠는가? 이럴 때 의지할 수 있는 것이 있으면 좋겠는데 그 역할을 하는 누군가가 나타나는 것이다. 게다가 하는 말도 척척 들어맞는다. 얼마나 신뢰가 가겠는가? 바로 이런 일이 이스라엘 성전이 멸망할 무렵인 주후 68~70년에 일어났다.

로마가 예루살렘에 쳐들어오기 전 유대인들은 로마에 대해 게릴라식 전쟁을 일으키고 혁명군을 조직했다. 이때 일어난 유대 군사 혁명 지도자들은 여기저기서 자신들을 종종 모세와 같은 구원자인 메시아로 자처했다. 애굽 바로의 압제에서 모세가 이스라엘을 이끌고 출애굽시켰던 것처럼 자신도 로마의 압제에서 유대 백성들을 이끌고 제2의 출애굽을 일으킬 것이라고 선언하였다. 신명기 18장 15절에도 보면 마지막 때에 '나와 같은 선지자'가 일어날 것이라고 하지 않았는가? 자신이 바로 그 모세와 같은 선지자라고 하였다.

유대 역사가 요세푸스가 남긴 「유대 전쟁사」에 보면 이때 일어난 거짓 메시아, 거짓 선지자들은 우리의 전쟁이 반드시 승리를 가져오고 로마는 무너질 것이라는 거짓 예언을 종종 했다. 그리고 표적과 기사를 보여주고, 이것이 바로 징조라고 하였다. 놀랍고 신비로운 현상들이 나타났다. 그리고 이들이 예언했던 것처럼 처음 무장봉기는 이곳저곳에서 승리를 거두기도 하였다. 많은 유대인이 이런 승리를 맛보고 정말 이런 지도자야말로 하나님이 보내신 제2의 모세이자 메시아요 그리스도라고 믿고 따르기 시작했다. 그러나 사실 이것은 잠자는 사자의 코털을 건드린 것과 마찬가지였다. 잠자던 거인 로마가 깨어나 예루살렘으로 진군한 지 3년 만에 예루살렘은 완전히 무너져 돌 하나도 돌 위에 남지 않고 무너져 내렸다.

셋째, 거짓 선지자는 현시대의 사건을 종말의 현상에 대입하며 예언한다. 지금이 바로 예언이 실현되는 때다. 그러면서 로마의 침공을 바로로 보고, 자신을 메시아로 대입한다. 오늘날도 그렇다. 얼마 전 한 성도가 이상한 문자를 받았다고 보여주었다. 보니까 이제 세상 끝이고 주님이 오시는데 그 이전에 일어날 징조들이 우리시대에 여기저기서 나타난다는 것이다. 자세히 보니 세대주의적 종말론자들의 주장이었다. 언뜻 보면 그럴듯한 혹한 주장이 많다. 예수님은 말씀하신다. "거짓 그리스도들과 거짓 선지자들이 일어나서 이적과 기사를 행하여 할 수만 있으면 택하신 자들을 미혹하려 하리라"(막 13:22). 이 모든 신비 현상과 기적과 이적과 거짓 그리스도와 선지자의 출현이 하나님의 택한 백성들을 미혹하기 위한 것이라고 말씀하는 것이다.

따라서 성전이 무너질 때 성도들은 거짓 선지자들의 이적과 기사 그리고 예언을 매우 주의해야 했다. 이것은 오늘날도 마찬가지다. 직통계시로 길흉을 맞추고, 점쟁이처럼 응답받을 때 우리는 그 배후의 다른 영을 주의해야 한다. 왜? 이것이 22절 후반에 말씀하는 것처럼 할 수만 있으면 택하신 자들을 미혹하려는 사탄의 전략이기 때문이다. 이런 역사는 초대교회 때도 일어났다.

> "만일 누가 가서 우리가 전파하지 아니한 다른 예수를 전파하거나 혹은 너희가 받지 아니한 다른 영을 받게 하거나 혹은 너희가 받지 아니한 다른 복음을 받게 할 때에는 너희가 잘 용납하는구나"(고후 11:4).

다른 예수, 다른 영, 다른 복음이 갈수록 성도들을 미혹하고, 성도들은 이를 잘 용납한다. 왜? 신기하게 알아맞히고 놀라운 현상들이 나타나기 때문이다. 이럴 때 우리는 담대하게 거절할 수 있어야 한다. 우리는 오직 기록된 하나님 말씀 위에 내 신앙을 견고히 세워야 할 것이다. 자꾸 길흉을 알려고 하지 말라. 잘 될까요? 안 될까요? 이 길일까요 저 길일까요? 중요한 것은 하나님을 신뢰하고 가는 것이다. 하나님을 신뢰하고 나아가면 메마른 광야라도 생명샘이 터지고 꽃이 핀다. 우리는 이런 생명의 역사를 목도하도록 부름받은 사람들이다. 설사 꽃이 피지 않더라도 고난의 길을 끝까지 가면 이후에 십자가의 영광과 부활의 영광이 기다림을 신뢰해야 한다.

더 나아가 우리는 거짓 그리스도와 거짓 선지자에 미혹되지 않기 위하여 건강한 신앙 예방시스템을 세워야 한다. 먼저는, 바른 말씀과 교리 위에 서는 것이다. 바른 교리, 바른 계시, 바른 믿음이 무엇인지를 잘 배우고 분별해야 한다.

둘째, 바른 신앙생활을 격려해야 한다. 내 선택이 고난일지 형통일지 묻는 기도가 아니라 고난도 순종으로 가게 하시고 형통 앞에서도 겸손하게 영광 돌리기를 기도해야 한다.

셋째, 거짓 이적과 표적, 그리고 거짓 선지자들과 거짓 그리스도를 접할 때 혼자 끙끙거리지 말고 교회로 가지고 와서 바른 진단과 상담을 받아야 한다. 내 영혼을 의탁한 교회에 자꾸 물어야 한다.

넷째, 공동체, 목장에 모이기를 힘쓰며 이를 통해 바른 신앙생활을 격려해야 한다.

여전히 많은 거짓 그리스도, 거짓 선지자가 판치는 세상이다. 이런저런 신기한 이적과 표적이라도 미혹되지 말고, 오직 주의 말씀 위에 든든히 서고 서로를 격려하는 건강한 성도로 자라가자.

61 Chapter 61. Mark 13:24-27

인자의 오심? 인자의 가심!

[24]그때에 그 환난 후 해가 어두워지며 달이 빛을 내지 아니하며 [25]별들
이 하늘에서 떨어지며 하늘에 있는 권능들이 흔들리리라. [26]그때에
인자가 구름을 타고 큰 권능과 영광으로 오는 것을 사람들이 보리라.
[27]또 그때에 그가 천사들을 보내어 자기가 택하신 자들을 땅끝으로부
터 하늘 끝까지 사방에서 모으리라.

2020년 전 세계를 강타한 중국 우한발 코로나 바이러스가 급속도로 퍼질 때 청와대에서는 이를 '우한 폐렴' 이 아닌 '신종 코로나 바이러스 감염증' 으로 사용해달라고 언론에 요청했다.[41] '우한 폐렴' 이면 네 글자이고 짧은데, 왜 이것을 무려 12자나 되는 긴 명칭으로 바꾸어 달라고 했을까? 이는 어떤 단어를 사용하느냐에 따라 우리 사고와 감정이 영향을 받기 때문이다. 언어에는 힘이 있다. 동일한 질병이지만 이 질병을 어떻게 부르느냐에 따라 이 언어를 수용하는 생각과 태도가 달라진다. '우한 폐렴' 이라고 하면 우한시와 중국에 대한 부정적 감정을 유발한다. 하지만 '신종 코로나 바이러스' 라고 하면 이 질병이 변종된 바이러스라는 생각에 국가에 대해서는 중립적인 생각으로 순화된다.

이러한 언어의 영향력을 언어이론으로 발전시킨 사람이 있다. 미국의 언어학자이자 인류학자인 에드워드 사피어다. 사피어는 그의 제자 벤저민 리 워프와 함께 언어가 사고를 지배하고, 세계관과 행동을 지배한다는 유명한 '사피어 워프' 가설을 주장했다.[42] 이러한 가설에 기초해서 쓴 소설이 조지 오웰의 「1984」이다. 여기 나오는 당의 최고의 통치자인 '빅 브라더' 는 새로운 언어(Newspeak)라는 사상 통제용 언어를 새로 만들었다. 빅 브라더는 말의 의미를 축소하고 뒤집거나 모호하게 만들어서 그 말이 연상시키는 의미와 쓰임새를 억제시켰다.[43] 이를 통해 대중이 갖는 사고의 폭을 줄여 더 쉽게 사람을 통제하기 위한 것이다.

오늘날, 신앙 언어의 의미를 축소하고 모호하게 만들거나 뒤집는 일이 종종 일어난다. 이것은 빅 브라더가 아니라 빅 이단들에 의해 일어난다. 예를 들어 요한계시록에는 계시록 최종 완성의 비전을 '새 하늘 새 땅' 으로 제시한다. 계시록 21장 1절에 보면 "또 내가 새 하늘과 새 땅을 보니 처음 하늘과 처음 땅이 없어졌고 바다도 다시 있지 않더라"고 말씀한다. '새 하늘 새 땅' 얼마나 좋은가? 이것을 예전에는 한문을 사용해서 신천신지(新天新地)라고 했다. 이것을 줄이면 '신천지'(新天地)다. 그런데 오늘날 신천지라고 하면 느낌이 어떤가? 코로나 19 집단감염을 일으켰던 부정적인 이단 단체라는 느낌이 든다. '보혜사'라는 단어도 그렇다. '보혜사' 하면 성도들은 성령을 생각하지만 이단들은 교주의 이름 앞에 보혜사를 붙인다. 요한 계시록에 우리를 위하여 싸우시고 이긴 자 예수 그리스도가 나온다. 그런데 이긴 자는 이단들이 자신들의 이단 교주에 붙이는 칭호이기도 하다. 이 좋은 단어들의 의미가 축소되고 모호하게 되고 뒤집어진 것이다.

이들은 성경 단어의 의미를 성경이 원래 말하려는 의미가 아니라 자신에게 익숙한 언어로 해석하려고 한다. 이것을 자의적 해석이라고 한다. 대표적인 것이 이사야 34장 16절이다.

"너희는 여호와의 책에서 찾아 읽어보라. 이것들 가운데서 빠진 것이 하나도 없고 제 짝이 없는 것이 없으리니 이는 여호와의 입이 이를 명령하셨고 그의 영이 이것들을 모으셨음이라"(사 34:16).

여러 이단 단체가 이 본문을 근거로 "봐라, 모든 하나님 말씀에는 하나도 빠짐없이 말씀의 짝이 있지 않느냐? 하나님의 입이 명령하셨고, 하나님의 영이 이것들을 모아주셔야 우리가 말씀을 제대로 깨달을 수 있다. 그래서 하나님의 영이 임한 말씀에 통달한 선생님께서 이 말씀의 짝을 모아 알려주셔야 우리가 말씀을 제대로 깨달을 수 있다.” 이런 식으로 주장한다. 하지만 본문 바로 앞 절인 15절과 함께 보면 그 흐름이 이상하다.

> “부엉이가 거기에 깃들이고 알을 낳아 까서 그 그늘에 모으며 솔개들도 각각 제 짝과 함께 거기에 모이리라.”

말씀의 짝이 있다고 하는데, 갑자기 앞에서 부엉이가 나오고 솔개가 나오는 것이 무슨 이유일까? 이것은 말씀의 짝이 아니라 짐승의 짝을 의미하기 때문이다. 이사야 34장 전체를 면밀하게 읽어보면 하나님께서 에돔을 멸망시킬 때 에돔 성이 황폐하게 될 것인데 그 땅에는 사람이 살지 못하고 짐승만 사는 황폐한 땅이 될 것이라고 말씀한다. 이 땅에는 부엉이, 솔개, 올빼미, 이리, 숫염소들이 살 것인데 이것들이 다 짝을 이루며 살 것이고 이것은 하나님의 영이 이것들을 모으셨기 때문이라고 말씀한다. 따라서 여기 짝은 말씀의 짝이 아니라 짐승의 짝이다.

본문도 이와 유사한 흐름이 있다. 본문을 표면적으로 읽으면 자칫 그 의미가 축소되고 모호하게 전달되기 쉽다. 본문은 언뜻 읽으면 주님의 재림 때 일어날 일을 연상시킨다.

> “그때에 그 환난 후 해가 어두워지며 달이 빛을 내지 아니하며 별들이 하늘에서 떨어지며 하늘에 있는 권능들이 흔들리리라”(막 13:24-25).

이는 우주의 대격변이 시작됨을 알리는 말씀이다.

"그때에 인자가 구름을 타고 큰 권능과 영광으로 오는 것을 사람들이 보리라. 또 그때에 그가 천사들을 보내어 자기가 택하신 자들을 땅끝으로부터 하늘 끝까지 사방에서 모으리라"(막 13:26-27).

주님이 구름 타고 재림하고 이때 천사들이 택하신 성도들을 사방에서 모은다는 것이다. 하지만 이 본문을 전후 문맥으로 보면 앞서 읽었던 이사야 34장 15~16절의 말씀처럼 어색한 부분이 나온다. 먼저는 뒤에 나오는 "내가 진실로 너희에게 말하노니 이 세대가 지나가기 전에 이 일이 다 일어나리라"(막 13:30)는 말씀이다. 여기서 '이 세대'란 우리가 사는 이 시대가 아니라 예수님의 시대를 말한다. 그렇다면 예수님께서 구름 타고 오시는 일이 예수님의 세대에 일어나야 한다는 것이다.

둘째, 본문에서 계속해서 말하고 있는 '그때'에 관한 표현이다(막 13:24,26,27). 그때는 본문만이 아니라 본문 전후를 둘러싸며 자주 등장하는 표현이다. 그 첫 시작이 13장 4절이다.

"어느 때에 이런 일이 있겠사오며 이 모든 일이 이루어지려 할 때에 무슨 징조가 있사오리이까."

여기 나오는 '어느 때'는 바로 앞 2절에 '성전이 돌 하나도 돌 위에 남지 않고 다 무너질 때'를 의미한다. 이 질문 이후, 예수께서는 여러 징조와 함께 때에 관한 말씀을 한다(막 13:17,21). 그리고 13장 30절에는 '이 세대가 지나가기 전에' 로 표현한다. 이는 모두 성전 멸망의 시기를 가리키고 있는 것이다. 그렇다면 본문에 나오는 세 번의 연속적인 '그때에' 라는 표현은 어떤 의미일까?

첫째, 13장 24~25절에 나오는 '그때' 다. 이때는 해와 달이 빛을 잃고 별들이 하늘에서 떨어지는 대격변이 일어난다. 그런데 이런 격변의 표현이 이사야 13장과 34장에도 등장한다.

> "보라. 여호와의 날 곧 잔혹히 분냄과 맹렬히 노하는 날이 이르러 땅을 황폐하게 하며 그중에서 죄인들을 멸하리니 하늘의 별들과 별 무리가 그 빛을 내지 아니하며 해가 돋아도 어두우며 달이 그 빛을 비추지 아니할 것이로다"(사 13:9-10).

여기 보면 하늘의 별과 해와 달이 빛을 잃어버린다. 이런 격변이 일어난 때가 언제인가? 13장 1절 말씀을 보라. "아모스의 아들 이사야가 바벨론에 대하여 받은 경고라." 이때는 당시 고대 근동을 장악했던 대제국 바벨론이 멸망할 때를 말한다. 언뜻 볼 때 우주적 격변으로 지구가 멸망하는 것 같았지만 그렇지는 않다. 또 이사야 34장을 보라.

> "하늘의 만상이 사라지고 하늘들이 두루마리같이 말리되 그 만상의 쇠잔함이 포도나무 잎이 마름 같고 무화과나무 잎이 마름 같으리라"(사 34:4).

여기서도 하늘의 만상이 사라지고 하늘들이 두루마리같이 말린다. 이때는 언제인가? 우리가 앞서 살펴보았던 것처럼 이때는 에돔 왕국이 멸망할 때다. 이런 세상왕국과 제국들은 해와 달과 별을 신으로 숭배하고 경배했다. 이런 해, 달, 별이 흔들리고 빛을 잃는다는 것은, 제국이 흔들리고 무너짐을 의미한다.

이처럼 거대한 제국이나 국가가 멸망할 때 해와 달이 빛을 잃고 하늘이 두루마리같이 말리는 것 같은 대격변으로 묘사하는 표현방식을 묵시문학적 표현이라고 한다. 성경에서 묵시문학은 다니엘서나 계시록과 같이 극심한 고난과 핍박의 상황에서 하나님이 통치하시고 회복시키심에 대한 산 소망을 성도들에게 불어넣어주기 위해 상징과 반복을 사용하여 악에 대한 끔찍한 멸망을 비유적으로 기술하는 방식을 말한다. 묵시문학에서 격변을 표현할 때는 종종 이렇게 천지의 대격변을 함께 묘사한다. 이런 대격변을 통해 옛 질서가 무너지고 새로운 세계의 질서(New World Order)가 생겨나는 것을 표현하는 것이다. 따라서 마가복음 13장 본문(24-25절)은 온 우주의 배꼽이자 중심으로 여겼던 성전이 무너지는 대격변을 묵시문학적으로 표현하는 것이다.

둘째, "그때에는 인자가 구름을 타고 큰 권능과 영광으로 오는 것을 사람들이 보리라"는 말씀이다. 언뜻 볼 때 주님께서 다시 오신다는 표현 같다. 이 표현을 보다 깊이 이해하려면 우리는 본문에 나온 '인자'라는 말씀에 주목해야 한다. 인자의 이러한 모습이 구약성경에도 고스란히 나온다. 바로 다니엘서 7장이다.

"내가 또 밤 환상 중에 보니 인자 같은 이가 하늘 구름을 타고 와서 옛적부터 항상 계신 이에게 나아가 그 앞으로 인도되매 그에게 권세와 영광과 나라를 주고 모든 백성과 나라들과 다른 언어를 말하는 모든 자들이 그를 섬기게 하였으니 그의 권세는 소멸되지 아니하는 영원한 권세요 그의 나라는 멸망하지 아니할 것이니라"(단 7:13-14).

여기 보면 인자 같은 이가 하늘 구름을 타고 와서 옛적부터 항상 계신 분, 곧 하나님의 보좌 앞으로 나아간다고 말씀한다. 하늘 구름을 타고 '온다' 는 표현은 구름을 타고 하늘 아버지의 보좌로 '나아가는' 것을 묘사하는 것이다. 따라서 다니엘서의 의미는 인자가 하늘 구름을 타고 하늘에서 이 땅으로 다시 오는 것이 아니라 하늘 아버지께로 돌아가는 것을 묘사한다. 그렇다면 하늘 아버지께 나아가 어떻게 하는가? 하나님께서 인자에게 권세와 영광과 나라를 주고, 모든 백성에게 인자를 섬기게 하였다. 이것을 표현하는 신약성경의 또 다른 본문이 빌립보서 2장이다.

"이러므로 하나님이 그를 지극히 높여 모든 이름 위에 뛰어난 이름을 주사 하늘에 있는 자들과 땅에 있는 자들과 땅 아래에 있는 자들로 모든 무릎을 예수의 이름에 꿇게 하시고 모든 입으로 예수 그리스도를 주라 시인하여 하나님 아버지께 영광을 돌리게 하셨느니라"(빌 2:9-11).

'이러므로'는 바로 앞 8절에 예수께서 우리 죄를 위하여 십자가에 죽으신 사건을 말한다. 예수께서 십자가에 죽으시니, 하나님이 십자가에 죽으신 인자, 곧 하나님의 아들을 지극히 높여 모든 이가 예수의 이름에 무릎 꿇고 주라 시인하며 그를 주로 섬기게 했다는 것이다. 이렇게 볼 때 다니엘서 7장 13~14절은 장차 인자가 감당할 십자가와 부활 사역을 예고한 것이다. 본문에 예수께서 다니엘서가 말한 인자의 사역을 언급하시는 것은 자신이 이런 사역을 감당할 것을 예고하는 것이다.

"영광으로 오는 것을 보리라"(막 13:26)고 할 때 '온다'는 것은 헬라어 '에르코마이'로 영어단어 'come'과 같다. 영어로 'come'라고 하면 '오라'는 말이다. 그런데 'I'm coming'이라고 하면 '나는 간다'는 뜻이다. 말하는 사람의 입장에 따라 '오기도 하고 가기도 한다'는 뜻이다. 이런 동사를 '왕래발착동사'라고 한다. 따라서 여기 인자가 구름을 타고 큰 권능과 영광으로 온다는 것은 하나님 보좌 앞으로 나아온다는 것, 또는 나아간다는 것이다. 이 장면을 사람들이 본다는 것이다. 예수께서 부활하고 승천하실 때 어떤 일이 일어났는가? 사도행전을 보라.

> "이 말씀을 마치시고 그들이 보는데 올려져 가시니 구름이 그를 가리어 보이지 않게 하더라"(행 1:9).

구름이 가리어 보이지 않았으면 조각구름이 아니라 꽤 큰 구름이었다. 구름을 타시고 영광중에 하나님 아버지의 보좌에 나아간 것이다. 이것은 하나님이 예수님의 죽음이 우리 죄를 위한 의로운 죽음임을 인정하고 신원하시는 사건이다. 그리고 잠시 보류했던 하늘 영광을 다시 되돌려주고 회복시키는 사건이다.

지금 예수께서는 지상사역을 감당하지만 조만간 십자가에 달려 죽으시고 다시 살아나신 후 부활 승천하실 때가 되면 이제 예수님이 모든 영광을 받으시고 이후 성전이 무너질 때가 다가온다. 한 세대 안에 성전이 무너지는 일이 일어날 것이다. 성전이 무너지면 어떻게 되는가? 바로 새로운 성전이 세워지는데, 그것이 바로 예수 그리스도의 몸된 교회가 된다.

셋째, 그때에 천사들을 보내 자기가 택하신 자들을 땅끝으로부터 하늘 끝까지 사방에서 모으리라고 말씀하신다. 여기 주목할 단어가 두 개가 있다. 먼저는 '천사'다. 헬라어로 '앙겔로스'인데, 이는 두 가지 의미가 있다. 첫째는 메신저, 사절, 또는 대사(ambassador)를 말한다. 둘째는 천상의 존재인 천사다. 성전이 무너질 때가 되면 하나님이 메신저를 보내 택하신 자들을 모으신다. 성전이 무너지면 새로운 성전의 주인이 되시는 주님을 믿어야 하는 시대가 찾아온다. 이것은 교회의 활발한 복음전파 사역을 의미한다. 성전이 무너지면 천사 곧 사자들이 온 세상에 퍼져나가 예수 그리스도의 복음을 증거하는 때가 온다는 것이다.

이런 면에서 우리는 '모으리라'는 단어에 주목할 필요가 있다. 여기 모은다는 것은 한 번에 공중으로 데려간다는 뜻이 아니다. 헬라어로는 '에피쉬나고'인데, '에피'는 전치사로 '~위에'라는 뜻이고, '쉬나고'는 '모인다, 모으다'는 뜻을 갖는다. 유대 회당을 시나고그

(synagogue)라고 한다. 여기 모으는 것은 예배를 위해 성도들을 모으는 것이다.

신명기 30장 4절은 "네 쫓겨간 자들이 하늘 가에 있을지라도 네 하나님 여호와께서 거기서 너를 모으실 것이며"라고 예언한다. 여기서 모으는 것은 회당을 대체하는 그 위에 세워진 새로운 모임을 말한다. 이는 곧 교회를 의미한다. 그러니까 성전이 무너지면 사방에 일꾼들이 퍼져나가 각처에서 교회를 세우는 일들이 일어난다는 것이다. 사도행전을 보면 우리는 이런 일들을 볼 수 있다. 예루살렘 교회가 핍박받으니 성도들이 사방으로 흩어져 복음의 메신저가 되어 복음을 전하고 각처에 교회를 세운다.

예루살렘 성전이 무너지고 나면 이스라엘은 깊은 영적 암흑기를 맞이하게 될 것이다. 이때 주님은 그의 몸된 교회를 세우셔서 세상에 진리의 빛을 비추게 하실 것이다. "일어나라 빛을 발하라 이는 네 빛이 이르렀고 여호와의 영광이 네 위에 임하였음이니라"는 이사야 60장 1절의 말씀이 성취되기 시작하는 것이다.

예수님이 안 오신다는 것이 아니다. 예수님은 분명 다시 오신다고 약속하셨다.

> "주께서 호령과 천사장의 소리와 하나님의 나팔 소리로 친히 하늘로부터 강림하시리니 그리스도 안에서 죽은 자들이 먼저 일어나고 그 후에 우리 살아남은 자들도 그들과 함께 구름 속으로 끌어올려 공중에서 주를 영접하게 하시리니 그리하여 우리가 항상 주와 함께 있으리라"(살전 4:16-17). 아멘.

마지막 때는 분명히 이런 역사가 일어난다. 하지만 오늘 우리가 읽은 마가복음 본문은 성전의 멸망과 함께 새롭게 이 땅에 빛으로 세워질 교회에 대한 말씀이다. 예수께서 13장에 계속해서 줄기차게 하시는 예언이 무엇인가? 기존 유대인의 성전이 무너진다는 것이다. 낡은 성전 체제로 이스라엘은 더 이상 소망이 없다는 것이다. 성전 멸망이 사실 예수께서 하셨던 중요 예언이다. 이것은 이제 예수께서 가져오실 새 시대의 새 질서에서는 그리스도를 주로 모시고 그분의 통치 아래 함께 교회로 사는 것이 매우 중요함을 말씀하는 것이다. 이제는 그리스도의 몸을 이루며 사는 시대가 되었다.

이제 우리는 강남스타일로 살 것이 아니라 바디 스타일로 살아야 한다. 그리스도의 몸으로 사는 스타일, 바디 스타일이다. 그리스도의 몸된 교회를 이루는 이곳에 주님이 함께하시고 하늘의 영광이 머물게 된다. 이런 교회에는 그리스도의 사랑과 진리를 전파하는 놀라운 능력이 나타나게 된다. 그래서 로핑크라는 신학자는 이런 교회 공동체를 '대조사회' (contrast society)라고 표현했다.[44]

우리는 우한에 있는 성도들을 위해 기도해야 한다. 그곳에 있는 목회자와 교회를 위해 기도해야 한다. 서로가 서로를 밀어내고 배척하고 탓하는 이런 이기적인 분위기 속에 교회가 이들의 빛이 되고 희망이 될 수 있기를 기도해야 한다. 더 나아가 우리도 이런 사랑과 빛과 진리의 공동체가 되도록 기도해야 한다.

유세비우스의 교회사에 보면 초대교회 성도들의 사랑을 이렇게 기술하고 있다. 주후 260년 제국에 페스트, 곧 흑사병이 창궐했을 때 제국의 모든 사람은 살기 위해 병들어 앓기 시작한 사람을 쫓아냈고 배척했다. 숨이 끊어지지 않은 사람을 길에다 내버렸고, 죽은 자들을 매장해주지도 않았다. 어떻게든 죽음을 피해가려고만 했다. 지금이랑 똑같다. 그런데 초대교회는 이런 혼란 중에 서로를 격려하며 넘치는 사랑으로 끊임없이 병자들을 돌아보고 두려워하지 않고 서로의 필요를 공급하였다. 그런 가운데 치료가 되기도 하고 또 서로의 품에 안기어 먼저 하나님 나라로 가기도 했다. 이들 중에는 장로, 집사와 같은 직분자도 있었고 많은 칭찬을 받는 성도들도 있었다.

이런 교회의 모습은 당시 두려움에 질려 있는 로마제국에 커다란 충격을 주었다. 그리고 로마는 한 세대가 지나지 않아 기독교를 공인하고 복음으로 하나 되는 역사가 일어났다.

요즘 불안하다. 두렵다. 그러나 이런 가운데서 주님 없이 더 두려워하는 이들을 품고, 이들에게 복음을 증거하고 주님의 사랑으로 품어주어 생명이 살아나는 귀한 역사가 일어나길 기도하자. 섬김의 자리로 나아가자.

[61장 각주]

41) 한경닷컴 뉴스룸, "'우한 폐렴' 단어 쓰지 말라는 청와대?…'신종 코로나 바이러스' 사용 권고", 한국경제, 2020. 1. 28.
42) "에드워드 사피어", "사피어-워프 가설", 위키백과.
43) 오형규, "2020년판 한국 사회 '신어 사전'", 한국경제, 2020. 1. 31.
44) 게르하르트 로핑크, 정한교 역, 「예수는 어떤 공동체를 원했나」(서울: 분도출판사, 1985).

62 Chapter 62. Mark 13:28-31

무화과나무의 비유를 배우라

[28]무화과나무의 비유를 배우라. 그 가지가 연하여지고 잎사귀를 내면 여름이 가까운 줄 아나니 [29]이와 같이 너희가 이런 일이 일어나는 것을 보거든 인자가 가까이 곧 문 앞에 이른 줄 알라. [30]내가 진실로 너희에게 말하노니 이 세대가 지나가기 전에 이 일이 다 일어나리라. [31]천지는 없어지겠으나 내 말은 없어지지 아니하리라.

본문의 무화과나무 비유 말씀은 시한부 종말론을 주장하는 이들이 자신들 주장을 뒷받침하기 위해 이용하는 핵심적인 성경 구절이다. '시한부' 라는 말이 무슨 뜻인가? 어떤 일에 대해 일정한 시간의 한계를 둔다는 뜻이다. 언뜻 들으면 상당히 그럴듯하다. 그러나 자세히 파고들고 가면 허황된 주장이다.

대표적인 사례가 1992년 우리나라에 시한부 종말론 열풍을 몰고 왔던 다미선교회다. 이들은 1992년 10월 28일 24시에 예수께서 재림한다고 주장하며 우리나라뿐만 아니라 해외에 있는 한인 성도들까지 들썩이게 했다. 당시 전국 250여 개 교회, 2만 명의 성도가 이 가르침을 추종해서, 1992년 10월 28일 휴거를 맞이하려고 모두 흰옷을 입고 다미선교회 회원교회로 소속된 전국 166개 교회에 집결했다. 또 다미선교회의 본부인 서울 마포구에 위치한 다미선교회에는 약 1,500명이 운집했다. 이중에서 500명은 휴거에 참여하려고 미국, 일본, 캐나다 등지에서 온 해외교포였다. 다미 선교회 건물 내부 뒤쪽 벽에는 예전부터 휴거 카운트 몇 십 며칠이라는 글씨를 써 놓았다. 이 휴거를 취재하려고 우리나라 주요 방송사들과 미국 CNN, 일본 아사히TV 등 해외 방송사들까지 나왔다. 이때 다미 선교회를 이끌던 대표는 이미 약 한 달 전인 9월 24일에 서울중앙지방검찰청에 의해 사기 및 외환관리법 위반 혐의로 구속되었다. 하지만 대표가 없어져도 시한부 종말론에 대한 이들의 믿음은 흔들리지 않았다.

1992년 10월 28일 12시, 휴거를 기다리기 위해 예배를 인도하던 이는 미국에서 온 교포 목사였다. 자정이 되자 신도들과 함께 간절히 소리 높여 기도를 인도하였다. “제발 저희를 들어 올려주소서!” “아멘!” “제발 저희를 들어 올려주소서!” “아멘!” “제발 저희를 들어 올려주소서!” “아멘!” 이때의 아멘은 거의 절규에 가까웠다. 그러나 12시가 지나도 아무 일도 일어나지 않았다. 20분쯤 지나자 목사가 나와서 선포했다. "여러분, 휴거가 없었습니다…. 사과합니다." 얼마나 황당했겠는가? 주님이 이때 오신다고 해서 직장을 그만두고, 학교를 때려치우고, 해외에서 비행기 타고 여기까지 날아왔는데 결국 속은 것이다. 모인 이들은 허탈감과 상실감과 분노와 수치심에 어쩔 줄 몰랐다. 그날 밤 모두 서둘러 귀가했고 4~5년간 전국 교회와 사회를 혼란으로 몰아넣었던 1992년 10월 28일 시한부 종말론은 이렇게 끝나고 말았다.

이렇게 허탈하게 끝날 시한부 종말론에 어떻게 이렇게 많은 이들이 따를 수 있었을까? 여러 이유가 있겠지만 그중에서 중요한 두 가지 요인이 있다. 하나는 직통계시고, 다른 하나는 직통계시를 입증한다고 주장하는 왜곡된 성경해석이다.[45)]

먼저, 직통계시의 문제를 살펴보자. 다미선교회가 종말론 열풍을 주장할 수 있던 가장 강력한 동기가 직통계시다. 다미선교회를 이끌었던 이장림 목사 주변에는 늘 하나님께 직접 음성을 듣고 환상을 보고 천국을 수시로 드나드는 직통계시를 받는 이들이 40명 정도가 있었다. 그중에는 초등학교 저학년 학생도 있었고, 중학생도 있었고, 전도사, 목사, 평신도도 있었다. 이들은 모여 하루에 거의 12시간 온종일 예배드리고 기도하면서 하늘에서 내리는 직통계시와 환상을 보았다. 1992년에 온다는 것을 여러 가지로 알려주신다는 것이다. 심지어 어떤 학생은 투시의 은사를 받았는데, 사람을 보면 그 사람이 휴거하여 천국 갈 사람인지 아닌지가 보인다고 주장했다. 이 학생은 천국에 갈 사람을 보면 증표를 부적처럼 그려주어서 많은 관심을 끌었다. 이 부적은 알파벳과 아라비아 숫자가 조합된 모양이었다. 기도

중에 무엇인가 신기하고 새로운 것이 자꾸 들리고 보일 때 절제해야 한다. 그냥 따라가다가는 다른 영에 사로잡히기 쉽다. 이 다른 영은 지금도 우리 가운데 역사한다. 고린도후서 11장 4절 말씀은 고린도 교회의 성도들에게 너희가 받지 않은 '다른 영'을 받는 것을 너무나도 잘 용납한다고 책망한다.

둘째는 직통계시를 뒷받침하기 위한 성경해석인데, 그 핵심에 바로 이 무화과나무의 비유가 있다. 본문은 "무화과나무의 비유를 배우라"(막 13:28)며 시작한다. 비유는 풀이를 해야 하지 않겠는가? 이들은 무화과나무 비유를 다음과 같이 해석한다. 무화과나무는 이스라엘을 상징한다. 이스라엘의 가지가 연하여진다는 것은 겨우내 마른 가지였던 것이 다시 살아나 싹을 내기 위해 연해지는 것처럼 이스라엘이 다시 살아나는 것, 곧 이스라엘 국가의 독립을 의미하는 것으로 해석한다. 여기에 싹이 나고 거기에 잎사귀를 내기 시작한다. 이는 전 세계에 흩어져 있던 유대인들이 독립한 이스라엘로 귀환하는 것을 의미한다.

1985년 5월 24일에는 수단에 거주하는 유대인 12,000명이 귀환했다. 1991년에는 에티오피아에 거주하는 유대인 14,400명이 귀환했다. 또 공산권 붕괴로 구소련에 거주하던 260여만 명의 유대인 귀환이 급속히 진행되었고, 베를린 장벽의 붕괴와 구소련이 해체되면서 전 세계에 흩어진 유대인들이 속속 이스라엘로 귀환하였다. 시한부 종말론자들은 잎사귀를 낸다는 성경 비유 예언의 성취를 이와 같은 유대인 귀환으로 해석했다. 이런 일이 일어나는 것은 예수님의 재림이 임박한 징조라는 것이다.

"이와 같이 너희가 이런 일이 일어나는 것을 보거든 인자가 가까이 곧 문 앞에 이른 줄 알라. 내가 진실로 너희에게 말하노니 이 세대가 지나가기 전에 이 일이 다 일어나리라"(막 13:29-30).

이스라엘의 독립 이후 한 세대가 지나가기 전에 이 모든 일이 일어난다면 그때는 언제일까? 다미선교회에서는 한 세대를 51년으로 해석했다. 이들은 성경이 1세대를 50년으로 본다고 주장한다. 민수기 4장 3절을 보면 하나님의 성막에서 일할 사람의 연한이 30세부터 50세까지다. 하나님의 전에서 일하는 한 세대의 한계가 50년이라는 것이다. 게다가 토지를 원소유자에게 돌려주고 빚을 탕감하고 종을 놓아주는 희년이 50년마다 찾아온다. 그렇게 되면 한 세대는 50년이다.

그런데 미국에서 잘 알려진 TV 복음전도자이자 종말 예언자인 잭 밴 임피(Jack Van Impe) 박사는 마태복음 1장에 나오는 아브라함부터 예수님까지 42대의 평균 연령을 계산해보니 51.57세라고 했다. 소수점을 생략하면 51세가 된다. 자, 이스라엘이 독립한 것이 1948년이고, 한 세대가 51년이면 이것을 합치면 1999년이 된다. 이렇게 되면 2천 년 세대가 끝나는 때가 되고 이후 새로운 천년시대인 뉴 밀레니엄시대, 2천 년 이후의 천년왕국이 펼쳐진다. 세상이 1999년에 끝나면 그 이전에 휴거와 7년 대환란이 있게 될 텐데, 그러면 1999년부터 7년을 빼야 한다. 그러면 1992년이 되고 따라서 주님의 재림과 휴거가 1992년에 일어난다는 것이다. 게다가 세기의 예언자라고 하는 노스트라다무스도 1999년에 세상이 망할 것이라고 예언했다고 주장했다.

하지만 그럴듯해 보이는 이런 주장을 살펴보면 그 근거가 상당히 취약하다. 먼저, 한 세대가 51년이라는 주장이다. 50년이면 50년이지 51년은 무엇인가? 한 세대가 50년이라는 주장은 성경적이지 않다. 제사장이 섬기는 연한이 50인 것은 한 세대가 50년이라는 것이 아니라 제사장이 건강하게 일할 수 있는 은퇴 연령을 말하는 것이다. 한 세대라고 하면 한 사람이 살아갈 전 생애를 포괄해야 한다. 게다가 희년이 한 세대라는 것은 성경적으로 명확하지 않다. 희년은 희년이고 세대는 세대다. 희년을 한 세대로 계수해야 한다는 성경 구절은 어디에도 나오지 않는다. 그런데 여기에 왜 1년이 붙는가? 그것은 잭 밴 임피라고 하는 성경 연구가가 예수님 족보 세대를 계산해보니 한 세대의 평균이 51세라는 주장을 더한 것이다. 하지만 잭 밴 임피는 가짜 박사학위와 비성경적인 종말 예언으로 미국에서 강하게 비판받던 인물이다. 그가 계산한 51세는 근거가 분명하지 않다. 왜냐하면 예수님의 족보에 나오는 인물들의 나이가 성경에 다 정확하게 나오지 않기 때문이다. 결국 추측과 허구를 결합해서 만든 계산에 불과한 것이다. 그런데 왜 이 주장을 가져왔을까? 그것은 1999년 종말과 연계할 때 1992년 예수 재림과 휴거를 주장하기에 그럴듯하기 때문이다.

여자 하나님을 믿는 한 이단 단체는 무화과나무 비유를 해석하면서 한 세대를 40년으로 계산했다. 1948년 독립, 1세대 후면 1988년이다. 1988년에 오시는데 이 땅의 모든 사람이 다 보는 데서 오신다면 그것은 세계인의 체육잔치, 1988년 서울 올림픽 폐막식이 된다. 그래서 그 이단 단체의 주장을 신봉하던 사람들은 올림픽 폐막식 티켓을 사가지고 휴거되려고 폐막식에 참석했다가 불발한 적이 있다. 최근 한 세대를 80년으로 보고 예수님이 2028년에 오신다고 하는 어떤 단체의 주장이 다시 고개를 들고 있다. 이는 시편 90편 10절에 보면 우리의 연수가 70이요, 강건하면 80이라고 말씀한 것을 기반으로 한 것이다. 그러나 이것은 우리의 연수를 말한 것이지 한 세대가 80이라는 근거가 되지 못한다.

성경에 조금 언급되면 무조건 끌어당기는 아전인수격 해석을 우리는 '자의적 해석'이라고 한다. 그래서 우리는 성경을 해석할 때 직통계시와 아전인수격 해석을 매우 주의해야 한다. 신앙생활은 공동체로 하는 것이고 바른 성경해석과 바른 신앙생활은 교회의 지도를 받아야 한다.

그렇다면 본문이 말씀하는 무화과나무 비유의 바른 해석은 무엇일까? 먼저 무화과나무의 비유를 배우라는 말씀의 뜻을 잘 이해해야 한다. 비유라는 말의 뜻이 무엇인가? 빗대어 쉽게 설명하는 것이다. 낫 놓고 기역 자도 모른다. 기역을 쉽게 이해시키기 위해 낫을 놓고 설명하는 방식, 이것이 비유다. 그런데 비유가 어렵게 느껴질 때가 있다. 그것은 낫이 무엇인지 모를 때다. 어린아이가 시골에 한 번도 가보지 못했고, 낫이 무엇인지 보지 못했다. 그러면 낫이 무엇인지 모르게 되고 그러면 정말 낫 놓고 기역 자도 모르게 된다. 이럴 때 비유가 매우 어렵게 느껴진다.

비유가 어렵게 느껴질 때 우리가 쉽게 빠지는 해석의 오류는 알레고리적 해석방식이다. 알레고리적 해석이란 비유의 단어 하나하나의 뜻을 풀이하는, 일종의 비유 단어를 풀이하는 방식이다. 무화과나무는 무엇인지, 가지가 연하여지는 것은 무엇인지, 잎사귀는 무엇인지, 여름은 무엇인지 하나하나 대조해서 푸는 것이다. 여기서 우리는 우리에게 다소 생소한 무화과나무를 좀 더 구체적으로 이해할 필요가 있다. 무화과나무는 겨우내 모든 잎이 떨어져 앙상한 마른 가지로 있다가 봄이 되면 가지가 연해지고 싹이 나기 시작한다. 가지에 잎이 돋아나면서 처음 열매를 맺기 시작하는데, 이 첫 열매를 '파게'라고 한다. 예수님이 들르셨던 동네 '벳바게'가 바로 이 무화과나무가 많이 나는 동네였다. '베트' 하면 집이고, '파게' 하면 무화과나무의 첫 열매를 말한다.

파게가 나는 때가 3~4월이다. 파게가 열리면 '아, 이제 여름이 오겠구나' 하고 생각한다. 곧 날이 더워지고 나뭇잎이 커지고 그러면 5~10월 사이에 잘 익은 무화과 열매인 테에나를 네 차례 정도 반복해서 맺는다.[46] 여름이 되고 뜨거운 햇볕을 받아 과일에 당분이 많이 생기고 맛있게 익는다. 이렇게 맛있는 열매가 맺히면 이스라엘의 건기인 여름이 본격적으로 시작되고, 11월이 되면 무화과의 유액이 흘러나와서 끈적거리고 흙먼지가 열매와 잎사귀에 달라붙어 지저분하게 보이는데, 이때가 가을이다. 따라서 무화과나무는 그 상태에 따라 봄, 여름, 가을, 겨울을 뚜렷이 보여준다. 마치 동백꽃이나 벚꽃이 피는 것을 보고 계절을 이해하는 것처럼 무화과나무의 열매는 사계절을 알리는 신호와 같다.

이스라엘은 여름이 지나면 한 해가 끝나는 것으로 여겼다. 이스라엘력으로 새해는 9월 말, 10월에 시작하는 티슈리월이다. 티슈리월이 시작되면 나팔을 부는 나팔절이 시작되고 10일 후에는 대속죄

일이 찾아온다. 새해를 회개로 시작하는 것이다. 그래서 무화과나무 잎이 무성하고 본격적인 열매가 맺히면 여름이 가까운 줄 알게 되고, 그러면 '아, 올 한해도 끝이네, 얼마 남지 않았네.' 이렇게 짐작하게 된다. 본문의 무화과나무 비유의 이해에는 이런 배경지식이 필요하다.

본문을 살펴보면 무화과나무 비유의 바른 이해를 위해서는 단어 하나하나의 뜻을 푸는 것이 중요한 것이 아니라 무화과나무 비유가 빗대어 말하는 전체 내용을 파악하는 것이 중요하다는 것을 깨닫게 된다. 그것을 보여주는 것이 29절의 '이와 같이' 라는 표현이다. '~같이' 는 비유법 중에서 직유법이라고 한다. 우리가 앞서 '무화과나무는 이스라엘이다' 라고 하면 은유법이다. 'A는 B다' 라는 공식은 알레고리적 해석으로 치닫게 한다.

그런데 여기서는 이런 은유법이 아니라 '직유법' 이다. 특히 직유법은 대표적인 속성에 대한 유사함을 나타낸다. 대표적인 속성이라면 여기서 무화과나무가 자라는 특성을 말한다. 가지가 연해지고, 잎사귀가 나면 "아, 여름이 가까워지는구나!" 하고 깨닫는 것처럼 29절에 "이와 같이" 너희가 이런 이들이 일어나는 것을 보거든 인자가 가까이 곧 문 앞에 이른 줄 알라는 것이다. 여기 인자에 난하주 1번을 보면 인자 대신 '때가' 가까이 이른 줄로 알라고 되어 있다. 인자가 가까이 온 것도 되고 때가 가까이 온 것도 되는가? 헬라어 원문은 3인칭 be동사에 해당하는 'estin' 이 사용되었다. 이는 'it is' 도 되고, 'he is' 도 된다. 문맥으로 볼 때는 여름과 같이 때가 가까이 온 줄 알라는 것이 자연스러운 해석이다.

이상의 것들을 고려하면 우리는 비로소 무화과나무의 비유를 바로 이해할 수 있게 된다. '이와 같이'는 무화과나무가 연해지고 잎사귀를 내면 "아! 본격적으로 여름이 가까이 오는구나" 하고 깨닫는 것처럼을 말한다. 이런 것처럼 "너희가 이런 일이 일어나는 것을 보거든"(막 13:29), 즉 성전 멸망의 여러 징조를 보거든 곧 때가 가까이 왔구나 하고 알라는 것이다. 여기서 때는 성전 멸망의 때를 말한다. 이것을 누가복음은 좀 더 분명하게 말씀한다.

"이와 같이 너희가 이런 일이 일어나는 것을 보거든 하나님의 나라가 가까이 온 줄을 알라"(눅 21:31).

성전이 멸망하고 예수님의 십자가와 부활로 새롭게 시작하는 하나님 나라가 가까이 온다는 것이다. 이것을 누가복음 21장 20절은 "너희가 예루살렘이 군대들에게 에워싸이는 것을 보거든 그 멸망이 가까운 줄을 알라"고 말씀한다.

예수님은 본문에 "이 세대가 지나가기 전에 이 일이 다 일어나리라"고 말씀하며 "천지는 없어지겠으나 내 말은 없어지지 아니하리라"(막 13:31) 말씀한다. 이 말씀은 이미 예수님의 말씀을 듣던 제자들의 세대에 성전 멸망으로 성취되었다. 아직 이 말씀의 성취를 기다리고 있다면 그것은 성경을 오해하고 있는 것이다.

이런 것을 보면 우리는 말씀을 많이 읽는 것도 중요하지만 바른 신학과 바른 이해 위에 우리의 신앙을 세우는 것이 얼마나 중요한지 모른다. 지금도 이런 해석이 난무하고 성도들을 두렵게 하고 혼란스럽게 만든다. 사실 무화과나무 비유를 바로 이해하면 깨닫게 되는 것이 무엇인가? '아, 그래서 그 성취로 주님께서 우리에게 주신 것이 교회구나' 하는 것이다. 성전이 무너지자 하나님은 새로운 대안으로 두세 사람이 예수 그리스도의 이름으로 모인 이곳에 하나님의 임재가 함께하는 교회를 주셨다. 주님이 다시 오실 때까지 이곳에서 함께 천국을 이루어가며 주님의 임재를 세상에 드러내라고 부름받은 것이다. 이제 우리는 바른 진리 위에 주님의 교회를 더욱 든든하고 건강하게 세워가며 방황하는 많은 영혼을 주님 앞으로 인도하는 복된 성도로 서야 한다.

[62장 각주]

45) 강용규, "1992년 10월 28일 재림론 20년, 비판적 평가", 〈신학지남〉 제79권 제4집 (2013. 6.), 206-262쪽.
46) 류모세, 「열린다 성경: 식물이야기」(서울: 두란노, 2008), 36-37쪽.

63 Chapter 63. Mark 13:32

아들도 모르고 아버지만 아시느니라

32그러나 그날과 그때는 아무도 모르나니 하늘에 있는 천사들도, 아들도 모르고 아버지만 아시느니라.

미국에서 바이러스가 한 공간 안에서 어떻게 퍼져가는지 실험한 적이 있다.[47] 약 80명이 근무하는 회사 출입문 손잡이에 생존력이 감기와 비슷한 형광물질을 붙인 바이러스를 발라놓았다. 4시간이 지나 형광 검색기로 회사를 살펴보았더니 불과 4시간 만에 거의 모든 직원의 컴퓨터 자판과 전화기, 화장실 손잡이 등 닿은 곳마다 '형광 바이러스'가 관찰됐다. 또 바이러스를 커피잔 손잡이에도 묻혔다. 그러자 커피 마신 사람 절반의 호흡기에서 바이러스가 검출됐다.

사람은 일상생활 중에도 끊임없이 손을 움직인다. 그중에서 손으로 입, 코, 눈을 만지고 얼굴을 만진다. 만지기만 하는가? 비비고, 파고, 더 나아가 후벼 판다. 그 빈도수를 측정해 봤더니 한 시간에 평균 16회나 된다. 바이러스를 옮기는 데는 시속 160km로 날아가는 침방울보다 손이 더 빠르다고 한다. 손은 병원균을 옮기는 매개체이자 숙주이고, 바이러스를 옮기는 가장 큰 주범이다.

구한말 우리나라에 가장 창궐했던 전염병은 콜레라였다. 당시 조선에서는 이것을 '호열자'(虎列刺)라고 불렀다. 호랑이가 물어뜯는 고통과 같다는 뜻이다. 콜라라 균에 감염되면 심한 설사와 중증 탈수가 빠르게 일어나고, 제대로 치료받지 못하면 치사율이 무려 50%를 넘게 된다. 이때 제중원 의사이자 선교사로 왔던 올리버 에비슨 선교사는 전국에 다음과 같은 공고문을 발송해서 붙였다.[48]

"콜레라는 세균에 의해 발병됩니다. 균이 우리 몸에 들어오면 수가 급격히 증가해 병을 일으킵니다. 병에 걸리지 않으려면 음식을 반드시 끓이고 그 음식이 감염되기 전 먹기만 하면 됩니다. 갓 끓인 숭늉을 마셔야 합니다. 찬물을 마실 때도 끓여서 깨끗한 병에 넣어 둬야 합니다. 식사 전 반드시 손과 입안을 깨끗하게 씻으십시오. 이를 준수하면 콜레라에 걸리지 않습니다."

구한말, 우리나라에 기독교가 들어오면서 마치 바이러스같이 끊임없이 퍼져 나간 것이 있다. 바로 시한부 종말론이다. 한창 창궐하다가 불발되면 다시 수그러들고, 그러다 사회가 불안하고 위태하면 어느 사이 다시 고개를 들고 창궐하다가 또다시 불발되어 수그러든다. 시한부 종말론에 감염되어 치명적인 상태가 되면 일상에서 하던 일들을 다 팽개치게 된다.

여러 이단이 가정을 저버리고 이혼도 불사하는 이유는 이단들의 중독성 있는 잘못된 교리 안에 대부분 시한부 종말론이 있기 때문이다. 그래서 성도들은 이 잘못된 바이러스를 끊임없이 부지런히 닦아내야 한다. 그렇지 않으면 조금만 불안해도 다시 고개를 들고 일어나 사람들을 시한부 종말론으로 몰아간다. 코로나 19가 빠르게 퍼져나가며 사망자가 급증하자 사람들은 공포에 사로잡혀 이를 계시록의 성취로, 종말의 징조로 해석하며 이제 몇 년 안 남았다는 식의 시한부 종말론이 다시 일어나기 시작한다. 시한부 종말론이 퍼져나갈 때 이를 예방하고 치료하는 가장 중요한 핵심적인 구절이 바로 본문 말씀이다.

"그러나 그날과 그때는 아무도 모르나니 하늘에 있는 천사들도, 아들도 모르고 아버지만 아시느니라"(막 13:32).

본문 말씀은 그날과 그때는 아무도 모르고, 하늘에 있는 천사들도, 그리고 심지어 아들도 모른다고 한다. 여기서 '그날'은 문맥의 흐름상 1차적으로는 성전 멸망의 심판 날을 뜻한다. D-Day는 오직 아버지만 아신다. 물론 이 말씀을 주님이 다시 오실 재림으로 적용해도 마찬가지다. 그날과 그때는 아무도 모르고, 심지어 아들도 모른다.

마가복음에서 '아들'은 하나님의 아들 성자 예수님을 강조하는 말이다. 지금까지는 사람들의 입에서 한번도 제대로 고백된 적이 없는 이 표현은 예수께서 세례받을 때(막 1:11), 또 변화산에서 변모하실 때(막 9:7) 하나님이 친히 "이는 내 사랑하는 아들이요 내 기뻐하는 자"라고 확증하며 말씀하신 표현이다. 따라서 여기 '아들'은 하나님의 아들 예수 그리스도를 의미하는 마가복음에서 매우 비중 있고 중요한 단어다.

교회사적으로 이 말씀은 성경을 연구하던 교부들뿐만 아니라 시한부 종말론자들에게 상당히 충격적인 말씀이었다. 아니, 어떻게 아들은 모르고 아버지만 알 수 있을까? 성부, 성자, 성령 삼위일체 하나님은 독립된 위격인 동시에 한 본질인데, 삼위 하나님 중 한 분인 예수님이 모른다는 것에 많은 이가 당황하였다. 일부 교부들은 헬라어 원문에 아리우스파가 고의로 '아들도 모르고'라는 구절을 삽입한 것이라고까지 주장했다. 아리우스파는 주후 250년경 예수님을 하나님으로 인정하지 않고 유사본질로 보았다가 이단판정을 받았던 이단 분파였다. 이 구절의 당황스러움으로 인해 어거스틴과 같은 교부들을 비롯한 많은 해석자가 이 구절을 본래 예수님은 그때를 알고 있었지만 제자들에게 알고 있음을 알리지 않으신 것뿐이라고 해석했다. 그래서 이 말씀을 아들이 모른다는 뜻이 아니라 아들은 본래 알고 있었다는 쪽으로 해석하기 시작했다.

1992년 10월 28일 예수님이 오신다고 주장했던 다미선교회 또한 이런 식으로 주장했다. 이들은 「1992년의 열풍」이라는 책을 내고, 예수님이 모르실 리가 없다고 주장하였다. 원래부터 예수님은 실제로 언제 오실지를 정확히 알고 있을 뿐만 아니라 그 날짜를 자신들에게

특별히 계시해주신다고 주장하였다. 이들이 주장하는 근거는 다음과 같다.[49]

첫째, 마태복음 16장 3절에서 예수님은 "날씨를 분별하듯이 시대의 표적을 분별하라"고 하셨다.

둘째, 예수께서는 무화과나무의 비유를 통해 1948년에 일어난 이스라엘의 독립을 말씀하시며, 가지가 연하여지고 잎사귀를 내면 "인자가 가까이 곧 문 앞에 이른 줄 알라"(막 13:29)고 하셨다. "알라"는 말씀에는 예수님이 오시는 날을 "모르라"고 한 것이 아니라 "알라"고 하셨다는 의도가 있다.

셋째, 아모스 말씀에 "주 여호와께서는 자기의 비밀을 그 종 선지자들에게 보이지 아니하시고는 결코 행하심이 없으시리라"(암 3:7)고 하셨다.

넷째, 말세에는 사역자들이 성령을 받으면 환상을 보고 장래 일을 말할 것이라고 확실히 약속하셨다. "그 후에 내가 내 영을 만민에게 부어주리니 너희 자녀들이 장래 일을 말할 것이며 너희 늙은이는 꿈을 꾸며 너희 젊은이는 이상을 볼 것이며"(욜 2:28).

다섯째, "너는 내게 부르짖으라. 내가 네게 응답하겠고 네가 알지 못하는 크고 은밀한 일을 네게 보이리라"(렘 33:3)고 말씀하셨다.

여섯째, 때가 이르면 비유로 말씀하시지 않고 밝히 말씀해주시겠다고 약속하셨다. "이것을 비유로 너희에게 일렀거니와 때가 이르면 다시는 비유로 너희에게 이르지 않고 아버지에 대한 것을 밝히 이르리라"(요 16:25).

일곱째, 진리의 성령이 오시면 '장래 일'을 알려주시겠다고 하셨다(요 16:13).

여덟째, 본문에서 '아들도 모르고'는 아들이 정말 모른다는 뜻이 아니라 아들과 아버지를 구분하여 때와 시기에 대한 권한이 아버지에게 속한 것임을 강조하는 표현이다. 실제로 그때를 모르실 리는 없다. 만약 모른다면 삼위일체가 될 수 없다. 아모스 3장 7절을 근거할 때 예수께서는 그때를 정확하게 알고 계신다. 만약 예수님이 모른다고 하면 그것은 하나님의 절대 주권에 도전하는 불신앙적 태도이다. 하나님이 자기가 아는 비밀을 그의 종들에게 일러주는 것은 그분의 신성한 권한이다.

아홉째, 실제로 다미선교회 성도들에게 환상과 음성으로 알려주셨다.[50] 신림동에 사는 한 권사에게는 91년부터 재림의 징조가 보였고 92년에는 휴거가 일어나며, 92년 11월부터는 성령을 거둬간다는 계시를 받았다. 11월에 성령을 거두시면 10월에 재림이 있을 거라는 뜻이라고 한다. 서울에서 교사를 하는 한 성도는 입신해서 천국에 갔는데 천국의 생명강 물줄기에 1992년 10월이라는 글자가 나타난 것을 보았다. 인천에 사는 한 권찰은 "내가 92년을 넘기지 않겠다"는 주님의 음성을 들었다. 전남 여천시의 한 전도사는 낙도 선교가 너무 힘들어 "언제까지 이 고생을 해야 합니까?" 하고 묻자 주님께서 "92년까지 기다리라"고 하셨다. 인천의 한 교회 사모는 1992년 10월에 주님이 오신다는 것이 믿어지지 않아 의심하며 길을 가는데 갑자기 세밀한 주님의 음성이 들렸다. "딸아, 1992년 10월을 의심하지 말고 믿어라. 내가 데리러 오겠다." 하와이에 사는 한 장로는 매일 나가서 노방 전도를 하는데, 어느 날 와이키키 해변 앞에서 전도할 때 멕시

코 관광객 한 사람이 오더니 느닷없이 "당신, 예수님이 언제 오시는지 아느냐?"고 물었다. 이분이 너무 반가워 "당신은 언제 오시는지 아느냐?"고 하자 그 관광객이 92년이라고 대답했다. 너무 기뻐서 서로 얼싸안고 기쁨을 나누었다고 한다.

열째, 주님은 반드시 92년에 오신다는 것이다. 인천의 어느 한 아이는 기도 중에 주님께서는 '만일 안 오시면 어떡하지?' 라고 생각하는 사람들을 향해 주님은 '만일' 이란 말을 기뻐하지 않으시며, 만일의 사태를 생각하는 사람은 환난시대에 남게 될 것이라고 엄한 경고를 내리셨다고 한다. '만일 오시지 않는다면' 은 있을 수 없다는 것이다.

이런 주장을 어떻게 받아들여야 할까?

첫째, 날씨를 분별하듯 시대의 표적을 분별하라는 것은 날짜를 분별하라는 것이 아니다. 위기의 징조를 보고 깨어 있는 신앙생활을 하라는 뜻이다.

둘째, 인자가 문 앞에 온 것을 '알라' 는 것은 재림의 날짜를 알라는 것이 아니다. 성전이 곧 무너질 것을 대비하라는 뜻이다.

셋째, 하나님은 어떤 일을 행하기 전에 종에게 미리 약속하셨고, 또 말세에 성령을 받으면 환상을 보지만 하나님은 분명 아들도 모르고 아버지만 아신다고 하나님의 절대 주권에 두셨다.

넷째, 부르짖으면 크고 은밀한 일을 보여주신다고 했지만 재림 날짜를 알려주신다고 한 것이 아니다. 재림 날은 도리어 아무도 모른다고 강조하셨다.

다섯째, 때가 이르면 비유로 말씀하시지 않고 밝히 말씀하겠다고 하신 요한복음 16장 25절의 말씀은 예수님의 십자가와 부활의 구속 사건을 뜻하는 것이다.

여섯째, 요한복음 16장 13절에 진리의 성령이 오시면 장래 일을 알려주겠다고 하신 말씀은 재림 날짜가 아니라 장차 예수님이 지실 십자가와 부활사건을 가리킨다.

일곱째, 아들도 모른다고 하시면 아무리 우리가 이해할 수 없어도 아들도 모르는 것으로 믿고 받아들여야 한다. 성부, 성자, 성령은 독립된 위격이기에 모든 것을 함께 나누지만 하나님의 구원에 속한 절대 경륜은 성부 하나님께 돌려드린다. 그래서 모른다는 것은 정말 모르는 것이다. 그것을 예수님은 아시고, 부르짖는 자에게 그 비밀을 알려주신다고 하면 결국 비밀은 없는 셈이 된다. 혹 부르짖었더니 주님께서 날짜를 알려주셨다면 그것은 잘못들은 음성이다. 왜? 성경과 위배되기 때문이다. 기준은 성경이다. 그런데 너무 많은 이들이 성경에 역행하는 직통계시를 받고 주님이 내게 말씀하셨다고 하면서 너무 겁 없이 함부로 말하고 다닌다. 들린다고 다 주의 음성이 아니다. 말씀을 기준으로 깨어 분별하지 않으면 그것은 자칫 다른 영이 속삭이는 소리가 되는 경우가 참 많다. 어떤 사람은 '주님께서 말씀하시기를 이 땅을 사면 앞으로 몇 배가 오르고 많은 부를 안겨주실 것이라고 했다' 고 말한다. 주님은 그렇게 말씀하지 않는다. 성도는 하나님을 예배할 때 영과 진리로 예배해야 한다. 진리 빼고 영에만 의지해서는 안 된다. 이상한 영이 다가올 수 있다.

여덟째, 다미선교회에서 보고 들은 환상과 음성은 수백 가지가 되지만 결국 모두 다 빗나갔다. 환상과 음성은 다 빗나갈 수 있는 조심스럽고 위험한 것임을 우리는 깨달아야 한다. 오직 하나님의 진리 말씀만을 기준으로 삼아야 한다.

아홉째, 이들은 '만일 오시지 않으면 어떻게 하냐'는 말은 믿음 없는 말이고 주님은 반드시 오신다는 음성을 들었다지만 결국 정말 주님은 오지 않았다. 다미선교회의 경우 직통계시를 정당화하기 위해 말씀을 자의적으로 끌어와 꿰맞춘 것이다. 본문은 분명, 그날과 그때는 아무도 모른다고 말씀하셨다. 천사도 모르고 아들도 모른다. 만약 예수님이 안다면 천사도 안다는 말이 성립한다. 그럼 비밀이 아니고 이런 말씀을 하실 이유가 없다. 정말 모르는 것이다. 혹 천사가 나타나서 몇 년 며칠 몇 시에 주님 오신다고 하면 물리치기를 바란다. 모른다고 성경에 분명히 못 박은 것을 누군가 와서 알려주었다고 하고, 천사가 기별했다고 하고 그러면 안 된다.

설마 모르겠어? 하는 우리의 의심으로 성경을 해석하려고 하면 안 된다. 더 중요한 관점은 아들도 모른다고 했는데, 그렇게 하신 이유가 무엇일까에 집중해야 한다. 우리는 이것을 신학적 용어로 '존재론적 동등성과 경륜적 종속'(ontological equality but economic subordination)이라고 한다.[51]

아들도 모른다고 하면 '아들은 아버지만 못한가 보다'라고 생각하기 쉽다. 이단들은 여기서 더 나아가 아들은 아버지보다 못할 뿐 아니라 하나님이 아니라 모든 피조물보다 먼저 나신 첫 피조물이라고까지 주장한다. 다음의 구절은 이들의 주장을 정당화할 때 가져오는 구절들이다.

"그는 보이지 아니하는 하나님의 형상이시요 모든 피조물보다 먼저 나신 이시니"(골 1:15).

여기에 빌립보서까지 더하면 아들에 대한 신념이 흔들리기 쉽다.

"그는 근본 하나님의 본체시나 하나님과 동등됨을 취할 것으로 여기지 아니하시고"(빌 2:6).

예수님이 하나님과 동등되지 않다고 진술한다. 이것은 어떤 의미일까? 먼저, 예수께서 '먼저 나신 분'이라는 표현을 보자. 시편에는 "너는 내 아들이라, 내가 오늘 너를 낳았도다"(시 2:7)라는 표현이 있다. 여기서 '낳았다'는 것은 생물학적 출생이 아니다. 여기서는 경륜적 질서 가운데 아버지와 아들의 관계로 질서 지어짐을 말한다.

"갇힌 중에서 낳은 아들 오네시모를 위하여 네게 간구하노라"(몬 1:10).

여기서 '낳은 것'은 생물학적으로 낳은 것이 아니라 믿음의 아들과 믿음의 아버지라는 새로운 관계가 질서 지어진 것을 의미한다. 따라서 낳은 것은 창조, 생물학적 출생이 아니라 질서 지어짐이다. 따라서 '모든 피조물 중에 먼저 나았다'는 것은 모든 피조물이 창조되기 영원 전에 하나님과 예수님이 성부와 성자의 관계로 질서 지어졌다는 뜻이다. 그래서 성부와 성자의 관계 방식은 낳고 낳아지는 방식이다. 왜 아버지와 아들의 관계로 질서 지어졌을까? 이는 존재론적으로 동등되지만 바로 인류 구원을 위한 하나님의 구원경륜을 성취하기 위해서다. 그것을 잘 보여주는 것이 빌립보서 2장 6절이다.

예수 그리스도는 근본 하나님의 본체시나 동등됨을 취하지 않으셨다. 여기 취했다는 것은 난하주 2번에 보면 보류했다고 말씀하신다. 동등됨을 보류하셨다. 왜? 하나님의 구원역사를 위해서다. 그래서 2장 7절을 보면 자기를 비워 종의 형제로 성육하셨고, 8절에는 죽기까지 복종하셔서 십자가에 죽으셨다. 왜? 우리의 구원을 위해서. 하나님이신 그분이 구원경륜을 위해 죽기까지 성부께 순종하신 것이다. 그러자 성부 하나님은 성자의 십자가 대속역사 이후 그를 지극히 높여 모든 이름 위에 뛰어난 이름을 주고 11절에 모든 입으로 예수 그리스도를 '주'라 부르게 하여 하나님 아버지께 영광을 돌리게 하셨다.

여기 '주'라는 말은 히브리어로는 아도나이인데, 이것은 구약의 여호와 하나님을 가리키는 표현이었다. 즉 예수께서 하나님임을 말씀하는 것이다. 존재적으로 동등하지만 하나님의 구원 경륜을 위하여 복종하신 것이다.

그렇게 볼 때 본문의 "그날과 그때는 아들도 모르고 아버지만 아신다"는 것은 성부 하나님의 구원경륜을 위하여 성자가 경륜적으로 복종하고 계심을 의미한다. 이것이 하나님의 구원경륜을 이루는 데 합당하다. 세상의 종말이 아무도 모르고 오직 하나님의 경륜 아래 있을 때 비로소 우리는 성도가 진정 깨어서 신앙생활을 한다는 것이 무엇인지 깨닫게 된다. 그것이 바로 다음 문단(막 13:33-37)의 말씀이다.

그날을 안다고 선전하며 세상을 혼란스럽게 하고 실패했던 수많은 시한부 종말론의 사례가 있다. 그런 폐해로 빠지지 말고, 우리는 건강하게 깨어 있는 신앙으로 서야 한다. 그것이 바로 '존재론적 동등성과 경륜적 종속'이 건강하게 작동하는 방식이다.

이렇게 볼 때 우리는 하나님의 구원역사를 위하여 겸손하게 주님의 때를 기다리며 기꺼이 우리 자신을 쳐서 복종시켜야 할 필요가 있다. 내가 혈기를 부릴 수 있고 신경질을 낼 수 있지만 하나님의 구원경륜을 위하여 배우자를 참아주고 배우자에게 순종하며 자녀들을 참아주어야 한다. 그분의 때에 반드시 이루실 것이다. 이런 소망을 갖고 오늘을 인내하고 순종하며 담대히 나아가는 성도로 서기를 힘쓰자.

[63장 각주]

47) 김철중, "[만물상] 손 씻기 위력", 조선일보, 2020. 2. 15.

48) 장창일, "'손 씻으세요' 한 마디로 125년 전 조선을 구하다", 국민일보, 2020. 2. 18.

49) 이장림, 「1992년의 열풍」(서울: 도서출판 광천, 1990), 61-63쪽.

50) 위의 책, 42-50쪽.

51) 양형주, 「바이블 백신 1」(서울: 홍성사, 2018), 134쪽.

64 Chapter 64. Mark 13:33-37

시스템으로 깨어 있으라

33 주의하라. 깨어 있으라. 그때가 언제인지 알지 못함이라. 34 가령 사
람이 집을 떠나 타국으로 갈 때에 그 종들에게 권한을 주어 각각 사
무를 맡기며 문지기에게 깨어 있으라 명함과 같으니 35 그러므로 깨어
있으라. 집 주인이 언제 올는지 혹 저물 때일는지, 밤중일는지, 닭 울
때일는지, 새벽일는지 너희가 알지 못함이라. 36 그가 홀연히 와서 너
희가 자는 것을 보지 않도록 하라. 37 깨어 있으라. 내가 너희에게 하는
이 말은 모든 사람에게 하는 말이니라 하시니라.

연일 계속되는 코로나 19 사태로 '사회적 거리두기' 라는 말은 이제 꽤 익숙한 용어가 되었다. '사회적 거리두기'는 어느덧 우리 사회가 이전과는 다른 방식으로 사회생활을 전환해야 하는 변화를 일컫는 말이 되었다. 얼마 전까지만 해도 우리는 인사할 때 상대방의 얼굴을 보고 환하게 웃으며, 이를 씩 드러내고, 또 악수도 힘 있게 했다. 때로는 친밀감을 표현하기 위해 허그도 했다. 그러나 이제는 이를 드러내면 안 된다. 아예 입과 코, 호흡기를 마스크로 막은 채로 눈만 보며 인사해야 한다. 악수도 하지 않는다. 정 하고 싶으면 주먹과 주먹을 마주치는 범핑 정도다. 거리도 좀 떨어져서 인사한다. 가능한 한 사람들과 직접적인 접촉을 피하고 거리를 두는 것이다.

이런 사회적 변화를 예고한 분이 있었다. 서울대 소비자학과의 김난도 교수다. 김난도 교수는 「트렌드 코리아 2018」년에서 앞으로 다가올 소비 트렌드의 변화로 '언택트 기술'을 예측한 바 있다. '언택트' 하면 접촉하다는 의미의 '콘택트'의 반대되는 단어로 '비대면'이라는 말로도 사용한다. 비대면 기술이면 음식점에 가서 주문도 키오스크, 셀프 주문대에서 화면을 터치하여 주문하고, 쇼핑몰에도 직접 가지 않고 스마트폰 어플을 통해 배송 서비스로 주문한다. 전에는 자동차 보험이나 이런 것들을 상담을 통해서 했다면 이제는 인터넷 상품을 통해 다이렉트로 한다. 이렇게 언택트 기술이 기반이 되어 사회가 세워져 가면 이런 사회는 언택트 사회가 된다. 함께 모여 살지만 가능한 한 서로 마주치지 않고 모이지 않고 사는 사회가 되는 것이다. 이런 것이 가능하게 하려면 크게 두 가지 변화가 따라야 한다.

먼저는 언택트가 가능하도록 언택트 기술이 개발되어야 한다. 이런 것은 스마트폰, 인터넷 기술, 5G 기술, 쇼핑몰, 택배 시스템 등이 발전하면서 이미 기반이 마련되었다. 둘째는 사람이 이런 변화를 수용해야 한다. 그런데 젊은 세대를 중심으로 이미 인터넷과 모바일 기기, SNS 등으로 직접적인 관계가 아니더라도 다양한 방식으로 비대면 관계를 맺는 변화를 수용하기 시작했다.

갑작스럽게 발발한 코로나 19 사태는 언택트 사회의 특징인 비대면의 흐름을 고정시키는 단계로 점프하게 하였다. 이는 기존에 익숙했던 대면 사회 시스템의 붕괴를 의미한다. 코로나가 터지기 직전 해까지만 해도 교육부에서는 대학교 온라인 수업을 20% 이하로 제한해야 한다는 지침을 내리고 이런 발전을 억제하고 있었다. 그래서 전국 일반대학 213곳의 온라인 강의 비율은 0.9%에 불과했다.[52] 그런데 코로나가 터지자 이를 폐기하고 100% 온라인 수업으로 전환했다.

지금 우리 사회는 그동안 우리를 지탱했던 사회 시스템이 코로나 19로 인해 어쩔 수 없는 거대한 변화의 물결로 내몰리고 있다. 사회 시스템이 변화하면 사회를 뒷받침하는 근간이 되는 구체적이고 소소한 것들이 변화하게 된다. 이런 변화의 물결에서는 변화의 신호를 읽고, 이것을 기초로 새롭게 삶의 시스템을 형성하여 일상에 적용해야 한다. 앞으로 이런 시대를 살아가는 중요한 키워드는 변화, 신호, 시스템이다.

본문에서 예수님은 말씀하신다.

> "주의하라. 깨어 있으라. 그때가 언제인지 알지 못함이라"
> (막 13:33).

‘주의하라’ (Be on guard)는 ‘매우 주의를 기울여 살피라’ 또는 ‘변화의 조짐을 알아채라’ 는 뜻이다. 이는 이제 장차 다가올 거대한 격변을 앞두고 그 격변이 일어나기 전에 발생할 신호를 읽으라는 뜻이기도 하다.

그렇다면 앞으로 다가올 격변은 무엇일까? 그것은 예수께서 지금까지 13장에서 예고하신 성전 멸망의 사건이다. 성전은 하나님의 발등상이 머무는 곳이요, 우주의 배꼽 곧 세상의 중심으로 여겼던 곳이다. 이런 성전이 망한다는 것은 그야말로 우주적인 대격변을 의미한다. 성전의 멸망은 돌 하나도 돌 위에 남지 않고 다 무너뜨려지는 격변의 사건이 될 것이다. 예수께서는 이미 이 성전이 더는 만민이 기도하는 집의 역할을 하지 못하여 폐기되고 무너질 것을 선언하신 바 있다(막 11:17). 그리고 자신의 십자가 죽음과 부활을 통하여 그리스도의 몸된 교회를 새롭게 세울 것을 말씀하셨다(막 14:58, 요 2:19).

예수께서 말씀하신 성전 멸망의 신호들은 무엇인가? 사람의 미혹(막 13:5), 거짓 그리스도(막 13:6), 난리와 난리 소문(막 13:7), 전쟁, 지진, 기근(막 13:8), 핍박(막 13:9), 만국에 복음 전파(막 13:10) 등이다. 그러면서 무화과나무의 비유를 말씀하셨다(막 13:28). 무화과나무가 연해지고 잎사귀가 나면 여름이 가깝겠구나 하고 계절 변화의 신호를 읽어내는 것처럼 이런 일, 곧 이 모든 변화가 일어날 때 성전 멸망의 신호들을 읽으라는 것이다(막 13:29).

주께서는 장차 거대한 변화가 일어날 것이니 이 변화의 신호들이 어떤 것인지를 알려주신 후, 이제 이 신호를 알아차릴 수 있도록 깊이 주의를 기울여 살피라고 말씀하신다. 이것은 오늘날에도 그대로 적용된다. 성도는 예수 그리스도께서 다시 오실 변화의 신호를 알고 있어야 하며, 주의 깊게 살피며 이런 신호가 감지될 때 재빨리 깨달아야 한다. 이것이 바로 본문 시작의 '주의하라'가 가진 의미다. 주님은 이어 "깨어 있으라"고 하신다. 이러한 변화에 대한 대응이 루틴으로 자리 잡을 수 있도록 하라는 것이다.

그런데 그 뒤에 이어지는 구절은 "그때가 언제인지 알지 못함이라"고 말씀한다. 때를 알면 그때까지 깨어 있는 것은 쉽다. 오늘 밤 3시에 우리나라 대표팀과 브라질의 월드컵 축구경기가 있다고 하자. 그럼 대부분의 축구를 좋아하는 팬들은 그때까지 아무 문제없이 깨어 있을 것이다. 왜? 중요한 시기를 미리 알고 대비했기 때문이다. 반면 축구 경기를 하기는 할 텐데 언제 할지 모른다고 하면 깨어 있는 것이 무척이나 힘들 것이다. 정확한 때를 모르는 상태에서 깨어 있으려면 어떻게 해야 할까? 그러려면 새로운 루틴과 시스템이 필요하다. 이것을 보여주는 예가 바로 13장 34절부터 37절까지 이어지는 타국으로 떠나는 주인과 종의 이야기다.

> "가령 사람이 집을 떠나 타국으로 갈 때에 그 종들에게 권한을 주어 각각 사무를 맡기며 문지기에게 깨어 있으라 명함과 같으니 그러므로 깨어 있으라. 집 주인이 언제 올는지 혹 저물 때일는지, 밤중일는지, 닭 울 때일는지, 새벽일는지 너희가 알지 못함이라" (막 13:34-35).

주인이 다른 나라로 떠난다. 멀리 떠나기에 꽤 오랫동안 떠나 있을 계획이다. 그래서 종들에게 각각 할 일을 맡기고, 문지기에게도 늘 깨어 있으라고 명했다. 문지기는 문을 지키는 일을 하는데, 당시의 문은 안에서 열어주지 않으면 절대 열 수 없었다. 그래서 주인이 올 때 잘 깨어 있어 문을 열어주지 않으면 주인은 자칫 문밖에서 날 밝을 때까지 기다리고 서 있어야 한다. 주인이 종들에게 기대하는 모습이 무엇인가? 주인이 올 때 흐트러짐 없이 맡긴 일을 잘 수행하고 정돈되어 있는 모습이다. 또 문 앞에 당도하여 똑똑 문을 두드리면 곧바로 주인임을 확인하고 문을 열어주고 환대할 수 있는 준비된 모습이다.

주인이 언제 올지 모른다고 하면서 올 수 있는 가능성을 제시한 시간대를 보면 저녁부터 밤이다. 저물 때(1경), 밤중(2경), 닭 울 때(3경), 새벽(4경) 등인 것이다. 이것은 당시 로마에서 밤 시간을 사경으로 나눈 것에 기초한다. 1경은 저녁 6~9시, 해 저물 때 2경은 9~12시. 한밤중 3경은 12~3시, 그리고 새벽 3~6시다. 1경 정도면 모르겠거니와 2, 3경 시간대는 자칫 잠들기 쉬운, 좀처럼 깨어 있기 어려운 취약한 시간대다. 그런데 주님께서는 무엇이라고 하시는가.

"그가 홀연히 와서 너희가 자는 것을 보지 않도록 하라"(막 13:36).

'홀연히'는 예기치 못한 때 '갑자기'(suddenly) 오는 것을 의미하며 이때 자는 것을 보지 않도록 해야 한다. 이렇게 하려면 단기적으로 깨어 있는 전략으로는 안 된다. '오늘 밤만 새면 되지 뭐…'라고 생각할 수 있다. 그런데 안 오시면 어떻게 해야 하는가? 또 다음 날

밤을 새워야 한다. 그래도 안 오시면? 그러면 지쳐서 "아이고 난 모르겠다. 피곤하다 잘래." 이렇게 된다.

그럼 깨어 있으려면 어떻게 해야 할까? 그러려면 삶의 시스템 전체를 깨어 있는 시스템으로 바꾸어야 한다. 그러려면 삶의 일상적인 루틴을 새로 짜야 한다. 루틴은 내면의 루틴과 외면의 루틴이 함께 가야 한다. 내면의 루틴은 주님이 오시는 신호를 늘 점검하고 체크하는 루틴이다. 그러려면 주님이 하셨던 말씀을 늘 상고하며 시대의 변화를 점검해야 한다. 외형적 루틴은 영적으로 깨어 있는 것이 내 삶의 우선순위로 녹아들 수 있도록 만드는 것이다. 우리 주변에 보면 바쁘다고 하는 이가 많다. 그러나 너무 바빠서 못할 시간은 없다. 왜? 시간은 탄력적이기 때문이다. 우리에게 주어진 한 주는 168시간이다. 이 시간 동안 우선순위를 두고 탄력적으로 시간을 조정하면 웬만한 할 일은 다 할 수 있다. 너무 바빠서 하지 못했다는 이야기는 뒤집으면 이 일은 내 삶의 우선순위가 아직 아니라는 이야기이기도 하다.

위기가 닥칠 때는 기도한다. 그러나 위기가 지나가면 기도는 더 이상 삶의 우선순위가 아니다. 기도가 내 삶의 위기를 헤쳐나가기 위한 것뿐이라면 위기 때만 기도하면 된다. 그러나 기도가 주님을 가까이하고 그를 사랑하고 친밀감을 더하기 위한 과정이라면 이 기도는 위기 때만 하는 것이 아니라 늘 깨어 하는 것으로 바뀌게 된다. 그러니까 기도가 무엇인가를 새롭게 해석하여 그 신호를 내 일상의 루틴으로 바꾸는 작업이 같이 가야 한다.

내가 군대있을 때 맡았던 임무가 깨어 있는 일이었다. 경비를 서는데, 야간에 세 명씩 조를 짜서 초소를 지켰다. 한번 근무를 시작하면 밤 10시부터 3시까지, 다음 교대는 3시부터 아침 8시까지였다. 그런데 이등병 때 근무를 서러 가면 선임은 일단 근무를 서고 30분 지나면 무조건 자기 시작했다. 이등병만 깨어 있다. 이때 이등병이 선임을 부러워하며 같이 자면 어떻게 될까? 초소는 뚫린다. 그래서 크게 뚫린 적이 몇 번 있었다. 한밤중에 부대장이 회식을 마치고 돌아오는데, 부대장이 초소 앞에 왔음에도 여전히 초소 불이 꺼져 있고 아무 인기척이 없다. 알고 보니 모두 초소에서 자고 있었다. 부대장이 보초병을 몇 번을 불러도 잔다. 다음 주 그 조는 모두 군기교육대에 들어갔다.

내가 병장이 되고 이러면 안 된다고 생각했다. 눈치껏 자는 것이 아니라 근무 중 계속 깨어 있는 루틴을 만들어야겠다고 생각했다. 그래서 야간조가 있을 때는 낮에 무리하지 않고 좀 쉬어주고, 밤에는 초소에서 정신을 번쩍 차리고 절대 정신 줄을 놓지 않으려 했다. 그래서 근무할 때 자다가 펑크가 난 적이 한 번도 없었다. 루틴이 있으니 근무 서는 것이 힘들지 않았다. 근무가 습관으로 뿌리 내려 일상으로 자리 잡은 것이다.

우리가 "주의하고 깨어 주인이 홀연히 오실 때 자지 않도록 하라"는 말씀을 지키려면 내면과 외면의 이중적인 루틴을 형성할 필요가 있다. 먼저, 내면의 변화의 신호를 꾸준히 읽고 점검하는 루틴이다. 그것은 하나님 말씀을 듣고 세상을 보며 기도하고 묵상하는 내면의 생각을 말씀으로 고정하는 루틴이다. 말씀으로 생각하고 말씀으로 세상을 보는 습관이다. 제자들은 오순절에 성령이 임하시면서부터 깨어 있기 시작했다. 성령으로 충만해야 한다. 그래야 신호가 읽히기 시작한다. 둘째, 내 삶이 실제로 깨어 있도록 하는 루틴이다. 그러려면 영적생활의 루틴을 만들어야 한다. 내 삶에 습관으로 일상으로 스며들게 해야 한다.

코로나 19로 사회적 거리두기가 한창이다. 그런데 주님과 거리두기까지 가는 사람이 있다. 그러면 안 된다. 사회적 거리두기로 상대적으로 우리에게 시간이 많아졌다. 그렇다고 밤을 지새우며 미드 보고 영화 보고 게임에 몰두할 것이 아니라 절제하고 주님을 향해 깨어 있어야 한다. 사회적 거리두기 가운데서도 주님과 거리를 두지 않도록 깨어 있어야 한다. 성령으로 충만하게 깨어 있어 말씀을 기초로 세상을 바라보고 성령으로 충만해야 한다. 또한 우리 삶에 필요한 거룩한 루틴을 새롭게 형성해야 한다. 주께서 오실 마지막 때를 거룩함으로 깨어 있도록 하자.

[64장 각주]

52) 곽창렬, “코로나로 온라인 강의 내몰려… 졸지에 유튜버 된 60대 교수님들”, 조선일보, 2020. 3. 14.

[P·A·R·T·5]

예루살렘에서의 고난, 죽음, 그리고 부활

정말 소중한 것을 깨뜨리는 용기

하나님의 인도를 쉽게 포기하지 말라

예수의 피로 세운 새 언약

지금은 깨어 기도해야 할 때입니다

예수님을 죽음으로 몰고 간 사람들

하나님의 아들, 진면목을 드러내다

십자가 이후에도 끝까지 예수를 따른 사람들

65 Chapter 65. Mark 14:1-11

정말 소중한 것을 깨뜨리는 용기

1이틀이 지나면 유월절과 무교절이라. 대제사장들과 서기관들이 예
수를 흉계로 잡아 죽일 방도를 구하며 2이르되 민란이 날까 하노니 명
절에는 하지 말자 하더라. 3예수께서 베다니 나병환자 시몬의 집에서
식사하실 때에 한 여자가 매우 값진 향유 곧 순전한 나드 한 옥합을
가지고 와서 그 옥합을 깨뜨려 예수의 머리에 부으니 4어떤 사람들이
화를 내어 서로 말하되 어찌하여 이 향유를 허비하는가. 5이 향유를
삼백 데나리온 이상에 팔아 가난한 자들에게 줄 수 있었겠도다 하며
그 여자를 책망하는지라. 6예수께서 이르시되 가만 두라. 너희가 어찌
하여 그를 괴롭게 하느냐. 그가 내게 좋은 일을 하였느니라. 7가난한
자들은 항상 너희와 함께 있으니 아무 때라도 원하는 대로 도울 수 있

거니와 나는 너희와 항상 함께 있지 아니하리라. [8]그는 힘을 다하여 내 몸에 향유를 부어 내 장례를 미리 준비하였느니라. [9]내가 진실로 너희에게 이르노니 온 천하에 어디서든지 복음이 전파되는 곳에는 이 여자가 행한 일도 말하여 그를 기억하리라 하시니라. [10]열둘 중의 하나인 가룟 유다가 예수를 넘겨주려고 대제사장들에게 가매 [11]그들이 듣고 기뻐하여 돈을 주기로 약속하니 유다가 예수를 어떻게 넘겨줄까 하고 그 기회를 찾더라.

제19회 남아공 월드컵 본선 E조 네덜란드와 덴마크 경기가 있었던 요하네스버그, 사커시티 스타디움에서 일어났던 일이다. 경기가 한창인 후반전, 갑자기 경찰과 국제축구연맹(FIFA) 측 진행요원이 스타디움에 들이닥쳐 여성 축구 팬 36명을 연행하여 나갔다.[53)] 갑작스럽게 끌려 나간 이 여성들은 어떻게 된 것이냐고 항의했다. 국제축구연맹 측은 당신들은 왜 허락도 받지 않고 네덜란드 맥주회사를 광고하냐고 심문했다. 아니, 그게 무슨 말이냐? 그러자 경찰은 당신들이 입은 바로 그 오렌지색 티셔츠가 네덜란드 맥주 회사의 공식 복장이라고 대답했다. 회사 로고는 없지만 나머지는 맥주회사 유니폼과 똑같기 때문에 이것은 명백한 위법행위라는 것이다.

당시 남아공 월드컵 맥주 공식 스폰서는 미국 회사인 버드와이저였다. 그런데 다른 경쟁 맥주 회사가 나누어준 옷을 입고 들어와 경기를 관람하기만 했는데, 이것이 주변에 간접광고 효과를 유발했다는 것이다. 이 옷이 무슨 의미인지 제대로 모르는 상태로 이 여성들은 그저 열심히 자국팀을 함께 응원했을 뿐인데 결국 간접광고로 맥주회사에 이용되었던 것이다. 월드컵이라는 국제적인 행사에 순수한 마음으로 자국팀을 응원하는 사람도 있지만 이런 사람을 자기 회사 상품을 선전하는 도구로 사용하는 이들도 있었다. 순수하게 응원만 하려고 했던 사람들이 나중에 자신이 이용당했다는 것을 알면 얼마나 화가 나겠는가? 우리는 종종 상대방이 선하다는 가정으로 그의 호의를 선뜻 받아들인다. 첫인상이 좋으면 더더욱 그렇다.

2차 세계대전이 발발하기 전 당시 영국 총리 네빌 체임벌린은 점점 세계의 골칫거리로 부상하는 아돌프 히틀러를 만난 적이 있다. 히틀러의 첫인상은 어땠을까? 체임벌린 총리는 히틀러를 만나고 나서 영국 각료들에게 "나는 히틀러에게서 광기의 신호를 전혀 보지 못했다. 그는 꽤 괜찮은 사람이야"라고 말했다. 히틀러는 첫인상으로 자신의 악함을 감추고 영국 총리를 속였다.[54)]

본문에도 이런 사람이 등장한다. 바로 유대교의 종교 지도자였던 대제사장들과 서기관들이었다. 이들은 평생 성경을 연구한 사람들이다. 대제사장들은 이스라엘 백성의 죄를 속죄하기 위해 제사를 집례하고, 또 1년에 한 번은 모든 유대인의 죄를 지고 지성소에 들어가 대속제를 집례하는 사람이다. 언뜻 보기에는 얼마나 경건하고 훌륭해 보이는가? 그러나 그 속에는 사악한 마음이 자리 잡고 있었다.

> "이틀이 지나면 유월절과 무교절이라 대제사장들과 서기관들이 예수를 흉계로 잡아 죽일 방도를 구하며 이르되 민란이 날까 하노니 명절에는 하지 말자 하더라"(막 14:1-2).

대제사장과 서기관들의 마음에 품고 있던 것이 무엇인가? 살의, 곧 예수님을 죽이려는 마음이다. 그것도 정당하게는 못 죽이니까 흉계로 잡아 죽이려 한다. 예수께서 성전에 있는 상을 뒤엎고 통행하는 자들을 막아섰다고 갑자기 그런 것이 아니다. 이들은 처음부터 이런 마음을 품고 있었다.

> "바리새인들이 나가서 곧 헤롯당과 함께 어떻게 하여 예수를 죽일까 의논하니라"(막 3:6).

> "그들이 예수의 이 비유가 자기들을 가리켜 말씀하심인 줄 알고 잡고자 하되 무리를 두려워하여 예수를 두고 가니라"(막 12:12).

이런 살기 가득한 마음으로 호시탐탐 예수님을 죽일 기회를 찾고 있었지만 이들은 이틀이 지나면 유월절과 무교절이니 이 기간에는 죽이지 말자고 결의한다. 유월절은 어떤 면에서 계획에 지장이 되었던 것일까?

유월절은 하나님께서 애굽에 포로된 이스라엘을 구원하기 위해 바로의 장자를 치고 출애굽 역사를 이루신 것을 기념하는, 1년 중 가장 큰 민족 절기였다. 죽음의 천사가 애굽의 장자를 치며 지나갈 때 이스라엘 백성의 집은 그냥 넘어갔다. 어린 양의 피를 문설주에 발랐기 때문이다. 어린 양의 대속의 피가 발라진 곳은 죽음의 천사가 담을 넘어갔다. "내가 애굽 땅을 칠 때에 그 피가 너희가 사는 집에 있어서 너희를 위하여 표적이 될지라. 내가 피를 볼 때에 너희를 넘어가리니 재앙이 너희에게 내려 멸하지 아니하리라"(출 12:13). 그래서 담을 넘었다는 뜻으로 넘을 유(踰), 넘을 월(越), 그래서 유월(踰越)이다. 월담한다고 하지 않는가? 문설주에 피를 바른 집은 그냥 지나쳐 갔다(passover). 이를 기념하기 위해 유월절 전날에는 유월절 양을 잡고 유월절 저녁에는 만찬을 먹고 이후 7일간 무교절을 지켰다. 이 기간에는 누룩을 넣지 않은 빵인 무교병을 먹으며 출애굽 역사를 기념하는 축제를 지냈다.

예수님 당시에 유월절은 옛날 출애굽 역사를 기념하는 동시에 고도로 정치적인 열망을 품는 자리이기도 했다. 당시 유대 백성들은 로마의 압제 아래 아직 완전한 자유를 누리지 못하고 있어, 또 다른 출애굽을 열망하고 있었기 때문이다. 유대인들은 유월절을 지내며 자신들을 구원할 메시아를 기대했고, 메시아가 오면 로마를 무너뜨리고 유대의 완전한 독립을 가져올 것을 기대했다.

그런데 이때 이사야 61장에서 예언한 바로 그 메시아가 나타났다. 그는 눈먼 자를 보게 하고, 귀머거리를 듣게 하고, 병든 자를 치유하며, 귀신들려 포로된 자를 자유롭게 하고, 풍랑을 잠잠하게 하고 심지어 죽은 자를 살리는 능력의 메시아였다. 게다가 광야에서 오병이어의 기적으로 장정만 무려 5천 명이나 먹여 살리는 역사를 이루었다. 그 메시아가 성전에 들어온 것이다. 그런데 이 메시아는 성전에서 매매하는 자들과 돈 바꾸는 자들의 상을 뒤엎고, 성전 기물을 가지고 들어가는 것을 금하더니, 내 집은 만민이 기도하는 집인데 어찌하여 너희는 강도의 소굴을 만들었냐고 분노를 토하며 책망한다.

자, 이런 메시아가 나타났는데, 사람들이 얼마나 열광했겠는가?

그 기대를 보여주는 것이 예수님께서 성전에 들어가실 때 예루살렘에 몰려든 사람들이 나타낸 반응이다. 많은 사람이 자기 겉옷을 길에 펴고 나뭇가지를 길에 펴고 앞뒤로 따라가며 '호산나' 하며 찬송하는데 온 성이 진동할 정도였다(막 11:8).

그런데 백성들이 이렇게 메시아로 믿고 따르는 예수님을 붙잡아 죽인다? 그렇게 되면 그야말로 유대의 종교 지도자들을 원망하는 커다란 소요가 일어날 것이다. 당시 로마제국은 유다 식민지를 통치하는 방식으로, 유대 민족 절기와 같은 날에 만약 정치, 종교적 소동이 일어나면 그 책임을 종교 지도자들에게 물었다. 심각한 경우 로마는 대제사장을 파면하고 다른 사람으로 앉힐 수도 있었다. 그러니 이들은 종교적 소란이 일어나지 않도록 긴장해야 했다. 예수님이 예루살렘에 들어온 것은 자기들의 텃밭에 들어온 것과 같았다. 얼마든지 붙잡고 죽이고 싶었지만 자칫하면 자신들의 자리가 위태로웠기 때문에 이들은 유월절 기간에는 예수님을 붙잡아 죽이지 않기로 한다. 그런데 이때 기가 막힌 기회가 찾아왔다. 바로 예수님의 제자인 가룟 유다가 이들을 찾아와 예수님을 넘겨줄 것을 제안한 것이다. 달콤하고 강력한 제안이 이들의 결심을 무너뜨린다.

> "열둘 중의 하나인 가룟 유다가 예수를 넘겨주려고 대제사장들에게 가매 그들이 듣고 기뻐하여 돈을 주기로 약속하니 유다가 예수를 어떻게 넘겨줄까 하고 그 기회를 찾더라"(막 14:10-11).

유다는 예루살렘에 가면 예수님을 대제사장들에게 넘겨주려고 이미 마음에 결단을 했다. 게다가 일종의 흥정도 했다. 마태복음을 보면 유다가 이들에게 예수님을 넘겨주면 얼마나 주겠느냐고 하자 은 삼십을 달아주었다고 한다(마 26:15). 유다는 예수께서 예루살렘에 가시는 것이 정복하고 승리하기 위해서가 아니라 잡혀 죽기 위해 간다는 말에 크게 실망했던 것 같다.

이런 악한 자들의 거대한 음모 사이에 한 무명의 여인이 등장한다. 악인들 사이에 둘러싸인 주님을 사랑하는 한 여인, 이런 구조를 샌드위치 구조라 한다. 성경의 관심은 이 여인에게 집중된다. 우리를 둘러싸는 환경이 아무리 악하고 흉흉해도 주님을 사랑해야 한다. 주님의 관심은 열악한 환경이 아니라 그 가운데 묵묵히 주님을 사랑하는 자에게 집중된다.

이 여인은 누구인가? 아쉽게도 성경에는 그 이름이 나오지 않는다. 성경에는 귀한 헌신을 한 사람의 이름이 등장하지 않는 경우가 종종 있다. 베다니에서 제자들이 어떤 집에 들어가 나귀를 끌고 가는데 "주께서 쓰시겠다 합니다" 하자 무명의 한 성도가 소중한 나귀를 기꺼이 내드리지 않는가?(막 11:6). 본문에 나타난 여인도 이름이 나오지 않는다. 이 여인은 그저 예수님을 사랑하고 예수님께 자신이 가진 소중한 것을 내드리는 것으로 충분했던 여인이다.

> "예수께서 베다니 나병환자 시몬의 집에서 식사하실 때에 한 여자가 매우 값진 향유 곧 순전한 나드 한 옥합을 가지고 와서 그 옥합을 깨뜨려 예수의 머리에 부으니"(막 14:3).

베다니는 예루살렘 동쪽에서 약 3.6km정도 떨어진 마을이었다. 죽음에서 살아난 나사로가 살던 동네였다. 당시 나병은 오늘날 알려진 한센병이기보다 피부가 하얗게 일어나는 일종의 아토피와 같은 증상이었는데, 예루살렘 동쪽에 이런 이들이 격리되어 모여 사는 동네가 있었다. 아마도 시몬은 예수님을 만나 회복되어 자신의 본래 집이었던 베다니로 와서 예수님을 초대하여 식사를 나누고 있었던 모양이다.

그런데 본문에 나오는 무명의 여인이 예수께서 나병환자 시몬의 집에서 식사하실 때 값진 향유 한 옥합을 가져왔다. 이 향유는 순전한 나드(Pure Nard)로 만든 것이었다. 이것은 인도에서 수입하는 값비싼 고급 향유였다. 오늘날은 알코올을 기반으로 한 향수가 발달했지만 고대에는 향이 날아가지 않도록 기름을 기반으로 했다. 그래서 향유를 뿌리지 않고 발랐다. 보통 이런 향유는 옥합에 담아두었다. 여기 옥합은 헬라어로 '알라바스트론' 인데, 팔레스타인 지역에서 많이 나는 설화석고를 매끈하게 가공해서 만든 용기였다. 이것은 길고 가느다란 목을 가진 손잡이가 없는 소형 항아리였다. 향이 날아가지 않도록 주둥이를 밀봉해 놓았다. 그래서 새롭게 향유를 개봉하려면 주둥이를 깨서 개봉하곤 했다. 이것을 알라바스터 항아리(alabaster jar)라고 한다. 오른쪽의 그림을 보라.

여인은 이 옥합의 주둥이를 깨어 예수님 머리에 부었다. 본문에 따르면 이 향유는 무려 3백 데나리온 이상의 가치가 나갔다(막 14:5). 향유를 팔 때 삼백 데나리온 이상이면 살 때는 훨씬 더 비쌌을 것이다. 보통 살 때와 팔 때 20~50% 정도의 시세 차이가 난다. 그러면 이

알라바스터 항아리(alabaster jar). 출처 : 구글이미지, 위키백과

여인은 적어도 4백 데나리온 이상을 주고 샀을 가능성이 크다. 한 데나리온이 노동자의 하루 임금이었으니 3백 데나리온이면 오늘날 1년 연봉과 맞먹는 가치다. 이 여인은 아마도 몇 년에 걸쳐 모았을 돈으로 마련한 향유를 주님께 나아와 아낌없이 부어드렸다. 보통 이런 향유는 결혼할 때 가져가는 신부 지참금을 위해서 장만하곤 했다. 그런데 이 귀한 것을 그냥 아낌없이 부어드린 것이다.

아니, 그 귀한 것을 어떻게 예수님의 머리에 그냥 부을 수 있는가? 본문은 명확히 언급하지 않지만 아마도 이 여인은 예수님이 아니면 죽을 수밖에 없었거나, 일곱 귀신이 들렸다 나간 막달라 마리아(눅 8:2)와 같이 예수님 아니면 인생의 끝을 보았을 사람인 것 같다. 이런 자신을 살려주고 영생을 주신 예수님이 너무나도 귀하고 고마워서, 가장 귀한 것을 가져와 앞뒤 재지 않고 그냥 부어드린 것이다.

기름 부음은 왕에게도 하지만 존귀한 손님에게도 했다. 시편 133편 2절은 아론에게 기름 붓는 장면을 다음과 같이 묘사한다.

"머리에 있는 보배로운 기름이 수염 곧 아론의 수염에 흘러서 그의 옷깃까지 내림 같고."

아론은 제사장이었다. 이렇게 볼 때 이 여인이 예수님께 향유를 부은 것은 당신이 나의 왕이자 주인이요, 제사장이자 가장 귀한 분이라는 고백인 것이다. 이것을 보는 사람들 반응이 어떠한가?

"어떤 사람들이 화를 내어 서로 말하되 어찌하여 이 향유를 허비하는가"(막 14:4).

여기서 제자들을 어떤 사람이라고 하는 것은 제자들의 이름을 거명하며 개개인에 집중하는 것을 피하기 위함이다. 이 무명의 여인과 같이 사실 본문은 하나님의 거대한 섭리하심과 주관하심 속에 진행되고 있음을 암시한다. 제자들은 이 여인의 향유 쏟아 붓는 행위를 허비(waste)라고 한다. 낭비라는 것이다. 왜 저러나 모르겠다는 것이다. 차라리 그렇게 할 바에야 향유를 팔아서 그 돈으로 더 좋은 일에 쓰는 것이 낫겠다고 하며 화낸다. 이에 대해 예수께서는 무엇이라 하시는가?

"예수께서 이르시되 가만두라. 너희가 어찌하여 그를 괴롭게 하느냐. 그가 내게 좋은 일을 하였느니라"(막 14:6).

제자들이 보기에 낭비고 허비였다. 그러나 예수께서 보기에는 참으로 좋은 일이었다. 무엇이 좋은가? 자신의 가장 귀한 것을 아낌없이 예수님께 내드리는 그 행동과 중심이 귀했다. 우리는 앞서 예수님을 찾아온 부자 관원의 이야기를 알고 있다. 예수께서는 부자 관원에게 "네게 있는 것을 다 팔아 가난한 자들에게 주고 너는 나를 따르라"고 하셨다. 그러자 그는 충격을 받고 근심하며 떠나갔다(막 10:17-22). 그런데 이 여인은 자신의 가장 귀한 것을 그냥 예수님에게 다 쏟아부어 드린 것이다.

왜 이 여인의 행위가 귀한가? 지금 예수께서 하려는 일이 바로 이 여인이 했던 행위와 유사하기 때문이다. 이제 예수께서는 자신의 가장 귀한 목숨을 많은 사람을 위한 대속물로 아낌없이 내주려고 하고 계시다(막 10:45). 그가 지는 십자가가 바로 세상을 위해, 우리를 위해 그가 가진 가장 귀한 생명을 아낌없이 다 쏟아부어 주시는 것이기 때문이다. 예수께서는 세상을 이처럼 사랑하여 자신의 모든 것을 다 내주려 하시는데, 이런 예수님을 너무나도 사랑하여 예수께서 하시려는 헌신을 닮은 그런 헌신을 바로 이 여인이 드린 것이다. 더 놀라운 것은 이처럼 아낌없이 내드린 것이 하나님의 더 큰 아름다운 구속사에 동참하는 결과를 낳았다는 사실이다.

"그는 힘을 다하여 내 몸에 향유를 부어 내 장례를 미리 준비하였느니라. 내가 진실로 너희에게 이르노니 온 천하에 어디서든지 복음이 전파되는 곳에는 이 여자가 행한 일도 말하여 그를 기억하리라 하시니라"(막 14:8-9).

힘을 다하여 내 몸에 향유를 부어 내 장례를 미리 준비하였느니라. 제자들은 그 누구도 예수님의 십자가와 죽음을 준비하지 못했는데, 이 여인은 예수님을 그저 사랑하는 마음으로 앞뒤 계산하거나 재지 않고 그 은혜가 너무나도 감사하여 자신의 모든 것을 내드렸더니 이것이 예수님의 죽음을 예비하게 되었다.

이 여인은 정말 자신의 소중한 것을 아낌없이 힘을 다하여 예수님을 사랑하는 마음으로 드렸다. 그러자 하나님의 거대한 구속사에 동참하는 역사가 이 여인에게 열린다. 반면 가룟 유다는 힘을 다하여 예수님을 은 30에 팔려고 하다 결국 비참한 죽음으로 끝을 맺는다. 자기 힘과 머리와 계산으로 살고자 하는 자는 결국 죽고, 아낌없이 내드리고 죽으려 하는 자는 산다.

주님을 사랑하는가? 그렇다면 아낌없이 깨뜨릴 수 있는 사랑과 용기가 있는가? 이런 결단으로 나아갈 때 우리 삶을 새롭게 펼쳐 가시는 하나님의 놀라운 구원 역사가 일어나게 될 것이다.

[65장 각주]

53) 권경복, "응원하다가… 간첩광고 몰려 끌려나가", 조선일보, 2010. 6. 17.
54) 말콤 글래드웰, 유강은 역, 「타인의 해석」(서울: 김영사, 2020).

66 Chapter 66. Mark 14:12-21

하나님의 인도를 쉽게 포기하지 말라

12무교절의 첫날 곧 유월절 양 잡는 날에 제자들이 예수께 여짜오되
우리가 어디로 가서 선생님께서 유월절 음식을 잡수시게 준비하기를
원하시나이까 하매 13예수께서 제자 중의 둘을 보내시며 이르시되 성
내로 들어가라. 그리하면 물 한 동이를 가지고 가는 사람을 만나리니
그를 따라가서 14어디든지 그가 들어가는 그 집 주인에게 이르되 선
생님의 말씀이 내가 내 제자들과 함께 유월절 음식을 먹을 나의 객실
이 어디 있느냐 하시더라 하라. 15그리하면 자리를 펴고 준비한 큰 다
락방을 보이리니 거기서 우리를 위하여 준비하라 하시니 16제자들이
나가 성내로 들어가서 예수께서 하시던 말씀대로 만나 유월절 음식
을 준비하니라. 17저물매 그 열둘을 데리시고 가서 18다 앉아 먹을 때

에 예수께서 이르시되 내가 진실로 너희에게 이르노니 너희 중의 한 사람 곧 나와 함께 먹는 자가 나를 팔리라 하신대 [19]그들이 근심하며 하나씩 하나씩 나는 아니지요 하고 말하기 시작하니 [20]그들에게 이르시되 열둘 중의 하나 곧 나와 함께 그릇에 손을 넣는 자니라. [21]인자는 자기에 대하여 기록된 대로 가거니와 인자를 파는 그 사람에게는 화가 있으리로다. 그 사람은 차라리 나지 아니하였더라면 자기에게 좋을 뻔하였느니라 하시니라.

코로나 19 사태가 전 세계적인 재앙 수준으로 퍼져나가고 있다. 마치 다윗 통치 말기에 일어난 역병을 연상시킨다. 사무엘하 24장에 보면 하나님께서 이스라엘에 사흘간 전염병을 내린다. 단 사흘간 전염병으로 죽어 나간 사람들이 7만 명이나 되었다. 이 전염병은 군사력으로도, 사람의 지혜로도, 이 세상에 있는 그 무엇으로도 피해 갈 수 없었다. 대처 방법이라도 있으면 안심할 텐데, 속수무책이니 얼마나 두렵고 얼마나 무섭겠는가? 지금 우리 상황과 이와 너무나도 유사하다. 코로나가 전 세계에 급격하게 퍼져나가는데, 치료제가 없다. 그렇다면 이스라엘의 전염병은 어떻게 그쳤는가? 사무엘하는 다음과 같이 말한다.

> "천사가 예루살렘을 향하여 그의 손을 들어 멸하려 하더니 여호와께서 이 재앙 내리심을 뉘우치사 백성을 멸하는 천사에게 이르시되 족하다. 이제는 네 손을 거두라 하시니"(삼하 24:16).

하나님이 재앙 내리심을 '뉘우쳤다'(히. 니함)는 표현은 '돌이켰다'는 뜻이다. 하나님이 재앙 내리심에서 돌이켜서 천사에게 '족하다' '손을 거두라'고 하신 것이다. 이스라엘에 전염병이 멈춘 것은 하나님의 긍휼하심 때문이다. 전염병은 하나님이 이 땅을 긍휼히 여기시고 손을 거두실 때 비로소 멈출 수 있다. 그렇다면 우리는 이런 어려움 가운데서도 오직 그의 백성을 붙드시고 인도하시는 하나님의 긍휼을 구하며 그분의 인도하심을 구해야 한다.

전에 인천 세관에서 한 수입판매업자가 들여온 컨테이너의 도자기와 양초 공예품을 살펴보다 작은 살점이 붙어있는 짐승의 털조각을 찾아냈다. 이것이 무엇인가 자세히 조사해보니 그 컨테이너 안에 이런 털조각이 4,900개나 숨겨져 있었다. 세관이 이것을 수거해서 전문기관에 유전자 정밀검사를 의뢰했다. 그 결과, 이것은 최근에 개체수가 급격히 줄어 멸종위기에 처한 북극여우 암컷의 생식기라는 것을 확인했다. 아니, 다른 것도 아니고 왜 여우 생식기일까? 이 여우 부적은 바람난 남편이 돌아오고 미혼 여성이 시집갈 수 있게 해준다는 미신이 있기 때문이다. 또 유흥업소 여종업원들이 이것을 지니면 손님이 많이 온다고 한다. 이 미신 때문에 애꿎은 여우들이 마구 죽어나가고 있다. 원가 80원짜리가 부적으로 팔리면 수십만 원짜리 고급부적으로 인기리에 팔린다.[55]

하나님을 모르고 하나님을 떠나 사는 사람들은 어떻게든 자기를 보호하고 인도할 무엇인가를 필요로 한다. 재난에서 보호해주고 복을 가져다주는 무언가를 갈구하게 되어있다. 어떻게든 복을 가져다준다면 뭐든 붙잡으려고 한다. 코로나로 촉발된 세계적인 변화 앞에 우리는 우왕좌왕하며 자칫 주님의 손을 놓을 수 있다. 마치 물 위를 걸어오신 예수님을 향해 배 밖으로 나간 베드로가 거대하게 넘실거리는 풍랑을 보고 빠져가는 것과 같다. 이럴 때일수록 우리는 더욱더 주님의 자비를 구하며 주님의 인도하시는 손에 세상 끝날까지 꼭 붙들려 있어야 한다.

하나님의 인도는 항상 좋은 길만은 아니다. 때로는 고난과 어려움 한가운데로 우리를 부르신다. 큰 파도와 풍랑 한가운데로 걸어오라고 부르기도 하신다. 이런 인도라면 거부하고 도망가고 싶다. 힘들고 어려워질 때 우리는 하나님의 인도를 쉽게 포기하고 싶은 생각이 든다. 이런 면에서 본문 말씀의 시작은 의미심장하다.

> "무교절의 첫날 곧 유월절 양 잡는 날에 제자들이 예수께 여짜오되 우리가 어디로 가서 선생님께서 유월절 음식을 잡수시게 준비하기를 원하시나이까 하매"(막 14:12).

마가복음 14장은 지금 계속해서 유월절을 강조하고 있다. 1절은 "이틀이 지나면 유월절과 무교절이라"고 시작하며, 대제사장들과 서기관들이 예수님을 흉계로 잡아 죽이는 방도를 찾는다고 진술한다. 유대인은 유월절이 시작되기 전날 유월절 양을 잡아 죽인다. 그리고 그 양의 피를 제단에 뿌리고 고기를 무교병, 쓴나물과 함께 먹는다. 본문은 '유월절 양 잡는 날에' 일어난 일이다. 여기 '양 잡는 날에'라고 할 때 '잡는'은 헬라어 3인칭 복수 미완료 동사인 '에뛰온'이 사용되었다. 미완료면 아직 양을 잡는 중이다. 3인칭 복수니까, '그들 곧 여러 사람이 유월절 양을 잡고 있는 날'이 된다.

예수께서는 제자 중 둘을 보내며 성내로 들어가라고 하신다(막 14:13). '성내'는 예루살렘성 안을 의미한다. 당시 유월절 양은 어디서 잡았을까? 예루살렘 성전에서 제사장들이 잡았다. 아무 데서나 잡으면 안 된다. 이것은 신명기 말씀에 근거한다.

> "유월절 제사를 네 하나님 여호와께서 네게 주신 각 성에서 드리지 말고 오직 네 하나님 여호와께서 자기의 이름을 두시려고 택하신 곳에서 네가 애굽에서 나오던 시각 곧 초저녁 해 질 때에 유월절 제물을 드리고 네 하나님 여호와께서 택하신 곳에서 그 고기를 구워 먹고 아침에 네 장막으로 돌아갈 것이니라"(신 16:5-7).

예수께서는 지금 예루살렘 성에서 율법의 규례대로 죽임당하는 유월절 양을 잡아 식사하기를 원하셨다. 이렇게 하신 것은 예수님 자신이 장차 당하실 죽음을 어떻게 이해하는지 보여준다. 예수께서는 자신이 유월절 어린 양이 되어 잡히고 피 흘리고 살이 찢겨지고 죽임당하실 것이다. 그리고 이 유월절 어린 양의 피 흘리고 죽으심으로 새로운 제2의 출애굽 역사를 이룰 것이다.

21절에 보면 예수님이 "인자는 자기에 대하여 기록된 대로 가거니와"라고 말씀한다. 여기 '가거니와'(헬. 휘파케이)는 '여행을 떠난다'고 할 때 사용하는 단어다. 이제 예수께서는 유월절 양으로 자신을 드리고 끝나는 것이 아니라 새로운 출애굽의 역사를 이루어 천국으로 가는 것이다. 이것을 누가복음은 이렇게 말씀한다.

"영광중에 나타나서 장차 예수께서 예루살렘에서 별세하실 것을 말할새"(눅 9:31).

'별세'는 세상을 떠나가는 것인데, 이것이 헬라어로 '엑소더스'다. '엑소더스'는 출애굽을 말한다. 지금 예수님은 자신을 유월절 양으로 드리시고 온 인류를 죄로부터 새로운 출애굽을 일으키려 하는 것이다. 이것이 예수께서 죽음에 대해 갖고 계신 이해였다.

"내가 갔다가 너희에게로 온다 하는 말을 너희가 들었나니 나를 사랑하였더라면 내가 아버지께로 감을 기뻐하였으리라. 아버지는 나보다 크심이라"(요 14:28).

예수님이 갔다가 다시 온다. '갔다'는 헬라어 '휘파고'로 '떠나간다'는 단어와 같다. 이것은 예수께서 죽음을 출애굽으로 이해하고, 백성들에게 피를 바르기 위해 자신을 유월절 어린 양으로 내주시는 역사로 이해하셨음을 보여준다. 이런 역사를 이루기 위해 예수께서 제자들을 부르신다. 제자들은 예수께 음식을 어디서 준비하기를 원하시는지 묻는다(막 14:12). 그리고 마가복음 14장 16절에 보면 제자들이 유월절 음식을 준비했다고 한다. 겉으로 볼 때 제자들이 준비하는 것 같다. 그런데 본문을 자세히 들여다보면 유월절 만찬을 위한 준비는 주님께서 미리 하셨음이 드러난다.

"예수께서 제자 중의 둘을 보내시며 이르시되 성내로 들어가라. 그리하면 물 한 동이를 가지고 가는 사람을 만나리니 그를 따라가서 어디든지 그가 들어가는 그 집 주인에게 이르되 선생님의 말씀이 내가 내 제자들과 함께 유월절 음식을 먹을 나의 객실이 어디 있느냐 하시더라 하라. 그리하면 자리를 펴고 준비한 큰 다락방을 보이리니 거기서 우리를 위하여 준비하라 하시니"(막 14:13-15).

예수께서 제자들에게 유월절을 준비하도록 성내 곧 예루살렘성 안으로 들어가라고 하신다. 예수께서 머무셨던 베다니 시몬의 집(막 14:3)에서 예루살렘까지는 3~4km 거리밖에 되지 않는다. 예수께서는 제자들이 성내로 들어가면 물 한 동이를 가지고 가는 사람을 만날 것인데, 그를 따라서 그가 가는 집으로 가라고 하신다. 이건 서울역에서 김 서방 찾는 격이다. 그런데 여기 표현을 보면 물동이 가지고 가는 사람이 남성형이다. 그러니까 물 한 동이를 가지고 가는 남자를 보면 따라나서라는 것이다. 당시 우물물을 긷는 것은 주로 여인이 했던 일이다. 이따금 남자 하인이 하기도 했다. 그러나 물 항아리를 갖고 가는 것은 주로 여인이 했다. 여기 항아리(헬. 케라미온)는 도기로 만든 항아리를 가리킨다. 남자 하인이 물 항아리를 이고 가거나 허리품에 갖고 가는 것은 누가 봐도 눈에 확 띈다.

예수께서는 이런 사람을 발견하면 그를 따라가 그 집 주인에게 "스승께서 제자들과 함께 유월절 음식 먹을 객실을 찾는다"라고 말하라는 것이다. 그러면 이 주인이 자리를 펴고 준비한 큰 다락방을 안내할 것이라고 말씀한다. 제자들이 만찬 장소를 마련하러 갔지만 결국 제자들은 주께서 이미 다 예비하신 것을 확인한 것에 불과하다.

제자들이 준비했지만 결국 주님이 다 일하셨다.

마침내 날이 저물었다(막 14:17). 날이 저물면 유대인에게는 새날의 시작이다. 당시 헬라나 로마의 하루 개념은 해 뜰 때부터 다음 날 해 뜰 때까지다. 그런데 유대인들은 해 질 때부터 다음 날 해 질 때까지다. 그래서 창세기에는 "저녁이 되고 아침이 되니 이는 ~째 날"이더라는 식으로 말씀한다(창 1:5,8,13,19,23,31). 따라서 본문에 날이 저무는 것은 유월절 만찬을 시작하는 새날의 시작을 의미한다.

제자들은 모두 유월절 만찬에 참여하여 다 앉아 먹는다(막 14:18). '앉아 먹는다' (헬. 아나케이메논)는 동사는 '기대어 눕는' 자세를 의미한다. 유월절 만찬에는 비스듬히 누워 먹는 전통이 있었다. 이를 위한 긴 의자도 마련하곤 했다. 이렇게 길게 누워 먹는 행위는 이들이 노예가 아니라 자유인이라는 것을 상징하는 자세였다. 우리는 출애굽하여 더는 애굽 제국과 죄와 사망의 노예가 아닌 자유인이라는 것을 선포하는 것이다. 이런 자세로 만찬에 참여하는 것은 예수께서 십자가를 통해 이루실 출애굽 역사로 제자들이 새로운 자유인이 될 것을 상징하는 행위다.

예수께서는 유월절 만찬을 통해 장차 이루실 역사가 어떠한 것인지 상징적으로 명확하게 보여주셨다. 그런데 이런 가운데 예수께서는 안타까운 소식 하나를 선언한다.

> "다 앉아 먹을 때에 예수께서 이르시되 내가 진실로 너희에게 이르노니 너희 중의 한 사람 곧 나와 함께 먹는 자가 나를 팔리라 하신대"(막 14:18).

스승과 함께 식사를 나누는 제자 중 하나가 스승을 팔 것이다! 이는 예수께서 새로운 출애굽 역사를 이루기 위해 자신을 유월절 어린 양으로 내드리는 가운데 이탈할 자가 있음을 말씀하는 것이다. 스승의 출애굽 역사를 도저히 이해할 수 없고 받아들일 수 없어 스승이 자신을 죽음으로 내줄 바에야 차라리 자기가 배신하겠다고 하는 자가 나타날 것이다. 하지만 예수께서는 그렇게 배신하는 것조차 하나님의 거대한 인도하심의 섭리 안에 있음을 말씀하고 계시다. 예수께서 말씀하자 제자들은 어떻게 반응하는가? 그들은 근심하며 하나씩 "나는 아니지요?"(막 14:19)라고 묻는다.

그러자 예수께서 말씀하신다. "나와 함께 그릇에 손을 넣는 자니라"(막 14:20). 당시 유월절 식사를 할 때 큰 그릇에 두고 3~4명이 함께 나누어 먹었다. 그런데 손을 넣을 때 옆 사람과 손이 동시에 들어갈 때가 있다. 이때 스승과 함께 손을 넣는 사람이라고 하시는 것이다. 이런 것을 보면 가룟 유다는 스승 아주 가까이 있었던 것 같다. 그도 그럴 것이 배신자는 항상 가까운 곳에 있다. 최측근인 경우가 많다. 안타까운 것은 제자들이 이쯤 되면 "주님, 그 사람이 누구인지 한번 가려내 봅시다." 이렇게 나설 수도 있는데 모두 "저는 아니지요"로 그친다. 관심이 모두 자신에게만 집중되어 있었다.

위기와 고난 가운데 사람들이 자신에게 제일 집중하는 경향이 있다. 예수님을 배반하는 자가 누구인지 알 필요가 없다. 나만 아니면 된다. 사실 하나님의 인도를 쉽게 포기하게 될 때가 모든 관심이 나 하나에게만 집중되어 있을 때다. 내가 힘들면 하나님의 인도를 거부한다. 내가 당황스러우면 하나님에게서 멀어진다. 도망간다.

이런 면에서 가룟 유다는 너무나도 쉽게 하나님의 인도하심을 포기했다. 예수께서 이렇게까지 경고하셨건만 가룟 유다는 하나님의 인도하심을 포기했다. 가룟 유다가 보기에 예수께서는 죽으면 안 되는데, 자꾸 자기 목숨을 많은 사람의 대속물로 주겠다고 하신다. 도리어 가룟 유다가 볼 때 예수께서는 능력과 이적을 일으켜 이스라엘에 정치적 해방과 자유를 가져다주셔야 했다. 그런데 예수께서는 내 나라는 이 세상 나라와 다르다고 말씀한다. 가룟 유다는 자기 고집과 생각으로 가득 차 이렇게 말씀하시는 예수님을 더는 붙들고 따르기 어려웠다. 이런 메시아는 거부하고 싶었다. 우리도 그렇다. 고난과 위기 가운데 우리 관심이 하나님의 뜻이 아닌 나 자신에게 자꾸 집중되면 우리는 그만 하나님의 인도를 포기하기 쉽다.

동요 작곡가 한태근 선생을 아실지 모르겠다. 시대를 초월하는 베스트 동요, 〈꼬부랑 할머니〉를 지으신 분이다. 그가 고등학교 교편을 내려놓고 어느 날 몸이 좋지 않아 동문회 사무실에 전화를 걸어 물었다.[56] "혹시 제자 중에 비뇨기과 의사가 있느냐?" 소변을 보는데 자꾸 피가 나온다. 그래서 마침 연세대학교 세브란스 병원에 있는 제자가 연결되어 진료를 받고 수술을 받게 되었다. 수술대에서 제자가 선생님의 배를 열어보고 깜짝 놀랐다. 방광 전체가 암으로 뒤덮여서 수술 메스가 들어가지 않을 정도였다. 말기 암이었다. 그래서 그냥 배를 닫고 말았다. 제자의 고백에 따르면 이런 경우는 평생 단 두 번 봤다고 한다.

제자는 선생님께 몸 상태 상황을 설명해드렸다. 그러자 한태근 선생은 제자에게 이렇게 말했다. "자네, 어떻게든 6개월만 더 살게 해주게. 내 반드시 할 일이 있네.” 이분은 성경 말씀을 찬송가로 만드는 소원을 갖고 이 작업을 하고 있었다. 이 작업을 시작한 것이 1965년부터였다. 성경 말씀을 하나도 변형하지 않고 있는 그대로 곡을 붙이는 작업이었다. 하나님이 소원을 주시고 지금까지 인도하셨는데, 여기서 끝나면 모든 것이 끝이라고 생각했다. 이때까지 만든 곡이 55곡이었다.

이후 세 차례에 걸쳐 대수술을 받고 항암치료를 받게 되었다. 항암 치료받으면서 머리가 다 빠지고 또 신부전증을 앓아서 얼굴이 퉁퉁 붓고, 또 결핵성 늑막염까지 찾아왔다. 제자인 의사는 이렇게 수술을 했어도 앞으로 살아날 가능성은 크지 않습니다. 그러면서 말했다. “선생님, 이제 하실 일은 기도밖에 없습니다.”

이 말을 듣고 낙심했을 수도 있지 않았겠는가? 한태근 선생은 순간 ‘아! 다 못 만들고 가겠구나’ 하는 생각이 들었다고 한다. 그래서 조심스럽게 제자에게 이렇게 물었다. “하나님이 나를 인도해 주시겠지?” “찬송가 완성은 할 수 있겠지?” 고난 가운데 이분의 오직 한 가지 소망은 하나님이 자신에게 시작하게 하신 찬송가 작곡에 있었다. 그래서 항암치료를 받으면서, 온갖 부작용과 질병에 시달리면서도 작곡을 계속해갔다. 한 곡 한 곡 써 내려갔고 드디어 600곡을 다 썼다. 그러는 사이에 10년이 지났다. 그리고 2006년 7월 24일에는 이 중에서 300곡을 뽑아 〈성구 찬송가 300〉이란 제목으로 출간하기에 이르렀다. 항암치료를 받은 지 10년이 지났는데, CT나 방광경으로 몸을 검사해보니 암이 흔적도 남지 않았다. 몸에 가득했던 암세포가 사라지는 놀라운 치유를 경험한 것이다.

만약 이분이 스스로 '아, 찬송가 작곡은 이제 끝이다' 하고 먼저 포기했으면 어떻게 됐을까? 하나님은 지금 우리를 인도하고 계시는가? 이미 우리를 위해 모든 것을 다 예비하셨음을 신뢰할 수 있는가? 힘들고 괴롭고 때로 원망도 나오지만 지금까지 인도하신 분이 하나님이심을 확신하는가? 그렇다면 지금 포기하지 말라. 하나님의 인도는 그렇게 쉽게 포기할 것이 아니고 또 포기해서도 안 된다.

하나님이 내게 있게 하신 이곳이 연단과 고난과 질병으로 가로막혀 있더라도, "주여, 내 몸이 부서지고 십자가에 달려 올려지더라도 난 변함없이 하나님의 손에 붙잡혀 있겠습니다"하며 믿고 헌신하며 끝까지 하나님의 손길을 의지하고 붙잡아야 한다. 이때 우리의 고난은 어느덧 축복으로 변하여 많은 사람에게 생명과 그리스도의 사랑을 나누어주는 생명의 통로가 되어 있을 것이다. 우리 마음은 종종 갈대와 같다. 이러면 낙심하고 저러면 토라진다. 그러나 하나님의 인도하심에 우리 인생을 의뢰했으면 결코 쉽게 포기하지 말라. 끝까지 신뢰하며 믿음의 선한 싸움을 싸우는 거룩한 성도로 서라!

[66장 각주]

55) 이신영, "멸종위기 북극여우 생식기가 부적?", 조선일보, 2010. 6. 25.
56) 문갑식, "[Why] 작곡가 한태근: '내가 만든 노래처럼 꼬부랑 내 인생… 말기암 열 두 고개 음악으로 넘었어요'", 조선일보, 2010. 7. 30.

67 Chapter 67. Mark 14:22-26

예수의 피로 세운 새 언약

[22]그들이 먹을 때에 예수께서 떡을 가지사 축복하시고 떼어 제자들에
게 주시며 이르시되 받으라. 이것은 내 몸이니라 하시고 [23]또 잔을 가
지사 감사기도 하시고 그들에게 주시니 다 이를 마시매 [24]이르시되
이것은 많은 사람을 위하여 흘리는 나의 피 곧 언약의 피니라. [25]진실
로 너희에게 이르노니 내가 포도나무에서 난 것을 하나님 나라에서
새 것으로 마시는 날까지 다시 마시지 아니하리라 하시니라. [26]이에
그들이 찬미하고 감람산으로 가니라.

좀처럼 가라앉을 줄 모르는 코로나 바이러스로 인해 우리 사회가 그동안 알고 있던 통념이 역전되고 있다. 전에는 뭉치면 살고 흩어지면 죽는다고 했는데, 이제는 뭉치면 죽고 흩어지면 사는 시대가 왔다. 확진자를 피하고 가능한 한 거리를 두고 살아야 한다고 해서 확진자를 피하려고 하다 보니 나도 모르게 집에서 '확-찐자'가 되었다. 최근 한 언론사의 여론조사 결과, 집에 있으면서 1~3kg 이상 찐 이들이 응답자의 43%나 되었다.[57] 그래도 감사한 것은 나만 찐 것이 아니다. 주변에 다 쪘다. 그래도 주의해야 할 것은 이대로 가다가는 계속 찔 가능성이 크다는 것이다.

이런 변화 속에서 그동안 당연하다고 생각했던 것이 결코 당연한 것이 아니었음을 새삼 깨닫게 된다. 자유롭게 모일 수 있고 돌아다닐 수 있었던 것이 참 큰 은혜였고 감사 제목이었다. 우리를 향한 풍성하신 하나님의 은혜가 이어져 왔는데, 우리가 이것을 너무 쉽게 잊고 있었다는 점이다.

얼마 전 2차 세계대전의 홀로코스트 생존자이자 노벨 평화상 수상자였던 엘리 위젤의 책 「나의 기억을 보라」는 책이 번역되어 나왔다.[58] 엘리 위젤은 15살 때 가족과 함께 아우슈비츠에 강제 수용되었다. 그리고 그곳에서 아버지와 여동생을 잃었고, 아버지가 독일군에게 살해되는 장면을 목격했다. 그는 자신이 경험한 홀로코스트의 참상을 「나이트」(Night)란 책을 써서 발표했다.[59] 이 책은 전 세계에서 1천만 부 이상 판매되며 홀로코스트의 참상을 고발한 가장 중요한 책으로 손꼽힌다. 엘리 위젤이 보스턴 대학에서 학생들을 가르치며 평생을 고민했던 주제가 있다. 무엇이 인류를 비극으로부터 구원해 줄 수 있을까 하는 것이다. 그것은 바로 '기억'이었다. 지난 과거를 잊지 않고 계속해서 기억하고 그 기억이 현재의 나의 삶에 살아있도록 하는 것이다.

본문은 성도가 지금 누리고 있는 구원받은 삶이 얼마나 소중한 것인지를 거듭 기억해야 할 것을 촉구하는 말씀이다. 예수께서는 본격적으로 십자가 고난을 받기 전 자신의 고난과 죽음이 어떤 고난과 죽음인지를 제자들이 기억하기 원하셨다. 예수께서는 자기 죽음이 자기 피로 세운 새 언약을 위한 것이라는 것을 성만찬을 통해 생생하게 각인시킨다.

> "이르시되 이것은 많은 사람을 위하여 흘리는 나의 피 곧 언약의 피니라"(막 14:24).

우리는 예수께서 담당하신 십자가가 자신의 피로 세운 새 언약을 위한 것임을 거듭 기억해야 한다. 고린도전서는 "이 잔은 내 피로 세운 새 언약이니 이것을 행하여 마실 때마다 나를 기념하라"(고전 11:25)고 좀 더 구체적으로 말씀한다. 우리는 예수께서 십자가에서 흘리신 피로 세운 새 언약을 통하여 우리 죄를 사함받게 되었고, 죄의 상처와 상흔이 주의 피로 나음을 얻게 되었고, 불안과 염려 가운데 있던 우리 존재가 평화와 기쁨을 누리게 되었다.

> "그가 찔림은 우리의 허물 때문이요 그가 상함은 우리의 죄악 때문이라. 그가 징계를 받으므로 우리는 평화를 누리고 그가 채찍에 맞으므로 우리는 나음을 받았도다"(사 53:5).

원래 예수께서 가졌던 식사는 유월절 만찬이었다. 유월절 만찬은 유월절에 하나님이 베푸신 구원 역사를 이스라엘 백성의 삶에 재현하도록 하신 것이었다. 그런데 예수께서는 이것을 자신이 이루실 새 언약의 역사로 전환하셨고, 이것을 우리 삶에서 계속해서 재현하기를 원하셨다. 이 떡을 먹고 이 잔을 마실 때마다 새 언약을 기념하며 주께서 이를 위해 십자가 지셨음을 기억하라고 말씀하신다.

예수께서는 먼저 떡을 떼어주셨다. 그리고 이 떡이 곧 자신의 몸을 상징한다고 말씀하셨다.

> "그들이 먹을 때에 예수께서 떡을 가지사 축복하시고 떼어 제자들에게 주시며 이르시되 받으라. 이것은 내 몸이니라 하시고"(막 14:22).

이것은 예수께서 장차 자신의 몸을 우리를 위해 내주며 자기 살이 찢겨 드려질 것을 예고하는 말씀이다. 유월절에 양을 잡고 그 고기를 먹는 것처럼 예수께서 우리를 죄와 사망의 권세로부터 탈출시키시고 새 생명을 주시기 위해 그분의 살을 우리 생명을 위해 내주심을 의미한다. 예수께서는 떡을 나누신 후, 이어서 잔을 나누신다.

> "또 잔을 가지사 감사기도 하시고 그들에게 주시니 다 이를 마시매 이르시되 이것은 많은 사람을 위하여 흘리는 나의 피 곧 언약의 피니라"(막 14:23-24).

이것은 많은 사람을 죄에서 건지기 위해 예수님이 흘리시는 대속의 피요, 특별히 '언약의 피'라고 말씀한다. '언약의 피'라는 것은 언약을 갱신하기 위해 요구되는 피를 의미한다. 갱신한다는 것은 다시 새롭게 체결한다는 것을 의미한다. 왜 갱신할까? 그것은 하나님은 신실하게 그 약속을 지키시지만 인간 편에서 죄로 인해 그 언약을 계속해서 깨뜨리기 때문이다.

아담을 보라. 하나님은 인류가 하나님을 인정하며 선악과를 먹지 않는 한 생육하고 번성할 것을 약속하셨다. 그러나 그 약속을 깨고 약속을 무효화했다. 그러자 하나님은 장차 "여자의 후손이 뱀의 머리를 상하게 할 것"(창 3:15)이라고 하시며 메시아를 약속하시고 그에게 가죽옷을 지어 입히셨다(창 3:21). 이것이 아담 언약이다. 가죽옷을 지어 입힌다는 것은 이 약속을 갱신하기 위해 짐승이 피를 흘렸음을 의미한다.

또 노아 때에도 온 인류가 타락하자 하나님은 홍수로 세상을 심판하고 노아에게 다시는 세상을 물로 심판하지 않을 것이라 약속하셨다. 노아 언약이다. 이 언약을 체결하며 노아는 방주에 있던 정결한 짐승을 취하여 하나님께 제사를 드렸다. 하나님은 이 제사를 받으시고 말씀하신다.

> "여호와께서 그 향기를 받으시고 그 중심에 이르시되 내가 다시는 사람으로 말미암아 땅을 저주하지 아니하리니 이는 사람의 마음이 계획하는 바가 어려서부터 악함이라. 내가 전에 행한 것같이 모든 생물을 다시 멸하지 아니하리니"(창 8:21).

하나님이 그 향기를 받으시고 세상을 다시는 물로 멸하지 않을 것이라 약속하신다. 노아가 드린 피 흘림의 제사를 통해 이전의 언약을 새롭게 갱신하신 것이다.

죄는 마치 코로나 바이러스처럼 하나님과의 아름다운 언약을 뒤집는 치명적인 독이다. 떨쳐내려고 해도 에덴동산에서 쫓겨난 이후 우리에게 있는 원죄적 본성이 자꾸만 발동해서 떨쳐지지 않는다. 하나님께서는 시내산에서 그의 백성들이 죄를 떨쳐버리고 거룩한 백성으로 살아가도록 모세언약을 맺으셨다. 그리고 죄 사함을 얻고 살아가도록 성전과 제사제도를 주셨다. 그러나 문제는 이스라엘이 이 모세언약 역시 다시 깨뜨리고 더는 효력을 발휘하지 못하도록 변질시켰다는 것이다.

> "이 언약은 내가 그들의 조상들의 손을 잡고 애굽 땅에서 인도하여 내던 날에 맺은 것과 같지 아니할 것은 내가 그들의 남편이 되었어도 그들이 내 언약을 깨뜨렸음이라. 여호와의 말씀이니라"(렘 31:32).

여기 '애굽 땅에서 인도하여 내던 날에 맺은 언약' 은 시내산에서 맺은 모세언약을 가리킨다. 그런데 이 언약을 깨뜨렸다. 하나님이 이스라엘의 남편이 되었어도 깨뜨렸다. 여기서 하나님은 언약 관계를 결혼 관계로 비유하신다. 이런 가깝고 친밀한 언약 백성의 관계를 "나는 너희의 하나님이 되고, 너희는 내 백성으로 삼을 것"이라고 표현하신다. 이것을 언약공식구문이라고 한다. 이런 언약 백성으로 삼으셨어도, 이스라엘은 모두 깨뜨리고 도망갔다. 성전과 제사의 약속을 깨뜨리자 더는 죄 사함의 기능이 제대로 발휘되지 못했다.

> "헛된 제물을 다시 가져오지 말라. 분향은 내가 가증히 여기는 바요 월삭과 안식일과 대회로 모이는 것도 그러하니 성회와 아울러 악을 행하는 것을 내가 견디지 못하겠노라. 내 마음이 너희의 월삭과 정한 절기를 싫어하나니 그것이 내게 무거운 짐이라. 내가 지기에 곤비하였느니라. 너희가 손을 펼 때에 내가 내 눈을 너희에게서 가리고 너희가 많이 기도할지라도 내가 듣지 아니하리니 이는 너희의 손에 피가 가득함이라"(사 1:13-15).

이제 하나님과의 언약 관계가 깨졌고, 죄를 이기고 거룩하게 하나님께 나아갈 소망이 더는 존재하지 않는다. 세상이 온통 죄와 사망의 권세에 뒤덮여 고통받고 있었다. 이전에 주셨던 성전과 제사제도 그리고 율법은 도리어 인간의 어두운 죄성을 가감 없이 폭로할 뿐이었다. 로마서는 율법이 들어온 것은 죄를 더하게 함이라고 말씀한다(롬 5:20).

이전의 언약은 사람 편에서 다 깨뜨리고 더는 효력을 발휘할 수 없었다. 지금까지 언약이 깨질 때마다 그랬던 것처럼 새로운 갱신이 필요했다. 이번에는 정말 하나님의 파격적인 갱신이 시작되었다. 그것은 하나님의 아들이 직접 이 땅에 오셔서 자신을 완전한 제물로 드리고 인류의 죄 문제를 해결하신 것이었다.

먼저, 하나님께 온전한 제사를 드리려면 제물이 흠이 없어야 했다. 그래서 불완전한 짐승으로 제물로 드릴 때도 율법이 규정한 흠이 없는 제물을 골라서 드리지 않았는가? 예수님은 죄가 없으셨다. 무흠하고 정결한 제물로서의 자격을 갖추셨다. 또 예수님은 죄 없는 삶을 사셨다. 사탄이 유혹하고 시험했지만 그 시험을 이기고 온전히 승리하여 하나님의 율법이 요구하는 모든 것을 흠없이 지키며 율법의 요구를 온전히 이루셨다. 이를 히브리서는 다음과 같이 말씀한다.

> "그러나 이 제사들에는 해마다 죄를 기억하게 하는 것이 있나니 이는 황소와 염소의 피가 능히 죄를 없이 하지 못함이라"(히 10:3-4).

구약의 제사는 죄를 기억하게 하는 효력이 있다. 그러나 그 죄를 제거하는 데 한계가 있다. 이런 이유로 하나님은 번죄와 속죄제를 기뻐하지 않으셨다(히 10:6). 그래서 그리스도께서는 첫째 것 곧 모세 율법이 규정한 제사를 폐하시고, 둘째 것, 즉 자신의 몸과 피를 하나님께 거룩한 제사로 드리는 새 언약을 세우셨다(히 10:9).

> "이 뜻을 따라 예수 그리스도의 몸을 단번에 드리심으로 말미암아 우리가 거룩함을 얻었노라. 제사장마다 매일 서서 섬기며 자주 같은 제사를 드리되 이 제사는 언제나 죄를 없게 하지 못하거니와 오직 그리스도는 죄를 위하여 한 영원한 제사를 드리시고 하나님 우편에 앉으사(앉으셨다)"(히 10:10-12).

그리스도는 거룩하게 된 자들을 한 번의 제사로 영원히 온전하게 하셨다. 이를 통해 죄와 불법을 사하셨고 다시는 죄를 위하여 제사 드릴 것이 없었다.

> “그러므로 형제들아 우리가 예수의 피를 힘입어 성소에 들어갈 담력을 얻었나니 그 길은 우리를 위하여 휘장 가운데로 열어 놓으신 새로운 살 길이요 휘장은 곧 그의 육체니라”(히 10:19-20).

이것을 위해 예수께서 자신의 살과 피를 내주어 새 언약을 세우신 것이다. 예수께서는 이 역사를 이루도록 제자들에게 성찬을 보여주시며, 이후로도 이것을 행하여 나를 기념하라고 말씀하셨다. 예수 그리스도의 십자가와 보혈의 능력은 날마다 우리 삶에서 재현하고 경험되어야 할 영적 현실이어야 한다. 그뿐만이 아니다. 하나님께서는 이렇게 예수님의 살과 피로 새 언약이 세워질 때 놀라운 역사가 있을 것을 약속하셨다.

> “또 새 영을 너희 속에 두고 새 마음을 너희에게 주되 너희 육신에서 굳은 마음을 제거하고 부드러운 마음을 줄 것이며 또 내 영을 너희 속에 두어 너희로 내 율례를 행하게 하리니 너희가 내 규례를 지켜 행할지라”(겔 36:26-27).

하나님의 성령을 부어주셔서, 이제 죄 사함받아 정결하고 부드러운 마음으로 주님의 율례를 행하게 할 것이라는 말씀이다. 여기서 ‘율례’는 무효화된 제사법이 아니다. 이스라엘 백성들의 특수한 상황을 고려하여주신 국가 시민법도 아니다. 이는 오직 하나님을 사랑하고 이웃을 사랑하는 율법의 근본정신을 구현한 사랑의 법이다. 예수 그리스도의 오심으로 구약율법의 제사법과 시민법이 폐지되었다. 하나님의 영은 그의 백성들 가운데 역사하여 하나님 사랑과 이웃 사랑의 법을 행하도록 하신다.

예수께서는 새 언약을 세우기 위해 자신의 모든 생명을 다 내던졌다. 그러나 역설적으로 주님을 따른다고 자부하던 제자들은 자신의 생명을 위해 주님을 가차 없이 저버렸다. 기존의 통념대로라면 제자들은 자신의 모든 것을 내던지고 스승을 구해야 했다. 그러나 십자가 앞에 기존의 통념이 뒤집어졌다. 베드로가 말했다. 다 버릴지라도 나는 그리하지 않겠습니다. 그러나 제자들은 도망가고 스승은 자신의 모든 것을 다 내던져 새 언약을 맺으셨다. 우리 힘으로 아무리 의지를 다지고 결심한다 하더라도 죄의 무게를 자신의 힘으로 견뎌낼 수 없다. 전에 'N번방' 사건으로 잡힌 젊은 청년이 언론 앞에서 고백한 말이 무엇인가? 멈출 수 없었던 악마의 삶을 멈춰줘서 감사하다고 하지 않는가? 우리는 스스로의 힘으로 죄의 무게를 견뎌낼 수 없다.

예수께서 십자가를 지기 전 마지막 만찬을 하신 것은 바로 그분의 죽음이 이런 우리를 살리기 위해 자신의 살을 찢기고 피를 흘리신 고귀한 생명의 나눔임을 상징적으로 보여준다. 성만찬은 이것을 우리 삶에 재현하는 일이다. 이제 우리는 예수님을 믿고 새 언약의 백성이 되었다. 하나님의 성령이 부어져서 우리로 능히 죄를 미워하고 싸워 이길 수 있는 힘을 주셨다. 우리를 위해 십자가 지신 주님을 기억하며 그분이 우리를 위해 찢기시고 흘리신 살과 피를 기억하며 감사하자. 이 살과 피를 제자들에게 나누시며 먹고 마시라고 하신 것은 이제 우리는 우리 힘으로 사는 존재가 아니라 예수님의 생명으로 사는 존재임을 알려주기 위해서다. 또한 성찬을 함께 나누는 우리는 예수님의 살과 피를 함께 나눈, 예수님의 생명을 함께 나눈 소중한 그의 몸된 공동체이다. 세상 사람들은 공통의 관심사로 모이기도 하고, 공통의 이익을 얻기 위해 모이기도 한다. 그러나 교회는 그리스도의 생명을 함께 나누기 위해 모인 공동체다. 우리를 위해 고난받으신 예수님의 생명으로 살아나고 성령으로 충만하여 더욱 충만한 기쁨과 평강을 맛보며 살아가자.

[67장 각주]

57) 박돈규, "[아무튼, 주말] 확진자 면하려다 '확 찐 자' … 10명 중 4명이 체중 불었네", 조선일보, 2020. 4. 4.
58) 엘리 위젤 외, 우진하 역, 「나의 기억을 보라」(서울: 샘앤파커스, 2020).
59) 엘리 위젤, 김하락 역, 「나이트」(서울: 예담, 2007).

68 Chapter 68. Mark 14:27-52

지금은 깨어 기도해야 할 때입니다

[27]예수께서 제자들에게 이르시되 너희가 다 나를 버리리라. 이는 기록
된 바 내가 목자를 치리니 양들이 흩어지리라 하였음이니라. [28]그러나
내가 살아난 후에 너희보다 먼저 갈릴리로 가리라. [29]베드로가 여짜오
되 다 버릴지라도 나는 그리하지 않겠나이다. [30]예수께서 이르시되 내
가 진실로 네게 이르노니 오늘 이 밤 닭이 두 번 울기 전에 네가 세 번
나를 부인하리라. [31]베드로가 힘 있게 말하되 내가 주와 함께 죽을지
언정 주를 부인하지 않겠나이다 하고 모든 제자도 이와 같이 말하니
라. [32]그들이 겟세마네라 하는 곳에 이르매 예수께서 제자들에게 이르
시되 내가 기도할 동안에 너희는 여기 앉아 있으라 하시고 [33]베드로와
야고보와 요한을 데리고 가실새 심히 놀라시며 슬퍼하사 [34]말씀하시

되 내 마음이 심히 고민하여 죽게 되었으니 너희는 여기 머물러 깨어
있으라 하시고 35조금 나아가사 땅에 엎드리어 될 수 있는 대로 이때
가 자기에게서 지나가기를 구하여 36이르시되 아빠 아버지여 아버지
께는 모든 것이 가능하오니 이 잔을 내게서 옮기시옵소서. 그러나 나
의 원대로 마시옵고 아버지의 원대로 하옵소서 하시고 37돌아오사 제
자들이 자는 것을 보시고 베드로에게 말씀하시되 시몬아 자느냐. 네
가 한 시간도 깨어 있을 수 없더냐. 38시험에 들지 않게 깨어 있어 기
도하라. 마음에는 원이로되 육신이 약하도다 하시고 39다시 나아가 동
일한 말씀으로 기도하시고 40다시 오사 보신즉 그들이 자니 이는 그들
의 눈이 심히 피곤함이라. 그들이 예수께 무엇으로 대답할 줄을 알지
못하더라. 41세 번째 오사 그들에게 이르시되 이제는 자고 쉬라. 그만
되었다. 때가 왔도다. 보라. 인자가 죄인의 손에 팔리느니라. 42일어나
라 함께 가자. 보라. 나를 파는 자가 가까이 왔느니라. 43예수께서 말
씀하실 때에 곧 열둘 중의 하나인 유다가 왔는데 대제사장들과 서기
관들과 장로들에게서 파송된 무리가 검과 몽치를 가지고 그와 함께
하였더라. 44예수를 파는 자가 이미 그들과 군호를 짜 이르되 내가 입
맞추는 자가 그이니 그를 잡아 단단히 끌어가라 하였는지라. 45이에
와서 곧 예수께 나아와 랍비여 하고 입을 맞추니 46그들이 예수께 손
을 대어 잡거늘 47곁에 서 있는 자 중의 한 사람이 칼을 빼어 대제사장
의 종을 쳐 그 귀를 떨어 뜨리니라. 48예수께서 무리에게 말씀하여 이
르시되 너희가 강도를 잡는 것같이 검과 몽치를 가지고 나를 잡으러
나왔느냐. 49내가 날마다 너희와 함께 성전에 있으면서 가르쳤으되
너희가 나를 잡지 아니하였도다. 그러나 이는 성경을 이루려 함이니

라 하시더라. [50]제자들이 다 예수를 버리고 도망하니라. [51]한 청년이
벗은 몸에 베 홑이불을 두르고 예수를 따라가다가 무리에게 잡히매
[52]베 홑이불을 버리고 벗은 몸으로 도망하니라.

코로나 이후 국제 유가가 배럴당 20달러 아래로 떨어졌다. 1배럴이 158.9ℓ, 약 160ℓ 정도 하니까, 환율을 1,200원으로 놓고 계산하면 160ℓ에 약 2만 4천 원 정도 하는 것이다. 이렇게 되면 리터당 단가가 150원 정도 한다. 우리 마트에서 2ℓ짜리 생수 한 병에 얼마 하는가? 1천 원 정도 한다. 그럼 1ℓ에 5백 원 정도다. 이제 기름값이 생수 값보다 싼 시대가 왔다. 국제유가시장에서 적절한 수익을 보장하는 가격대가 배럴당 50~60달러 정도다. 그래서 산유국들은 기름값이 떨어지지 않도록 가격 조정을 하고 석유생산을 줄였다.

그런데 최근 사우디아라비아에서 더는 감산하지 않겠다고 선언하며 러시아와 함께 석유를 수요보다 훨씬 많이 뽑아내기 시작했다. 손해가 막심해보이는 무리한 정책을 펼치는 이유는 무엇일까? 그 배후에는 사우디아라비아를 이끄는 빈 살만 왕세자의 장기적 비전과 고뇌가 서려 있기 때문이다. 그는 지금과 같은 빠른 과학기술의 발달로는 산유국들이 전과 같이 석유로 돈 벌 수 있는 시대는 20년이 지나지 않아 끝날 것으로 전망했다. 이제 얼마 남지 않은 기간 할 수 있는 한 석유를 뽑아 팔아 가능한 많은 현금을 확보해서 미래의 변화에 대비하겠다는 것이다.

최근 닌텐도가 출시한 〈동물의 숲〉이란 게임이 커다란 인기를 끌고 있다. 게임 입문자들도 쉽게 접근할 수 있으면서도 특유의 동물 세계에 푹 빠져들게 만드는 매력적인 요소가 즐비하다. 이 게임을 개발한 프로듀서가 노가미 히사시다. 노가미 프로듀서는 이 게임 개발을 위해 19년간 몰입했다. 보통 신형게임기가 나오면 그 수명은 5년이라고 한다. 5년 안에 게임 소프트웨어도 바뀌어야 한다. 그런데 노가미 프로듀서는 긴 호흡으로 세상을 흔들 게임을 개발한 것이다. 이것은 회사가 장기적 비전을 갖고 추진하지 않았으면 불가능한 일이었다.

격변의 시대에는 긴 호흡으로 바라볼 수 있는 장기적 관점이 중요하다. 거대한 격변 앞에 기존에 알던 상식, 방법, 가치관이 전혀 먹히지 않게 되기 때문이다. 이번 코로나 사태로 인해 미국이나 유럽 같은 나라들이 이것을 처절하게 경험하고 있다. 그전에는 돈만 있으면 인공호흡기를 달고 연명치료를 받을 수 있었다. 그러나 이제는 환자가 너무 많아, 아무리 돈이 있어도 치료받을 수 없고, 또 의사도 환자들이 몰려와 돈을 낸다고 치료해줄 수도 없게 되었다. 이럴 때 중요한 것은 의사의 윤리적 가치판단이다. 정말 이 치료가 필요한 사람이 누구인가, 장기적 관점에서 누구를 살리는 것이 더 중요한가 하는 것이다. 전에는 돈이면 다 해결할 수 있는 것 같은 세상이었지만 극한 격변의 시대에는 보다 장기적 관점에서의 윤리, 도덕적 가치, 그리고 공익이 훨씬 더 중요한 기준이 되어가고 있다.

요즘 우리는 이전에 겪어보지 못했던 정치, 사회, 경제, 교육, 문화 등 사회 각 분야의 거대한 변화를 온몸으로 경험하고 있다. 이럴 때일수록 보다 장기적인 관점에서 하나님의 뜻을 분별하고, 하나님 나라의 가치를 붙들지 않으면 우리는 이 격변의 시대를 헤쳐 나갈 수 없다. 본문에는 예수께서 제자들에게 미리 경고한다.

> "예수께서 제자들에게 이르시되 너희가 다 나를 버리리라. 이는 기록된 바 내가 목자를 치리니 양들이 흩어지리라 하였음이니라" (막 14:27).

거대한 위기가 다가오고 있다. 3년간 나를 따라다녔던 너희는 다 나를 버리고 흩어질 것이다. 듣기만 해도 얼마나 큰 충격인가? 이 거대한 위기 앞에 누구 하나도 예외가 없다. 예수께서는 "너희가 '다' 나를 버리리라"고 하신다. 그러자 베드로는 "다~ 버릴지라도 나는 그렇게 하지 않겠다"고 맞선다. 다른 '모든' 제자도 "주님 차라리 죽을지언정 '절대' 주님을 부인하지 않겠다"고 한다(막 14:29). 거대한 격변과 위기의 파도 앞에 모든 제자가 휩쓸려갈 시기가 올 것이다. 베드로가 아무리 자신은 다를 것이니 걱정하지 말라고 해도 소용없다. 모든 제자가 이와 같이 '말하니라' (헬. 엘레곤)는 미완료형이다. 미완료형은 동작의 계속된 반복을 의미한다. 제자들은 계속해서 예수께 걱정하지 말라고, 자신은 절대 부인하지 않겠다고, 차라리 죽더라도 부인하지 않을 테니 걱정하지 말라는 식으로 말씀드렸다.

그러나 이렇게 단호한 다짐은 무참하게 깨지고 말 것이다.

> "제자들이 다 예수를 버리고 도망하니라"(막 14:50).

"베 홑이불을 버리고 벗은 몸으로 도망하니라"(막 14:52).

예수님을 끝까지 따르겠다고 호언장담했던 제자 중 그 누구도 남아 있지 않을 것이다. 결국 예수님의 말씀처럼 뿔뿔이 흩어질 것이다. 예수께서는 이런 격변의 위기 앞에 너무나도 두렵고 괴로우셨다. 그래서 제자들을 데리고 감람산 겟세마네 동산으로 가셨다.

본문은 예수님의 상태를 "심히 놀라시며 슬퍼하사"(막 14:33)라고 표현한다. 이를 원문을 직역하면 '압도되어서 번민하셨다'(distressed and agitated-NRSV) 정도로 번역할 수 있다. 예수께서는 앞으로 닥칠 거대한 십자가에 압도되어 심하게 흔들리고 고민되셨다는 것이다. 예수께서도 육신으로 오셨기에 인간의 연약함을 그대로 겪고 계셨다. 그래서 예수께서는 "내 마음이 심히 고민하여 죽게 되었다"(막 14:34)고 말씀한다. 이 격변의 위기 가운데 예수께서는 오직 하나님 아버지만을 바라보며 기도하기로 결단한다.

> "조금 나아가사 땅에 엎드리어 될 수 있는 대로 이때가 자기에게서 지나가기를 구하여 이르시되 아빠 아버지여 아버지께는 모든 것이 가능하오니 이 잔을 내게서 옮기시옵소서. 그러나 나의 원대로 마시옵고 아버지의 원대로 하옵소서 하시고"(막 14:35-36).

예수께서는 먼저 하나님을 '아빠 아버지여'라고 부른다. 이것은 하나님을 향한 친밀감과 사랑, 신뢰를 드러낸다. 예수께서 십자가를 앞두고 원망과 불신 가운데 기도한 것이 아니라 하나님을 신뢰하고 사랑하는 가운데 기도한다. 기도할 때 불평과 원망을 갖고 나아가면 하나님의 뜻을 분별하기도 어렵고, 또 분별하더라도 받아들이기 어렵다. 그래서 아무리 어려워도 하나님을 신뢰하며 사랑하는 태도로 기도해야 한다. 예수께서는 이 위기의 상황에서도 하나님을 신뢰하며 기도의 자리로 나아갔다. "아빠, 모든 것을 할 수 있으시잖아요. 이 잔을 저에게서 옮겨주세요." 여기서 '잔' (헬. 포테리온)이란 압도적일 정도로 죄 많은 세상에 임할 하나님의 심판을 상징한다. 이 거대한 심판을 온몸으로 맞는다는 것은 그야말로 피하고 싶은 넌더리나는 일이었다.

진노의 잔을 옮겨달라는 것은 예수님의 인간적인 번민에서 나온 요청이었다. 한계 있는 연약한 인간의 관점에서 볼 때 예수께서는 할 수 있는 한 십자가를 피하고 싶으셨다. 그러나 동시에 예수께서는 세상을 사랑하시는 하나님의 장기적인 관점을 붙들고 기도한다. "그러나 나의 원대로 마시고, 아빠의 원대로 해주세요!" 여기 '원' (헬. 텔레마)은 '뜻' 으로 번역할 수 있다. "내 뜻대로 마시고, 아빠의 뜻대로 해주세요!" 이것이 예수께서 아빠 하나님께 드렸던 기도의 핵심이었다. 예수님의 원대로 하면 당장에 예수님께 좋을 수 있지만 하늘 아빠의 뜻이 좌절된다. 물론 하늘 아버지의 뜻이 땅에서 이루어져야 한다는 것을 알지만 압도적인 위기와 닥칠 고통의 무게 앞에 할 수 있으면 피하고 도망가고 싶은 마음이었다.

우리가 격변의 위기에 치열하게 기도해야 할 것이 바로 이것이다. 내 판단, 내 뜻이 아니라 하늘 아빠의 뜻 앞에 복종하게 해달라는 기도다. 하나님의 뜻이 이루어지기 위해서 단기적 유익과 편안함을 포기하게 해달라는 기도다. 나에게 닥칠 온갖 불이익을 온몸으로 맞아야 한다. 이것을 결단하는 것이 참 힘들고 어렵다.

예수님의 기도도 얼마나 치열하고 힘들었던지 누가복음은 "예수께서 힘쓰고 애써 더욱 간절히 기도하시니 땀이 땅에 떨어지는 핏방울같이 되더라"(눅 22:44)고 말한다. 얼마나 힘들고 고뇌에 찬 기도였는가를 엿볼 수 있다. 예수께서 기도하신 이 동산의 이름 '겟세마네'는 기도가 갖고 있는 고뇌의 성격을 더욱 부각시킨다. '겟' 하면 '틀'을, '쉐멘' 하면 기름이란 뜻이다. 그래서 겟세마네 하면 '기름 짜는 틀' 을 말한다. 유대인들은 기름 짜는 틀에 올리브 열매를 넣고 세 번 짠다. 처음 짜서 나오는 것이 가장 깨끗한 엑스트라 버진(extra virgin)이다. 두 번째 나오는 기름은 일반 조리할 때 사용한다. 세 번째 기름은 등불을 밝히는 데 사용한다.

겟세마네, 곧 기름 짜는 틀처럼 예수께서는 온 힘을 다해 자신의 진액을 짜내며 하나님께 기도드리는 것이다. 이런 생사를 건, 온 존재를 쥐어짜는 간절한 기도가 예수님에게 이 격변의 위기를 담대하게 헤쳐 나갈 힘과 분별력을 준 것이다.

반면 이렇게 간절한 기도의 시간에 제자들은 뭐하는가? 잔다.

> "돌아오사 제자들이 자는 것을 보시고 베드로에게 말씀하시되 시몬아 자느냐. 네가 한 시간도 깨어 있을 수 없더냐. 시험에 들지 않게 깨어 있어 기도하라. 마음에는 원이로되 육신이 약하도다 하시고"(막 14:37-38).

예수께서 시험에 들지 않게 깨어 기도하라고 하신 것은 이런 시기에 기도 없이 지나가면 반드시 시험에 든다는 것을 전제한다. 이는 배후에 시험에 들게 하려는 악한 세력이 있음을 의미한다. '시험에 들다'는 표현은 '나도 모르게 걸려든다'는 뜻이 있다. 공중권세 잡은 사탄이 작심하고 이 격변의 위기로 세상을 휩쓸 때 깨어 있지 않으면 자신도 모르는 사이 그냥 넘어간다는 뜻이다.

마음은 시험에 들지 않기 원해도 육신은 약하다. '육신'은 육체가 아니라 죄를 짓고 죄에 빠져들기 쉬운 우리의 연약한 원죄적 본성을 의미한다. 우리는 이렇게 죄에 빠져들기 쉬운 육체성을 갖고 있다. 그렇기에 깨어 기도하라는 것이다. 온몸의 진액을 짜며 하나님 앞에 기도로 몸부림치면 하나님의 뜻이 더욱 선명해진다. 내가 순종해야 할 바가 무엇인지가 분명해진다. 이것이 사탄의 시험인지 절호의 기회인지 분별할 수 있다.

예수께서는 제자들에게 이렇게 말씀하고 다시 기도의 자리로 나아간다. 또다시 동일한 말씀으로 몸부림친다(막 14:39). 그러나 제자들은 여전히 자신들의 호언장담을 믿고 있었는지 깨어 기도하지 못한다. 예수께서는 또다시 세 번째 기도의 자리로 나아간다. 세 번째 기도는 본문에 길게 설명하지 않는다. 왜 그럴까? 기도할수록 하나님의 뜻이 분명해지고, 하나님의 뜻 앞에 더욱 확신을 갖고 용기 있게 결단할 수 있었기 때문이다.

세 번째 기도를 마치고 예수께서 제자들에게 돌아와 말씀한다.

"세 번째 오사 그들에게 이르시되 이제는 자고 쉬라. 그만 되었다.

때가 왔도다. 보라. 인자가 죄인의 손에 팔리느니라. 일어나라 함께 가자. 보라. 나를 파는 자가 가까이 왔느니라"(막 14:41-42).

이제는 쉬라. 그만 되었다. 무슨 말인가? 기도할 때가 끝났다는 것이다. 기도의 때가 끝나고 이제는 시험과 대격변의 위기가 찾아올 때다. 이때 예수께서 말씀한다. "보라. 인자가 죄인의 손에 팔리느니라." 여기 '팔리느니라'(헬. 파라디두스)는 '넘겨진다'는 뜻이다. 이것은 앞서 예수께서 자신의 수난과 죽음을 예고하셨던 말씀을 반영한다(막 9:31, 10:33). '넘겨진다'는 신적수동태의 표현이다. 어쩔 수 없이 끌려가는 중에, 그 배후에 역사하시는 분이 하나님임을 감추고 표현하는 것이다. 기도하는 자에게는 이제 이 감추어진 손길을 분별하고, 비록 눈앞의 위기지만 그것조차 주관하시는 하나님의 손길을 신뢰하며 그 넘겨짐의 역사에 자신을 내드리는 순종의 용기가 주어진다.

이때 가룟 유다가 예수님을 체포하러 온 무리와 함께 와서 입을 맞춘다.

"예수께서 말씀하실 때에 곧 열둘 중의 하나인 유다가 왔는데 대제사장들과 서기관들과 장로들에게서 파송된 무리가 검과 몽치를 가지고 그와 함께 하였더라"(막 14:43).

"내가 날마다 너희와 함께 성전에 있으면서 가르쳤으되 너희가 나를 잡지 아니하였도다. 그러나 이는 성경을 이루려 함이니라 하시더라”(막 14:49).

예수께서는 마침내 하나님의 뜻이 이루어짐을 분별하고 기꺼이 자신을 내주시는 데 이르셨다. 우리는 기도하면서 우리 문제가 극적으로 해결되길 바란다. 그러나 극적으로 해결되지 않고 갈수록 위기가 심원해질 수 있다. 이럴 때 기도해야 한다. 잠자면 안 된다. 그러다 휩쓸리고 실망하고 도망하고 흩어질 수 있다. 따라서 이제는 기도해야 한다. 있는 그 자리에서 기도의 횃불을 다시 치켜들기 바란다. 예수께서 하신 말씀을 다시 한번 깊이 새겨보라. “시몬아 자느냐. 네가 한 시간도 깨어 있을 수 없더냐. 시험에 들지 않게 깨어 있어 기도하라. 마음에는 원이로되 육신이 약하도다”(막 14:37-38). 이 말씀이 이 격변의 시대에 우리를 부르는 주님의 깊은 시급한 요청으로 울리기를 바란다.

69 Chapter 69. Mark 14:53-65

예수님을 죽음으로 몰고 간 사람들

[53]그들이 예수를 끌고 대제사장에게로 가니 대제사장들과 장로들과
서기관들이 다 모이더라. [54]베드로가 예수를 멀찍이 따라 대제사장의
집 뜰 안까지 들어가서 아랫사람들과 함께 앉아 불을 쬐더라. [55]대제
사장들과 온 공회가 예수를 죽이려고 그를 칠 증거를 찾되 얻지 못하
니 [56]이는 예수를 쳐서 거짓 증언 하는 자가 많으나 그 증언이 서로 일
치하지 못함이라. [57]어떤 사람들이 일어나 예수를 쳐서 거짓 증언 하
여 이르되 [58]우리가 그의 말을 들으니 손으로 지은 이 성전을 내가 헐
고 손으로 짓지 아니한 다른 성전을 사흘 동안에 지으리라 하더라 하
되 [59]그 증언도 서로 일치하지 않더라. [60]대제사장이 가운데 일어서서
예수에게 물어 이르되 너는 아무 대답도 없느냐. 이 사람들이 너를

치는 증거가 어떠하냐 하되 [61]침묵하고 아무 대답도 아니하시거늘 대제사장이 다시 물어 이르되 네가 찬송 받을 이의 아들 그리스도냐. [62]예수께서 이르시되 내가 그니라. 인자가 권능자의 우편에 앉은 것과 하늘 구름을 타고 오는 것을 너희가 보리라 하시니 [63]대제사장이 자기 옷을 찢으며 이르되 우리가 어찌 더 증인을 요구하리요. [64]그 신성모독 하는 말을 너희가 들었도다. 너희는 어떻게 생각하느냐 하니 그들이 다 예수를 사형에 해당한 자로 정죄하고 [65]어떤 사람은 그에게 침을 뱉으며 그의 얼굴을 가리고 주먹으로 치며 이르되 선지자 노릇을 하라 하고 하인들은 손바닥으로 치더라.

도심의 한 번화가에서 술에 취한 20대 청년이 주차할 곳을 찾기 위해 잠시 정차해 있던 차를 느닷없이 발로 걷어찼다.[60)] 슬쩍 찬 것이 아니다. 차 조수석 문짝을 힘껏 걷어찼다. 그러다 또 소리를 버럭 지르며 앞부분 사이드미러를 걷어찼다. 문짝이 휘어지고 유리창에도 금이 가는 등 차에 손상이 가지 않았겠는가? 나중에 알고 보니 이 차는 세계적인 명차로 불리는 밴틀리 컨티넨탈로, 무려 3억 원대의 값비싼 차였다. 이런 차가 손상이 가면 수리비만 기본적으로 4~5천만 원 정도가 나온다. 왜 이런 무모한 일을 저질렀을까? 경찰에 연행되었던 이 청년은 다음 날 경찰이 전날 영상을 보여주자 얼굴이 새하얗게 질리며 술에 취해 있어서 기억이 하나도 안 난다고 했다. 그렇다면 그냥 아무 생각 없이 술김에 걷어찬 것일까? 그런데 이 청년이 술김에 발로 차를 걷어차며 소리를 고래고래 지르며 한 말이 있다. "좋은 차 타니까 좋냐!"라는 것이다. 나는 이렇게 걸어 다니는데, 너는 나에게 없는 좋은 차를 타니 기분 나쁘다는 것이다.

이는 인간이 가진 근원적인 문제를 고스란히 보여준다. 바로 시기와 질투의 문제다. 인류 최초의 살인사건은 시기와 질투에서 시작되었다. 하나님이 아벨의 제사는 받고 가인의 제사는 왜 받지 않는가? 가인은 기분 나빴다. 동생이 밉고 하나님이 동생만 인정해준다는 것을 질투하고 시기했다. 결국 그 부러움과 미움과 시기가 동생을 죽이는 끔찍한 범죄로까지 이어졌다.

시기와 질투가 일어나는 이유가 무엇인가? 비교에서 온다. 다른 이와 비교해보니 지금 내가 갖고 있는 자원만으로 불충분하게 느껴지기 때문이다. 아담과 하와가 뱀의 유혹에 넘어가 최초로 범죄했을 때를 생각해보라. 아담은 하나님이 주신 그 풍성한 에덴동산에서 만족하지 못했다. 왜? 못 먹는 것이 있었기 때문이다. 바로 선악과였다. 처음에는 만족하고 부족함 없던 하와에게 뱀이 다가와 자꾸만 지금 상태를 비교하며 불만족스럽게 여기도록 부추겼다. 선악과만 먹으면 하나님처럼 선악을 알고 하나님처럼 될 것이라며 교묘한 거짓 비교로 마음을 자극했다. 결국 아담과 하와는 선악과를 먹고 하나님처럼 될 것을 시도하다 범죄하고 타락했다.

우리는 하나님이 주시는 자원으로 감사하고 만족하며 풍성하게 살아야 한다. 그런데, 자꾸 주변과 비교하고 내 힘으로 다른 이들보다 더 많은 자원을 확보하여 비교우위로 만족감과 우월감을 느끼려 한다. 하나님이 자원을 주실 때는 하나님만 바라보면 충분했다. 그러나 내 힘으로 자원을 확보하려 하다 보니 주변을 자꾸 비교하며, 누가 나보다 더 많은 것을 가졌는지 보게 된다. 그리고 더 많이 가진 이가 있으면 시기하고 미워하고, 할 수 있으면 힘으로라도 빼앗고 싶어 한다.

본문의 시작은 대제사장들과 장로들과 서기관들이 한밤중에 긴급하게 모인 비상 공회를 보도한다. 대제사장, 장로, 서기관이면 유대 사회에서 나름대로 하나님을 가장 열심히 섬긴다는 사람들 아닌가? 그런데 이들이 이렇게 모인 이유가 무엇인가? 바로 예수를 죽이기 위해서다.

> "대제사장들과 온 공회가 예수를 죽이려고 그를 칠 증거를 찾되 얻지 못하니"(막 14:55).

이들이 예수님을 죽이려고 한 것은 예수께서 베푸신 기적, 능력, 권능이 자신들의 위치와 지위를 위협한다고 생각했기 때문이다. 그리고 자신들에게 없는 신령한 능력을 이들은 시기하고 질투하였다. 영적 능력에 있어서 자신들은 예수님께 비교가 되지 않았다. 자신들에게 없는 것을 예수님은 갖고 계셨다. 예수님을 그대로 두었다가는 온 이스라엘 백성이 예수님을 따르고, 결국 성전을 섬기던 자신들은 뒤로 도태되고 백성의 관심을 받지 못하고 영적 권위가 실추될 것 같았다. 예수는 자신들에게 너무나 큰 위협이 되는 라이벌이었다.

본문은 예루살렘의 지도자들이 예수님을 시기하고 미워하는 마음이 극에 달했음을 보여준다. 대제사장들과 온 공회가 예수님을 죽이려고 혈안이 되어서 증거를 찾으려고 했지만 찾지 못했다고 한다.

마치 가인이 동생 아벨을 시기와 질투로 들에서 죽였던 것과 같은 그런 마음이 느껴진다. 찾으려 했지만 못했다. 이런 마음 상태에서는 조작된 증거라도 만들어 내려고 한다. 이런 조작된 증거로 예수님을 죽이려는 시도도 계속 행해졌다. 그런데 아무리 시도해도 증거를 얻지 못했다.

> "이는 예수를 쳐서 거짓 증언 하는 자가 많으나 그 증언이 서로 일치하지 못함이라"(막 14:56).

법적 효력이 있으려면 적어도 두세 사람의 증언이 일치해야 한다. 그런데 증언은 일관성이 있어야 하고 세부적인 내용이 같아야 한다. 그런데 주장은 같은데 세부적인 내용으로 들어가니 서로 다르다. 또 이들은 예수께서 성전을 무너뜨리고 사흘 동안 짓는다고 했다며 모함했다(막 14:57-58). 그러나 그 증언도 서로 일치하지 않았다(막 14:59). 이처럼 예루살렘의 많은 지도자가 예수님을 죽이려고 온갖 거짓증거를 들이대며 모함하는데, 예수님은 놀랍게도 적극적으로 자기변명을 하기는커녕 침묵하고 계셨다. 예수께서 침묵할수록 예수님을 모함하려는 이들의 거짓과 악함이 더욱 선명하게 드러난다. 예수께서는 가만히 있는데 자기들끼리 예수님을 죽여야 한다고 하면서 난리 치고 증인들을 내세우는데, 증인들이 나올수록 더 드러나는 것은 고소했던 이들의 거짓과 악함이었다. 도리어 점점 더 수세에 몰린다. 그러자 대제사장이 예수님께 묻는다. "네가 찬송받을 이의 아들 그리스도냐"(막 14:61). 이는 예수님의 정체성에 관한 질문이다. '당신이 메시아냐' 고 묻는 말이다. 그러자 예수께서 말씀하신다.

"예수께서 이르시되 내가 그니라 인자가 권능자의 우편에 앉은 것과 하늘 구름을 타고 오는 것을 너희가 보리라 하시니"(막 14:62).

예수께서 자신을 메시아일 뿐 아니라 하나님 우편에 앉을 하나님과 동등된 통치자이자 다니엘서 7장 13~14절에서 약속한 하늘 구름을 타고 갈 분이라고 하자 대제사장은 기다렸다는 듯이 옷을 찢는다.

"대제사장이 자기 옷을 찢으며 이르되 우리가 어찌 더 증인을 요구하리요"(막 14:63).

레위기에 따르면 대제사장은 자기 옷을 찢으면 안 된다.

"자기의 형제 중 관유로 부음을 받고 위임되어 그 예복을 입은 대제사장은 그의 머리를 풀지 말며 그의 옷을 찢지 말며"(레 21:10).

대제사장은 시기와 질투의 대상이 된 예수님을 억지로 죽음으로 몰아가기 위해 율법을 어겨가면서 과도한 오버액션을 취한 것이다. 그러자 여기에 동조한 이들의 무리가 결국 예수님을 죽음에 넘겨주기로 결의한다. 이러한 이들의 태도는 어찌 보면 비슷한 상황에 있던 세례 요한과 대조된다. 예수께서 공생애 초창기 시절, 세례 요한이 요단강에서 세례를 주고 있는 강 건너 반대편에서 세례를 베풀었다.

그런데 사람들이 눈에 띄게 예수께 많이 몰려갔다. 그러자 세례 요한의 제자 중 하나가 말했다.

"그들이 요한에게 가서 이르되 랍비여 선생님과 함께 요단강 저편에 있던 이 곧 선생님이 증언하시던 이가 세례를 베풀매 사람이 다 그에게로 가더이다"(요 3:26).

예수님은 세례 요한에게 세례를 받으셨다. 그런데 자기에게 세례받은 예수님이 강 건너편에 가서 다른 사람들에게 세례를 주는데 더 많이 몰린다. 같은 강에서 같은 강물(river)을 마시며 경쟁하는 관계를 라이벌(rival)이라 한다. 라이벌은 같은 강물을 마시는, 같은 업계에 있는 사람이다. 우리도 보면 동종업계에서 배우다가 나가 따로 차려 더 잘 되는 경우가 있다. 그러면 어떻겠는가? 시기 질투가 나지 않겠는가? 아주 위협적인 라이벌이 된다. 그런데 이런 상황을 바라보는 세례 요한의 고백은 세상적인 논리와 매우 다르다.

"그는 흥하여야 하겠고 나는 쇠하여야 하리라"(요 3:30).

어떻게 이런 상황을 자연스럽게 받아들일 수 있었을까? 우리 같으면 주변 사람들에게, "저 예수는 원래 내 밑에 있던 사람이야. 나한테 세례받은 내 제자야." 이런 식으로 어떻게든 깎아내리고 자신이 돋보이게 하려 하지 않겠는가? 그런데 세례 요한은 비교와 시기 질투를 거부하고 "그는 흥해야 하겠고 나는 쇠해야 하리라" 하며 겸손하게 낮춘다. 이렇게 고백할 수 있었던 것은 세례 요한이 주변과 비교를 거부하고 자신을 이곳에 보내고 세우신 위에 계신 하나님을 바라보았기 때문이다.

> "요한이 대답하여 이르되 만일 하늘에서 주신 바 아니면 사람이 아무 것도 받을 수 없느니라"(요 3:27).

위에서 허락하셨기에 이런 일이 일어나는 것이다. 이러한 하나님의 섭리를 받아들이지 않으면 우리는 분노하고 시기하고 폭력을 동원해서라도 저지하려 한다. 만약 우리가 이것이 하나님이 허락하신 일이라고 받아들인다면 이어지는 다음과 같은 질문을 던져 보아야 한다. "나는 하나님이 허락하신 이 일 앞에 어떻게 반응하는 것이 합당한가?" "나는 누구로, 어떤 역할로 부름받은 사람인가?" 하는 질문이다. 세례 요한이 바로 그랬던 것 같다.

> "내가 말한 바 나는 그리스도가 아니요 그의 앞에 보내심을 받은 자라고 한 것을 증언할 자는 너희니라. 신부를 취하는 자는 신랑이나 서서 신랑의 음성을 듣는 친구가 크게 기뻐하나니 나는 이러한 기쁨으로 충만하였노라"(요 3:28-29).

세례 요한은 위를 바라보며 '나는 그리스도가 아니고, 보냄을 받은 자'라는 자신의 정체성을 확인했다. 비교하면 나의 정체성은 루저가 된다. 루저가 되면 내 안에 일어나는 감정은 시기, 질투, 분노다. 그러나 세례 요한은 이 모든 일을 허락하신 분이 하나님이라면 자신은 루저가 아니라 이분을 증언하고 세워주는 사람임을 확인한다. 자신은 신랑 곁에 선 들러리고, 신랑이 입장한 것으로 크게 기뻐할 사람인 것이다. 세례 요한은 이러한 기쁨으로 충만했다. 이 기쁨은 비교로 인한 경쟁 우위에 있는 기쁨이 아니다. 비교와 경쟁의 논리로 보면 분노해야 할 상황이다. 세례 요한의 기쁨은 바른 소명과 정체성에서 오는 것이다. 사람들이 다 예수님에게 가도록 하는 것이 자신의 소명이고, 자신으로 인해 예수님이 드러난다는 사실 만으로 충분하다는 확신에서 흘러나오는 기쁨이다.

우리나라를 괴담 공화국이라고 한다. '~카더라' 는 소문에 어느 순간 남부러움을 사며 잘 나가던 사람이 순식간에 무너진다. 왜 무너질까? 남부러움을 사서 그렇다. 자신도 모르게 시기와 질투의 대상이 된 것이다. 우리 중에는 이런 남부러움의 대상이 되는 사람이 있다.

공식적인 모임이 아니라 개인적으로 만나서 함께 이야기를 나누다, 이 사람이 내 이야기를 잘 듣겠다 싶으면 서서히 다른 사람 뒷말하는 이가 있다. 그러다 그를 공동의 적으로 만들어 함께 모함하고 험담한다. 계속 이야기 듣다 보면 전부 마음에 안 드는 인간들밖에 없다. 왜 그럴까? 그 안에서 시기와 질투가 끊임없이 올라오기 때문이다. 더 근원적으로는 위에 계신 하나님을 온전히 보지 못하고 내 주변 사람들만 보면서 자꾸 비교하기 때문이다. "그는 흥하여야 하겠고 나는 쇠하여야 하리라!" 이런 고백을 할 수 있어야 하는데, 그는 쇠하여야 하겠고 내가 흥해야 하리라는 생각으로 나가니 자꾸만 마음에 안 드는 것을 꼬집고 따지고 비판의 날을 세운다.

하나님이 그를 이곳에 세우시고, 보내신 것을 인정하고 같이 기뻐해야 함에도, 우리는 "왜 저런 얄미운 것이 와서 하나부터 열까지 마음에 안 드는 일만 골라 하냐"며 험담하고 비판한다. 이렇게 하는 것이 결코 하나님의 의를 이루지 못한다(약 1:20 참조).

우리는 예수님을 십자가에 못 박은 무리, 대제사장과 거짓 증인들이 나와는 별 상관없는 그저 못된 인간들이라고만 생각한다. 그러나 여전히 뒤에서 하나님이 세우신 사람들을 인정하지 못하고, 무리지어 다른 이들을 비판하고 욕하고 헐뜯고 시기하고 질투한다면 우리도 예수님을 죽음으로 몰아간 사람들과 크게 다르지 않다. 이런 내가 곧 예수님을 십자가에 못 박은 자다.

혹시 내 주변에 자꾸 불러내서 이야기하자 하고, 전화하고, 밥 먹자고 하면서 계속 뒷말, 비교, 비판, 비난, 험담이 나온다면 경계해야 한다. 그렇게 말하는 사람 이야기를 곧이곧대로 받아들이지 말라. 공정한 판단을 위해서는 당사자의 말, 상대편의 이야기도 반드시 들어야 한다. 진실을 확증하려면 두세 사람의 말을 들어보고 이것이 일치해야만 한다. 그렇지 않으면 그 말은 시기와 질투에서 나와 한 사람을 무너뜨리려는 거짓 증언일 가능성이 크다.

신앙생활을 오래 했다는 대제사장들이 이런 일에 주동이 되었다. 신앙생활을 오래 하면 주변에 따르고 함께하는 무리가 있다. 이들과 함께 험담의 자리, 시기의 자리, 비판의 자리에 참여하지 말기를 바란다. 우리는 신앙생활을 오래 할수록 겸손하게 다른 이들을 세우고 높이는 성도가 되어야 한다. 함께 모여 "그는 흥하여야 하겠고 나는 쇠하여야 하리라!" 이런 고백을 할 수 있는 성도되기를 주님의 이름으로 축원한다.

[69장 각주]

60) 유승혁, "수원 술취한 '벤틀리 파괴남' 등장에 온라인 시끌", 국민일보, 2020. 4. 20.

70 Chapter 70. Mark 14:66-72

자랑이 수치로 떨어질 때

66베드로는 아랫뜰에 있더니 대제사장의 여종 하나가 와서 67베드로
가 불 쬐고 있는 것을 보고 주목하여 이르되 너도 나사렛 예수와 함
께 있었도다 하거늘 68베드로가 부인하여 이르되 나는 네가 말하는
것이 무엇인지 알지도 못하고 깨닫지도 못하겠노라 하며 앞뜰로 나
갈새 69여종이 그를 보고 곁에 서 있는 자들에게 다시 이르되 이 사람
은 그 도당이라 하되 70또 부인하더라. 조금 후에 곁에 서 있는 사람들
이 다시 베드로에게 말하되 너도 갈릴리 사람이니 참으로 그 도당이
니라. 71그러나 베드로가 저주하며 맹세하되 나는 너희가 말하는 이
사람을 알지 못하노라 하니 72닭이 곧 두 번째 울더라. 이에 베드로가
예수께서 자기에게 하신 말씀 곧 닭이 두 번 울기 전에 네가 세 번 나

를 부인하리라 하심이 기억되어 그 일을 생각하고 울었더라.

어느 단체나 국가를 처음 시작한 인물은 많은 중요한 업적을 남기기 마련이다. 그래서 그 단체나 국가는 처음 시작한 인물의 장점을 부각하기 마련이다. 단점은 잘 보여주지 않는다. 이따금 보면 단순히 장점을 부각하는 것을 넘어 신격화하는 데까지 나아가는 경우도 있다. 예를 들어 북한의 첫 지도자였던 김일성의 경우, 북한에서는 김일성이 어릴 때부터 영특했음을 부각한다. 김일성은 백두산에서 태어났고, 백두산의 아들이자 하늘이 낸 옥동자로 묘사한다. 김일성이 항일 무장 투쟁을 할 때는 모래로 쌀을 만들고 솔방울로 총알을 만들었으며, 축지법을 쓰기도 하고 나뭇잎을 타고 큰 강을 건넜다고도 한다.[61]

그 아들 김정일도 마찬가지다. 김정일은 세 살 때부터 총을 쏘았고, 아홉 살 때는 3초 내에 10발의 총탄을 쏘아 목표를 100% 명중시켜 통구멍을 내었으며, 세 살 때부터 운전을 시작해 여덟 살도 되기 전에 굽이와 경사지가 많은 비포장도로를 몰고 질주했다고 한다. 또 초고속 보트를 시속 200㎞로 몰아 외국 보트회사 시험 운전사를 두 번이나 이겼다고 한다. 이처럼 한 단체의 지도자는 가능한 한 미화되고 더 나아가 신격화까지 나아간다. 부끄러운 점이나 수치는 가능한 한 은폐하려 한다.

이런 면에서 본문의 장면은 초대교회의 성도뿐만 아니라 오늘날 성도에게도 상당히 당황스러운 장면이다. 그것은 초대교회의 가장 대표적인 지도자였던 베드로가 예수님을 배반하는 부끄럽고 수치스러운 이야기이기 때문이다. 할 수만 있으면 미화하거나 삭제하고 싶은 장면이다. 그러나 성경은 초대교회의 지도자를 미화하기는커녕 초대교회 지도자의 가장 연약한 아킬레스건을 고스란히 보여주고 있다. 사실 베드로도 오늘 사건을 두고 평생 마음의 충격으로 남았을 것이다. 본문은 베드로가 대제세장의 집 아랫뜰에 있는 장면으로 시작한다.

"베드로는 아랫뜰에 있더니 대제사장의 여종 하나가 와서 베드로가 불 쬐고 있는 것을 보고 주목하여 이르되 너도 나사렛 예수와 함께 있었도다 하거늘"(막 14:66-67).

베드로가 아랫뜰에 있다는 것은 상당히 담대한 행동이다. 당시 가옥의 구조는 보통 2층으로 되어 있었는데, 중요한 회의를 할 때는 2층에서 했다. 그리고 2층 아래는 1층 마당이 있었다. 예루살렘은 지형이 언덕이라서 1층에 마당이 있으면 2층에 회의장이 있고 앞으로 2층 앞뜰 마당이 있었다. 본문에서 베드로는 1층 아래 마당까지 갔다는 것이다. 베드로는 지금 보통사람의 용기를 뛰어넘는 상당히 담대한 행동을 하고 있다. 이는 베드로가 겟세마네 동산에서 예수님을 잡으러 왔던 대제사장 종의 귀를 칼로 베어버린 것을 고려할 때 매우 위험천만한 행동임을 알 수 있다(요 18:10 참조).

생각해보라. 비록 어둠 속이지만 대제사장이 보낸 종의 무리는 횃불을 들고 갔을 것이다. 갑자기 예수님의 제자 하나가 칼을 들어 자기네 사람을 치고 종의 귀를 떨어뜨렸다. 다들 화들짝 놀라고 있는데, 예수께서 그 사람에게 "이것까지 참으라. 칼을 칼집에 꽂으라" 하니까 씩씩거리면서 칼을 칼집에 꽂는다. 모두의 시선이 이렇게 행동하는 베드로에게 집중되지 않았겠는가? 그러고는 어디론가 도망갔던 베드로가 조용히 대제사장의 뜰까지 들어왔다. 아마도 베드로의 가슴은 콩닥콩닥 뛰었을 것이다.

지금 베드로는 한 번도 경험해보지 못했던 길을 가고 있다. 이전에 예수님의 제자로 스승을 따라다니는 것은 커다란 자랑이었다. 사방에서 예수님은 환영받았고 존경받았다. 가는 곳마다 놀라운 기적과 능력을 베푸셨다. 이런 메시아 옆에 있는 것만으로도 어깨가 으쓱 올라갈 정도였다. 그런데 이랬던 스승이 신성 모독죄로 사형이 언도되려는 재판정에 서시게 되었다. 지금 이 순간만큼은 예수님을 따라다니는 것이 두려움이고 수치로 떨어진다. 베드로로서는 할 수 있는 한 스승과 거리두기를 하고 모른 척하는 것만이 살길이었다.

전에 일본 조직폭력단 야쿠자 중 최대 조직인 야마구치구미의 오야붕(두목)이 코로나가 확산될 때 전 조직원들에게 내린 명령이 언론에 공개되어 화제다. 그것은 "외출하지 마라. 감염되지 마라. 다른 조직과 다투지도 마라"였다.[62] 한 마디로 뭉치지 말고 흩어져 거리두기를 하라는 것이다. 코로나가 퍼지면서 심지어 조직원들 가운데도 확진자가 속출하면서, 야쿠자에 초비상이 걸렸다. 야쿠자는 특성상 늘 대면접촉을 한다. 그리고 폭음 폭식을 하면서 당뇨나 고혈압과 같은 기저질환이 많다. 이런 특성으로 코로나에 감염되기 쉽고, 한 번 감염되면 기저질환이 있어 합병증으로 악화될 가능성이 크다. 이전에

문신을 자랑하고 으스대며 다녔던 이들이 쏙 들어갔다.

지금 베드로가 이런 상황이다. 예수님을 따라가면 죽고, 흩어져 도망가면 사는 상황이었다. 이전의 자랑이 이제는 두려움과 수치가 되었다. 그러나 베드로는 자신이 한 말 때문에 도망갈 수 없었다. 그는 예수께서 제자들이 다 나를 버릴 것이라고 하자(막 14:27) 호언장담하며 다음과 같이 말했다.

> "베드로가 힘 있게 말하되 내가 주와 함께 죽을지언정 주를 부인하지 않겠나이다 하고 모든 제자도 이와 같이 말하니라"(막 14:31).

베드로가 이렇게 강한 어조로 고백한 것은 예수께서 제자들에게 했던 말씀을 기억했기 때문일 것이다. "누구든지 사람 앞에서 나를 시인하면 나도 하늘에 계신 내 아버지 앞에서 그를 시인할 것이요"(마 10:32). "누구든지 이 음란하고 죄 많은 세대에서 나와 내 말을 부끄러워하면 인자도 아버지의 영광으로 거룩한 천사들과 함께 올 때에 그 사람을 부끄러워하리라"(막 8:38). 스승께서 이런 말씀을 하셨고, 자신도 죽어도 떠나지 않겠다고 공언했는데 어떻게 도망갈 수 있었겠는가?

그런데 용기 있는 이 행동이 한 여종에 의해 와르르 무너진다. 제사장 집에서 일했던 여종 하나가 베드로를 빤히 보더니 "너도 나사렛 예수와 함께 있었지?"라고 말하는 것이 아닌가?(막 14:67). 이미 베드로는 종들 사이에서 큰 화제였을 것이다. 자기 동료 중 하나가 베드로의 칼에 맞아 귀가 잘려 나갔었기 때문이다.

여종의 말 한마디에 베드로가 상당히 당황하며 위축되었던 모양이다. 그러나 그는 일부러 태연하려 했다. 베드로는 들키지 않게 왔다가 만약 할 수 있으면 기회를 보아 예수님과 함께 그곳을 탈출하려고 마음먹었을지 모른다. 그런데 여종 하나가 와서 자꾸 아는 척하니 얼마나 부담스럽겠는가? 그래서 베드로는 이렇게 대답한다.

"베드로가 부인하여 이르되 나는 네가 말하는 것이 무엇인지 알지도 못하고 깨닫지도 못하겠노라 하며 앞뜰로 나갈새"(막 14:68).

우리 식으로 말하면 "뭐래~?" 이러고는 그 자리를 피해 바깥쪽 앞마당으로 옮긴다. 앞뜰은 보통 2층과 직접 연결되는 넓은 현관이나 현관 앞마당이다. 이곳은 산헤드린 공회가 모이고 유대의 지도자들이 모인 공간이라서 상대적으로 베드로를 알아볼 수 있는 사람이 적었다. 반면 아래 종들이 모인 아랫뜰에는 많이 있었다. 베드로는 위로 올라와서 사람들의 눈을 피할 수 있었고, 동시에 여기서는 공회 회의실에 계신 예수님의 모습을 직접 볼 수도 있었다.

"네가 말하는 것이 무엇인지도 알지도 못하고 깨닫지도 못한다"고 했던 베드로의 말은 어디서 들어본 말 아닌가? 예수께서 하나님 나라의 비밀을 외인들은 보기는 보아도 알지 못하고, 듣기는 들어도 깨닫지 못한다고 하셨을 때의 표현이다(막 4:12). 베드로는 자기도 모르는 사이 두려움에 눈과 귀가 가리게 되고, 바깥으로 떠밀려가고 있었다. 그런데 앞마당으로 오니 피했던 그 여종과 또 마주쳤다. 우연히 마주쳤는지, 일부러 이 여종이 좇아왔는지는 모른다. 그러나 이

여종은 베드로를 놓치지 않고 집요하게 그의 정체를 드러내려 한다.

"여종이 그를 보고 곁에 서 있는 자들에게 다시 이르되 이 사람은 그 도당이라 하되"(막 14:69).

여종이 곁에 서 있는 자들에게 말한 이유가 무엇일까? 그도 잡으면 좋겠다는 의도다. 여종이 이렇게 집요한 이유가 있다. 왜냐하면 이 여종은 베드로에게 귀를 잘린 종의 친척이요, 목격자였기 때문이다.

"대제사장의 종 하나는 베드로에게 귀를 잘린 사람의 친척이라. 이르되 네가 그 사람과 함께 동산에 있는 것을 내가 보지 아니하였느냐"(요 18:26).

베드로는 자기 힘으로 예수님을 구하려고 했지만 현장에서 자신이 귀를 자른 종과 함께 있던 다른 종의 눈에 정면으로 발각되어 점점 자신감과 힘을 잃어가고 있었다. 베드로는 아니라고 부인하지만 말하면 할수록 베드로가 예수님의 제자였음이 소소한 부분에서 드러나기 시작한다. 진실은 디테일에서 판명될 때가 많다. 어떤 디테일인가? 베드로의 말투다.

"또 부인하더라. 조금 후에 곁에 서 있는 사람들이 다시 베드로에게 말하되 너도 갈릴리 사람이니 참으로 그 도당이니라"(막 14:70).

이것을 마태복음은 이렇게 말씀한다.

> "조금 후에 곁에 섰던 사람들이 나아와 베드로에게 이르되 너도 진실로 그 도당이라. 네 말소리가 너를 표명(表明)한다 하거늘"(마 26:73).

"네 말소리가 너를 표명한다"는 것은 베드로의 말투가 갈릴리 말투라는 것이다. 탈무드에 따르면 갈릴리 사람들은 히브리 알파벳 알렙을 아인으로, 아인을 알렙으로 바꾸어 발음하는 특징이 있다고 한다. '아' 발음을 해야 하는데 후음을 거칠게 내며 '하' 하는 식으로 내고, 반대로 '하' 발음을 할 때는 '아' 발음을 낸다. 그래서 갈릴리 사람의 발음을 놀리는 이야기가 있다.

한 갈릴리 사람이 이리저리 돌아다니며 "누가 '아마르'를 가지고 있나요? 누가 '아마르'를 가지고 있나요?" 그러자 사람들이 말했다. "이 갈릴리 바보야, 도대체 네가 말하는 것이 나귀 하마르냐, 마시는 포도주 하마르냐, 입는 털옷 아마르냐, 도살하기 위한 어린 양 임마르냐?"

대구 사투리는 쌀을 살로 발음한다. "살 주세요~" "그럼 몸에 붙은 살이냐, 먹는 쌀이냐?" 이러는 것과 같다. "너 예수님과 같이 다니던 충청도 사람이지?" "아니요." "맞잖아 충청도 사람이잖아." "아녀~ 난 진짜루 아녀요~!" "네 말이 너를 표명한다!" 이렇게 되는 것과 같다.

베드로의 말투를 보고 주변 사람들이 그만 다 알아버렸다. "너 말하는 것을 보니까 갈릴리 사람이구먼." 이쯤 되자 베드로는 정말 당황하였다. 이제는 더는 회피할 수 없었다. 용기를 발휘해서 몰래 잠입했는데 그만 정체가 탄로 난 것이다. 진실을 직면할 시간(the moment of truth)이 찾아왔다. 진실된 증언을 하든지, 아니면 예수님과의 관계를 끊든지 둘 중 하나다.

> "그러나 베드로가 저주하며 맹세하되 나는 너희가 말하는 이 사람을 알지 못하노라 하니"(막 14:71).

베드로는 스승과의 관계를 끊는 것으로 결론을 내렸다. 그는 예수님을 저주하고는 맹세한다. "나는 너희가 말하는 이 사람을 알지 못하노라!" 이제 베드로는 정말 듣기는 들어도 알지 못하고 보아도 보지 못하는 하나님 나라 밖의 외인이 되었다. 베드로는 자신을 위협하는 환경 가운데 거짓 증인으로 추락하고 말았다. 이 모습은 대제사장 앞에서 끝까지 신실하게 자신이 하나님의 아들임을 증언하던 예수님의 모습과 정반대다.

디모데전서는 이런 예수님을 "하나님 앞과 본디오 빌라도를 향하여 선한 증언을 하신 그리스도"(딤전 6:13)로 소개한다. 그런데 놀라운 것은 베드로가 바닥으로 추락하는 바로 이때 닭이 운다. 이 닭 울음소리와 함께 베드로는 망치로 머리를 한 대 얻어맞는 것 같았다. 누가복음 22장 61절에 보면 바로 이때 예수께서 돌이켜 베드로를 보셨다고 진술한다. 앞뜰에 왔으니 베드로는 멀지 않은 곳에서 스승을 직접 볼 수 있었다. 닭이 우는데 베드로와 예수님의 시선이 마주쳤다. 베드로의 심정이 어땠을까?

> "닭이 곧 두 번째 울더라. 이에 베드로가 예수께서 자기에게 하신 말씀 곧 닭이 두 번 울기 전에 네가 세 번 나를 부인하리라 하심이 기억되어 그 일을 생각하고 울었더라"(막 14:72).

베드로가 처음 예수님을 따른 것은 예수님이 갈릴리 바다에서 고기 잡던 그를 '나를 따라 오너라' 고 부르시고 이끌어주셨기 때문이다. 이를 '소명' 과 '견인' 이라 한다. 부르심은 나의 순종만으로 감당할 수 있는 것이 아니다. 순종하는 자리로 나가도록 붙들고 이끌어주셔야 가능하다. 예수께서 베드로에게 "사탄아 내 뒤로 물러가라"(막 8:33)고 꾸중하셨어도, 그가 나가떨어지지 않고 여기까지 주님을 따라온 것은 주께서 붙들어주신 은혜가 있었기 때문에 가능했다. 예수님께서 십자가 지시는 현장에 베드로는 끝까지 예수님을 버리지 않겠다는 단호한 자기 결단을 갖고 왔다. 적진의 한가운데로 담대히 들어왔다. 그러나 한 여종의 집요한 추적에 자신의 정체가 점점 드러나자 결국 예수님을 부인하고 나가떨어지고 말았다.

여기 베드로가 착각한 것이 하나 있다. 지금까지 예수님을 따른 것이 내 힘과 내 결심으로 왔다는 것이다. 그러나 내 힘과 내 결심을 끝까지 밀어붙이려 하자 자기 의지로 쌓아 올렸던 믿음이 여지없이 산산조각 난다. 그렇다면 이후로 예수님은 베드로를 저버리실까? 그렇지 않다. 이때 울었던 닭 울음소리는 지금 완전히 나가떨어지려는 베드로를 다시 붙들어주는 견인의 도구가 되었다. 견인이 무엇인가?

견인차를 생각하면 쉽다. 차가 엔진이 퍼져서 도저히 갈 수 없는 상태가 되었어도 끝까지 질질 끌고서라도 가는 것이 견인차다. 닭 울음소리와 예수님의 시선은 무너지는 베드로를 끝까지 붙들어주시는 은혜의 부름이었다. 누가복음은 예수께서 이 순간을 아시고 베드로를 위해서 기도하셨다고 말씀한다.

> "시몬아, 시몬아, 보라. 사탄이 너희를 밀 까부르듯 하려고 요구하였으나 그러나 내가 너를 위하여 네 믿음이 떨어지지 않기를 기도하였노니 너는 돌이킨 후에 네 형제를 굳게 하라"(눅 22:31-32).

사탄이 밀 까부르듯 베드로의 인생이 날아가도록 요구했다. 그러나 예수께서 기도하셨다. 그래서 베드로가 들은 닭 울음소리는 절망의 나락으로 떨어지는 부름이 아니라 다시 그의 인생을 돌이키는 은혜의 부름이 되었다.

초대교회의 대표적 지도자 베드로가 예수님을 끝까지 부인하며 저주했던 이 이야기가 나온 것은 초대교회의 지도자였던 베드로조차 연약한 인간임을 부각한다. 동시에 우리가 믿음으로 서는 것은 자신의 됨됨이와 의지와 능력이 아니라 오직 은혜로 서는 것임을 알려준다. 하나님께서 붙들어주시는 견인의 은혜는 여전히 유효하고 지금 이 시간을 통해서도 우리를 붙들어주신다.

나는 예수 믿는 것이 자랑스러운가? 부끄러운가? 예전에는 당당했는데 갈수록 부끄럽지는 않는가? 내가 자랑하던 것이 이젠 수치스럽게 여겨지지는 않은가? 우리가 예수님을 부끄러워할수록 우리는 주변 사람들에게 신실한 증인으로 서지 못하게 된다. 다시 신실하게 주님 앞에 서야 한다. 그러나 내 힘이 아니요 오직 주의 부르심과 붙드시는 은혜 가운데 서야 한다. 여기까지 오게 된 것도 끝까지 붙드시는 견인의 은혜가 있었기 때문이다.

예수 믿는 것을 자랑스러워하라! 끝까지 충성되고 신실한 증인으로 복음을 증거하라. 견인의 은혜가 어떤 순간에도 나를 버리지 않고 끝까지 인도하실 것을 확신하며 나아가는 성도로 서라!

[70장 각주]

61) 김용래, "北역사교과서 "김일성 축지법… 김정은 세살 때 사격", 연합뉴스, 2015. 10. 14.

62) 이태동, "오야붕의 코로나 1호 명령 '뭉치면 죽는다' : 日야쿠자 코로나 환자 속출하자 '모이지 마라, 싸우지 마라' 엄명", 조선일보, 2020. 5. 1.

71 Chapter 71. Mark 15:1-15

다수의 외침인가 광야의 소리인가

1새벽에 대제사장들이 즉시 장로들과 서기관들 곧 온 공회와 더불어
의논하고 예수를 결박하여 끌고 가서 빌라도에게 넘겨주니 2빌라도
가 묻되 네가 유대인의 왕이냐. 예수께서 대답하여 이르시되 네 말이
옳도다 하시매 3대제사장들이 여러 가지로 고발하는지라. 4빌라도가
또 물어 이르되 아무 대답도 없느냐. 그들이 얼마나 많은 것으로 너
를 고발하는가 보라 하되 5예수께서 다시 아무 말씀으로도 대답하지
아니하시니 빌라도가 놀랍게 여기더라. 6명절이 되면 백성들이 요구
하는 대로 죄수 한 사람을 놓아주는 전례가 있더니 7민란을 꾸미고
그 민란 중에 살인하고 체포된 자 중에 바라바라 하는 자가 있는지
라. 8무리가 나아가서 전례대로 하여주기를 요구한대 9빌라도가 대답

> *하여 이르되 너희는 내가 유대인의 왕을 너희에게 놓아주기를 원하*
> *느냐 하니 10이는 그가 대제사장들이 시기로 예수를 넘겨 준 줄 앎이*
> *러라. 11그러나 대제사장들이 무리를 충동하여 도리어 바라바를 놓아*
> *달라 하게 하니 12빌라도가 또 대답하여 이르되 그러면 너희가 유대*
> *인의 왕이라 하는 이를 내가 어떻게 하랴. 13그들이 다시 소리 지르되*
> *그를 십자가에 못 박게 하소서. 14빌라도가 이르되 어찜이냐. 무슨 악*
> *한 일을 하였느냐 하니 더욱 소리 지르되 십자가에 못 박게 하소서*
> *하는지라. 15빌라도가 무리에게 만족을 주고자 하여 바라바는 놓아주*
> *고 예수는 채찍질하고 십자가에 못 박히게 넘겨주니라.*

1950년 6월 25일, 예고 없는 북한의 남침으로 서울이 3일 만에 무너졌다. 서울과 한강 북쪽이 모두 공산군에 점령당했다는 소식을 듣고, 당시 일본 도쿄에서 극동 사령관을 지냈던 맥아더 장군은 급히 전세를 둘러보기 위해 6월 29일 한강 이남 최북단 저지선을 시찰했다.[63] 그때 영등포 언덕에 있던 아군 진지 참호에서 눈을 부릅뜨고 강북을 바라보며 전선을 지키던 학도병 병사가 하나 있었다.

맥아더 장군은 그를 보고 물었다.

"다른 부대는 다 후퇴했는데 자네는 왜 여기를 지키고 있나?"

그러자 병사가 대답했다.

"저는 군인입니다. 상관의 명령 없이는 절대 후퇴하지 않는 게 군인입니다. 철수 명령이 있기 전까지 죽어도 여기서 죽고, 살아도 여기서 살 겁니다."

이 모습에 맥아더는 큰 감동을 받고는 학도병의 어깨를 툭툭 치며 말했다.

“정말 훌륭한 군인이다. 내가 일본으로 건너가면 즉시 지원군을 보내주겠다.”

이후 맥아더는 그의 회고록에 이렇게 기록한다.

“영등포 언덕에서 하늘의 계시가 울렸다. 인천상륙작전을 포함한 반격 작전이다.”

맥아더는 그날 저녁 일본으로 돌아와 밤늦게까지 캐나다 퀘벡에서 세인트로렌스강을 사이에 두고 영국과 프랑스군 사이에 치열한 전쟁을 벌였던 「퀘벡전기」를 읽었다. 그리고 성경을 꺼내 읽고 간절히 기도했다. 그러고는 마음에 주시는 감동과 확신에 귀 기울였다. 그런 중에 그는 이 위기 가운데 한국을 건질 작전은 인천상륙작전 말고는 없다고 확신하게 되었다.

하지만 인천상륙작전을 실행하는 것은 만만치 않았다. 실패할 만한 조건을 모두 다 갖추고 있었다. 인천 앞바다는 조수간만의 차만 9m나 된다. 또 갯벌도 3.2㎞나 된다. 그의 참모들은 성공확률이 5천분의 1밖에 되지 않는다고 반대했다. 그러나 맥아더는 다수의 소리에 매몰되지 않고 작전을 성공리에 수행할 방법에 집중했다.

리더는 결정을 내리는 사람이다. 누구도 해보지 못했던 결정을 내리는 사람이다. 그래서 결정을 내리기 전 늘 좌우를 살피며 망설이기 마련이다. 코로나로 인해 세계 강대국 지도자들의 리더십이 연일 실추되었다. 미국은 코로나를 가볍게 보고 전문가들의 경고를 우습게 여겼다가 큰 어려움에 처했다. 중국 또한 전문가들 이야기를 묵살하고 코로나 관련 사건을 은폐시키려 했다가 위기를 맞았다. 일본은 어떤가? 도쿄 올림픽을 개최해야 한다는 생각으로 코로나를 애써 감추고 태연하게 넘어가려 하다 어려움을 겪었다.

리더가 결정을 내리기 전, 주변에는 다양한 소리가 있다. 큰 소리가 있고 작은 소리가 있으며, 다수가 원하는 소리가 있는 반면 소수의 소리가 있다. 리더의 위기는 종종 다수가 원하는 큰 소리를 따라가다 찾아온다. 왜냐하면 이런 소리는 대부분 다수의 즉각적인 이익에 부합하지만 장기적으로는 공동체를 망가뜨리는 소리이기 때문이다. 이것을 인기영합주의 또는 포퓰리즘(populism)이라고 한다. 그래서 리더의 중요한 임무는 다수의 큰 목소리에 휘둘리지 말고 작더라도 진실한 소리가 무엇인가를 분별하는 일이다.

본문의 주인공은 유대 지역을 관할하는 로마의 총독 빌라도다. 본문(막 15:1-15)에서는 빌라도가 주어가 되어 총 7회나 사용되었다. 본문을 관찰해보면 그 주변을 울리는 다양한 소리가 등장한다.

먼저, 빌라도는 아침이 시작되자마자 대제사장 다수 무리의 쩌렁쩌렁 울리는 큰 목소리를 듣는다.

> "새벽에 대제사장들이 즉시 장로들과 서기관들 곧 온 공회와 더불어 의논하고 예수를 결박하여 끌고 가서 빌라도에게 넘겨주니"(막 15:1).

대제사장들이 새벽에 장로들과 서기관들을 소집해서 온 공회로 모였다. 온 공회로 모였다는 것은 정식 공회로 모였다는 뜻이다. 사실 새벽에 정식 공회로 모이는 것은 정상적이지 않다. 불법적인 공회다. 마치 국회가 날치기 통과를 위해 새벽 또는 심야에 기습적으로 모이는 것과 같다. 이들이 이렇게 다급하게 불법적으로 모인 이유는 바로 예수님을 죽음으로 몰아가기 위해서다. 내일이면 안식일이고 유월절이 시작되기 때문에 이왕 처리하려면 이날 곧바로 처리해야 했다. 만약 시간을 끌거나 유월절 이후에 진행하면 백성들의 반발이 들불처럼 퍼질 수 있기에 가능한 한 신속하게 처리해야 했다.

이들은 '즉시' 결의하고 '즉시' 예수님을 빌라도에게 넘겨주었다. 유대 지도자들에게는 사형을 시행할 수 있는 권한이 없었기 때문이다. 당시 유대는 로마 식민지였고 사형을 결정할 권한이 제국에게 있었다. 그래서 죄인을 정죄하여 죽이려면 반드시 제국이 파송한 총독의 정당한 사법적 절차를 따라 허락을 받아야 했다. 빌라도는 예루살렘 성전이 아래로 내려다보이는 안토니아 요새에 거주하고 있었다. 이들은 예수님을 대제사장 가야바의 집에서 안토니아 요새로 데려간다.

"빌라도가 묻되 네가 유대인의 왕이냐 예수께서 대답하여 이르시되 네 말이 옳도다 하시매"(막 15:2).

빌라도가 예수께 다짜고짜 "네가 유대인의 왕이냐?"고 묻는다. 그가 이렇게 직설적으로 묻는 것은 그가 대제사장들과 유대 지도자들에게 건네받은 혐의가 바로 '예수가 유대의 왕'이라는 것이기 때문이다. 이전에 이들이 공회에서 예수님이 사형에 해당한다고 하며 결의한 혐의와는 다르다. 이들이 한밤중에 결의한 혐의가 무엇인가? 그것은 예수께서 자신을 '찬송 받을 이의 아들 그리스도' 라고 인정했다는 점이었다. 예수께서 "내가 그니라. 인자가 권능자의 우편에 앉은 것과 하늘 구름을 타고 오는 것을 너희가 보리라" 고 말씀하자 대제사장은 자기 옷을 찢고 무슨 증인이 더 필요하겠느냐고 하며 이런 신성모독은 사형에 해당한다고 결론 내린 바 있다(막 14:62-63). 그런데 빌라도에게는 그 혐의로 고발한 것이 아니라 예수가 유대인의 왕이라고 고발한 것이다.

만약 빌라도에게 예수께서 자신을 하나님의 아들이라고 신성모독 했다고 고발하면 빌라도는 자신의 재량권으로 이것은 너희들의 종교적인 문제니 해당 사항이 아니라고 할 수 있다. 그래서 이들은 교묘하게 예수님이 유대인의 왕으로 자처한다고 고발한 것이다. '하나님의 아들' 은 종교적인 이슈였지만 '유대인의 왕' 이라고 하면 이것은 로마에 정면으로 도전하는 정치적 이슈가 될 가능성이 크다.

예수께서 태어났을 때 그를 죽이려던 헤롯왕은 로마가 공식적으로 인정했던 유다의 마지막 왕이었다. 헤롯이 죽고 나서 그의 아들 아켈라오는 로마에 의해 분봉 왕으로 임명된다. 로마 황제 아우구스투스는 만약 아켈라오가 분봉 왕으로서 그의 정치적 역량을 입증한다면 왕으로 만들어주겠다고 약속했다. 그러나 그는 실정에 실정을 거듭해 결국 주후 6년에 제거되었고, 이후로 로마의 직접 통치시대를 열었다. 원래 헤롯대왕이 통치했던 영토는 삼분할 되었고 각 지역을 다스리는 분봉 왕들이 임명되었을 뿐이다. 이들은 누구도 '유대인의 왕' 이라고 칭할 수 없다. 각 지역을 다스리는 지역 통치자인

'분봉 왕' 이었을 뿐이다. 따라서 '유대인들의 왕' 이라고 하면 이것은 로마에 대항하는 반제국적, 혁명적인 용어로 작동하여 로마제국을 자극할 여지가 충분했다.

총독은 처음 이 소리를 듣자마자 예수님을 주목했을 것이다. 그래서 예수께 단도직입적으로 묻는다. "네가 유대인의 왕이냐?" 그런데 예수님의 대답은 "내가 그로다"가 아니라 "네 말이 옳도다"였다. 영어 성경(NRSV)은 이를 "You say so"로 번역한다. 이것은 "네가 그렇게 말하는구나"다. 다른 말로 하면 "네가 들은 말은 그렇지"라는 뜻이다. 그러고는 더 이상의 변명이나 해명을 하지 않고 침묵한다.

이것은 보통 사형 언도를 앞에 둔 죄인의 통상적인 반응과 다르다. 빌라도는 여기서 예수님의 특별함을 눈치 챘던 것 같다. 그리고 예수님의 무죄를 직감적으로 알았던 것 같다. 이런 빌라도의 반응을 본 대제사장 무리가 예수님의 침묵을 깨고 빌라도에게 여러 가지 죄목으로 예수님을 고소하기 시작한다(막 15:3). 그러나 예수님은 여전히 침묵한다. 이 모습에 빌라도가 예수님을 자극한다.

"빌라도가 또 물어 이르되 아무 대답도 없느냐. 그들이 얼마나 많은 것으로 너를 고발하는가 보라 하되"(막 15:4).

그러나 예수께서는 아무 대답도 하지 않았다.

"예수께서 다시 아무 말씀으로도 대답하지 아니하시니 빌라도가 놀랍게 여기더라"(막 15:5).

예수님은 여전히 침묵했다. 그러자 빌라도는 충격을 받는다. 아니, 어떻게 이런 수많은 고소에도 가만히 있을 수 있을까? 예수께서는 침묵 가운데 이 모든 것을 하나님께 의탁했다. 하나님의 주권 아래 아버지의 뜻대로 될 것을 온전히 신뢰하셨다. 동시에 예수께서는 이것을 통해 성경의 예언을 성취하고 계셨다. 바로 이사야 53장이다.

> "그가 곤욕을 당하여 괴로울 때에도 그의 입을 열지 아니하였음이여 마치 도수장으로 끌려가는 어린 양과 털 깎는 자 앞에서 잠잠한 양같이 그의 입을 열지 아니하였도다"(사 53:7).

예수님의 침묵은 빌라도에게 충격을 주었고, 역설적으로 예수님의 무죄를 확신시켜 주었다. 침묵이 더 큰 울림을 준 것이다. 유치환의 시 〈깃발〉에 보면 "이것은 소리 없는 아우성"이란 시구가 있지 않은가? 목청 큰 다수의 소리보다는 한 사람의 침묵이 빌라도를 설득했다. 빌라도는 이제부터 이 죄 없는 예수님을 어떻게든 방면할 구실을 찾기 위해 애를 쓴다. 만약 그 자리에서 곧바로 거절하면 유대 지도자들의 불만을 살 수 있다.

유대 지도자들은 총독이나 분봉 왕의 통치에 불만을 품으면 이따금 로마 황제에게 직접 유대인의 민의라고 하면서 보고하곤 했다. 만약 그렇게 되면 빌라도는 곤란해진다. 그래서 빌라도는 가능한 한 타당한 절차를 거쳐 예수님을 방면하고자 한다. 그것이 바로 유월절에 로마 제국이 유대인들에게 베풀었던 죄수 한 사람을 놓아주는 관례였다. 유월절은 유대인들에게 해방의 날이기에 로마도 이들의 환심을 사기 위해 죄인 한 사람을 사면해주는 관례가 있었다. 빌라도는 이 기회를 이용하려 한다. 원래 사면을 예정했던 자는 바라바였다. 본문은 바라바를 다음과 같이 소개한다.

> "민란을 꾸미고 그 민란 중에 살인하고 체포된 자 중에 바라바라 하는 자가 있는지라"(막 15:7).

바라바는 유대 민족을 위해 민란을 꾸민 자로 소개한다. 당시에 역사적으로 일어났던 민란은 빌라도와 관계있는 것이었다. 한번은 빌라도가 성전세를 거둔 헌금으로 예루살렘에 수로를 조성하려고 했다가 민란이 일어난 적이 있었다. 또 한번은 로마 황제와 총독 빌라도의 이름이 새겨진 한 세트의 황금 방패를 들여오려 하다가 우상을 들여온다고 유대인들이 반발하여 민란이 일어난 적이 있었다. 아마도 유대의 혁명을 꿈꾸던 바라바는 이 일로 로마에 대항하는 민란을 꾸며 로마 병사들을 일부 살해해서 붙잡혔던 모양이다.

바라바는 '바르'(아들)와 '아바'(아빠 또는 아버지)가 결합된 단어다. '아버지의 아들'이란 뜻이다. 여기 폭력으로 구원과 해방을 시도하려는 사람 아버지의 아들이 있고, 침묵과 십자가로 구원과 해방을 가져다주려는 하늘 아버지의 아들이 대조적으로 나타난다. 주목할 것은 이 바라바의 이름이 예수라는 것이다. 마태복음 27장 17은 '바라바' 이름에 난하주 1번을 보면 "바라바라 하는 예수냐"로 되어 있다. '예수'는 '구원자'란 뜻이다. 즉 사람 아버지의 아들 구원자 예수인가, 아니면 하늘 아버지의 아들 구원자 예수인가? 사람 아버지의 아들은 폭력과 수단 방법을 가리지 않고 구원을 쟁취하려 했고, 하늘 아버지의 아들은 자기를 내줌으로 구원을 가져다주려 했다.

빌라도는 이 기회를 이용해서 예수님을 놓아주려 시도한다. 때마침 유월절 전날이었고 백성들은 전례대로 죄수 하나를 놓아달라고 요청했다. 이때 빌라도가 나선다.

> "빌라도가 대답하여 이르되 너희는 내가 유대인의 왕을 너희에게 놓아주기를 원하느냐 하니"(막 15:9).

'유대인의 왕'은 제국에게 위험한 인물이지만 빌라도가 이들에게 이렇게 말한 것은 한편으로 예수님을 위험한 인물로 여기지 않았기 때문이다. 게다가 그는 유대 전역의 첩보망을 통해 예수님이 사람들에게 많은 인기와 호응이 있었다는 것을 이미 알고 있었을 것이다.

> "이는 그가 대제사장들이 시기로 예수를 넘겨 준 줄 앎이러라"(막 15:10).

빌라도는 오랜 세월 쌓아놓았던 정치적 경험을 바탕으로 예수께서 여기에 끌려온 것은 죄가 있어서가 아니라 대제사장들이 시기로 넘겨주었기 때문이라는 것을 확신했다. 예수는 아무 말도 안 했는데, 침묵할수록 그가 무죄라는 소리가 빌라도의 귀에 더욱 크게 들렸다. 그런데 정작 밖에서 들리는 소리는 예수님이 아닌 바라바를 놓아달라는 다수의 외침이었다.

"그러나 대제사장들이 무리를 충동하여 도리어 바라바를 놓아 달라 하게 하니"(막 15:11).

예기치 못했던 무리의 흥분된 대답에 총독으로서 얼마나 당황스럽겠는가? 그래서 다시 묻는다.

"빌라도가 또 대답하여 이르되 그러면 너희가 유대인의 왕이라 하는 이를 내가 어떻게 하랴. 그들이 다시 소리 지르되 그를 십자가에 못 박게 하소서"(막 15:12-13).

지금 빌라도가 예수님을 계속 유대인의 왕으로 소개하는 것은 어떻게든 이들의 환심을 사려는 의도가 있기 때문이다. 어떻게 하랴? 그러자 무리가 절규하며 외친다. "그를 십자가에 못 박으소서!" 빌라도는 당황했을 것이다. 이렇게 예수님을 미워하고 못 박으라고 할 줄 미처 몰랐던 것이다.

물론 이들이 빌라도의 관정에 와서 이렇게 큰 소리로 외친 것은 무리가 대제사장의 충동을 받았기 때문이다(막 15:11). 이들은 아무 생각이 없다. 좀비 같다. 딱 목표물이 생겼다 하면 모두 '캬캬' 거리면서 달려든다. 무죄나 유죄를 판단하고 싶지도 않다. 단지 무너뜨려야 할 방해물이요, 대적일 뿐이다. 영혼 없는 댓글부대와 같다. 좌표를 찍으면 모두 쏠려 물불 가리지 않고 문자 폭탄을 쏟아붓는다. 오늘 우리시대는 이런 좀비와 같은 무리로 둘러싸여 있는 시대다.

마태복음에 보면 이때 이 어마어마한 무리의 집중포화 가운데 빌라도의 부인이 사람을 보내 빌라도에게 전갈을 보낸다.

"총독이 재판석에 앉았을 때에 그의 아내가 사람을 보내어 이르되 저 옳은 사람에게 아무 상관도 하지 마옵소서. 오늘 꿈에 내가 그 사람으로 인하여 애를 많이 태웠나이다 하더라"(마 27:19)

다수의 크고 압도적인 소리 앞에 당황하고 있을 때 부인이 사람을 보낸다. 당신 저 옳은 사람에게 아무 상관도 하지 마옵소서. 혹 무슨 잘못된 판결을 내리지 마옵소서. 하나님은 특별한 은혜로 그의 아내를 통해 바른 소리를 전달하게 하신다. 빌라도는 다시 용기를 내 묻는다.

"빌라도가 이르되 어찜이냐. 무슨 악한 일을 하였느냐 하니 더욱 소리 지르되 십자가에 못 박게 하소서 하는지라"(막 15:14).

논리도 합리도 없다. 인정사정없다. 좀비처럼 달려들어 십자가에 못 박으라고 한다. 결국 압도하는 큰 소리에 짓눌려 빌라도는 잘못된 결정을 내리고 만다.

"빌라도가 무리에게 만족을 주고자 하여 바라바는 놓아주고 예수는 채찍질하고 십자가에 못 박히게 넘겨주니라"(막 15:15).

빌라도가 하나님의 아들을 십자가에 못 박은 것은 무리에게 만족을 주기 위해서다. 다수의 소리에 압도되어 예수님을 넘겨준다. 내면의 조용하지만 분명한 소리가 있었음에도 다수의 큰 소리 앞에 무릎을 꿇고 말았다.

빌라도는 주후 26년부터 36년까지 약 10년간 유대와 사마리아의 총독으로 지냈다. 보통 로마 총독이 5년 전후로 임기를 마치고 교체되는데, 빌라도는 이 지역에서 10년이 넘게 총독 역할을 했다. 그런 것 보면 정치적인 수완이 상당히 좋았다. 빌라도가 성전세를 횡령해서 예루살렘 수로를 건설하려고 할 때 그 돈을 '코르보나스' 라고 했다. 이는 '고르반' 즉 하나님께 드린 바 된 돈이란 뜻이다. 이런 돈은 함부로 쓸 수 없는 돈이다. 그런데 어떻게 성전 금고의 돈을 가져갈 수 있었을까? 이는 대제사장 가야바와 결탁했기 때문이었다. 빌라도와 대제사장 가야바는 정치, 경제, 종교적으로 매우 긴밀한 관계를 맺고 있었다. 그래서 나중에 빌라도가 총독을 사임하게 되었을 때 가야바도 대제사장을 사임한다.

이런 대제사장이 광분하며 성난 무리를 동원하여서 죽이라고 하니 빌라도는 무리의 눈치를 보지 않을 수 없었던 것이다. 양심의 소리를 무시하고, 아내의 권고도 무시하고, 결국은 하나님의 아들 예수를 죽음으로 내준 것이다. 이렇게 무리에게 만족을 주고자 하는 것은 자신의 정치적 생명이 길기를 바라는 마음이 있기도 했다. 어떻게 해서든 자기 정치적 생명력을 연장하기 위해서라면 죄수 하나쯤 죽음으로 내주는 것은 충분히 할 수 있는 일이었다.

모든 사람이 질투와 분노로 예수님을 죽이려고 할 때 유일하게 그것을 막을 수 있었던 빌라도가 결국은 함께 동조한다. 이것이 자신이 살길이라 생각했기 때문이다. 그러나 결국은 죽는 길이었다. 훗날 빌라도가 군사를 이끌고 사마리아 지역의 많은 사람을 죽인 적이 있다. 결국 이 사건으로 로마 정부의 소환을 받았다. 로마로 가던 중 자신은 이제 정치적으로 끝났다고 생각하고 자살하고 만다. 이처럼 빌라도는 자기 내면에 거하는 거룩한 소리 없이 다수의 압도적인 소리에 끌려 다니며 살다가 비참한 최후를 맞는다.

성경이 말하는 복 있는 사람이 누구인가? 오직 하나님의 말씀을 주야로 묵상하여 그 말씀의 소리가 주야로 내면에 울리게 하는 사람이다(시 1:2). 이 소리가 또렷하면 비록 작더라도 흔들리지 않고 끝까지 주님이 기뻐하시는 길을 걸어갈 수 있다.

우리는 우리를 둘러싼 수많은 상황 가운데 날마다 결정을 내려야 할 상황으로 내몰린다. 다수의 압도적이고 큰 소리가 진리가 아니다. 오히려 갈수록 모두를 망하게 하는 왜곡된 소리일 가능성이 크다. 작더라도 지금 내게 또렷이 들려오는 주님의 소리에 귀 기울이는 성도가 되어야 한다. 아무리 대단해보여도 휩쓸리지 말라. 휩쓸리지 않으려면 하나님의 말씀이 늘 주야로 우리 안에 거하도록 해야 한다. 예수님의 사역은 처음 광야에 홀로 외치는 세례 요한의 소리로부터 준비되고 시작되었다. 그리고 그 소리가 반향을 일으켜 수많은 이가 나아와 회개하고 세례를 받았다.

나는 압도되는 큰 소리 앞에 휩쓸려 다니는 좀비 같은 사람인가? 내면의 작은 소리가 있어도 큰 소리 앞에 굴복하는가 아니면 끝까지 작지만 분명한 진리를 붙들고 잠잠히 나아가는가? 해명하기 위해 여기저기 분주하게 뛰어다니는가, 아니면 잠잠히 주님을 바라며 나아가는가? 분명한 것은 이 소리를 인내하며 붙들다 보면 반드시 하나님의 때에 내가 붙든 말씀이 진리인 것을 드러내게 하신다는 것이다. 주님이 기뻐하시는 음성을 듣고 그 음성을 따라 끝까지 인내하며 나아가는 하나님의 백성으로 서자!

[71장 각주]

63) 김재동, "'인천상륙' 영감받은 맥아더, 7만 5000명과 불가능의 벽 넘어", 국민일보, 2020. 5. 8.

72 Chapter 72. Mark 15:16-32

예기치 못한 길을 마주할 때

16군인들이 예수를 끌고 브라이도리온이라는 뜰 안으로 들어가서 온
군대를 모으고 17예수에게 자색 옷을 입히고 가시관을 엮어 씌우고
18경례하여 이르되 유대인의 왕이여 평안할지어다 하고 19갈대로 그
의 머리를 치며 침을 뱉으며 꿇어 절하더라. 20희롱을 다 한 후 자색
옷을 벗기고 도로 그의 옷을 입히고 십자가에 못 박으려고 끌고 나가
니라. 21마침 알렉산더와 루포의 아버지인 구레네 사람 시몬이 시골
로부터 와서 지나가는데 그들이 그를 억지로 같이 가게 하여 예수의
십자가를 지우고 22예수를 끌고 골고다라 하는 곳(번역하면 해골의
곳)에 이르러 23몰약을 탄 포도주를 주었으나 예수께서 받지 아니하
시니라. 24십자가에 못 박고 그 옷을 나눌새 누가 어느 것을 가질까 하

여 제비를 뽑더라. 25때가 제삼시가 되어 십자가에 못 박으니라. 26그
위에 있는 죄패에 유대인의 왕이라 썼고 27강도 둘을 예수와 함께 십
자가에 못 박으니 하나는 그의 우편에, 하나는 좌편에 있더라. 29지나
가는 자들은 자기 머리를 흔들며 예수를 모욕하여 이르되 아하 성전
을 헐고 사흘에 짓는다는 자여 30네가 너를 구원하여 십자가에서 내
려오라 하고 31그와 같이 대제사장들도 서기관들과 함께 희롱하며 서
로 말하되 그가 남은 구원하였으되 자기는 구원할 수 없도다. 32이스
라엘의 왕 그리스도가 지금 십자가에서 내려와 우리가 보고 믿게 할
지어다 하며 함께 십자가에 못 박힌 자들도 예수를 욕하더라.

지상에서 사는 동물 중 가장 키가 큰 동물이 무엇일까? 기린이다. 평균 신장이 6m나 된다. 우리는 그저 키가 큰 동물인가 보다 할지 모르지만 그 큰 키를 유지하고 살기 위해서 필요한 중요한 것이 있다. 바로 혈압이다. 키가 6m까지 자라는 기린이 심장에서 머리끝까지 6m나 되는 높은 곳까지 피를 보내려면 엄청난 힘으로 심장을 펌프질해야 한다. 사람의 정상 혈압이 120/80(mmhg) 정도다. 그런데 기린의 정상 혈압은 270/180(mmhg)이다. 사람의 경우에는 160/100(mmhg)만 되도 고혈압 환자로 판정받고 평생 고혈압약을 먹어야 한다. 그런데 기린은 이런 혈압으로는 큰 키를 지탱할 수 없고 살 수 없다. 그래서 기린은 높은 혈압을 갖고 있을 뿐만 아니라 심장도 사람 심장 박동의 두 배 이상으로 뛴다. 사람이 1분에 80회 전후로 뛴다고 하면 기린은 1분에 170번이나 뛴다. 기린의 심장벽은 자동차 타이어보다 더 두껍다고 한다.

그런데 한 가지 문제가 있다. 기린이 물을 마시거나 머리를 아래로 숙이고 있을 때다. 1분에 170번이나 뛰는 높은 혈압 상태로 머리를 아래로 하고 있으면 심장에서 나온 혈액이 중력까지 더해진 강한 압력으로 머리로 흘러들어 뇌출혈이나 의식불명 상태를 초래할 가능성이 있다. 그러나 동물원에 가서 보면 머리를 숙이다가 혈압이 터져 죽은 기린은 없다. 물 마시다가 중풍 걸린 기린도 없다. 도대체 어떻게 된 것인가? 하버드 의대 생리학자들은 이 비밀을 풀기 위해 기린을 연구했다. 그 결과 기린의 양턱 아래 어른 주먹만 한 특별한 구조물이 있는 것을 발견했다.[64] 이것이 뇌로 가는 혈액의 압력을 조절해주고, 정맥과 동맥 사이에 있는 우회 혈관이 뇌혈관의 압력을 낮추어 주는 역할을 하는 것을 발견했다. 높은 키를 유지하기 위해 혈압만 높은 줄 알았는데, 그 안에 예상치 못한 하나님의 놀라운 보호의 손길이 들어있었던 것이다.

하나님께서는 온 세상 만물에 우리 기대를 뛰어넘는 놀라운 손길을 숨겨 놓으셨다. 그래서 하나님의 인도는 때로 당황스럽기도 하지만 그 가운데서도 우리 예상을 뛰어넘는다. 우리 인생길에서도 그렇다. 때로 우리는 전혀 예기치 못했던 당황스러운 길, 정말 한 번도 가보지 못한 힘들고 어려운 길로 들어갈 때가 있다. 이때조차도 하나님은 섬세하고도 놀라운 섭리 가운데 그의 은밀한 손길로 우리를 붙들어주신다. 그래서 하나님은 우리로 놀라지 말고, 두려워하지 말라고 끊임없이 말씀하신다.

"두려워하지 말라. 내가 너와 함께 함이라. 놀라지 말라. 나는 네 하나님이 됨이라. 내가 너를 굳세게 하리라. 참으로 너를 도와주리라. 참으로 나의 의로운 오른손으로 너를 붙들리라"(사 41:10).

본문은 유대인의 왕으로 오신 예수께서 수치스러운 조롱과 모욕을 당하고 십자가에 못 박히는 장면이다. 이는 예수께서 한 번도 겪어보지 못했던 당황스럽고 두려운 상황이다. 제자들은 예수께서 처음 갈릴리에서 사역하실 때 귀신을 내쫓고 병자를 고치고 기적을 일으키는 장면을 보고 장차 이스라엘의 참된 왕이 되실 것을 기대했다. 그랬던 그가 십자가에 못 박힌다는 것은 상상조차 하지 못했다. 그래서 그들은 예수께서 예루살렘에 들어가기 전날까지 서로 누가 크냐고 자리다툼에 몰두했다. 하지만 누구도 스승의 고난을 상상조차 하지 못했을 때 예수께서는 처음부터 십자가와 죽음을 마음에 품고 계셨다.

마가복음 2장에 보면 예수님이 중풍 병자에게 "네 죄 사함을 받았느니라"고 말씀하시는 것을 보고 서기관들이 마음속으로 "이 사람이 어찌 이리 말하는가. 신성모독이로다" 하고 생각하는 장면이 나온다. 당시 신성모독은 곧 죽음이었다. 이런 유대 지도자들의 반감은 3장 6절에 가면 살기로 변한다. 이때부터 바리새인들은 어떻게 하면 예수님을 죽일까를 고민하기 시작했다. 이처럼 마가복음에는 처음부터 예수님의 십자가와 고난이 감추어져 있다.

하지만 제자들은 예수님의 십자가를 처음부터 끝까지 예상하지 못했다. 오히려 시간이 지날수록 예수께서 장차 왕이 되시고 자기들은 왕의 최측근으로 출세할 것이라는 엉뚱한 기대만을 품고 있었다. 제자들이 이런 생각을 예수께 아뢸 때마다 예수는 역설적으로 제자들에게 자신의 죽음을 반복적으로 예고하셨다. "인자가 온 것은 섬김을 받으려 함이 아니라 도리어 섬기려 하고 자기 목숨을 많은 사람의 대속물로 주려 함이니라"(막 10:45)고 말씀하셨다. 이사야 53장은 오래전부터 예수님의 고난을 예고하였다. 예수께서는 십자가를 지고 가면서 이사야 53장에 나오는 고난받는 의로운 종을 마음에 두셨다. 고난받는 의로운 종에게 나타나는 특징이 무엇인가? 고난 가운데도 잠잠하다는 것이다.

> "그가 곤욕을 당하여 괴로울 때에도 그의 입을 열지 아니하였음이여 마치 도수장으로 끌려가는 어린 양과 털 깎는 자 앞에서 잠잠한 양같이 그의 입을 열지 아니하였도다"(사 53:7).

괴로울 때에도 입을 열지 않았다. 도살장으로 끌려가도 잠잠하고 입을 열지 않았다. 그러면서 주님이 겪는 것은 무엇인가?

> "그는 멸시를 받아 사람들에게 버림받았으며 간고를 많이 겪었으며 질고를 아는 자라. 마치 사람들이 그에게서 얼굴을 가리는 것 같이 멸시를 당하였고 우리도 그를 귀히 여기지 아니하였도다"(사 53:3).

예수님은 잠잠한 가운데 멸시받고 버림받았다. 이때 예수님을 조롱했던 사람들은 얼굴을 가리는 것처럼 아는 척도 하지 않고, 그를 귀하게 여기지 않았다. 본문은 이 예언이 어떻게 실현되는지 구체적으로 보여준다. 군인들이 예수님을 끌고 브라이도리온이라 일컫는 총독부 관정 뜰 안으로 들어가서 온 군대를 소집했다(막 15:16). 브라이도리온은 로마군의 사령부나 총독이 머무는 관저를 일컫는 말이다. 여기서 '군대'는 헬라어 '스페이란'으로, 600명으로 구성된 보병 대대를 말한다. 6천 명을 단위로 하는 로마 군단의 10분의 1 단위가 바로 스페이란이었다. 예수는 이 많은 로마 이방 군인들 앞에서 조롱을 당하신다. 그는 이미 브라이도리온에 오기 전에 채찍에 맞아 등에 살점이 다 뜯겨나가고 피가 흥건하게 고인 상태였다(막 15:15). 당시 채찍은 쇳조각이나 짐승의 뼛조각이 붙어있어서 이것이 살에 닿으면 살점도 함께 뜯겨나갔다. 이렇게 40대를 맞은 예수님은 피투성이가 되어 로마군 앞에 선다.

로마 군병은 예수에게 자색옷을 입히고 가시관을 엮어 씌운다(막 15:17). 자색옷은 당시 수많은 작은 홍합에서 자색 염료를 추출해서 염색하는, 수많은 손길과 공정을 거치는 매우 고가의 옷이었다. 그래서 자색옷은 왕이나 소수의 귀족이 걸치는 외투였다. 가시관은 왕이 쓰는 왕관을 조롱하기 위한 의미로 만들었다. 거기에 갈대를 손에 들려주었다. 갈대는 왕이 들고 다니던 홀(scepter)을 상징했다. 홀은 통치의 상징이다. 로마 군인은 예수님에게 이 외투와 왕관을 씌우고 경례를 붙이며 말한다. "유대인의 왕이여 평안할지어다"(막 15:18). 이것은 로마 황제에게 바치는 충성 인사, '아베 가이사'를 패러디한 것이다. 그러고는 갈대를 뺏어 머리를 치면서 침을 뱉고 조롱하고 그 아래 꿇어 절했다. 로마 군병들은 유대인의 왕이란 죄목으로 사형선고가 내려진 예수님을 비참한 왕으로 대우하고 있다.

이런 모욕 가운데 예수는 마치 도살장에 끌려가는 한 마리 어린 양같이 한마디도 하지 않으셨다. 예수께서 이렇게 침묵하신 이유가 무엇인가? 참으로 견디기 힘들고 어려운 고난이지만 이 가운데 감추어진 하나님의 손길을 믿고 신뢰하셨기 때문이다. 침묵 가운데 있는 것조차 수난을 당하는 메시아를 예고한 이사야 53장 말씀을 성취하는 사건임을 믿고 알고 계셨다. 이사야서는 분명하게 말씀한다.

> "그는 실로 우리의 질고를 지고 우리의 슬픔을 당하였거늘 우리는 생각하기를 그는 징벌을 받아 하나님께 맞으며 고난을 당한다 하였노라. 그가 찔림은 우리의 허물 때문이요 그가 상함은 우리의 죄악 때문이라. 그가 징계를 받으므로 우리는 평화를 누리고 그가 채찍에 맞으므로 우리는 나음을 받았도다"(사 53:4-5).

아무것도 모르는 로마군병은 예수님을 실컷 조롱하고 이제 십자가를 지워 갈보리 언덕으로 향하게 한다. 당시 죄수는 자기가 못 박힐 십자가를 자기가 지고 가는 것이 관례였다. 이 십자가는 무게가 보통 50kg 정도는 너끈히 되었다. 이 십자가를 지고 가는데도 예수님은 잠잠하셨다. 예수님은 실로 세상 사람들의 죄 때문에 고난과 조롱과 십자가를 지시는데, 사람들은 예수님이 죄가 있어 하나님께 매 맞고 고난당한다고 생각했다. 사람들은 예수께서 예기치 못한 길을 걷자 모두 일시에 그를 비방하고 조롱하였다. 그러나 예수님은 이 길가운데 감추어진 하나님의 손길을 신뢰하며 묵묵히 나아가셨다.

본문에는 유월절을 지키러 왔다가 뜻밖에 예수님의 십자가의 길에 합류한 사람이 등장한다.

> "마침 알렉산더와 루포의 아버지인 구레네 사람 시몬이 시골로부터 와서 지나가는데 그들이 그를 억지로 같이 가게 하여 예수의 십자가를 지우고"(막 15:21).

구레네는 오늘날 북아프리카 리비아에 해당한다. 옛날 구레네는 완전 변방의 시골로 취급했다. 그래서 본문은 '시몬이 시골로부터 와서' 라고 말씀한다. 리비아에서 이스라엘까지 오는 것은 상당히 먼 거리의 여행이다. 지금도 그렇지만 당시 여행은 많은 비용이 들었다. 구레네 사람 시몬은 경건한 디아스포라 유대인으로 아마도 이스라엘 축제기간 여행을 위해 오랫동안 돈을 모았다가 이곳으로 왔을 것이다. 그래서 설레는 마음으로 예루살렘 순례를 하는데, 사람들이 웅성거린다. 무슨 일인가 하고 가서 봤더니 웬 청년이 피투성이가 되어 십자가를 지고 가고 있다. 속으로 '아이고 저런, 어떤 죄를 지어서 저렇게 됐나… 쯧쯧' 하고 생각하는데 갑자기 로마 군병 하나가 와서 자기를 딱 지정하더니 십자가를 지라고 한다. 당시 로마 군사는 식민지 백성들에게 부역을 요청할 권한, 즉 파발권이 있었다. 무거운 짐을 병사가 들고 가기 어려우면 식민지 백성에게 의무적으로 5리를 들고 가게 할 수 있었다. 오리 하면 약 2km 정도 된다. 그래서 성경에 "누구든지 너로 억지로 오 리를 가게 하거든 그 사람과 십 리를 동행하고"(마 5:41)라 하지 않는가? 로마의 파발권을 배경으로 한 말씀이다.

예루살렘에 순례객으로 구경 왔던 시몬은 로마 군병이 갑자기 자기에게 파발권을 행사하자 어쩔 수 없이 한 죄수의 십자가를 지고 골고다 언덕까지 갔다. 누군지도 모르는 이 낯선 이스라엘 청년의 십자가를 대신 지고 간 것이다. 왜 갑자기 시몬을 지목했을까? 아마도 낯선 아프리카 지역에서 와서 옷차림이나 생김새가 눈에 확 띄었을 가능성이 크다. 게다가 시골 출신이니까 옷차림도 남루했을 테고 로마 군사가 시키기에 만만해보였을 것이다. 시몬은 유대인의 왕이란 제목으로 사형을 언도받은 갈릴리 청년 예수의 십자가를 대신 지고 간다는 것이 이해가 가지 않았을지 모른다. 왜 하필이면 나야? 이런 생각을 충분히 할 수 있었다.

그런데 이 사건을 경험한 시몬은 당장은 아니었지만 훗날 이 십자가 속에 감추어진 신비한 경륜과 하나님의 손길을 깨닫고 변화되었다. 알렉산더와 루포의 아버지였던 시몬은 이 청년이 누구인지 나중에 알게 되었고, 복음을 믿고 로마 교회의 헌신적인 성도가 되었다. 로마서 16장에는 바울이 로마 교인들에게 안부를 묻는 가운데 루포의 이름을 언급한다.

> "주 안에서 택하심을 입은 루포와 그의 어머니에게 문안하라. 그의 어머니는 곧 내 어머니니라"(롬 16:13).

나중에 루포의 집안이 사도 바울을 잘 돕고 후원하는 믿음의 명문 가정으로 변했던 것이다. 사도 바울이 내 어머니라고 부를 정도면 바울이 이 루포의 어머니에게 얼마나 사랑의 빚을 많이 지고 있었는가를 짐작할 수 있다. 구레네 시몬이 예수님의 십자가를 얼떨결에 대신 졌을 때 나름대로 불평과 불만이 있었을 것이다. 그러나 나중에 자신이 잠시 졌던 십자가가 온 인류의 죄를 사하기 위해 하나님의 아들이 지신 십자가임을 깨닫고 그의 온 집안도 함께 믿게 되었다. 그리고 남은 생애를 복음을 위해 헌신하는 귀한 믿음의 명문 가정이 되었던 것이다.

구레네 시몬은 예수님의 십자가를 지고 골고다 언덕에 올라갔고 거기서 십자가에 못 박히는 예수님을 보았을 것이다. 사형장까지 십자가를 대신 지고 왔는데 그냥 가지는 않았을 것이다. 그곳에서 예수님의 모습은 매우 인상 깊게 그에게 각인되었을 것이다. 골고다 언덕에서 로마 군병들은 예수님께 몰약을 탄 포도주를 주었다(막 15:23). 몰약은 마취제의 성분이 있어서 전통적으로 사형수들이 처형당하기 전에 끔찍한 고통을 경감시키기 위해 마시도록 했다. 빌라도가 예수님을 위해 특별히 배려했을 가능성도 있다. 그러나 예수님은 이 몰약 탄 포도주를 거부하신다. 십자가형이 참으로 끔찍하고 고통스러운데도 그 고난을 몽롱한 상태로 맞는 것이 아니라 온몸으로 다 경험하고 맞이하신 것이다. 이것은 고난의 잔을 마지막 한 방울까지 남김없이 마시겠다는 예수님의 결단을 보여준다. 십자가에 못 박히고 피가 십자가를 타고 내려 흐를 때 온 하늘이 어두컴컴하게 되었다. 예수님이 달린 십자가 위에는 '유대인의 왕'이라는 죄패가 붙어 있었다(막 15:26).

유대인의 왕이 십자가에 못 박혀 죽어 가는데 지나가는 사람들이 머리를 흔들며 모욕한다. "아하, 성전을 헐고 사흘 만에 짓는다고 한 자여, 네가 너를 구원하여 십자가에서 내려오라!"(막 15:29-30). 또 대제사장과 서기관들도 함께 모욕하면서 말한다. "그가 남은 구원하였으되 자기는 구원할 수 없었구나"(막 15:31). 이스라엘의 왕 그리스도라면 지금 십자가에서 내려와 우리가 보고 믿도록 해보지 그래? 예수님은 마음먹으면 십자가에서 내려오실 수 있다. 사실 인간적으로 볼 때 이런 정도의 모욕을 받았으면 "이 녀석들 내가 못 내려올 줄 알았지" 하면서 못을 뽑고 내려왔을 수도 있다. 그러나 그렇게 했으면 성전을 헐고 보이지 않는 새로운 영적 성전을 다시 짓는 일은 할 수 없었다. 예수님이 십자가에 못 박히시고 내려오지 않으셨기에 하나님의 약속을 이루신 것이다. 온갖 모욕과 고난을 참아가며 잠잠히 하나님의 뜻을 이루는 것에 집중하신 것이다. 한 번도 경험하지 못한 극심한 고통과 고난의 길로 들어가더라도 그 가운데 이루실 하나님의 뜻이 있음을 믿고 계셨다.

예수께서 십자가에 못 박히신 것은 그를 따르던 많은 사람의 기대와는 다른 것이었다. 아무도 이해하지 못했고 대적자들은 도리어 잘됐다고 조롱했다. 그러나 이 모든 상황 가운데 그는 어떤 변명과 억울함도 호소하지 않고 잠잠하게 마치 도수장에 끌려가는 양과 같이 이 모든 상황을 온몸으로 다 받으셨다. 그렇게 하실 수 있었던 것은 고난과 십자가의 길이 바로 자기 목숨을 많은 사람을 위하여 대속물로 주는 길임을 아셨기 때문이고, 이 수난과 모욕의 길을 통하여 하나님의 감추어진 구원의 손길이 나타날 것임을 믿었기 때문이다.

하나님의 역사는 가능성이 있는 곳, 힘과 권력이 있는 곳, 모두가 기대하는 곳에서 일어나지 않는다. 오히려 하나님의 역사는 가능성이 없어 보이는 곳, 아무 힘도 없는 곳, 모두가 포기하고 가능성 없다고 거들떠보지 않는 곳, 저 변방에서 조롱과 핍박이 있는 곳에서 일어난다. 사람들은 고개 돌리고 어리석다 하고 거들떠보지 않지만 바로 그곳이 하나님의 시선이 머물러 있는 곳이고 하나님의 큰 능력의 손길이 감추어진 곳임을 기억해야 한다.

우리는 종종 우리가 원하는 곳에 있지 않다고 힘들어할 때가 있다. 내가 기대했던 결과가 나오지 않았다고 원망할 때가 있다. 내가 원한 직장이 아니고, 내가 원했던 학교가 아니고, 내가 원했던 사람과 함께 있지 않다. 내가 기대했던 결과가 나오지 않았고, 도리어 사방에서 나를 둘러싸고 위협하고 조롱하고 비참하게 만든다. 내가 기대했던 환경이 아니다. 이럴 때 우리에게 드는 생각은 무엇인가? 어서 그곳을 벗어나거나, 그것도 되지 않으면 어디론가 도망가는 것이다. 상식적으로 이런 곳에 있는 것은 어리석은 것이고, 이런 자리에 있는 것은 미련한 것일 수 있다.

그러나 기억하라. 그 자리가 바로 하나님의 손길이 감추어진 축복의 자리가 될 수 있다는 것을. 따라서 우리는 힘들다고 불평과 원망을 쏟아놓을 것이 아니라 있는 그곳에 감추어진 하나님의 뜻을 발견하고, 이 길이 하나님의 축복의 통로가 되게 해달라고 기도해야 한다. 하나님의 은혜가 임하게 해달라고 간구해야 한다. 내가 있게 하신 그 자리에 믿음으로 버티고 묵묵히 기도하며 잠잠히 나아갈 때 예상치 못한 하나님의 손길을 발견할 것이다. 원치 않는 십자가를 어쩌다 지게 되어 마음 어렵지 않은가? 그러나 그 십자가를 내가 지고 묵묵히 골고다로 가다 보면 갈보리 언덕의 예수 그리스도를 만나게 된다.

"너는 두려워하지 말라. 내가 너를 구속하였고 내가 너를 지명하여 불렀나니 너는 내 것이라. 네가 물 가운데로 지날 때에 내가 너와 함께 할 것이라. 강을 건널 때에 물이 너를 침몰하지 못할 것이며 네가 불 가운데로 지날 때에 타지도 아니할 것이요 불꽃이 너를 사르지도 못하리니 대저 나는 여호와 네 하나님이요 이스라엘의 거룩한 이요 네 구원자임이라"(사 43:1-3).

묵묵히 십자가를 지신 예수님처럼 나도 하나님의 뜻을 이루어가는 귀한 믿음의 성도로 서자.

[72장 각주]

64) 배진선, "[배진선의 동물 이야기] 기린, 고혈압 연구 모델", 국민일보, 2010. 7. 28.

73 Chapter 73. Mark 15:33-39

하나님의 아들, 진면목을 드러내다

33제육시가 되매 온 땅에 어둠이 임하여 제구시까지 계속하더니 34제
구시에 예수께서 크게 소리 지르시되 엘리 엘리 라마 사박다니 하시
니 이를 번역하면 나의 하나님, 나의 하나님 어찌하여 나를 버리셨나
이까 하는 뜻이라. 35곁에 섰던 자 중 어떤 이들이 듣고 이르되 보라.
엘리야를 부른다 하고 36한 사람이 달려가서 해면에 신 포도주를 적
시어 갈대에 꿰어 마시게 하고 이르되 가만 두라. 엘리야가 와서 그
를 내려주나 보자 하더라. 37예수께서 큰 소리를 지르시고 숨지시니
라. 38이에 성소 휘장이 위로부터 아래까지 찢어져 둘이 되니라. 39예
수를 향하여 섰던 백부장이 그렇게 숨지심을 보고 이르되 이 사람은
진실로 하나님의 아들이었도다 하더라.

삶의 위기를 좋아하는 사람은 없지만 위기가 가져오는 긍정적인 효과가 하나 있다. 그것은 평소에는 잘 드러나지 않아 몰랐던 것을 새롭게 발견하게 되는 것이다. 코로나 사태가 발발했을 때 많은 이가 어려움을 겪었다. 그런데 이런 위기 가운데 우리나라 국민들이 새롭게 알게 된 것이 있다. 바로 신천지 이단에 관한 것이다. 평소에는 잘 몰랐던 것을 코로나 사태로 인해 이들의 내밀한 진면목이 다 드러나게 되었다. 또 이태원 클럽 사태를 통해서도 왜곡된 성적 지향성을 갖고 있던 이들이 벌였던 음란한 행태가 여러 언론에 드러나 알려지게 되었다.

또 코로나 사태를 통해 전 세계를 선도한다는 두 강대국인 미국과 중국의 민낯도 고스란히 드러났다. 세계를 이끌어가는 강대국답지 않게 미국은 이렇게 된 것이 중국 탓이고, 따라서 거대한 손해배상을 청구해야 하고, 더는 중국과 거래할 수 없다며 극단적으로 나갔다. 중국은 이에 질세라 코로나 바이러스가 중국에 퍼진 것은 우한 세계군인체육대회에 출전한 미 군무원 여성이 중국에 최초로 코로나 바이러스를 퍼뜨려서 그랬다고 여론전을 펼쳤다. 이처럼 감당할 수 없는 큰 위기 앞에 우리는 그동안 감추어져 있던 연약하고 완악한 모습을 적나라하게 드러낸다. 어떻게 해서든 누군가의 탓으로 돌리기 위해 희생양을 찾는 야비한 모습이 드러난다.

본문은 예수님의 공생에 가운데 최대의 위기를 서술한다. 하나님의 아들이신 예수께서 십자가에 달려 마지막 숨을 거두는 장면이다. 신명기에 따르면 나무에 달린 자는 하나님께 저주를 받은 자다(신 21:23). 그러니까 예수는 하나님의 저주를 받아 마지막 숨을 거둔 것이다. 예수는 하나님의 율법을 전 생애를 통해 온전히 순종하심으로 율법의 요구를 충족시켰다. 또한 죽기까지 하나님이 보내신 사명에 충실하게 순종하셨다. 그런 그가 무고하고 불의한 죽음, 인간적으로 볼 때 억울한 죽음을 당하고 계신 것이다. 그러나 본문은 예수님의 죽음이 단순히 한 개인의 무고하고 억울한 죽음으로 그치지 않음을 보여준다.

> "제육시가 되매 온 땅에 어둠이 임하여 제구시까지 계속하더니" (막 15:33).

고대 근동에는 아침에 해가 뜨는 오전 6시가 0시였다. 해가 뜨면서 시간이 시작되는 것이다. 그래서 제6시는 오늘날로 하면 낮 12시다. 낮 12시에 근동의 해는 강렬하다. 그런데 이때 온 땅에 어둠이 가득하게 임하여 제9시, 즉 오후 3시까지 계속되었다. 오후 3시는 예수께서 십자가에서 마지막 숨을 거두신 시각이다. 온 땅에 어둠이 가득한 것은 예수님의 십자가의 죽음이 온 땅, 즉 온 세상과 관련 있는 죽음임을 암시한다. 성경에서 온 땅이 어둠에 덮이는 것은 하나님의 진노의 심판을 나타낼 때 등장한다.

> "주 여호와의 말씀이니라. 그날에 내가 해를 대낮에 지게 하여 백주에 땅을 캄캄하게 하며 너희 절기를 애통으로, 너희 모든 노래를 애곡으로 변하게 하며 모든 사람에게 굵은 베로 허리를 동이게 하며"(암 8:9-10).

지금 온 땅에 어둠이 덮인 것은 예수 한 개인의 죽음이 아니라 온 세상을 심판하는 하나님의 전 지구적인 진노의 심판이 임할 것임을 뜻한다. 예수께서는 일찍이 자기 죽음이 어떤 죽음이 될 것인지를 미리 말씀하신 바 있다.

> "인자가 온 것은 섬김을 받으려 함이 아니라 도리어 섬기려 하고 자기 목숨을 많은 사람의 대속물로 주려 함이니라"(막 10:45).

예수께서는 자기 목숨을 많은 사람의 대속물로 내주려고 십자가에서 죽으심을 예고하셨다. '대속물' 이란 죄를 대신해서 값을 치르는 제물을 말한다. 대속물을 의미하는 헬라어 '뤼트론' 은 영어로 'ransom' 이다. 풀어주는 대가로 대신 치르는 값을 말한다. 예수께서는 많은 사람을 대표해서 이들의 죗값을 치르기 위해 자신의 생명을 십자가에서 내주고 계신 것이다.

어둠이 짙게 깔리고 하나님의 진노의 심판이 임하였다. 세상 죄를 심판하실 하나님이 그 진노와 심판의 방향을 세상 죄를 지신 예수 그리스도에게로 온통 돌리셨다. 가장 밝아야 할 낮 12시가 가장 어두운 시간이 되고 이때부터 예수님은 피와 땀과 물을 뚝뚝 흘리며 마치 제사에 드려지는 희생 제물같이 십자가에 매달려 자신의 생명을 쏟으셨다. 계속되는 하나님의 진노의 심판 앞에 3시간을 매달려 고통받고 계신 것이다. 마침내 제9시, 오후 3시가 되자 예수님의 피와 물과 기운이 다 소진되었다. 죽음의 시간이 다가오고 있었다. 하나님 앞에 진노의 심판을 받아 온 인류의 죄를 대신 지고 죽을 심판의 시간이 다가온 것이다. 이때 예수께서는 하나님을 향하여 마지막 고뇌에 찬 부르짖음을 올린다.

> "제구시에 예수께서 크게 소리 지르시되 엘리 엘리 라마 사박다니 하시니 이를 번역하면 나의 하나님, 나의 하나님 어찌하여 나를 버리셨나이까 하는 뜻이라"(막 15:34).

영원 전부터 지금까지 한 번도 떨어져 본 적이 없었고, 태초부터 서로 깊이 사랑하며 함께하셨던 성자 예수께서 여기서 처음이자 마지막으로 성부 하나님과의 관계가 끊어진다. 성자는 온 세상의 창조에 하나님과 동참하셨고, 온 세상을 다스리는 성부의 통치에 동참해 왔다. 그랬던 성자 예수께서 이제 온 세상을 대표하여 인류의 흠 없는 대표가 되어 세상의 모든 죄를 지고 하나님 앞에 완전한 죄인으로 심판받고 있다. 이렇게 하실 수밖에 없었던 것은 이 성자가 아니면 누구도 이 죄 많고 불의한 인간을 대신하여 하나님의 흠 없는 의에 대한 요구를 대신 치를 수 없었기 때문이다. 예수께서는 이 땅을 살아가며 율법의 요구를 온전히 성취하신 흠 없는 유일한 분이셨다. 그렇기에 인류의 흠 없는 대표로 모든 사람을 위한 대속물이 되신 것이다. 고린도후서는 이를 가리켜 "하나님이 죄를 알지도 못하신 이를 우리를 대신하여 죄로 삼으신 것은 우리로 하여금 그 안에서 하나님의 의가 되게 하려 하심이라"(막 5:21)고 말씀한다. 갈라디아서는 "그리스도께서 우리를 위하여 저주를 받은 바 되사 율법의 저주에서 우리를 속량하셨으니 기록된 바 나무에 달린 자마다 저주 아래에 있는 자라 하였음이라"(막 3:13)고 말씀한다.

이제 자신의 마지막 생명의 호흡이 끊어지기 전, 성자 예수께서는 하나님의 진노의 심판 앞에 마지막 고통을 호소한다. 먼저 하나님을 향하여 반복적으로 "나의 하나님"이라 부른다. 지금 자신을 심판하시는 하나님은 여전히 태초부터 함께 계셨던 나의 하나님이었다. 그런데 성자 하나님이 사람이 되셔서 성부 하나님 앞에 비참하게 버려지고 있는 것이다. "어찌하여 나를 버리셨나이까!" 이제 완전히 버림받고 저주받은 죄인의 대표이자 대속물이 되셨다.

이렇게 마지막 죽음 앞에 고통스럽게 부르짖자 십자가 아래 이것을 지켜보던 사람들이 예수께서 엘리야 선지자를 부르니까 정말 엘리야가 와서 구해주는지 보자고 한다. 이들이 예수께서 엘리야를 부른다고 생각한 것은 '나의 하나님'을 의미하는 아람어 '엘리'를 착각한 것이다. 그리고 신 포도주를 적셔서 갈대에 꿰어 높이 달리신 예수님의 입에 갖다 대려 했다. 신 포도주는 맛이 너무 시어서 기운이 소진해서 죽어갈 때 마시면 정신이 번쩍 나서 생명을 연장시키는 효과가 있다. 그러나 이때 예수는 마지막 절규를 외친다.

"예수께서 큰 소리를 지르시고 숨지시니라"(막 15:37).

이 절규는 한 번도 경험해보지 못했던 극심한 육체적 고통으로 인한 절규요, 하나님 앞에 한 번도 죄인 된 적이 없던 의로운 분이 한순간에 죄인으로 정죄됨의 절규다. 또 이 절규는 하나님의 무자비한 심판의 고통으로 인한 절규요, 태초부터 함께하셨던 성부 하나님으로부터 죄인으로 심판받아 죽음에 이르게 되는 버림받은 고통의 절규다. 마지막 피 한 방울, 땀 한 방울, 마지막 숨결까지 다 쥐어짜며 예수께서는 마침내 모든 사람의 죄를 대신한 대속물로 숨지셨다. 죽임을 당하셨다. 예수께서는 감당할 수 없는 위기 가운데 이 모든 것을 피하지 않고 모든 사람을 위한 죄를 당당하게 지고 참 사람으로서 인류의 죄로 인한 무게를 고통스러워하며 하나님 앞에 절규하고는 그 생을 마치신 것이다. 마지막 순간에 참 사람이자 참 대속 제물로 자신을 정직하게, 그러나 고통스럽게 모든 것을 다 쥐어짜 피 한 방울까지 마지막 숨결까지도 내주신 것이다. 놀라운 것은 그다음 구절이다.

> "이에 성소 휘장이 위로부터 아래까지 찢어져 둘이 되니라" (막 15:38).

아니, 성소 휘장이 왜 찢어졌을까? 이는 이스라엘 성전의 성소와 지성소를 구분하던 일종의 가림막을 뜻한다. 지성소는 하나님의 영광스럽고 거룩한 임재가 임하는 곳이어서, 대제사장이 오직 일 년에 한 번, 대속죄일에 모든 백성의 죄를 대신한 염소나 송아지 또는 양의 피를 갖고 들어가 속죄함을 받는 곳이다. 이 부분을 히브리서 9장은 다음과 같이 말씀한다.

> "오직 둘째 장막(지성소)은 대제사장이 홀로 일 년에 한 번 들어가되 자기와 백성의 허물을 위하여 드리는 피 없이는 아니하나니" (히 9:7).

"염소와 송아지의 피로 하지 아니하고 오직 자기의 피로 영원한 속죄를 이루사 단번에 성소에 들어가셨느니라"(히 9:12).

"하물며 영원하신 성령으로 말미암아 흠 없는 자기를 하나님께 드린 그리스도의 피가 어찌 너희 양심을 죽은 행실에서 깨끗하게 하고 살아 계신 하나님을 섬기게 하지 못하겠느냐"(히 9:14).

예수께서 자기의 피로 영원한 속죄를 이루사 단번에 성소에 들어가셨다(히 9:12)고 한다. 왜 염소와 송아지의 피로 하지 않았을까? 그것은 염소와 송아지가 온전한 제물이 아니라 그 효과도 일시적이기 때문이다.

"대제사장이 해마다 다른 것의 피로써 성소에 들어가는 것같이 자주 자기를 드리려고 아니하실지니 그리하면 그가 세상을 창조한 때부터 자주 고난을 받았어야 할 것이로되 이제 자기를 단번에 제물로 드려 죄를 없이 하시려고 세상 끝에 나타나셨느니라"(히 9:25-26).

히브리서 10장은 이를 잘 설명한다.

"그러나 이 제사들에는 해마다 죄를 기억하게 하는 것이 있나니 이는 황소와 염소의 피가 능히 죄를 없이 하지 못함이라"(히 10:3-4).

"제사장마다 매일 서서 섬기며 자주 같은 제사를 드리되 이 제사는 언제나 죄를 없게 하지 못하거니와 오직 그리스도는 죄를 위하여 한 영원한 제사를 드리시고 하나님 우편에 앉으사"(히 10:11-12).

휘장이 찢어졌다는 것은 이제 더는 죄 사함을 받으려고 하나님을 뵙기 위해 휘장 안을 들락거리지 않아도 되는 시대가 열렸다는 것을 의미한다. 이제는 예수님의 피를 힘입어 하나님의 임재로 직접 나아갈 길이 열리게 되었다.

마가복음에서 '찢어진다'(헬. 스키제인)는 표현은 먼저 예수께서 세례받고 하늘이 '갈라지며' 성령이 비둘기같이 임한다고 할 때 사용되었다(막 1:10). 여기 '갈라진다'는 표현을 직역하면 스키제인, 즉 하늘이 찢어진다는 것이다. 하늘이 찢어지는 것은 그동안 하나님과 사람 사이에 죄가 가로막혀 닫혀있었는데, 마침내 하늘이 찢어지며 강력한 능력으로 세상에 하나님과의 소통이 열리게 되었음을 의미한다.

"그러므로 형제들아 우리가 예수의 피를 힘입어 성소에 들어갈 담력을 얻었나니 그 길은 우리를 위하여 휘장 가운데로 열어 놓으신 새로운 살 길이요 휘장은 곧 그의 육체니라"(히 10:19-20).

이것은 염소와 송아지로 제사드리고 죄 사함 얻었던 구약성전이 무너지고 이제 새로운 성전시대가 열렸음을 의미한다. 그것은 예수님의 피로 죄 사함 얻은 하나님의 백성들이 예수님의 이름으로 기도하고, 예수 그리스도를 머리로 하여 우리가 그의 몸의 지체를 이루는 새로운 성전이 세워진 것이다. 이것이 바로 예수께서 예루살렘 성전이 무너지면 사흘 만에 다시 세우리라고 하신 말씀의 진정한 의미다(막 15:29 참조). 이 장면을 보던 로마의 백부장이 놀라운 고백을 한다.

> "예수를 향하여 섰던 백부장이 그렇게 숨지심을 보고 이르되 이 사람은 진실로 하나님의 아들이었도다 하더라"(막 15:39).

예수님을 향하여 섰던 백부장은 로마의 백부장이다. 택함받은 선민 유대인이 아니라 선민과 유대관계를 맺고 있는 이방인이다. 로마의 백부장은 로마 황제 가이사가 신의 아들(son of god)임을 고백하며 그에게 충성을 바치는 사람이었다. 가이사의 제국은 제국의 막강한 무력과 경제력에 근거한다.

이런 제국에 충성하던 백부장이 십자가에서 창백하고 비참하게 죽어가는 한 죄인의 모습을 보고 "이 사람은 진실로 하나님의 아들이었도다"라고 고백하는 것이다. 이 놀라운 고백은 사실 마가복음에서 처음부터 사람들의 입에서 나오기를 그토록 기대했던 고백이었다.

마가복음 1장 1절의 시작이 무엇인가? 하나님의 아들 예수 그리스도 복음의 시작이라. 하나님의 아들(son of god)은 당시 사람들에게 가장 먼저 로마 황제를 떠올리게 하는 표현이다. 그런데 마가복음은 첫 구절부터 그 시작에 진정한 하나님의 아들은 예수 그리스도라고 선언한다. 그러나 마가복음에서 말하는 하나님의 아들은 로마 황제와 같이 무력과 힘과 경제력과 세상 권력을 통해 군림하는 왕이 아니다. 놀랍게도 이 하나님의 아들은 십자가에서 자신의 생명 전부를 아낌없이 대속물로 내줌으로써 세상을 구원하고 통치하시는 왕이다. 이 하나님의 아들은 왕궁에서 발견할 수 있는 아들이 아니다. 이 아들은 십자가 아래에서 발견할 수 있는 아들이다.

마가복음에서 귀신들이 하나님의 아들의 정체를 드러내려 할 때마다 예수님은 조용히 시키셨다. "잠잠하고 그 사람에게서 나가라." 왜 그러셨을까? 진정한 하나님의 아들을 발견하는 자리는 권능과 능력의 현장이 아니라 십자가와 고난의 현장이기 때문이다. 예수님의 권능과 능력을 보고 따라왔던 제자들은 스승이 지신 십자가 앞에 다 넘어지고 두려워 도망갔다. 그러나 십자가 아래, 가장 큰 위기와 고난 속에 진정한 하나님의 아들 됨이 드러나고 이방인에 의해 고백된다.

성도는 바로 이 하나님의 아들을 믿는 믿음으로 사는 사람이다. 이 하나님의 아들을 주님으로 고백하며 따라가고 닮아가는 자들이다. 이런 하나님의 아들을 믿었기에 초대교회 성도들은 로마제국에 흑사병이 돌았을 때 죽음을 두려워하지 않고 자신을 내주며 그리스도의 사랑을 전하였다. 이것은 당시 병들고 죽어가는 자를 내버리는 제국의 관행에 커다란 충격을 주었다. 종교개혁시대에도 그랬다. 마르틴 루터는 "치명적인 전염병에서 도피해야 하는가"라는 편지를 썼는데, 여기서 "성도는 소명받은 자로 전염병에 다가가라"고 외쳤던 적이 있다.

이런 모델을 따라 우리도 무모하게 확진자에게 다가가라는 말이 아니다. 우리에게는 이미 이것을 효과적으로 잘 대처할 수 있는 의료적 대처 방법이 있다. 중요한 것은 우리 삶에 위기가 다가올 때 우리가 진정 성도임이 드러날 수 있는 통로는 우리가 약해지는 자리, 주님의 십자가를 지는 자리, 내가 죽는 자리, "나의 하나님 어찌하여 나를 버리시나이까"라고 고통스럽게 기도하는 자리라는 것이다.

세상을 밟고 발 빠르게 앞서가는 것으로는 하나님의 영광이 드러나지 않는다. 도리어 그 자신의 발 빠름과 능력이 드러날 뿐이다. 우리가 처한 그곳에서 가장 낮은 겸손한 마음으로, 기꺼이 주님의 십자가를 지고 나아가라. 그곳에서 성도의 진면목, 곧 하나님 자녀의 진면목이 드러나게 될 것이다.

74 Chapter 74. Mark 15:40-47

십자가 이후에도 끝까지 예수를 따른 사람들

40멀리서 바라보는 여자들도 있었는데 그중에 막달라 마리아와 또 작
은 야고보와 요세의 어머니 마리아와 또 살로메가 있었으니 41이들은
예수께서 갈릴리에 계실 때에 따르며 섬기던 자들이요 또 이 외에 예
수와 함께 예루살렘에 올라온 여자들도 많이 있었더라. 42이날은 준
비일 곧 안식일 전날이므로 저물었을 때에 43아리마대 사람 요셉이
와서 당돌히 빌라도에게 들어가 예수의 시체를 달라 하니 이 사람은
존경받는 공회원이요 하나님의 나라를 기다리는 자라. 44빌라도는 예
수께서 벌써 죽었을까 하고 이상히 여겨 백부장을 불러 죽은 지가 오
래냐 묻고 45백부장에게 알아 본 후에 요셉에게 시체를 내주는지라.
46요셉이 세마포를 사서 예수를 내려다가 그것으로 싸서 바위 속에

판 무덤에 넣어 두고 돌을 굴려 무덤 문에 놓으매 47막달라 마리아와 요세의 어머니 마리아가 예수 둔 곳을 보더라.

2020년 5월 19일, 세계적인 기독교 변증가 라비 재커라이어스가 하나님의 부르심을 받아 영원한 본향에 안식했다. 마이크펜스 미국 부통령의 논평에 따르면 "그는 진리의 말을 제대로 다루는, 우리시대에 몇 안 되는 믿음의 사람"이고, 또 빌리 그레이엄 전도협회 대표인 프랭클린 그레이엄 목사에 따르면 그는 "우리시대 위대한 기독교 변증가 중 한 명"이었다.[65] 내가 기독교 변증에 대해 관심을 갖게 된 큰 계기 중 하나가 바로 라비 재커라이스의 영향이다.

재커라이어스의 강연을 처음 들은 것은 1996년, 미국 시카고에 있는 무디 기념교회에서 있었던 컨퍼런스기간 중이었다. 그가 나타나서 모든 청중을 숨죽일 듯 사로잡으며 진리를 논리적이고도 설득력 있게 제시하는 모습을 보며 신선한 충격과 자극을 받았다. 이후로 그의 책을 구입해서 읽으며 기독교 변증에 대한 관심과 생각을 이어갔다.

이후 그의 사역이 한국에 소개되기 시작했고, 지난 2016년 8월 서울의 한 교회에서 열린 조찬모임에서 그를 20년 만에 만나 반갑게 인사하며 교제를 나누었다. 그를 만날 때마다 느꼈던 것은 따뜻함이다. 보통 기독교 변증은 논리적으로 진리를 나누다 보면 딱딱하고 강한 느낌이 든다. 그런데 그의 강의를 듣거나 교제를 나누다 보면 시종일관 따뜻함을 잃지 않는다. 무신론자들을 향한 애정이 느껴진다.

그가 1992년 하버드 대학의 베리타스 포럼의 첫 강사로 나섰을 때도 바로 이 따뜻함으로 인해 수많은 불신대학생이 반응했다. 무신론자를 비롯한 전 세계의 지성인들이 그에게 뜨거운 호응을 보낸 것도 바로 이 부분으로 평가받는다. 이기기 위한 논쟁이 아닌, 소통을 위한 대화를 추구한 것으로 평가받는다. 이기는 것이 주목적이면 논쟁에서 상대를 굴복시키고 승리하면 끝이다. 더는 뒤를 돌아보지 않는다. 그런데 소통과 영혼을 향한 사랑이 주목적이면 논쟁에서 상대를 굴복시키기보다는 설득시키고 애정을 갖고 돌아올 수 있는 소망과 용기를 심어주기 위해 끝까지 최선을 다한다. 이 따스한 애정이 우리로 끝까지 가게 하는 원동력이 된다.

본문은 예수님의 십자가 죽음 이후에 그의 시신 곁에 남은 사람들의 이야기를 다루고 있다. 예수께서 하나님 나라를 가지고 오실 줄 믿고 또 그 나라의 왕이 되실 줄 믿고 따라왔던 많은 사람이 그의 십자가 죽음 앞에 모두 흩어졌다. 십자가에 달려 돌아가셨으니 다 끝났다고 생각한 것이다. 제자들도 모두 흩어졌다. 그런데 그 와중에 예수님의 십자가 아래 끝까지 자리를 지키고 남아 있던 사람들이 등장한다. 먼저는 여인들이다.

> "멀리서 바라보는 여자들도 있었는데 그 중에 막달라 마리아와 또 작은 야고보와 요세의 어머니 마리아와 또 살로메가 있었으니 이들은 예수께서 갈릴리에 계실 때에 따르며 섬기던 자들이요 또 이 외에 예수와 함께 예루살렘에 올라온 여자들도 많이 있었더라"(막 15:40-41).

예수님의 어머니 마리아를 비롯해 예수께서 갈릴리에 계실 때 놀라운 치유와 능력을 경험하고 그의 말씀을 삶의 소망 삼아 붙들었던 많은 여인이 예수님을 따라왔다. 이 여인들은 여전도회의 원조다. 비록 당시 여인은 힘도, 권리도 없었지만 이 여인들은 예수님을 사랑하는 마음으로 그저 멀리서 그가 십자가에 달려 돌아가시는 것을 안타깝게 바라만 보고 있었다. 어떻게 해야 할지 몰랐다. 단 이들이 할 줄 아는 최선은 그저 십자가에서 돌아가시는 예수님 곁에 있는 것이었다.

이 여인들의 주님을 향한 애정과 따스함은 주님이 돌아가셔도 그대로 계속되었다. 돌아가셨는데도 마음의 사랑은 끊어지지 않았다. 왜? 내 생명이 다 소진되어가고 끊어져 갈 때 예수께서 오셔서 자신을 만져주셨고, 일평생 괴롭히던 질병에서 치료해주셨고, 인생을 송두리째 파괴했던 귀신을 내쫓아 살려주셨기 때문이다. 주께서 자신을 포기하지 않고 살려주셨는데 어떻게 그분을 저버릴 수 있단 말인가? 이것이 예수님을 향한 여인들의 마음이었다. 메시아의 죽음을 반향하는 것으로 알려진 시편 38편은 이 장면을 이렇게 묘사한다.

> "내 심장이 뛰고 내 기력이 쇠하여 내 눈의 빛도 나를 떠났나이다. 내가 사랑하는 자와 내 친구들이 내 상처를 멀리하고 내 친척들도 멀리 섰나이다"(시 38:10-11).

"멀리 섰나이다." 가까이하고 싶지만 가까이할 수는 없고, 할 수 없이 멀찍이 떨어져 있다. 그러나 마음은 큰 슬픔과 아픔으로 가득

했다. 제자들은 다 도망갔는데 여인들은 왜 끝까지 남아있었을까? 이것은 제자들과 여인들이 추구하는 방향이 근본적으로 달랐기 때문이다.

제자들은 스승을 통해 왕의 곁에서 큰 자리를 차지하고 출세하는 것이 주목적이었다. 그래서 예수께서 잡히고 십자가에 못 박히자 다 끝났다고 생각하고 흩어졌다. 스승을 따라다녔던 목적이 사라지니 그냥 그를 저버린 것이다. 반면 여인들은 예수님을 따라다니는 목적이 출세하고 복을 얻기 위해서가 아니었다. 이 여인들은 나 같은 죄인 살리신 주님의 은혜가 감사하여, 예수님을 사랑하기에 더욱 끝까지 사랑하기 위해 따라나섰던 것이다.

목적이 다르면 포기가 다르다. 예수님을 따른 목적이 내가 원하는 목표를 얻는 데 도움이 되면 목표를 이룰 때까지만 따른다. 그러나 예수님을 따르는 목적이 그를 사랑하기 위한 것이라면 어떤 일이 와도 끝까지 따라간다. 예수님을 사랑함으로 따라가는 성도되기를 바란다. 우리가 살아가며 믿음과 소망은 흔들릴 수 있다. 그러나 사랑은 끝까지 간다. 우리는 흔들리는 믿음과 사라지는 소망을 오직 사랑으로 극복해야 한다. 그래야 끝까지 포기하지 않고 어떤 환경이 닥쳐와도 주님을 붙들고 갈 수 있다.

> "막달라 마리아와 요세의 어머니 마리아가 예수 둔 곳을 보더라" (막 15:47).

이 여인들은 예수님의 시신을 안치했던 무덤까지 따라가서 그 장소를 보았다. 예수님의 시신을 둔 곳을 "보더라"는 것은 세심하게 눈여겨보고 기억해두었다는 뜻이다. 여인들은 이렇게 묻힌 것으로 끝나고 그냥 갈릴리로 돌아가려 하지 않고, 조만간 언제라도 다시 찾아오려는 마음으로 그 장소를 세심하게 눈여겨 보았다. 이는 믿음에 근거한 행위가 아니다. 소망에 근거한 행위도 아니었다. 오직 사랑에 근거한 행위다. 여인들은 무덤까지 따라오기 위해 눈 뜨고 보기 힘든 과정을 지나왔다. 십자가에 매달려 죽은 참혹한 예수님의 시신을 십자가에서 내리고, 피와 땀으로 흥건하게 고인 시신을 닦고, 정결한 세마포를 싸서 다시 시신을 안치하도록 처리하여 무덤에 두는 전 과정을 함께했던 것이다. 이런 예수님의 모습을 보는 것은 그야말로 가슴이 찢어지는 고통이었다. 그럼에도 여인들은 예수님을 사랑함으로 끝까지 함께했다. 그리고 그 장소를 눈여겨보고 다시 올 마음을 품었다.

다시 찾아오는 것이 가능할지 아닐지, 또 일이 어떻게 벌어질지 모른다. 분명한 것은 단 하나 뿐이다. 십자가에 돌아가신 예수님을 사랑하고, 이 예수님을 끝까지 사랑하겠다는 마음이다. 놀랍고도 신비로운 사실은 끝까지 예수님을 사랑하고 포기하지 않겠다는 단호한 마음으로 인해 이 여인들은 16장에 가면 부활의 첫 증인이 되는 특권과 영광을 얻게 된다는 사실이다. 주님을 끝까지 붙들고 사랑했더니 예기치 못했던 놀라운 은혜를 맛보게 되었다. 이 여인들과 함께 예수님의 죽음 후에도 끝까지 함께했던 또 다른 사람이 등장한다. 바로 아리마대 사람 요셉이다.

"이날은 준비일 곧 안식일 전날이므로 저물었을 때에 아리마대 사람 요셉이 와서 당돌히 빌라도에게 들어가 예수의 시체를 달라 하니 이 사람은 존경받는 공회원이요 하나님의 나라를 기다리는 자라"(막 15:42-43).

예수님 당시의 유대 역사가 요세푸스는 '아리마대'가 사울의 출생지이자 사무엘의 고향인 '라마'라고 한다. 예루살렘에서 약 30㎞ 정도 떨어져 있는 도시다. 라마 사람 요셉이다. 이 아리마대 요셉이 그동안 마가복음에서 한 번도 전면에 나타나지 않다가 이제 예수님 죽음 이후에 자신의 정체를 드러냈다. 그가 빌라도에게 '당돌히' 가서 예수님의 시체를 요구한다. 당돌하다는 것은 대담하다는 것인데, 이것은 아리마대 요셉의 행위가 자칫하면 자신에게 상당히 불리할 수 있는 어려움을 감수했다는 것을 의미한다. 어떤 어려움일까?

그것은 그의 신분을 고려할 때 이해가 간다. 그는 존경받는 공회원이요 하나님 나라를 기다리는 사람이었다. 공회원이란 전 유대에서 가장 존경받는 영적 지도자 70명이 모인 산헤드린 공회의 회원을 말한다. 그런데 이 산헤드린 공회는 이른 새벽에 모두 모여 예수님을 십자가에 못 박기로 결의했다(막 15:1). 이때 이 요셉도 함께 있었다. 본문에는 요셉이 하나님 나라를 사모하고 기다리는 자라고 설명하는데, 누가복음에는 요셉이 공의회의 결의에 어떤 태도를 취했는지를 좀 더 구체적으로 설명한다.

"공회 의원으로 선하고 의로운 요셉이라 하는 사람이 있으니 (그들의 결의와 행사에 찬성하지 아니한 자라) 그는 유대인의 동네 아리마대 사람이요 하나님의 나라를 기다리는 자라"(눅 23:50-51).

요셉의 성품을 보면 선하고 의로운 요셉이라고 한다. 선하고 의로웠다. 그래서 그는 새벽에 개최한 불법적인 공회에서 예수님을 죽이기로 한 결의와 행사에 반대의견을 표명하고는 반대표를 던졌다. 그러나 폭도같이 변한 대제사장 무리의 선동에 다른 이들이 모두 찬성하면서 그의 의견은 묵살 당했다. 아리마대 요셉이 예수님을 십자가에 못 박는 것을 반대한 것은 용기 있는 행동이었다. 그러나 그게 다가 아니었다. 요셉에게는 숨겨진 비밀이 하나 있었는데, 그것은 그가 예수님의 제자였다는 사실이다!

"아리마대 사람 요셉은 예수의 제자이나 유대인이 두려워 그것을 숨기더니"(요 19:38).

아마도 요셉은 한밤중에 예수님을 찾아와 비밀리에 만나, 자신의 고민을 털어놓고 상담도 하며 하나님 나라에 대한 가르침을 받는 중에 예수님의 제자가 되었을 것이다. 만약 요셉이 자기가 예수님의 제자인 것을 밝히면 유대 지도자들의 적개심과 여론몰이로 인해 위태한 일이 생길 수 있었다. 그래서 자신이 예수님의 제자임을 숨기고 활동했다.

하지만 예수님의 죽음 이후, 여인들은 멀리서 십자가에 달려 죽은 예수님을 보고 울고만 있고 제자들은 다 흩어져 없으며 누구도 손을 쓰지 않는 상황에서 요셉은 나서기로 한다. 누구 하나 나서지 않으면 예수님의 시체는 다른 여타 범죄자의 시체처럼 아무 구덩이에나 내던져질 수 있다. 요셉은 그동안 자신을 붙들어주시고 하나님 나라와 영생에 대한 확신을 주셨던 예수님의 은혜가 고마웠다. 그는 예수님을 통해 하나님 나라에 대한 큰 비전을 갖게 되었고, 그 나라가 임하기를 기다리고 사모했다. 그리고 예수님을 사랑했다. 그래서 그는 당돌하게 빌라도에게 나아가 예수님의 시신을 달라고 요청한다.

이것은 유대 율법의 관점에서 양날의 검이었다.

첫째는 긍정적인 측면에서의 요구였다. 안식일과 유월절이 시작할 때 나무에 달린 자가 여전히 있으면 그날은 거룩한 날이 되지 못한다. 나무에 달린 자는 하나님께 저주를 받은 자이고, 하나님의 저주가 그 땅에 머물러 있는 것이 되기에 안식일이 오기 전에 빨리 처리해야 했다. 본문 42절은 이날이 안식일의 준비일이라고 하지 않는가? 그래서 안식일이 오기 전에 정결하게 준비해야 했다. 그런데 유대인의 새날은 해가 지면서 시작한다.

창세기에 보면 "저녁이 되고 아침이 되니 이는 첫째 날이니라"(창 1:5) 하는 식의 표현이 등장한다. 하루의 단위가 저녁부터 시작되는 것이다. 따라서 하루의 끝은 해가 지면서 끝난다. 팔레스타인에서 해가 지는 것이 6시면 예수님이 십자가에서 돌아가신 것이 3시니까 시체를 처리할 시간이 3시간밖에 되지 않는다. 사실은 다급하다. 시신을 처리하여 무덤에 안장할 때까지 3시간이 채 남지 않은 것이다. 예수님이 돌아가신 것을 보고 빌라도가 있는 안토니아 요새까지 가서 요구할 것으로 계산하면 이때가 대략 오후 3시 30분에서 4시 사이였을 것으로 추정된다. 그에게는 시간이 2시간 정도밖에 남아 있지 않았다. 경건한 유대인으로서 정결한 민족 절기를 맞이하기 위해 공의원의 자격으로 총독에게 이러한 요청을 하는 것은 정당화될 수 있다.

둘째는 부정적인 측면에서의 요구다. 만약 아리마대 요셉이 예수님의 시신을 받아서 처리하면 그의 몸은 부정하게 된다. 몸을 정결하게 해야 하는데 안식일을 온전히 지킬 수 없게 된다. 그가 정결해지려면 적어도 하루는 기다려야 한다. 경건한 아리마대 요셉이 안식일도 유월절도 제대로 지키지 않는다면 사람들은 궁금해 할 테고 만약 이 사실을 알게 되면 그가 위험해질 수 있다.

빌라도는 요셉의 요청을 듣고 예수님의 상태를 확인한다.

> "빌라도는 예수께서 벌써 죽었을까 하고 이상히 여겨 백부장을 불러 죽은 지가 오래냐 묻고"(막 15:44).

십자가형은 건강한 사람의 경우 때로 하루, 이틀 이상을 가기도 했다. 그런데 요셉은 건강한 30대의 청년 예수가 죽었다고 시체를 요구하는 것이다. 그래서 "벌써 죽었는가?"라며 이상히 여겨 백부장을 통해 확인했다. 이렇게 한 이유는 요셉의 요청 가운데 그가 사용한 '시체'라는 단어 때문이다. '시체'(헬. 소마)는 몸, 영어로 'body'를 말한다. 예수의 몸을 달라고 하는 것과 그의 시체를 달라고 하는 것은 약간 다르다. 몸은 거의 죽었더라도 살아있을 가능성도 있다. 그래서 예수의 몸을 내주기 전, 그의 상태를 알아보라고 한 것이다.

이 백부장은 예수께서 십자가에서 돌아가시는 것을 보고 "이 사람은 진실로 하나님의 아들이었도다"라고 고백했던 백부장일 가능성이 크다. 백부장이 정말 죽었다고 확인해주자 빌라도는 시체를 내준다.

45절에 나오는 시체는 헬라어로 '프토마' 인데 이는 영어로 'corpse', 즉 송장을 말한다. 분명히 죽은 상태임을 확인하고 내준 것이다. 초대교회 때는 이 요셉이 '소마', 곧 몸(body)을 달라고 했기에 예수님이 완전히 죽은 것이 아니고, 임사(near death) 지경까지 이르렀다고 한다. 그러나 이런 주장은 빌라도가 예수께 내준 것이 완전히 죽은 시체(프토마)인 것으로 반박될 수 있다.

예수는 죽음 이후에도 그를 믿고 사랑하는 보이지 않는 신실한 믿음의 사람들에 의해 보살핌받았다. 요셉은 시신을 받아 피와 땀으로 얼룩진 예수님의 시신을 깨끗하게 닦고, 향료를 뿌리고 세마포로 몸을 싸는 장례 절차를 다급하게 진행한 후 바위 속에 판 무덤에 안장했다.

"요셉이 세마포를 사서 예수를 내려다가 그것으로 싸서 바위 속에 판 무덤에 넣어 두고 돌을 굴려 무덤 문에 놓으매"(막 15:46).

세마포는 값비싼 천이었다. 그런데 아무리 값비싸도 해가 지고 나면 세마포를 살 수 없다. 그때부터 안식일이 시작되고 상점들은 문을 닫기 때문이다. 그래서 서둘러야 했고, 또 세마포 비용을 지불할 돈도 필요했다. 요셉은 재빠르게 세마포를 사서 예수님의 장례를 준비했다. 시신을 세마포에 싸서 바위 속에 판 무덤에 넣어 두고 돌을 굴려 무덤 문에 놓았다.

당시 무덤은 굴이나 거대한 바위를 수평으로 파서 그 안에 시신을 안장하고, 보통은 직사각형이나 정사각형 돌로 막아두었다. 이런 돌의 무게가 하나에 평균적으로 약 250kg 정도나 됐다. 그렇게 1~2년이 지나 시체가 다 부패하여 유골만 남으면 그것을 따로 모아 함에 두고 그 안의 다른 공간에 안치하곤 했다. 현재까지 예루살렘에 인근에 예수님시대에 생긴 동굴 무덤들이 약 900기 정도 발굴되었는데, 이 중에서 둥근 돌로 막아놓은 무덤은 딱 4개 밖에 없었다. 생각해보라. 사각형의 돌이 귀할까? 이것을 둥글게 깎은 돌이 귀할까? 둥근 돌이 귀하다. 둥근 돌로 굴린 것은 일반적인 무덤과 달리 큰 부자나 존귀한 자들이 마련한 형태의 무덤이었다. 마태복음은 요셉을 아리마대의 '부자 요셉'으로 소개한다(마 27:57). 다른 말로 하면 예수님의 시체를 빠른 시기 안에 안치할 수 있었던 것은 부유했던 요셉이 사전에 소유하고 있었던 가족묘가 있었기 때문이다.

요셉은 예수님의 숨겨졌던 제자로 산헤드린 공회에서 예수님의 십자가 처형을 가결할 때부터 은밀하게 싸우다가 예수께서 돌아가시고 나자 조금은 위험하게 그러나 은밀하게 나서서 예수님의 시신을 안장하고 스승에 대한 은혜와 사랑을 끝까지 표현하였다.

결국 예수님의 마지막은 예수님을 통해 무엇인가 잘 되려고 목표를 삼았던 사람들이 아니라 오직 예수님을 따뜻하게 사랑하고 끝까지 붙들었던 이들에 의해 장례가 치러졌다. 놀라운 것은 이런 이들, 주님을 끝까지 사랑했던 이들이 결국은 자신도 모르는 사이 예수님의 부활을 준비했던 것이다. 우리 믿음은 흔들린다. 소망은 사라진다. 그러나 우리를 위해 십자가 지신 예수님을 끝까지 사랑하기 바란다. 사랑함으로 그를 따라가길 바란다.

[74장 각주]

65) 양민경, "딱딱한 기독교 논증 일상적 언어로 풀어내 세계인의 공감 이끌어", 국민일보, 2020. 5. 29.

75 Chapter 75. Mark 16:1-8

젖어 살지 않으면 완악해진다

[1]안식일이 지나매 막달라 마리아와 야고보의 어머니 마리아와 또 살
로메가 가서 예수께 바르기 위하여 향품을 사다 두었다가 [2]안식 후
첫날 매우 일찍이 해 돋을 때에 그 무덤으로 가며 [3]서로 말하되 누가
우리를 위하여 무덤 문에서 돌을 굴려주리요 하더니 [4]눈을 들어본즉
벌써 돌이 굴려져 있는데 그 돌이 심히 크더라. [5]무덤에 들어가서 흰
옷을 입은 한 청년이 우편에 앉은 것을 보고 놀라매 [6]청년이 이르되
놀라지 말라. 너희가 십자가에 못 박히신 나사렛 예수를 찾는구나.
그가 살아나셨고 여기 계시지 아니하니라. 보라. 그를 두었던 곳이니
라. [7]가서 그의 제자들과 베드로에게 이르기를 예수께서 너희보다 먼
저 갈릴리로 가시나니 전에 너희에게 말씀하신 대로 너희가 거기서

뵈오리라 하라 하는지라. [8]여자들이 몹시 놀라 떨며 나와 무덤에서 도망하고 무서워하여 아무에게 아무 말도 하지 못하더라.

2020년 5월 21일, 중국의 태극권 대가로 꼽히는 마바오궈가 산둥성에서 격투기 애호가인 왕칭민과 대결했다.[66] 태극권 하면 영화로도 많이 알려지고, 양과 음의 조화로운 균형과 부드러움으로 상대방을 제압하는 무술로 알려졌다. 동작도 화려하고 멋있어 보인다. 반면 격투기는 실전에서 통할 동작을 추려 이것으로 상대방에게 타격을 가하는 실전 무술이다. 중국 태극권의 고수인 마바오궈는 중국 무술 10대 고수 중 하나로 선정된 바 있고, 텔레비전에서도 화려한 무술동작으로 많이 알려졌다.

이 화제의 경기에 많은 중국인이 관심을 가졌다. 그도 그럴 것이 마바오궈가 실전 경기 전에 격투기가 어떻게 태극권에 상대가 되지 않는지를 여러 동작으로 해설하는 영상을 찍었기 때문이다. 그러나 실제 벌어진 시합에서 마바오궈는 시합 시작 4초 만에 글러브를 낀 격투기 선수 왕칭민에게 두 차례 안면을 가격당한 뒤 KO 됐다. 마바오궈가 곧바로 다시 일어나서 경기를 재개했지만 그는 또다시 안면을 맞고 쓰러졌다. 또다시 일어나 경기가 재개됐다. 이번에 마바오궈는 발차기 공격을 시도했지만 상대방은 전혀 끄떡도 하지 않았고, 마바오궈는 다시 날아오는 강력한 펀치에 그대로 일자로 쓰러져 일어나지 못했다.

무술은 실전에서 통해야 한다. 영화 〈아저씨〉에는 주인공 원빈의 인상적인 무술 연기 장면이 나온다. 이는 칼리라는 유명한 필리핀 실전 무술이다. 우리에게는 생소한 무술인데, 실전에서 일당백의 무술로 통한다. 이 칼리를 필리핀의 칼리 마스터에게 배운 한국인 사범이 있다. 한 언론에서 이분을 인터뷰했는데, 자기가 공인 레벨3 정도 된다고 한다. 최고 레벨은 5까지 있다. 레벨 3 정도면 어느 정도냐, 모든 공격이 느리게 보이는 수준이라는 것이다. 모든 공격이 느리게 보이는 수준, 어떻게 이런 수준이 될 수 있느냐? 그것은 칼리에 푹 젖어있을 때 도달할 수 있는 수준이다. 이분의 인터뷰 내용을 보니까 머릿속에 오직 칼리 생각만 있었다. 돈 버는 것도 유명해지는 것도 관심 없었다. 머릿속에 오직 하나, '어떻게 하면 더 강한 칼리 고수가 될 수 있을까' 만을 생각했다.

예수님의 제자들도 한때 예수께 푹 젖어 살았었다. 주님만 따라갔다. 그러나 어느 순간 이들의 마음은 거칠어지고 단단해졌다. 왜? 예수님이 십자가에 못 박히신 사건 때문이다. 예수님의 십자가 앞에 제자들은 무섭고 두려워 도망쳤다. 베드로는 예수를 부인하고 저주하기까지 했다. 두려움과 불신은 은혜로 푹 젖어있는 심령을 급속히 메마르게 한다. 제자들의 인생에서 예수님이 빠지자 이들에게 남은 것은 무엇인가? 완악함과 불신앙뿐이었다. 마가복음 16장 14절에는 예수께서 제자들에게 다시 나타나셔서 '그들의 믿음 없는 것과 마음이 완악한 것' 을 꾸짖었다고 말씀한다.

이따금 물에 젖었던 신문지를 말리고 나면 부드러움이 사라지고 뻣뻣해지는 것을 볼 수 있다. 그것은 젖었던 물이 증발하면서 원래 신문이 갖고 있던 수분까지도 다 증발시켰기 때문이다. 떡도 그렇다.

저녁에 먹으려고 떡을 내놓았다가 다음 날 아침이 되면 딱딱하게 굳어진다. 왜 그런가? 대기가 메말랐기 때문이다. 메마르기 시작하면 거칠어지고 단단해진다. 인생도 그렇다. 예수께 푹 젖어 살지 않으면 세상의 염려와 두려움이 엄습해 오고, 그러다 보면 우리도 모르는 사이 심령이 뻣뻣하고 무미건조하고 급기야는 완악해진다. 믿음이 흔들린다. 그래서 신앙생활을 잘하려면 우리는 날마다 예수께 푹 젖어 살아야 한다.

본문에는 끝까지 예수께 젖어 있던 여인들이 등장한다. 이 여인들은 모두가 두렵고 무서워 뿔뿔이 도망갈 때도 끝까지 남아있을 정도로 예수께 젖어 있었고, 예수님을 끝까지 사랑했다.

"안식일이 지나매 막달라 마리아와 야고보의 어머니 마리아와 또 살로메가 가서 예수께 바르기 위하여 향품을 사다 두었다가"(막 16:1).

막달라 마리아, 야고보의 어머니 마리아, 살로메와 같은 여인들은 예수님을 만나고 인생이 변화되었고, 그 이후 예수님의 사역기간 내내 예수님을 따라다녔다. 이 여인들은 십자가 아래까지 따라왔던 여인들이었다(막 15:40).

이 여인들은 예수님이 돌아가셨어도, 이 예수님을 잊을 수 없었다. 그동안 예수께 젖어 살아왔었기에 비록 시체라도 다시 만나보고 싶었다. 예수께서 다시 살아나실 것에 대한 기대는 없었다. 그러나 예수님을 향한 사랑이 이들의 마음 깊은 곳에 진하게 배어있었다. 그래서 이 여인들은 예수님의 시신에 향품을 바를 준비를 하고 죽은 예수님의 시신을 만나러 가려 한다. 예수께 바를 향품을 미리 사 두었다. 아마도 안식일이 끝난 전날 저녁에 사다 두었을 것이다. 보통 유대 사회에서는 안식일이 끝나는 토요일 해질 때 다시 상점을 열었다. 그래서 저녁에 가서 향품을 사두었다가 다음 날 아침 일찍 예수님을 향해 나아간다. 늦게라도 예수께 가서 시신에 향품을 바르겠다고 준비한 것은 이 여인들의 헌신과 예수님을 향한 마음이 상당히 컸음을 알 수 있다. 예수께 깊이 젖어있는 상태인 것이다. 예수님을 사랑하는 마음을 억누를 수 없기에 이 여인들은 안식 후 첫날 이른 아침에 날이 밝아오기 시작하자 곧바로 길을 나선다. 사랑하기에 무작정 무덤으로 출발했지만 무덤에 가면서 큰 걱정이 생겼다.

> "서로 말하되 누가 우리를 위하여 무덤 문에서 돌을 굴려주리요 하더니"(막 16:3).

누가 우리를 위하여 무덤 문에서 돌을 굴려주리요! 무슨 말인가? 죽은 예수님을 만나고 싶은 마음은 간절하지만 자신들의 힘으로 감당할 수 없는 장벽에 가로막힌 것이다. 바로 무덤을 가로막고 있던 돌이다. 돌의 무게가 250~300kg이니까 여러 명의 장정이 달라붙어야 움직일 수 있는 크고 육중한 돌이었다. 여기 "서로 말하되…"는 헬라어 '엘레곤' 으로 미완료시제다. 즉 계속해서 말하고 있었다. 예수님을 만나고 싶은 마음이 간절해서 일단 떠났는데, 가다 보니 점점 걱정 근심이 마음을 사로잡는다. 지금 머릿속에는 예수님을 만나는 것보다 돌 치우는 생각으로 가득 차 있다. 돌 치워야 하는데. 어떻게 치우지? 우리 힘으로 안 될 텐데…. 돌이 너무 큰데…. 돌이 너무 무거운데…. 예수님 시신을 만나러 가는데, 관심은 엉뚱한 방해물인 돌에 가 있었다.

여인들에게는 죽은 예수님을 만나러 갈 때 앞을 가로막은 방해물이 너무나도 커 보였다. 이것은 우리 인생에도 마찬가지다. 우리가 살아계신 예수님이 아니라 죽은 예수님을 만나러 올 때 우리 앞을 가로막은 방해물은 너무 크다. 그냥 옆에서 교회 가자고 해서 억지로 끌려와 앉아서 찾는 예수님은 살아계신 주님이 아니라 죽은 주님이다. 이런 방해물이 있으면 마음이 근심 걱정에 사로잡히게 되고, 이런 방해물을 내 힘으로 치워야 할 것으로 여기기 시작한다. 그러니 걱정 근심이 가득한 것이다. 이때 예수님은 살아계신 주님이 아니라 죽으셨기에 나의 이 곤란한 상황에 개입하거나 어떻게 하실 수가 없다. 그런데 막상 현장에 도착해서는 깜짝 놀랐다. 왜? 누군가가 돌을 옮겨놓았기 때문이다.

> "눈을 들어본즉 벌써 돌이 굴려져 있는데 그 돌이 심히 크더라"(막 16:4).

이 여인들은 사랑하고 사모하는 마음으로 예수님의 시신을 다시 만날 수 있으려니 생각했다. 그리고 무덤으로 달려갔는데, 막상 무덤에서 마주한 것은 죽은 예수님의 시신이 아니라 죽은 예수님이 없는 부재의 현장이었다. 죽은 예수님께 젖어 있다가 죽은 예수님을 만나러 간 현장에 죽은 예수님은 없었다. 믿음이 약해지고, 소망이 사라져도 끝까지 사랑을 붙들고 예수님께 나아가면 사망과 어둠이 물러간다. 예수님을 사랑했던 여인들이 그곳에서 발견한 것은 부활을 증거하는 천사였다. 무덤에 들어가니까 흰옷을 입은 한 천사가 있었다. 이것을 보고 이 여인들은 더더욱 놀랐다. 여기 놀랐다는 것은 너무 크게 놀라 제정신이 아니었을 정도로 놀랐다는 의미다. 그러자 천사가 말한다.

> "청년이 이르되 놀라지 말라. 너희가 십자가에 못 박히신 나사렛 예수를 찾는구나. 그가 살아나셨고 여기 계시지 아니하니라. 보라. 그를 두었던 곳이니라"(막 16:6).

"그가 살아나셨고 여기 계시지 아니하니라. 보라. 그를 두었던 곳이니라." 살아나셨고…. 정확하게 하면 살아남을 당하셨고…. 신적 수동태다. 하나님이 역사하시지만 그 역사의 주체가 숨겨져 있어서 잘 드러나지 않는 표현이다. 정확하게 하면 하나님이 이 예수님을 살려주셨고 하는 말씀이다. 이런 하나님의 놀라운 역사는 사실 여인들이 무덤에 들어오면서부터 일어났다.

바로 돌이 굴려 있었던 사건이다. 여기 굴려져 있었다는 것은 수동형으로 신적수동태의 표현이다. 누군지 모르는데 사람의 힘으로 불가능한 심히 큰 돌을 옮겨놓았다는 것이다. 돌은 죽은 예수님을 만날 때 이 여인들을 가로막았던 가장 큰 장애물이었다. 또 죽음 역시 부활하신 예수님을 만나는 데 정말 커다란 장애물이었다. 예수님께 젖어있기를 기대했던 여인들이 무덤 안에서 발견한 것은 예수님의 시신이 아니라 예수님의 부재였다. 이것이 이 여인들에게는 엄청난 충격이었다. 8절에 보면 여인들이 몹시 놀라 떨며 나와 무덤에서 도망하고 무서워했다고 말씀한다.

이 여인들에게는 예수님을 믿고 사랑하는 마음이 있었지만 이들이 만나리라 기대했던 예수님은 죽은 예수님이었다. 이들에게는 살아계신 주님보다는 죽은 주님, 죽은 그리스도를 받아들이기가 더 쉬웠다. 우리가 죽은 주님을 기억하고 사모하면 우리는 교회에 그분을 기념하고 추모하러 왔다 가게 된다. 시신에 향품을 바르러 왔다간다.

그러나 우리의 신앙생활은 죽은 그리스도, 고인이 된 예수에 젖어 사는 것이 아니라 지금 여기에 살아계신 그리스도에게 젖어 사는 것이다. 살아계신 그리스도의 임재 안에 날마다 푹 잠기어 사는 것이다. 그렇지 않으면 날마다 교회에 나가도 하나님의 역사를 경험할 수 없다. 우리가 매주 교회에 나가도 죽은 그리스도를 만날 생각으로 교회에 나가는 한 우리는 그런 주님을 결코 만날 수 없다. 오히려 예수님의 부재만을 확인하고 갈 것이다. 예수님의 이름으로 기도하고 찬양도 하지만 그 주님은 여기 계시지 않는 주님이다. 관념 어디에선가 '그저 좋은 분 가르침을 잘 배워야지…' 하는 정도로만 머물러 있다. 이 정도로는 교회에 나와도 결코 주님을 만날 수 없다. 부재만 확인할 뿐이다. 그렇다면 주님의 임재를 어디서 확인할 수 있는가?

> "가서 그의 제자들과 베드로에게 이르기를 예수께서 너희보다 먼저 갈릴리로 가시나니 전에 너희에게 말씀하신 대로 너희가 거기

서 뵈오리라 하라 하는지라"(막 16:7).

지금 예수님은 무덤에 계시지 않고 제자들 앞서 갈릴리로 가고 계셨다. 갈릴리로 '가시나니' 현재형표현으로 지금 가고 계시는 중이다. 갈릴리가 어디인가? 갈릴리는 제자들이 물고기를 잡고 있던 생활 터전이었다. 이들의 고향이었다. 그리고 예수님과 함께 첫 사역을 했던, 날마다 생활이 이루어지던 장소였다. 예수님은 무덤에 죽어 계시는 것이 아니라 우리가 날마다 감당해야 할 우리의 일상으로 먼저 가셔서 우리를 초대하고 기다리신다. 7절 말씀에 보면 너희보다 먼저 갈릴리로 가셨다고 한다. 먼저 가셨다는 표현 '프로아고'라는 표현은 예수님이 수난의 길을 가시기 전에도 사용된다. 10장 32절에 보면 예루살렘으로 예수님이 수난을 받으러 가실 때 제자들 '앞에서서 가시는데' 이것을 본 제자들이 놀라고 두려워 한다는 말씀이 나온다. 여기서 앞서가신다는 표현이 바로 '프로아고'다.

예수님은 고난의 십자가의 길에서 제자들보다 앞서가셨고, 또 날마다 일상의 현장 가운데서도 제자들보다 앞서가셨다. 예수님이 앞서가신 이유가 무엇인가? 그것은 우리로 앞서가신 예수님을 따라오도록 하기 위해서다. 앞서가시는 예수님을 따라가는 것, 이것을 바로 제자도라고 한다. 제자도는 끊임없이 예수님을 따라가는 길이다. 고난과 십자가도 먼저 당하신 예수님을 따라가고, 또 부활하셔서 갈릴리의 일상으로 먼저 가서 기다리고 계신 주님을 따라가는 것이다. 우리가 예수님을 따라가는 것은 항상 계속되어야 한다. 결코 고난의 십자가에만 머물러도 안 되고, 무덤 안에만 머물러도 안 된다. 우리는 앞서가시는 주님을 끊임없이 따라가야 한다. 따라가기 위해서 요구되는 것이 무엇인가? 바로 신뢰와 순종이다.

우리 자녀들에게 가장 먼저 전수해야 할 것은 사교육이 아니라 신앙의 계승이다. 살아계신 그리스도께 젖어 사는 신앙을 전수하지 않으면 사사기의 암흑시대와 같은 영적 어두움이 서서히 가정 가운데 임하게 된다. 주일을 지켜도 그만, 안 지켜도 그만이라고 생각하기 시작하면 그때부터 신앙생활은 말라가기 시작한다. 이때부터는 교회에 오는 것이 마치 빈 무덤에 예수님 시체만 보러 오는 것같이 된다.

예수님은 안식 후 첫날 주일부터 시작해서 우리의 모든 날이 주님의 손에 붙들려, 주님의 은혜에 젖어 새롭게 시작되기를 기대하셨다. 우리가 연약하고 부족해도 이런 우리로 다시 새롭게 하시고 은혜를 부어주시려고 이른 주일 아침부터 먼저 가서 기다리고 계셨다. 그래서 여인들에게 너희보다 먼저 갈릴리로 가서 기다리겠다고 말씀하셨다.

예수님은 갈릴리로 제자들을 오라고 하시며, 특별히 베드로를 언급하신다. 왜 그러셨을까? 이는 베드로가 낙망하고 실망해서 가장 많이 쓰러져 있었기 때문이다. 그만큼 예수님을 많이 실망시킨 제자였다. 그러나 예수님은 여전히 베드로를 사랑하셨고, 베드로에 젖어 계셨다. 다시 믿음으로 일어나 남은 생애를 오직 그리스도만을 위해 살아갈 베드로를 기대하시며, 그 베드로를 다시 만나고 회복시키길 기대하고 계셨던 것이다.

베드로는 예수님께 젖어 있지 못하고 도망가 완악해져 있었지만 예수님은 이 베드로를 찾아가셔서 주님의 은혜와 사랑으로 다시 베드로를 녹이시며 날마다 일어나는 삶의 현장에서 예수님의 사랑과 은혜로 적시기를 원하셨던 것이다. 베드로는 메말랐지만 주님은 다시 적시길 원하셨다.

우리 예수님, 십자가에 죽으시고 부활하셨어도 베드로를 잊지 않으셨다. 그리고 우리도 잊지 않으신다. 주님은 우리보다 앞서 삶의 현장 가운데 가셔서 우리가 다시 예수님에게 푹 젖어 그분의 인도를 받길 원하신다. 우리 인생을 새롭게 시작하시는 예수님의 손길을 경험하기 원하신다.

지금 나에게 예수님은 어떤 예수님인가? 무덤 속의 예수님인가? 그저 내 관념 속에만 계신 예수님인가? 아니면 내 삶의 현장에서 팔팔하게 살아계신 예수님인가? 그분께 나는 얼마나 젖어 있는가? 아니면 메말라 뻣뻣하게 굳어있는가? 만약 굳어있다면 나에게 주일은 선택사항일 것이다. 아무 때나 일 있으면 빠지고 놀고 즐기고. 그러나 젖어 있다면 나에게 주일은 기다려지는 날이고, 예수님의 새 창조가 시작되는 놀라운 기적의 날인 것이다. 기억하라. 살아계신 주님께 젖어 살지 않으면 완악해진다. 날마다 주님께 푹 젖어 있어야 한다. 이 주님께 날마다 푹 젖어 살아가길 주님의 이름으로 축원한다. 아멘.

[75장 각주]

66) 유상철, "30초 동안 3번 다운, 결국 혼절했다… 중 전통무술 대사의 수모", 중앙일보, 2020. 5. 20.

76 Chapter 76. Mark 16:9-20

부르심에 집중하라

[9]예수께서 안식 후 첫날 이른 아침에 살아나신 후 전에 일곱 귀신을 쫓
아내어주신 막달라 마리아에게 먼저 보이시니 [10]마리아가 가서 예수
와 함께하던 사람들이 슬퍼하며 울고 있는 중에 이 일을 알리매 [11]그들
은 예수께서 살아나셨다는 것과 마리아에게 보이셨다는 것을 듣고도
믿지 아니하니라. [12]그 후에 그들 중 두 사람이 걸어서 시골로 갈 때에
예수께서 다른 모양으로 그들에게 나타나시니 [13]두 사람이 가서 남은
제자들에게 알리었으되 역시 믿지 아니하니라. [14]그 후에 열한 제자
가 음식 먹을 때에 예수께서 그들에게 나타나사 그들의 믿음 없는 것
과 마음이 완악한 것을 꾸짖으시니 이는 자기가 살아난 것을 본 자들
의 말을 믿지 아니함일러라. [15]또 이르시되 너희는 온 천하에 다니며

만민에게 복음을 전파하라. [16]믿고 세례를 받는 사람은 구원을 얻을 것이요. 믿지 않는 사람은 정죄를 받으리라. [17]믿는 자들에게는 이런 표적이 따르리니 곧 그들이 내 이름으로 귀신을 쫓아내며 새 방언을 말하며 [18]뱀을 집어올리며 무슨 독을 마실지라도 해를 받지 아니하며 병든 사람에게 손을 얹은즉 나으리라 하시더라. [19]주 예수께서 말씀을 마치신 후에 하늘로 올려지사 하나님 우편에 앉으시니라. [20]제자들이 나가 두루 전파할새 주께서 함께 역사하사 그 따르는 표적으로 말씀을 확실히 증언하시니라.

코로나 19의 영향으로 요즘 취업을 앞둔 청년들의 고민과 불안감이 커지고 있다. 예전에는 취업하기 위해서는 취업 3종 세트가 준비되어야 한다고 했다. 여기서 3종 세트는 학교, 학점, 토익점수였다. 이제는 여기에 어학연수, 자격증, 봉사활동, 인턴, 수상 경력 등 취업 8종 세트를 기본으로 준비해야 한다. 게다가 코로나 19로 인한 비대면시대에 기업이 요구하는 걸맞은 인재로 준비되려면 이와 관련된 IT자격증까지 취득해야 한다. 그래서 요즘 젊은이들을 호모 스펙타쿠스라고 한다. 스펙을 갖추는 인간이란 뜻이다. 그러나 직장을 얻는 것이 만만치 않다. 이런 불안감이 가중되며 오늘날 현대인이 가장 많이 검색하는 심리 용어 1위가 자존감이다. 상황이 점점 어려워지니 자존감이 바닥으로 떨어지고 있다. 요즘 자존감이 떨어지는 10대나 20대 젊은이 중 낮은 자존감으로 힘들어하는 이들이 늘어나고 있다.

그렇다면 우리 자존감을 갉아먹는 것은 무엇일까? 크게 두 가지다. 하나는 과거이고 다른 하나는 타인이다. 사람은 누구나 아프고 부끄러운 과거가 있다. 이것이 건강한 측면에서 작용해 현재 안주하고 있는 안전지대를 벗어나게 하는 용기 있는 추진력으로 작용하기도 한다. 하지만 많은 경우 과거는 현재의 발목을 잡는 족쇄 같은 역할을 한다. 과거의 부정적인 기억에 사로잡혀 앞으로 나아가지 못하고 꼼짝 못 한다. 이런 상태에서 주변의 시선과 비난은 더더욱 앞으로 못 나가게 하는 걸림돌이 된다.

우리 주변에 훌륭한 일을 성취한 사람들의 일생을 보면 원래부터 훌륭한 사람들은 아니다. 이들에게도 과거의 부끄럽고 부정적인 경험이 꽤 많다. 단 다른 점이 하나 있는데, 이들은 부끄러운 과거를 툭툭 털어버리고 지금 자신에게 주어진 일에 최선을 다해 집중한다. 과거는 과거로 넘겨 버리고 현재에 집중한 것이다.

본문에는 초대교회의 초석이 되는 유명한 사도들과 여인의 이야기가 등장한다. 이들은 예수 그리스도를 위해 자신의 생명까지 아낌없이 내드린 훌륭한 제자였고, 2천 년 교회 역사에 존경받는 믿음의 선조들이고 부활의 증인들이었다. 하지만 이들에게도 부끄러웠던 과거가 있었다. 그것은 가장 위대한 부활의 증인이었던 이들이 한때 부활을 믿지 않았던 것이다. 본문 11절을 보자.

> "그들은 예수께서 살아나셨다는 것과 마리아에게 보이셨다는 것을 듣고도 믿지 아니하니라."

14절에는 급기야 예수님께서 믿지 않던 제자들에게 직접 나타나신다.

"그 후에 열한 제자가 음식 먹을 때에 예수께서 그들에게 나타나사 그들의 믿음 없는 것과 마음이 완악한 것을 꾸짖으시니 이는 자기가 살아난 것을 본 자들의 말을 믿지 아니함일러라."

예수님은 부활의 증인들이 증거한 소식을 믿지 않던 제자들의 믿음 없는 것, 그리고 마음이 완악한 것을 꾸짖으셨다. 그렇게 예수님이 나타나셨다고 증거를 전해도 이들은 믿지 않았다. 만약 제자들이 이런 식으로 과거에 사로잡혀 있었다면 복음을 위한 담대한 증인이 되지 못했을 것이다.

그렇다면 여기서 생각해볼 문제가 있다. 부활이 이렇게 믿어지기 어려운 사건이었다면 예수님의 제자들에게 최초로 부활을 증거했던 이들은 도대체 어떻게 예수님의 부활을 믿게 되었던 것일까? 이들의 믿음이 제자들보다 좋아서 예수님의 부활을 믿게 되었을까?

오늘 본문의 이야기들은 부활의 최초 증인들의 상황을 상당히 함축적으로 표현하고 있다. 하지만 다른 복음서를 살펴보면 그 이야기가 좀 더 자세히 나와 있다.

먼저 본문 9~10절에 나오는 막달라 마리아가 부활의 첫 증인이 된 사건이다. 사실 마리아는 앞서 8절에서 함께 갔던 다른 여인들처럼 빈 무덤과 천사를 보고 충격 받아 공포에 떨고 있었다. 그런데 어떻게 막달라 마리아는 부활의 첫 증인이 될 수 있었을까? 이 사연을 알려면 요한복음 20장 11절을 살펴볼 필요가 있다. 여기 보면 다른 이들은 다 돌아가고 마리아 홀로 남아 무덤 밖에 서서 울고 있었다.

> "마리아는 무덤 밖에 서서 울고 있더니 울면서 구부려 무덤 안을 들여다보니."

마리아는 끝까지 남았다. 할 일이 있어서 남은 것이 아니다. 빈 무덤을 보고 돌아가신 예수님조차 볼 수 없다는 실망감에 마음이 무너졌다. 도저히 움직일 수 있는 힘이 없었다. 그저 그녀가 할 수 있는 것은 주저앉아 꺼이꺼이 슬프게 탄식하며 우는 일뿐이었다. 마리아가 하염없이 우니까 누군가가 마리아에게 물었다. 어찌하여 우느냐. 마리아는 이 사람을 무덤을 지키는 동산지기로 착각하고 있었다. 마리아는 이 물음에 대해 13절 중반에 이렇게 대답한다. "사람들이 내 주님을 옮겨다가 어디 두었는지 내가 알지 못함이니이다." 누군가가 내 주님의 시신을 치웠는데 어디로 갔는지 몰라 안타깝고 슬퍼 운다는 것이다. 그런데 어느 순간 부활하신 예수께서 이미 막달라 마리아 곁에 와 계셨다.

> "이 말을 하고 뒤로 돌이켜 예수께서 서 계신 것을 보았으나 예수이신 줄은 알지 못하더라"(요 20:14).

마리아는 부활하신 예수님을 자기 힘으로, 자기 능력으로 만나지 못했다. 예수님이 부활하셨다는 믿음도 없었다. 다시 사실 것이라는 소망도 없었다. 마리아는 그저 예수님을 사랑하는 마음으로 하염없이 울며 동산에 홀로 남아 있었다. 본문 9절은 그런 마리아를 '전에 일곱 귀신을 쫓아내어주신 막달라 마리아'로 소개한다. 그녀는 예전에 귀신 들린 여인이었다. 날마다 귀신의 공격으로 생사의 기로에 서 있었다. 그런데 어느 날 예수님이 찾아오셔서 고통받고 있던 그녀를 고쳐주셨다. 마리아에게 예수님은 생명의 은인, 생명의 주님이었다. 다른 말로 하면 그녀는 큰 은혜를 입은 여인이었다. 나 같은 죄인 살리신 주 은혜 놀라와! 먼저 다가오셔서 귀신을 내쫓아주신 예수님의 크신 은혜로 막달라 마리아는 완전히 회복할 수 있었다. 큰 은혜를 입었기에, 큰 사랑을 입었기에, 무덤에 예수님의 시신이 사라지자 모두가 무서워 도망갔어도 끝까지 남아 하염없이 울며 통곡할 수 있었다.

이런 마리아의 통곡 소리를 들으시고 불쌍히 여기셔서 예수님은 부활하신 후 가장 먼저 마리아에게 찾아오셨다. 원래는 갈릴리에 먼저 가시려고 했다가 마리아의 울음소리를 들으시고 그녀에게 오셔서 그녀의 이름을 부르셨다. "마리아야!" 이 소리에 정신없이 울던 마리아는 정신을 차리고 곁에 섰던 이를 보았다. 그러자 비로소 자기 곁에 섰던 이가 동산지기가 아니라 부활하신 예수님임을 알아보게 되었다. 먼저 불러주셔서 그 부르심에 정신을 차리고 보았더니 부활하신 예수님을 발견하게 된 것이다. 갈릴리로 먼저 가겠다고 하신 주님이 마리아를 먼저 찾아와 만나주셨다. 이 마리아가 예수님을 만나자 얼마나 가슴 뛰고 기뻤겠는가? 마리아가 부활의 첫 증인이 된 것은 전적인 은혜였다. 주님을 많이 사랑할 수 있어야 한다.

사랑하면 눈물이 많아진다. 사랑하면 끝까지 함께한다. 그리고 사랑하면 은혜를 입은 자가 된다. 마리아가 부활의 첫 증인이 된 것은 결코 자기 힘과 지혜가 아니다. 주님을 사랑하는 마음을 주님이 아시고 긍휼을 베푸셨기 때문이다. 하지만 마리아가 이 감격을 갖고 예수님의 부활을 증거했을 때 제자들은 믿지 않았다. 막달라 마리아가 왜 저러나 싶었다.

이어지는 본문 12~13절에는 두 사람이 걸어서 시골로 가다가 예수님을 만난 이야기가 나온다. 본문 12절에 보면 예수님이 다른 모양으로 그들에게 나타나셨다고 한다. 이는 예수님의 부활하신 모습이다. 이 이야기는 누가복음 24장 13절에 자세히 나온다. 한번 찾아보자. 13절을 보면 예수님이 십자가에 못 박혀 죽으시고 나서 두 제자가 엠마오로 가면서 예수님의 죽으심을 안타까워하며 이야기를 나누고 있었다. 이때 예수님이 이들과 함께 가시면서 이야기를 나누셨다. 이들은 눈이 가리어져 예수님인 줄 알아보지 못했다. 예수님은 이들과 함께 가시며 성경을 풀어서 설명하시며 십자가에 달려 돌아가신 그리스도가 다시 살아날 것을 말씀해주셨다. 이 말씀을 듣던 제자들은 가슴이 뜨거워지고 더 말씀을 듣고 싶어 숙소에 함께 머무실 것을 초대했다. 그리고 저녁에 함께 음식을 나눌 때 예수님이 떡을 떼시자 이들의 눈이 밝아져 부활하신 예수님을 알아보게 되었다. 이 놀라운 광경에 충격을 받는 순간 예수님이 사라지셨다. 이에 제자들은 우리가 이러고 있을 것이 아니다 하고 다시 발걸음을 예루살렘으로 돌려 예수님의 제자들이 머물던 곳으로 가서 부활하신 예수님을 증거하였다.

이렇게 보면 엠마오의 두 제자도 자기 힘과 지혜로 예수님을 발견하지 못했다. 예수님이 먼저 나타나주시고 말씀을 통해 깨닫게 하시고 성찬을 나누시자 비로소 주님의 은혜로 눈이 밝아지고 부활하신 예수님을 발견한 것이다. 두 제자는 너무나도 가슴이 벅차 예수님의 남은 제자들에게 부활의 소식을 증거하였다. 그러나 제자들은 역시 믿지 않았다. 반응이 없었다.

그러자 이번에는 예수님이 직접 나타나셔서 이들을 꾸짖으셨다. 마가복음 16장 14절 후반절에 따르면 이들이 예수님이 살아난 것을 본 증인들의 말을 믿지 않았기에 예수님은 이들의 완악함과 불신앙을 꾸짖으셨다. 우리 같으면 "야, 십자가 질 때도 배신하고 도망가더니 이번에도 믿지 않느냐? 내가 다시 살아난다고 전에 몇 번이나 말했는데도 그래?" 하고 좀 더 집요하게 제자들의 잘못을 추궁했을지 모른다. 그러나 부활하신 예수님은 제자들의 과거 실수에 집중하지 않는다. 자신의 부활을 분명하게 제자들에게 증거하신 후, 곧바로 이들이 감당해야 할 사명에 집중하신다. 더는 과거에 머물지 않으신 것이다. 부활을 확신했으면 이제 뒤에 있는 것은 잊어버리고 앞으로 펼쳐질 부르심이 중요하다.

> "또 이르시되 너희는 온 천하에 다니며 만민에게 복음을 전파하라"(막 16:15).

이제 우리 사명, 곧 온 천하에 다니며 만민에게 복음을 증거하는 일에 초점을 집중하신다.

> "믿고 세례를 받는 사람은 구원을 얻을 것이요 믿지 않는 사람은

정죄를 받으리라"(막 16: 16).

여기 세례를 받는다는 것은 자기 믿음을 여러 사람 앞에서 공적으로 드러내는 것을 의미한다. 믿는다면 실제 예수님을 고백하는 세례의 행위로 이어져야 한다는 것이다. 예수님은 이렇게 믿음을 고백하고 복음을 믿는 자들에게 놀라운 표적이 함께 할 것이라고 약속하신다.

"믿는 자들에게는 이런 표적이 따르리니 곧 그들이 내 이름으로 귀신을 쫓아내며 새 방언을 말하며 뱀을 집어올리며 무슨 독을 마실지라도 해를 받지 아니하며 병든 사람에게 손을 얹은즉 나으리라 하시더라"(막 16:17-18).

이런 역사는 사도행전에 자세하게 기록되어 있다. 사도들이 가는 걸음 가운데 예수님의 이름으로 귀신이 쫓겨나고, 방언이 터지고, 독사에 물려도 해를 입지 않고, 병자들이 치유되는 역사가 일어난 것이다. 그리고 복음이 힘 있게 증거되었다.

그렇다면 이들이 가서 복음을 전파할 때 사람들이 순순히 받아들였을까? 의심하고 거부했을까? 대부분 처음부터 덜컥 믿는 사람은 없다. 제자들은 자신들이 이전에 예수님을 거부하고 믿지 않았던 것처럼 그렇게 거부하는 사람들을 앞으로 숱하게 만나며 반대와 비아냥거림에 직면했다. 하지만 복음은 이런 반대를 뚫고 증인들의 입술을 통해서만 증거된다. 복음은 이미 전에 나의 불신앙과 완악함을 뚫고 나에게 증거된 바 있다. 내가 산 증인이다. 전에 교회 성도들에게 어떻게 예수님을 믿게 되었나 물어보았다. 들어보니 다들 주변에서 증거해서 믿게 됐다. "교회 나가봐." "예수 믿어." "너에겐 예수님이 필요해." 주변에서 수없이 말했는데, 필요 없다. 너나 잘 믿어라. 냉담했다. 그러다 자꾸 권면받다 보니 마음이 움직여 나온 경우가 많다.

보통 교회에 나오기 전에 7명 정도의 권면이 있었다고 한다. 7번 정도 말하는 것을 듣다 보면 움직인다는 것이다. 어떤 분이 "야, 우리 동네에 정말 맛있는 음식점 생겼어. 가서 먹어보자"고 이야기한다. 그런데 다음 날 전화해서 또 가자고 한다. 모레도 전화하고 저녁에 또 하고 다음 날 문자하고 그렇게 계속해서 한 7번 정도 권면하다 보면 그 안에 다 간다.

증인은 예수님이 부활하셨음을 지치지 않고 계속해서 증거하는 자들이다. 주변에서 믿지 않고 비아냥거려도 지치지 않고 실망하지 않고 끊임없이 권면하는 힘과 믿음이 필요하다. 어떤 분은 어릴 때부터 20년 넘게 친구들이 끈질기게 권면했는데, 안 믿고 버티고 버티다가 군대 갔다. 그리고 군대 가서 믿은 분도 있었다. 전에 친구들이 권면할 때 이분이 어떻게 반응했을까? "쓸데없는 소리 하지 말라"고 했다. 불신자의 입장에서 봤을 때 복음은 쓸데없는 소리다. 그런데 복음을 믿고 새 생명을 얻은 지금 돌아보니 이 복음은 쓸모없는 소리가 아니라 내 생애 이것을 위하여 살아야 할 가장 기쁘고 소중한 소식이 되었다. 복음을 증거하면 예수님이 17~18절에 약속하신 것처럼 복음이 살아서 꿈틀거리는 것을 경험한다. 살아계신 주님을 체험하기 시작한다.

그러나 우리는 이런 귀한 복음을 갖고도 사람들의 냉담한 반응이 두려워 가지 않으려고 한다. 성도들에게 물어보면 많은 분이 복음을 처음 전했을 때 냉담하게 반응했다고 한다. 그리고 복음을 전하는 그 사람이 한심해보이고 피하고 싶었다고 한다. 그러나 복음의 참된 가치를 깨닫게 된 지금, 이 복음을 몰랐으면 어쩔 뻔했냐고 아찔하다고 고백한다. 우리가 이미 수없이 거절했던 사람이다. 그러나 복음을 깨닫고 믿었을 때 우리 인생이 변화됨을 경험했다. 그랬기에 우리는 더욱더 힘써 복음의 증인이 되어야 한다. 분명한 사실은 증인이 되지 않으면 아무리 예수님께, 교회로 나오고 싶어도 믿을 수 없다는 사실이다.

어떤 분들은 자기가 사는 가까운 곳에 교회가 있었는데, 마음으로는 교회에 꼭 가보고 싶었다고 한다. 그런데 교회 가기까지 6년, 8년, 10년 이상 걸린 분도 있었는데, 그 이유가 무엇인가 물어보았더니 누구도 자신에게 먼저 다가와 교회 가자고, 예수님 믿자고 말했던 사람이 없었기 때문이란다.

전에 교회에 전화가 한 통 왔었다. 지금 죽을 것 같으니 한번 와 달라는 것이다. 어디냐고 했더니 교회에서 한 100m 떨어진 곳이었다. 그래서 거기에 갔더니 셔터문이 반만 열린 상가건물이었다. 한 중년 남성이 술 냄새를 풍기며 앉아 있었다. 그리고 컴퓨터를 틀어놓았는데, 극동방송이 나오고 있었다. 사연을 들었더니, 채무와 여러 가지 어려움으로 자살하고 싶다는 것이다. 그래서 아니, 어떻게 교회 전화번호를 알고 전화했냐고 했더니 전에 일하러 다니면서 '언젠가 저 교회 가야지, 저 교회 나가야지, 기도하러 가야하는데…' 이런 생각을 하다가 결국 용기 내지 못하고 주저앉은 것이다. 그러는 동안 극동방송을 들으면서 믿음을 가져보려고 버티고 위안을 얻고 있었는데, 이제 이것도 바닥이 나서 더는 살고 싶지 않다는 것이다. 그래서 여러 가지 말로 위안하고 간절히 기도해주고, 영접기도를 하고 교회로 초대한 적이 있다.

깜짝 놀랐다. 교회 주변에서 교회에 나오지 않는 분은 아마도 교회에 관심이 없나보다 생각했었다. 교회 가까이에서 용기가 없어 나오지 못하는 분이 있는 줄은 미처 몰랐다. 사실 그동안 우리 중 누구도 관심을 갖고 주변 지역에 다가가 복음을 전하지도 않고, 교회로 초대하지도 않았다. 무슨 말인가? 이제 우리는 좀 더 예민하게 누군가에게 증인이 되는 연습을 해야 한다.

과거가 어땠던지 이제 우리는 복음을 증거하며 살아야 한다. 우리에게 있는 가장 중요한 부르심이 복음의 증인으로 살아가라는 부르심이다. 여기에 생명이 살아나는 역사가 있다. 하지만 이런 역사에는 항상 저항이 있다. 반대가 있다. 불편함이 있다. 그러나 이럴 때 필요한 것은 주님의 은혜지 포기가 아니다. 생명은 저항하면서 성장한다.

> "주 예수께서 말씀을 마치신 후에 (전도와 증언의 사명을 맡기신 후) 하늘로 올려지사 하나님 우편에 앉으시니라"(막 16:19).

주님은 우리에게 사명을 맡기시고 하늘로 가셨다. 그러나 가고 끝난 것이 아니다.

"제자들이 나가 두루 전파할새 주께서 함께 역사하사 그 따르는 표적으로 말씀을 확실히 증언하시니라"(막 16:20).

주님은 제자들 가운데 함께하시며 역사하시는데, 어디서 역사하시느냐, 바로 증언의 현장, 복음 증거의 현장에서 함께 역사하신다. 다른 말로 하면 주님의 역사를 가장 짜릿하게 경험하고 싶으면 복음 증거의 현장으로 나아가야 한다. 이것이 지금 성도가 감당해야 할 가장 중요한 사명이다. 따라서 우리는 이런 역사가 우리에게 일어날 수 있도록 기도해야 한다.

어느 조그만 도시에 교회 하나가 있었다. 교회 사명을 제대로 감당하지 못하는 상태에 있었다. 그러던 중에 그 교회의 몇몇 성도들이 모여서 기도팀을 만들어 기도를 시작했다. 그것은 그 마을에서 딱 한 사람을 놓고 계속해서 기도하는 것이었다. 맨 처음에 그 마을에서 가장 예수 믿기 어려울 것 같은 사람을 놓고 기도했는데, 일주일 만에 그 사람이 교회에 나왔다. 그러고 나자 기도팀은 다른 사람을 정해서 또 계속 기도했다. 그렇게 그 교회에는 기도한 사람들이 하나둘씩 나와 식구들이 불어나기 시작했다. 일 년이 지나자 그 기도의 결과로 200여 명이 교회에 나오게 되었다. 그리고 이 기도모임은 소문이 나서 주변의 다른 교회들로 번져나갔다. 이것이 기도의 능력이다.

전도해야 하는데…. 마음만 굴뚝같고 다가가지 못하는, 차마 말을 꺼내지 못하는 영혼이 있는가? 이제는 기도를 시작해야 한다. 주님께서 그들의 마음을 열어주시고, 귀와 눈을 열어주셔서 복음을 깨닫고 믿고 주님 앞에 나오도록 기도해야 한다. 그리고 때를 얻든지 못 얻든지 부지런히 복음을 증거해야 한다. 이 사명은 주님이 이 땅을 떠나시며 남기신 제일 중요한 마지막 부탁이다. 그래서 이것을 지상명령, 이 땅에서 가장 위에 있는 부르심이라고 한다. 이제부터 우리 관심은 복음의 증거에 가 있어야 한다.

이제는 현재 부르심에 집중해야 한다. 안타까운 과거, 부끄러운 과거는 뒤로 흘려보내라. 이제는 복음을 위해 열심히 달려가는 성도 되길 주님의 이름으로 축원한다. 아멘.

| 참고 문헌 |

▶ 성경

- 개역개정
- 개역한글 독일성서공회판
- 표준새번역
- 새번역
- 메시지
- 공동번역
- BHS. Biblia Hebraica Stuttgartensia
- ESV. English Standard Version
- NA^{27}. E. Nestle, B. Aland, et at. Novum Testamentum Graece, 27th ed.
- NIV. New International Version
- NRSV. Ner Revised Standard Version.

▶ 주석류 및 사전

- 박수암, 「마가복음」 대한기독교서회 창립100주년 기념주석 32, 서울: 대한기독교서회, 1999.
- 그닐카, J. 번역실 역, 「마르코복음 I」 국제성서주석, 30-1, 천안: 한국신학연구소, 1985.
- ________________, 「마르코복음 II」 국제성서주석, 30-2, 천안: 한국신학연구소, 1986.
- 로버트 귤리히, 김철 역, 「마가복음 1-8:26」 WBC 34상, 서울: 솔로몬, 2001.
- 로버트 스타인, 배용덕 역, 「마가복음」 BECNT, 서울: 부흥과개혁사, 2014.
- 브루스 B. 바톤 외, 박대영 역, 「마가복음」 LAB 주석 시리즈, 서울: 성서유니온, 2009.
- 조엘 마커스, 류호영 외 역, 「앵커바이블 마가복음 I(1-8장)」, 서울: CLC, 2016.

- 조엘 마커스, 장성민 역, 「앵커바이블 마가복음 II(9-16장)」, 서울: CLC, 2016.
- 톰 라이트, 양혜원 역, 「모든 사람을 위한 마가복음」, 서울: IVP, 2011.
- 크레이그 A. 에반스, 김철 역, 「마가복음 8:27-16:20」 WBC 34하, 서울: 솔로몬, 2002.
- Barclay, William. *The Gospel of Mark*. Revised Ed. The Daily Study Bible Series. Philadelphia: Westminster Press, 1975.
- Collins, Adela Yarbro. *Mark A Commentary*. Hermeneia Series. Minneapolis. MN: Fortress Press, 2007.
- This verse expresses the second announcement of the young man,
- Collins, A. Y., & Attridge, H. W. Mark: A Commentary on the Gospel of Mark. Minneapolis, MN: Fortress Press, 2007.
- France, R.T. *The Gospel of Mark*. NIGTC. Grand Rapids: Eerdmans, 2002.
- Lane, Willi. *The Gospel of Mark*. NICNT. Grand Rapids: Eerdmans, 1974.
- Witherington III, Ben. *The Gospel of Mark: A Socio-Rhetorical Commentary*. Grand Rapids: Eerdmans, 2001.
- TDNT. *Theological Dictionary of the New Testament*.

▶ 단행본 및 논문

- 박수암, 「신약연구개론」, 서울: 장로회신학대학교 출판부, 1998.
- 양형주, 「바이블 백신 1」, 서울: 홍성사, 2019.
- ______, 「바이블 백신 2」, 서울: 홍성사, 2019.
- ______, 「신천지 백신 2」, 서울: 두란노, 2020.
- 차정식 외, 「신약성서개론」, 서울: 대한기독교서회, 2002.
- 라인홀드 니버, 남정우 역, 「도덕적 인간과 비도덕적 사회」, 서울: 대한기독교서회, 2005.
- 랄프 마르틴, 이상원 역, 「마가신학」 복음서연구시리즈 2, 서울: 엠마오, 1972.
- 리처드 헤이스, 유승원 역, 「신약의 윤리적 비전」, 서울: IVP, 2002.
- 베르너 H. 켈버, 「마가의 예수이야기」 신학사상문고 11, 서울: 한국신학연구소, 1987.
- 예레미야스. J, 허혁 역, 「예수의 비유」, 왜관: 분도출판사, 1974.
- 요세푸스, 김지찬 역, 「요세푸스 III: 유대전쟁사」, 서울: 생명의 말씀사, 1987.

- 유세비우스, 엄성옥 역, 「유세비우스의 교회사」, 서울: 은성, 1990.
- 킹스베리. J.D, 김근수 역, 「마가의 기독론」, 서울: 도서출판 나단, 1994.
- 큄멜 W.G, 박익수 역, 「신약정경개론」, 서울: 대한기독교서회. 1991.
- 톰 라이트, 박문재 역, 「신약성서와 하나님의 백성」, 고양: 크리스챤다이제스트, 2003.
- Marxsen, Willi. trans.by Boyce. James. *Mark The Evangelist.* Nashville: Parthenon Press, 1969.
- Milgrom, Jacob. *Leviticus 1-16 Anchor Yale Bible Commentary.* Doubleday: New Haven, 1991.
- Taylor, J.V. *The Go-between God: The Holy Spirit and the Christian Mission.* London: SCM Press, 1972.
- Wrede, William. trans.by Greig. J. *The Messianic Secret.* Altricham: St Ann's Press, 1971.
- 강용규, "1992년 10월 28일 재림론 20년, 비판적 평가." 〈신학지남〉 제79권. 제4집, 2013. 6.
- 김창선, "마가복음과 메시아 비밀-메시아 비밀은 하나로 통일된 마가의 작품인가?" 「21세기 신약성서신학」, 서울: 예영커뮤니케이션, 2004.
- 양형주, 「마가공동체의 상황에서 본 메시아 비밀에 관한 연구」 미간행석사논문, 장로회신학대학교 대학원, 2004.
- 장성민, 「마가의 '비밀 모티브' 연구: 마가의 기독론 및 십자가 추종 윤리와의 상관관계를 중심으로」 미간행박사논문, 장로회신학대학교 대학원, 2014.

▶ 해설서 및 설교집

- 김지철, 「내가 너를 기뻐하노라」, 서울: 두란노, 1995.
- 양형주, 「평신도를 위한 쉬운 창세기 3」, 서울: 브니엘, 2018.
- ______, 「평신도를 위한 쉬운 로마서」. 개정증보2판, 서울: 브니엘, 2022.
- ______, 「평신도를 위한 쉬운 요한계시록 1」, 서울: 브니엘, 2020.
- 이동원, 「쉽게 풀어 쓴 이동원 목사의 마가복음 이야기(상)」, 서울: 두란노, 2001.
- ______, 「쉽게 풀어 쓴 이동원 목사의 마가복음 이야기(하)」, 서울: 두란노, 2001.
- 조태연, 「예수이야기 마가 1: 복음의 시작」, 서울: 대한기독교서회, 2002.
- ______, 「예수이야기 마가 2: 하나님 나라와 여행」, 서울: 대한기독교서회, 2002.

▶ 신앙서적

- 김영봉, 「바늘귀를 통과한 부자」, 서울: IVP, 2003.
- 류모세, 「열린다 성경: 식물이야기」, 서울: 두란노, 2014.
- 양형주, 「내 인생에 비전이 보인다」, 서울: 홍성사, 2007.
- 유한익, 「같이 있는 부모, 가치 있는 아이」, 서울: 두란노, 2019.
- 이장림, 「1992년의 열풍」, 서울: 도서출판 광천, 1990.
- 홍성건, 「그리스도인의 영적 권위」, 고양: 예수전도단, 2009.
- 리 스트로벨, 윤종석 역, 「특종! 믿음 사건」, 서울: 두란노, 2001.
- ____________________, 「기적인가 우연인가」, 서울: 두란노, 2018.
- 밴 클리브 외, 윤종석 역, 「약물중독상담」 기독교상담시리즈 17, 서울: 두란노, 1995.
- 산드라 윌슨, 이관직 역, 「알콜중독상담」 기독교상담시리즈 21, 서울: 두란노, 1996.
- 엘리 위젤, 김하락 역, 「나이트」, 서울: 예담, 2007.
- 엘리 위젤 외, 우진하 역, 「나의 기억을 보라」, 서울: 샘앤파커스, 2020.
- 오스카 와일드, 이한이 역, 「살로메」, 서울: 소와다리, 2019.
- 윌리엄 윌버포스, 서진영 역, 「윌리엄 윌버포스의 위대한 유산」, 서울: 요단출판사, 2013.
- 제랄드 메이, 이지영 역, 「중독과 은혜」, 서울: IVP, 2005.

▶ 일반서적

- 계명찬, 「화학물질의 습격」, 서울: Korea.com, 2018.
- 김영하, 「빛의 제국」 제2판, 서울: 문학동네, 2010.
- 김영한, 「꿈이 있으면 늙지 않는다: 평범한 시니어에서 잘나가는 CEO로 성장하는 25가지 비즈니스 법칙」, 서울: 행복한북클럽, 2018.
- 김효경, 「어느 날, 변두리 마을에 도착했습니다」, 통영: 남해의봄날, 2019.
- 노승수, 「핵심감정탐구」, 서울: 세움북스, 2018.
- 백세희, 「죽고 싶지만 떡볶이는 먹고 싶어」, 파주: 도서출판 흔, 2018.
- 이유남, 「엄마반성문」, 서울:덴스토리, 2017.
- 장한업, 「차별의 언어」, 서울: 글담출판사, 2018.
- 최준영, 「백점 아들 육식동물 아빠」, 서울: 조윤커뮤니케이션, 2018.

- 홍성국, 「수축사회: 성장 신화를 버려야 미래가 보인다」, 서울: 메디치미디어, 2018.
- 데이브 그로스먼 외, 오수원 역, 「살인세대: 비디오 게임, 공격성, 그리고 살인의 심리학」, 서울: 열린책들, 2019.
- 디에비드 롭슨, 이창신 역, 「지능의 함정」, 서울: 김영사, 2020.
- 루시 쿡, 조은영 역, 「오해의 동물원」, 서울: 곰출판, 2018.
- 말콤 글래드웰, 유강은 역, 「타인의 해석」, 서울: 김영사, 2020.
- 모튼 한센, 이지연 역, 「아웃퍼포머: 최고의 성과를 내는 1%의 비밀」, 서울: 김영사, 2019.
- 숀 아처, 박세연 역, 「빅 포텐셜」, 서울: 청림출판, 2019.
- 알렉스 바나얀, 김태훈 역, 「나는 7년 동안 세계 최고를 만났다」, 서울: RHK, 2019.
- 애덤 그랜트, 윤태준 역, 「기브앤테이크」, 서울: 생각연구소, 2013.
- 에밀리 에스파하니 스미스, 김영역 역, 「어떻게 나답게 살 것인가」, 서울: RHK, 2019.
- 오카다 다카시, 김해용 역, 「난 왜 저 인간이 싫을까?」, 서울: 동양북스, 2016.
- 움베르토 에코, 이윤기 역, 「장미의 이름」(상, 하), 서울: 열린책들, 2006.
- 조너선 하이트 외, 왕수민 역, 「나쁜 교육」, 서울: 프시케의 숲, 2019.
- 조지 베일런트, 이덕남 역, 「행복의 조건」, 서울: 프런티어, 2010.
- 존 캐리루, 박아린 역, 「배드 블러드: 테라노스의 비밀과 거짓말」, 서울: 와이즈베리, 2019.
- 존 크라카우어, 김훈 역, 「희박한 공기 속으로」, 서울: 황금가지, 2007.
- 짐 콜린스 외, 워튼포럼 역, 「성공하는 기업들의 8가지 습관」, 서울: 김영사, 1996.
- 찰스 포스터, 정서진 역, 「그럼, 동물이 되어보자」, 서울: 놀와, 2019.
- 까트리네 마르살, 김희정 역, 「잠깐 애덤 스미스씨, 저녁은 누가 차려줬어요?」, 서울: 부키, 2017.
- 토마스 차모도 프레무지크, 이현주 역, 「왜 무능한 남자들이 리더가 되는 걸까?」, 서울: 파우제, 2019.
- 플라노 드 카르피니, 김호동 역, 「몽골 제국 기행: 마르코폴로의 선구자들」, 서울: 까치, 2015.
- 폴 헬먼, 김잔디 역, 「상대의 마음을 바꾸는 기적의 8초」, 서울: 북플라자, 2017.
- Marnell, Cat. *How to Murder Your Life: A Memoir*. Simon & Schuster: New York, 2017.